■ 大学公共课系列教材

U0727043

心理学概论

XINLIXUE GAILUN

李建新　杜高明◎主　编

北京师范大学出版集团
BEIJING NORMAL UNIVERSITY PUBLISHING GROUP
北京师范大学出版社

图书在版编目(CIP)数据

　　心理学概论／李建新，杜高明主编.—北京：北京师范
大学出版社，2011.7（2016.9重印）
　　（大学公共课系列教材）
　　ISBN 978-7-303-12192-2

　　Ⅰ．①心…　Ⅱ．①李…②杜…　Ⅲ．①心理学－概论
Ⅳ．① B84

　　中国版本图书馆 CIP 数据核字（2011）第 034763 号

营 销 中 心 电 话　010-58802181 58805532
北师大出版社高等教育分社网　http://gaojiao.bnup.com
电 子 信 箱　gaojiao@bnupg.com

出版发行：北京师范大学出版社 www.bnup.com
　　　　　北京新街口外大街 19 号
　　　　　邮政编码：100875
印　　刷：北京中印联印务有限公司
经　　销：全国新华书店
开　　本：730mm×980mm　1/16
印　　张：20
字　　数：390 千字
版　　次：2011 年 7 月第 1 版
印　　次：2016 年 9 月第 8 次印刷
定　　价：35.00 元

策划编辑：倪　花　　责任编辑：齐　琳
美术编辑：毛　佳　　装帧设计：毛　佳
责任校对：李　菡　　责任印制：陈　涛

编委会名单

主　编：李建新　　杜高明

副主编：朱卫红　　陈理宣

编　委：李建新　　杜高明　　朱卫红　　陈理宣　　代晶晶

　　　　周群英　　李明富　　杨良群

前　言

　　长期以来，心理学课程一直是我国高等师范院校教师职前学习的一门必不可少的基础理论课程。近年来，随着国家教育教学改革的进一步深化，一部分综合性大学开始设置师范院系培养教师，一些师范院校中非师范专业也开设教师辅修专业培养教师，大量的社会机构举办教师资格培训，等等，同时，随着国家研究生教育体制的改革，报考心理学方向研究生的各类人群的比例也在逐年增加。因此，编写一本既适合所有师范院校、综合性大学及社会机构对学生进行教师职前教育、教师资格培训学习，又适合一部分报考心理学方向研究生的各类人群学习的心理学教材，就成为一件非常适应社会需要的事情。正是基于这样的考虑，我们组织了高等师范院校及社会机构中一些心理学方面的学者，针对目前我国高等教育教学改革的形势，按照新形势下心理学课程改革尤其是教材建设的要求编写了这本《心理学概论》，相信它一定会给我国教师职前心理学课程的学习以及有进一步研究心理学意愿的人以较大的帮助。

　　我们在编写这本《心理学概论》时，力求做到：①努力吸取现代心理科学和教育科学的最新成果。这不仅体现在教育观念、全书结构体系上，也体现在各章节内容的更新和充实上。②强调理念与实践并重，力求做到理论体系完整，操作性更强。③注重结构的科学性、完整性和合理性。由于教材学习的对象是以师范生为主，同时又兼顾其他各类群体，因此，本书在编写过程中，除了保证涵盖与教育教学联系密切的、能指导学生今后从事教育工作的心理学内容，如教育心理学、发展心理学、人格心理学、社会心理学等完整的知识外，还增加了一部分研究性学习知识（主要为报考心理学方向研究生的人群学习所用）。④注重少而精。目前使用的心理学教材一般都有较多的章节

1

（多的有二十余章），由于受课时所限，教学中难以逐章讲授。我们在保持教材体系完整的前提下精编了十二章内容，同时在学习过程中各类群体可根据实际需要安排相关内容，增减或选用拓展性知识及练习题目。总之，本教材既可作为高等师范本、专科院校，综合性大学及社会机构教师培训培养的专业教材，又可作为中小学教师、教育行政管理人员和教育心理学研究人员、社会各类人群研究学习心理学的参考用书。

本教材的编写得到了长期在一线从事心理学课程教学工作教师的大力支持，同时也是一线心理学课程教学工作者通力合作的产物。在编写过程中，我们采取分工合作的方式，交换修改，互为补充，充分集中了集体的智慧。因此，各个章节编写的分工只是相对的。以执笔人为主的各章节编写人员分别是：第一章由代晶晶编写；第二章由朱卫红编写；第三章、第八章、第十章由李建新编写；第四章、第五章由杜高明编写；第六章由陈理宣编写；第七章由周群英编写；第九章由李明富编写；第十一章、第十二章由杨良群编写。杜捷、沈文亚、张家英、郑乔允、周丽娟、刘睿、邓睿也参与了本书的校稿等工作。在这里，谨向以上付出辛勤劳动的作者及参与本书编写的各位老师表示衷心的感谢。

本书在编写过程中参考了一些心理学界同仁们编著的心理学教材，也引用了相关的一些文字和图片资料，在此谨向原作者表示衷心的感谢。由于我们水平有限，书中的不足与问题在所难免，恳请同行专家与广大读者提出宝贵意见和建议，以利于将来修订时加以改进。

编　者

2011 年 01 月

目　录

第一章　心理学概述

【心理学的故事】

　　有一位成功的商人，有人问他成功的秘诀是什么？他说他一辈子装聋作哑。他和顾客之间的对话通常如此。顾客走进店里，指着一件商品问："这个多少钱?"答："什么啊?"顾客手贴着耳朵问："这个多少钱?"答："什么? 有多少?"问："是多少钱!"顾客有点儿对商人恼怒了。"哦! 这个多少钱啊? 稍等下。"商人对着里屋的人喊："老板，这个柜台上的东西多少钱啊?"里屋传出一阵带着睡意又不耐烦的吼声："不是说了么! 那里的商品要80块! 好了，别烦我!""哦，这样啊，好的!"商人回过身来对着顾客："您也听到了，老板说要50块，不过我可便宜您点，40块拿走怎么样?"顾客暗自窃喜，匆匆付过钱后赶快离去了。

　　这个成功商人的故事提醒我们，人的思维认识、情感、意志等心理过程对行动具有影响。人的一切行动都是从思维认识开始的，故事中顾客选中商品是感知，在感知的基础上形成了自己的思维，这件商品多少钱我能承受。商人装聋的过程影响了顾客的情感，通过对话坚定了顾客购买商品的意志。这种对心理现象及其规律进行研究的科学就是心理学。

【基础知识】

第一节　心理学的研究对象

一、心理学的研究对象

心理学作为一门科学，有自己独特的研究对象和研究范围。心理学的研究对象就是心理现象及其规律，包括动物的心理和人的心理，也包括个体的心理和群体的社会心理。

提起心理现象，人们难免有一种神秘感。其实，一个正常的人，不管是在清醒状态，还是处于睡梦之中，不管是从事社会实践，还是自发的本能活动，都会产生这样或那样的心理现象。应该说，心理现象是我们生活中非常实在的，人们最熟悉、时常都在感受到的精神现象，也是人类特别关心并不断加以探讨和解释的现象之一。

二、心理现象的内容

心理现象丰富多彩，绚丽多姿，表现形式多种多样，一般可以分为心理过程、个性心理、意识与无意识三大类。

(一)心理过程

心理过程是指人脑对客观事物不同方面及其相互关系的反映过程。它相对于个性心理而言，是不断变化的、暂时性的心理现象。它包括认知过程、情感过程和意志过程。

1. 认知过程

认知过程是指人在认识客观事物的过程中，为弄清客观事物的性质和规律而产生的心理现象，是人的最基本的心理过程。例如，我们看见颜色，听到树叶的沙沙声，尝到滋味，闻到气味，摸到物体的软硬或冷热等，这就是感觉。在感觉的基础上，我们能够辨别出是盛开的菊花或是鲜红的苹果、崭新的书桌等，辨别出百灵鸟的歌唱或是机器的轰鸣，这就是知觉。感知反映的是客观事物的外在联系和外部特征。感知过的事物能够以经验的形式在头脑中留下痕迹，以后在一定条件下还可以再认或回忆起它的形象和特征。例如，游览了杭州西湖，其美丽的景色会在大脑中留下深刻的印象；读了李白的《望庐山瀑布》后，遇到一定的情境，又自然地吟诵出来，这称为记忆。人不仅能直接感知事物的表面特征，还能间接地、概括地反映事物的内在的、本质的特征。例如，医生根据病人的脉搏、体温、舌苔等的变化，可以推断其体内的疾患；教师根据学生的外部表现和言行，可以了解其内心世界，这些就是思维。人在头脑中不仅能够再现过去事物的形象，而且还能在此基础上创造新事物的形象。

例如，文学艺术家塑造的典型形象，我们在头脑中对未来生活和工作情境的规划等，这类心理活动叫做想象。感觉、知觉、记忆、思维和想象同属于人的认知过程。

2. 情感过程

情感过程是指人在认识客观事物的过程中引起的对客观事物的某种态度体验或感受。人对客观事物的认识，并不是呆板的、冷漠的，而总是对它表现出鲜明的态度体验，渗透着某种感情色彩。例如，我们对祖国名山大川的赞美，对侵略者的愤恨，对本职工作的热爱，为取得的成绩而喜悦等，这些在认知基础上产生的喜、怒、哀、惧，以及美感、理智感、自豪感、自卑感等态度体验，在心理学上称为情感过程。

3. 意志过程

意志过程是指由认知的支持与情感的推动，人有意识地克服内心障碍与外部困难而坚持实现目标的过程。人不仅能认识客观事物，对它产生一定的情感体验，而且还能够自觉地改造客观世界。为了认识和改造世界，人总是主动地确定目标，制订计划，并树立信心，坚持不懈地去战胜困难和挫折，以达到预期的目的，这种心理活动的过程叫做意志过程。人凭借意志的力量，支持、保护自己所喜欢的事物，反对、摒弃自己所厌恶的事物，积极主动地创造人类的物质文明和精神文明。所以，意志是人的意识能动性的集中表现。

认知、情感和意志都有其自身的发生和发展过程，但它们不是彼此独立的。情感和意志过程中含有认知的成分，它们都是由认知过程派生出来的；情感与意志又对认知过程发生影响，它们是统一的心理活动中的不同方面。认知、情感、意志过程作为心理学研究对象的一部分，被统称为心理过程。

（二）个性心理

个性心理是每个个体所具有的稳定的心理现象。它包括个性倾向性、个性心理特征和自我三个方面。

1. 个性倾向性

个性倾向性是决定个体对事物的态度和行为的内部动力系统，是具有一定的动力性和稳定性的心理成分。它主要包括需要、动机、兴趣、理想、信念和世界观等。个性倾向性使每个人的心理活动有目的、有选择地对客观现实做出反应。例如，一些物质要求明显高于精神要求的人会无限制地去追求物质享受，甚至为了达到目的不顾国格和人格；而一些精神要求高于物质要求的人在强烈的物质引诱下也不做有损于国格和人格的事情；而一些成就动机强烈的学生，在课堂上认真听课，并主动地记忆和思考，勇于克服学习中的各种困难；一些成就动机低的学生，则往往不认真听课，不主动记忆和动脑筋思考，在困难面前打退堂鼓；对数学感兴趣的学生，其心理活动的积极性更多地表现在与数学有关的事情上；而对物理感兴趣的学生，其心理活动的积极性则更多地表现在与物理有关的事情上。具有不同的理想、信念、世界观的人，对其心理活动的组织和引导也是不同的。

个性倾向性是个性心理的重要组成部分，它对相关的心理活动起着支配和控制的作用。

2. 个性心理特征

个性心理特征是个体身上经常表现出来的本质的、稳定的心理特征。它主要包括能力、气质和性格，其中以性格为核心。能力表现在完成某种活动的潜在可能性方面的特征。气质表现在心理活动的动力方面的特征。性格表现在完成活动的态度和行为方式方面的特征。个性心理特征影响着个体的行为举止，集中体现了人的心理活动的独特性。个体在观察的深刻性、全面性方面，在记忆的敏捷性、巩固性方面以及在思维的灵活性、迅速性方面的差异，属于能力上的差异。个体在脾气、内外向方面的差异，属于气质上的差异。个体在待人处世及克服困难的决心和毅力上的差异属于性格上的差异，人的个性差异首先表现在性格上。

个性倾向性与个性心理特征在某一个人身上独特的、稳定的有机结合，就构成了这个人不同于其他人的个性心理。

3. 自我

自我，即自我意识，是个人对自己的自觉因素。自我意识是一种多维度、多层次的心理系统。从心理形式上来看，自我意识有认知的、情绪的和意志的三种形式。属于认知的有自我观察、自我概念、自我认定、自我评价等，统称为自我认识。自我认识使个人认识到自己的身心特点、自己和他人及自然界的关系。自我认识主要涉及"我是一个什么样的人""我为什么是这样一个人"等问题。属于情绪的有自我感受、自爱、自尊、自恃、自卑、责任感、义务感、优越感等，统称为自我体验。自我体验主要涉及"我是否满意自己""我能否悦纳自己"等问题。属于意志的有自立、自主、自制、自强、自卫、自信、自律等，统称为自我控制。自我控制表现为个人对自己行为活动的调节、自己对他人和自己态度的调节等，如"我怎样节制自己""我如何改变自己的现状，使我成为自己理想中那样的人"等。自我意识的上述三种表现形式综合为一个整体，便成为个性的基础——自我。自我使一个人的个性心理特征和个性倾向性等成分成为统一的整体。如果自我发生障碍，人就有可能失去自己肉体的实在感，或者感觉不到自己的情感体验，觉得自己陷入了麻木不仁的状态，或者感到自己不能做主，总是受人摆布等，导致人格障碍。个性结构中的诸种心理成分不是无组织的、杂乱无章的，它们由自我进行协调和控制而成为一个有组织的、稳定的整体。

心理过程和个性心理是紧密联系的。个性心理以心理过程（认知、情感、意志）为基础，没有心理过程，个性心理就无法形成。人的个性心理的形成和发展，是在一定的社会影响和教育下，通过心理过程反映客观现实而逐渐定型化的结果，是个体社会化的过程。同时，已经形成的个性心理又反过来制约个体的心理过程并在心理过程中表现出来。例如，具有不同兴趣和能力的人，对同一首歌、同一幅画、同一出戏的评价水平和欣赏水平是不同的；一个具有先人后己、助人为乐性格特征的人往往会表现出坚强的意志行动。

事实上，既没有不带有个性心理的心理过程，也没有不表现在心理过程中的个性心理。二者是同一现象的两个不同方面。为了深入了解人的心理活动，我们必须分别对这两方面加以研究，但如果要了解个体的心理全貌，就必须把这两个过程结合起来进行考察。

（三）意识和无意识

1. 意识

意识就是现时正被人觉知到的心理现象。我们在清醒状态下，能够意识到作用于感官的外界环境（如感知到各种颜色、声音、车辆、街道、人群等）；能够意识到自己的行为目标，对行为的控制，使环境适应于自己的需要；能够意识到认知、情绪和意志行动中的心理活动和心理状态；能够意识到自己的身心特点和行为特点，把"自我"与"非我"、"主体"与"客体"区别开来；还能意识到"自我"与"非我"、"主体"与"客体"的相互关系。个人对于自我的意识称为自我意识。意识使人能够认识事物、评价事物、认识自身、评价自身，并实现对环境和自身的能动的改造。总之，意识是我们保持生活正常的心理部分，它涉及心理现象的广大范围，就像一个复杂庞大的心理文件系统，包含着我们觉知到的一切消息、观念、情感、希望和需要等，还包括我们从睡眠中醒来时对梦境内容的意识。

2. 无意识

除了意识活动，人还有无意识活动。无意识活动在人的心理生活中是很普遍的。每个人都有做梦的经验，梦境的内容可能被我们意识到，但梦的产生和进程是我们意识不到的，也是不能进行自觉调节和控制的。无法回忆起的记忆或无法理解的情绪常属于无意识之列。偶尔，无意识中的一些东西也会闯入意识之中，诸如失言或说漏了嘴、笔误等，它会把无意识的愿望泄露出来。有意识的动作或经验可能在梦境、联想和神经症中表现为无意识的东西。总之，无意识活动是人反映外部世界的一种特殊形式。

在人的日常生活、学习和工作中意识活动和无意识活动是紧密联系的、意识和无意识都是心理学的重要研究对象。

三、个体心理与行为

心理学通过行为来研究人的心理。行为是指有机体的反应系统，这种反应有内在生理性的（如肌肉运动、腺体分泌等）和外在心理性的（如言语、表情等）。在日常生活中人的行为是很复杂的。例如，吃饭、穿衣、写文章、驾驶汽车等行为，都是由一系列反应动作所组成的某种特定的反应系统。

行为是在一定的情境中产生的。引发个体反应的情境因素称为刺激。刺激可以来自外部环境，也可以起于机体的内部。例如，外界的声音、光线、温度、气味，他人讲话的内容、动作、面部表情以及机体内的内分泌或血液中化学成分的变化，头脑中浮现的思想观念、欲望等都可以成为引发个体反应的刺激。人类的行为具有一定的心理成分，受刺激所制约，并且是由一定的刺激而引起。因此，不考虑哪一种或哪一些刺激对具体人的影响，就无法理解人的行为。

行为不同于心理，但和心理又有密切的联系。引起行为的刺激常常通过心理的中介而起作用。人没有对光线、声音、气味的感知觉，就不会对光线、声音、气味产生反应。人的行为复杂性是由心理活动的复杂性引起的。同一刺激可能引起不同产生反应，不同刺激也可能引起相同的反应，其原因就在于人有丰富的主观世界。主观世界的情况不同，对同一刺激的反应常常是不一样的。例如，同一张观看足球赛的入场券，可以使球迷们趋之若狂，但不爱好足球的人则反应淡漠。即使是球迷，如果由于身体欠佳或者有重要的工作必须去完成，对同样的球赛入场券的反应也是不同的。因此，不理解人的内部心理过程，就难以理解他的外部行为反应。

心理支配行为，又通过行为表现出来。一个人的视觉和听觉能力，是通过他对微弱光线和声音的反应表现出来的；一个人的记忆，是通过他运用知识的活动表现出来的；一个人的情绪和情感，是通过面部和姿势表情表现出来的。心理看不见，摸不着，没有重量、大小和体积，而行为却具有显露在外的特点，它可以用客观的方法进行测量。例如，我们可以用摄像机拍摄体操队员的精彩表演，用计时器记录工人的动作反应时等。行为能显示人们的心理活动，因此，我们可以通过观察和分析行为来客观地研究人们的心理活动。从外部行为推测内部心理过程，是心理学研究的一条基本法则。从这个意义上说，心理学是研究行为的科学，即通过对行为的客观记录、测量和分析来揭示人的心理现象的规律性。

人的心理对行为的支配和调节通常是很复杂的。人可以有意地掩盖自己的某些心理活动，可以做出与内心不符的行为表现，甚至某些行为自己也不能自觉。也就是说，人的外部行为和内部的心理活动的关系不像动物的行为和心理的关系那样是单义的，它往往是多义的。例如，微笑这种行为，它可能表示对某人的好感，也可能嘲笑某人的愚蠢，还可能是笑里藏刀心里盘算着暗害某人等。因此，要正确地理解人的行为，确定行为所表达的心理活动，最重要的是要了解引起和制约行为的各种条件，并且系统地揭示这些条件和行为的因果关系，才能明确行为的意义。

四、个体心理与社会心理

认知、情感、意志等心理过程，能力、气质、性格等个体心理，意识与无意识是存在于个体身上的心理现象，我们称之为个体心理或个体意识。但是人是社会的实体,人作为社会的成员,总是生活在各种社会团体中,并与其他人结成各种各样的关系,如民族关系、阶级关系、上下级关系、亲属关系、师生关系等。由于社会团体的客观存在,就产生了社会心理或团体心理。团体与个体一样,存在团体需要、团体利益、团体价值、团体规范、团体舆论、团体意识、团体目的等心理特征。一个团体由于具有某些特定的心理特征而区别于其他团体。

团体心理或社会心理与个体心理的关系是共性与个性的关系。团体心理是在团体的共同生活环境中产生的,它是该团体内的个体心理特征的典型表现,而不是个体心理特征的简单总和。团体心理不能离开个体心理,但它对个体来说,又是一种重要的社会现实,直接影响个体心理或个体意识的形成与发展。因此,社会心理及其与个体心理的关系,也是心理学的研究对象。

第二节　心理学的任务

一、心理学的研究任务

(一) 确定心理事实

心理学研究最起码的一项工作是在质上和量上确定心理生活的具体事实。每一种心理事实都有质上和量上的特点。例如,在研究中学生的成就动机时,就要确定成就动机具有哪些质的和量的特点。学生的成就动机包含回避失败倾向、学业达成倾向、克服困难倾向和社会竞争倾向,这四种倾向的组合就表现为成就动机质的特点。而表示每种倾向强弱的分数则表现为成就动机量的特点。每一种心理事实都可以从质和量两方面来描述、从质上和量上对心理事实进行描述是心理学研究的一项基本任务。

(二) 揭示心理的规律

心理学研究的第二类问题是揭示心理的规律。科学研究不能只限于对心理事实的描述,而应从现象的描述进而探求其规律。例如,每当某种心理事实的发生具有相应的条件时,就必然会出现这种心理事实,我们就说,这种心理事实将合乎规律地发生。例如,"遗忘的速度先快后慢",就是艾宾浩斯(Ebbinghaus,1885)用实验得出的一条规律。心理的规律有不同的层次。心理学研究的另一项基本任务就是从不同的层次来揭示心理的规律。

(三) 揭示心理的机制

心理学研究的第三类问题是揭示心理的机制。机制一词,原指机器的构造和动作原理。心理学上借用这一术语是指要了解心理的内在工作方式,包括有关心理结构组成成分的相互关系和变化,以及其间发生的生理生化性质和相互联系。对心理机制的探讨往往离不开对与之相应的生理机制的探讨。但是,对心理机制的探讨和对生理机制的探讨毕竟是属于心理学研究的不同层次，完全可以非同步地进行研究。例如，目前在心理学中对思维的生理机制知之甚少，但这并不影响我们对人类问题解决思维机制的研究。

（四）揭示心理的本性

心理学研究的第四类问题是揭示心理的本性。这类问题包括各种心理过程、心理状态、个性心理特征和个性倾向性是如何产生的，又是如何发展的；这些心理现象有何作用；又如何起作用；等等。总的来说，就是揭示心理的本性是什么。这可不是一个简单的问题，它涉及哲学的根本问题。具体地说，它涉及心理与客观现实的关系，心理与神经系统、脑的关系，心理与行为活动、社会实践的关系。在对这个问题的解决上，学者们的哲学观点往往会形成尖锐的对立——唯物论与唯心论、辩证法与形而上学。

因此，从心理学研究的对象和基本任务来看，可以下这样一个定义：心理学是研究心理现象的事实、规律、机制和本性的科学。

二、心理学的研究领域

现代心理学是一个学科体系。在心理学的学科体系中，包含有多种多样的分支。这些心理学分支有些担负理论上的任务，有些担负实践上的任务，根据它们担负任务的不同，可以大致把各分支心理学划分为两个大的领域：基础领域和应用领域。

（一）基础领域

基础领域的心理学主要研究心理科学中同各分支心理学有关的基础理论和基本的方法学问题，研究心理发生和发展的基本规律问题。基础领域的心理学分支包括普通心理学、实验心理学、比较心理学、年龄心理学、生理心理学和社会心理学等。

普通心理学是研究心理现象一般规律的科学。它研究心理学的基本理论，阐述正常成人心理（认知、情绪、意志和个性心理等）的一般规律，同时也概括各分支学科的研究成果。在普通心理学范围内还包括感知觉心理学、记忆心理学、思维心理学、言语心理学、动机心理学、情绪心理学、意志心理学、个性心理学等。普通心理学为各分支心理学提供了理论基础，也是学生学习心理学的入门学科。

实验心理学是以实验方法来研究心理和行为规律的科学。它研究心理学领域中进行实验研究的原理、设计、方法、仪器、技术和资料处理等问题。

比较心理学是研究动物心理并与人类心理相比较以探求人类心理如何演化而来的科学。与此相类似的一门学科叫动物行为学。它的研究目的是了解各种动物的行为活动规律，如各种动物的迁徙、季节适应、觅食、食物储备、交配、哺幼、营巢、自卫、搏斗、合群、通意、鸣叫、游戏等行为的方式和规律，这两门学科是十分接近的。

年龄心理学是研究人类个体心理发展规律的科学。年龄心理学按照人生发展的各个阶段，可分为婴幼儿心理学、儿童心理学、少年心理学、青年心理学、成年心理学和老年心理学，分别研究各年龄阶段的心理特点及其形成规律。

生理心理学是研究心理的生理机制的科学。它主要研究各种感觉系统的机制、学习和记忆、动机和情绪等各种心理现象的神经机制以及内分泌腺对行为的调节机制等。

社会心理学是研究社会心理的基本过程及其变化发展的条件和规律的科学。具体地说，它研究社会认知、社会动机、社会态度、社会感情、团体心理（如民族心理、阶级心理、小团体人际关系心理等）以及时尚、风俗、舆论、流言等社会心理现象的特点及其变化发展的条件和规律。

（二）应用领域

心理学的应用领域甚广。可以不夸张地说，凡属人类的各种社会实践均涉及人的问题，都是心理学应用的领域。心理学应用于社会实践的各分支学科主要的有教育心理学、劳动心理学、管理心理学、医学心理学、商业心理学、军事心理学、司法心理学、运动心理学等。

教育心理学研究教育教学过程中的各种心理学问题，揭示教育教学与心理发展的相互关系，为教育和培养学生服务。教育心理学包括德育心理学、教学心理学、学科心理学、教师心理学等。

劳动心理学是在与劳动对象、工具和环境的相互联系中研究劳动者的心理规律的科学。它包括职业心理学、工程心理学、航空心理学、宇航心理学等。

管理心理学是研究各种管理工作中管理者和被管理者的心理活动规律的科学。它包括行政管理心理学、企业管理心理学、学校管理心理学等。

医学心理学研究疾病的诊断、治疗、护理、预防中的心理学问题，为人的保健事业服务。它包括病理心理学、临床心理学、药理心理学、护士心理学、心理健康咨询学、心理治疗学等分支学科。

商业心理学是研究商品销售过程中商品经营者与购买者心理活动规律的科学。它研究商业人员的选择、培训和职业指导，以及消费者的动机、知觉和决策等。它包括销售心理学、旅游心理学、广告心理学等。

军事心理学是研究军事活动中人的心理活动规律的科学。它主要研究战斗时人的行动、指挥员与下属的相互关系、士气、心理战，以及掌握军事技术等方面的心理学问题，为提高部队战斗力服务。它包括指挥员心理学、战士心理学、军事工程心理学等。

司法心理学也叫法制心理学。它研究人们在法制活动中的心理现象，主要包括在立法、刑事犯罪与诉讼活动、民事法律、社会治安管理、法制宣传及实现其他法律活动过程中的心理学问题。它包括犯罪心理学（刑事心理学）、罪犯心理学、诉讼心理学、侦缉心理学、审判心理学等。

运动心理学也叫体育心理学。它研究人在体育运动、训练、竞赛活动中的心理特点和规律，运动心理学的成果对于教练员与运动员是极为重要的。

还可以列出一些心理学的应用分支学科，例如，创造心理学、文艺心理学、交通安全心理学等。基础学科心理学各分支概括心理学的一般理论，为应用学科心理学各分支提供理论依据；而应用学科心理学各分支的发展又为基础学科心理学各分支的概括提供了新的资料。这两个领域的心理学分支集合是相互联系、相互渗透的。

第三节　心理学的研究方法

一、心理学研究的基本原则

（一）客观性原则

客观性原则，就是坚持实事求是的态度，从人的活动的客观事实出发，努力反映心理现象的本来面貌，并以实践作为检验的标准。这是心理学研究的根本指导原则。人的心理是客观现实在人脑中的反映。一切心理活动都是由客观刺激引起的，并在人的活动中表现出来。我们研究人的心理，必须依靠客观事实，坚持客观性；那种认为心理学是主观的东西，只能用内省法（自我观察）的研究，是不全面的。虽然通过内省法所提供的材料，在研究中有一定价值，但仅仅依据个人单纯的内省和陈述，是不可靠的。所以，在心理学研究中，包括实验设计、材料的收集整理、材料的分析和结论，都要坚持客观性原则。

（二）系统性原则

系统性原则，就是坚持系统的、整体的观点。既要对人的心理进行多层次、多水平、多侧面的系统分析，又要对心理现象及其形成的各种因素之间的相互作用和关系进行整合研究。人的心理现象不是零散的、片断的，而是完整的、系统的。任何一种心理现象都是整体心理的一部分，它们相互之间都有联系。因此，研究人的心理必须从整体出发，全面、系统地进行，才能得出正确的科学结论。

（三）发展性原则

发展性原则，就是要坚持发展的观点，对心理活动的变化进行动态的研究。心理现象和其他物质现象一样，始终处于发展变化之中。因此，在研究中必须遵循发展的原则。不仅要阐明已经形成的心理品质，看到当时的特点，而且要看到发展中产生的特点，绝不能把心理现象看成固定不变的东西。即使是比较稳定的个性心理特征，也可在较长时间里受各种因素的影响而发生变化。

（四）实践性原则

人的心理是在社会实践中产生和发展的。因此，心理学的研究既需要在实验室进行，也需要在自然条件下进行。在实践活动中，既要进行理论研究，也要进行实际运用的研究。

（五）教育性原则

在进行心理研究时，研究的选题、使用的方法和程序不应损害被试的身心发展，而应该符合教育的原则，特别是当被试是儿童时，由于他们的身心正处在发展阶段，认识能力较差，而且善于模仿，研究者更要注意这个问题。所以以人为对象进行心理研究时，在选择方法和程序时不能只考虑对所需要研究的问题是否有利，还要考虑所用的方法对被试的身心是否产生不良的影响。

二、心理学研究的主要方法

心理学的研究方法很多，主要包括观察法、实验法、测验法、调查法及个案研究法五种研究方法。

（一）观察法

心理学探讨人的行为和心理过程，而心理及其行为现象表现为可观察的活动。研究被试各种行为的最直接的方法就是顺着可观察的活动来追踪和记录其现象和变化。由研究者直接观察记录被试的行为活动，从而探究两个或多个变量之间存在何种关系的方法称为观察法。例如，研究者要比较离异家庭与正常家庭儿童的攻击性行为的差异，先要建立对攻击性行为的分类系统和程度等级表，并界定出记录方法。"攻击性行为"可分为"言语攻击"和"行动攻击"两类。"言语攻击"又可分为"骂人""讽刺挖苦"等，"行动攻击"又可分为"推人""打人"等，并对攻击的严重性定出等级。这样的观察记录就比较客观，有利于研究攻击性行为与家庭环境之间的关系。

心理学家们在进行观察时，有时是在自然情境中对人或动物的行为直接观察、记录，然后分析解释，从而获得有关行为变化的规律，这种观察属于自然观察法；有时则是在预先设置的情境中进行观察，这种观察属于控制观察法。在心理学研究中，观察法多用于对婴幼儿、儿童游戏、学校教师活动、市场交易以及动物行为的研究。

观察法还可根据观察者的身份分为参与观察与非参与观察。在参与观察中，观察者参与被观察者的活动，作为被观察者的一员，将所见所闻随时加以观察记录，这种观察通常可用于对成年人社会活动（如投票行为）的研究。在非参与观察中，观察者以旁观者的身份随时观察并记录其所见所闻，这种观察通常被用于对儿童和动物的研究。在实施非参与观察时，为了避免被观察者受到干扰，常在实验室设置单向玻璃观察墙，观察者可在玻璃墙的一边观察另一边被观察者的活动，而被观察者看不见观察者在观察自己。无论是参与观察还是非参与观察，原则上要尽量客观，不宜使被观察者发现自己被别人观察而影响观察的效果，为此，一些观察室或教室都安装有监视摄像头来暗中记录被观察者的活动。

观察法的主要优点是被观察者在自然条件下的行为反应真实，其主要缺点是观察资料的质量容易受观察者能力和其他心理因素的影响。而且，它只能有助于研究者了解事实现象，而不能解释其原因是什么，即只能回答"是什么"的问题，不能回答"为什么"的问题。当然，观察研究作为一种科学研究的前期研究，可以先用来发现问题和现象，可供研究者以此为基础采用其他方法进行深入的研究，因此仍然具有重要的使用价值。

（二）实验法

实验法是在控制的条件下系统操纵某种变量的变化，来研究这种变量的变化对其他变量所产生的影响。由实验者操纵变化的变量即自变量，或称实验变量，由自变量而引起的某种特定反应即因变量。实验需要在控制的条件下进行，其目的在于排除自变量以外的一切可能影响实验结果的无关变量。为了控制无关变量，实验者必须设立实验组和控制组，并使两个组除了在自变量的变化上存在差异外，其他各个方面的条件大致相同。至于系统的操纵则指实验者对自变量变化（如强度、时间等）的控制是周密而严谨的。在实验中，实验者系统控制和改变自变量，客观地观测这两组的反应（因变量）是否不同，以确定因变量受自变量影响的情况，从而探究自变量与因变量之间的因果关系。因此，实验法不仅有助于研究者揭示"是什么"的问题，而且能进一步探究问题的根源。一旦揭示了变量之间的因果关系，以后对同类现象进行处理时，根据其前因就能预测其后果，根据其结果也可了解其原因，甚至可以根据原因制造出结果。所以，通过实验法可以实现心理学描述、解释、预测及控制行为等科学研究的目的。

实验法可分为现场实验和实验室实验。现场实验是在学校或工厂等实际生活情境中对实验条件作适当控制所进行的实验。例如，要研究发现教学法对初中二年级学生物理成绩的影响，实验者在一个班进行发现法教学，在另一个对等的班进行常规教学，对两个班物理成绩进行比较分析，就可以找到教学法与学习效果之间的因果关系。现场实验的优点是把心理学研究与平时的业务工作结合起来，研究的问题来自现实，具有直接的实践意义。其缺点是容易受无关因素的影响，不容易严密控制实验条件。

实验室实验是在严密控制的实验条件下借助一定仪器所进行的实验。例如，为了研究人对视觉和听觉刺激的简单反应时间的差异，实验者在实验室中布置好电秒表、光、声刺激、电键等仪器，让被试将一只手放在电键上，要求他当看到或听到信号时立即按下电键，经过多次实验，实验者可以统计分析出人对视觉和听觉刺激的简单反应时间是否存在显著差异。实验室实验的最大优点是对无关变量进行了严格控制，对自变量和因变量作了精确测定，精确度高。其主要缺点是研究情境是人为的，脱离实际情境，难以将结论推广到日常生活中去。

（三）测验法

测验法是指以特定的量表为工具，对个体的心理特征进行间接了解，并做出量化结论的研究方法。使用测验法，可以了解个体或团体的心理特征，如用智力量表测量儿童的智力水平，用人格量表了解个体不同的心理特征；探讨心理特征与外界因素的关系，如考察智力与学习成绩是否相关，性格内向是否影响社会交往；可以比较不同个体或团体之间的心理差异。

需要注意的是，测验法中所用的心理量表，或称心理测验，其测验的内容必须具备适用性和科学性，编制程序有严格的科学规定和参数指标。除编制过程外，在测验的实施、计分和解释过程中，也都有统一的标准必须遵循。

目前，心理测验的种类繁多，如智力测验、人格测验、兴趣测验、各种能力测验、各种职业倾向测验等。任何测验都只具有特定的功能，适用于特定的群体，不是放之四海而皆准的。因此，使用测验法时，必须注意测验的目的及其适用的目标群体，遵照规定的方法实施，才能收到应有的效果。

（四）调查法

调查法是以被调查者所了解或关联的问题为范围，预先拟定问题，让被调查者自由表达其态度或意见的一种方法。根据研究的需要，调查者可以向被研究者本人（如学生）进行调查，也可以向熟悉被研究者的人（如教师、父母等）进行调查。

调查法可采用两种不同方式进行，一种方式是问卷调查，也称问卷法。这种调查是调查者事先拟好问卷，由被调查者在问卷上回答问题，发放问卷的方式可以是邮寄，也可以是集体发放或个人发放，因此可以同时调查很多人。另一种方式是访谈调查，也称访谈法。这种调查是调查者对被调查者进行面对面的提问，然后随时记录被调查者的回答或反应。

调查问卷由两部分构成。一部分是有关个人资料的问题，即个人属性变量，其中的项目一般包括性别、年龄、教育程度、职业等。为了增强调查结果的真实性，一般社会调查不填写姓名，项目的具体名称和数量也要根据研究目的而定。另一部分是所要填写的问题，被调查者的答题方式有是非法、选择法、简答法等，被调查者在各个问题上的回答就是其反应变量。调查研究的主要目的之一就是研究分析被研究者的属性变量与反应变量之间的关系，即在问卷中的各种问题上，不同性别、年龄、教育程度、职业等各类人员在态度或意见上是否存在差异。

调查法的优点是能够同时收集到大量的资料，使用方便，并且效率高，故而被广泛应用于教育心理学或社会心理学研究中。调查法的缺点是研究结果难以排除某些主、客观因素的干扰。为了进行科学的调查，得出恰当的解释，必须有经过预先检验过的问卷，有受过培训的调查者，有能够反映总体的样本，还要采用正确的资料分析方法。

（五）个案研究法

个案研究法是收集单个被试的资料以分析其心理特征的方法。收集的资料通常包括个人的背景资料、生活史、家庭关系、生活环境、人际关系以及心理特征等。根据需要，研究者也常对被试进行智力测验和人格测验，从熟悉被试的亲近者了解情况，或从被试的书信、日记、自传或他人为被试所写的资料（如传记、病历）等进行分析。个案的研究对象可以是单个被试，也可以是由个人组成的团体（如一个家庭、班级或工厂）。

个案研究法的优点是能加深对特定个人的了解。其缺点是所收集的资料往往缺乏可靠性。例如，个人写的日记、自传往往因自我防卫而缺乏真实性。此外，个案研究的结论不能简单地推广到其他个人或团体，但在经过多次同类性质的个案研究之后，可为研究者设计实验研究假设提供参考。

三、心理学研究方法的发展新趋势

心理学的产生、形成、发展和演变，大致分为三个阶段。19 世纪 70 年代之前为准备期；自 1879 年至第二次世界大战，是心理学形成、分化和发展时期；第二次世界大战以后，是心理学的演变、振兴时期。与此同时，心理学研究方法的历史发展也经历了三个阶段，19 世纪 70 年代科学心理学诞生之前，人们对心理现象的认识主要依靠不充分的观察和思辨的方法；自 1879 年至第二次世界大战，人们对心理现象的研究广泛采用了定量研究的方法，心理实验得到迅速发展；第二次世界大战之后，随着现代科学技术的发展，心理学从自然科学和社会科学中借用了一些新的研究方法，用以更新传统心理学的研究方法。例如，功能模拟方法、电生理模拟方法是借用自然科学的，而文献传记法是借用社会科学的。近年来，心理学研究方法的发展明显出现一些新趋势。

（一）研究思路的生态化

随着研究的不断深入和社会需求的日益迫切，实验室研究日益显现出其固有模式的局限性，心理学研究出现了生态化的趋势，即强调从现实生活中、自然情境下研究个体与自然、社会环境中各种因素的相互作用，从而揭示心理发展和变化的规律。这种研究思路使心理学的研究更为客观、真实、接近自然，提高了研究结果的外部效度和生态效度。

（二）研究方式的多学科化

心理学所涉及的问题纷繁复杂，往往需要从多学科的角度来进行研究。心理学多学科的研究方式有两种：一种是心理学内部各分支学科的协作；另一种是心理学和其他学科，如哲学、神经科学、教育学、社会学等的协作。

（三）研究范式的跨文化

随着心理学研究的深入和理论的发展，研究者越来越重视对不同文化背景中个体的行为表现和心理发展的类似性和差异性的研究，即不同文化背景下哪些心理特征具有普遍性，哪些心理特征具有特定性。跨文化研究对于丰富心理学研究成果、弄清个体心理发展的影响因素和规律及其使用范围等基本问题意义重大，已成为心理学研究的一种新的范式。

（四）研究方法的综合化

心理学研究方法的综合化趋势主要表现在以下四点。第一，主张采用多种方法去研究和探讨心理现象及其规律，以对不同方法所得到的结果进行相互比较、补充和验证；第二，强调和大量采用多变量设计，以揭示心理活动各个方面的相互联系；第三，强调采用综合设计方式，如兼有纵向设计与横向设计优点的聚合交叉设计；第四，注重将定性和定量研究方法结合起来。

（五）研究手段的现代化

随着现代科学技术的迅速发展，在心理学研究中，录音、录像、摄像、照相设备以及各种专门研究仪器、工具（如运动房屋、信号发生器、面部情绪变化测试仪、运动分析器、自动记录仪、分析仪、眼动仪等）都得到了广泛的应用，一批现代化的观察室和实验室纷纷建立。其中，计算机技术在心理学研究中的数据处理、实验控制、心理过程模拟等多个环节的大量运用，是研究手段现代化的最突出表现。

（六）研究结果的数量化

当代科学技术和数学科学的发展，加速了心理学研究的数量化趋势，表现为以下四点。在研究中越来越多地采用多元分析方法；计算机及其相关软件已成为最重要的计算工具；在传统使用定性方法的领域，开始采用"元分析"等定量方法；模糊数学在心理学研究中日益得到广泛的应用。

第四节　心理学的历史发展

心理学有一个漫长的过去，但只有一个短暂的历史。

——艾宾浩斯（1908）

一、心理学产生的历史背景

心理学是一门古老而又年轻的科学。在心理学独立成为科学以前，有关知识、观念、心、心灵、意识、欲望和人性等心理问题，一直是古代哲学家、教育家、文学艺术家和医生们共同关心的问题。

在欧洲，心理学的历史可追溯到古希腊得谟克利特、柏拉图和亚里士多德时期。得谟克利特（Democritos，约公元前460—前370）是唯物论哲学家，他认为世界万物都是由原子构成的。原子是永远存在、永远运动的。其数目是无限的。灵魂也是由原子构成的。这种原子特别细小光滑，像火那样，活动性大，贯穿在身体的各个部分。灵魂原子随人的呼吸而存在。呼出多了，人就入睡；呼出更多，就发生昏迷；全部离开身体，人就死亡。柏拉图（Plato，公元前427—前347）是唯心论哲学家。他认为，灵魂先于身体并独立于身体，是永生不灭的；当神创造世界的时候，神把理性放在身体里，以指导身体。亚里士多德（Aristotle，公元前384—前322）博学多才。他的心理学思想动摇于唯心论与唯物论之间。他的《灵魂论》被认为是历史上第一部论述各种心理现象的著作。亚里士多德把心理功能分为认识功能和动求功能。认识功能包括感觉、意象、记忆、概念等过程。动求功能包括感情、欲望、意志、动作等过程。他把理性分为被动理性和主动理性。他认为被动理性是身体的功能；身体死亡，则被动理性消灭。主动理性是人体外来的；人死时它不会死，仍归到世界的理性中去。这反映了他的唯心论观点。亚里士多德的这些思想影响到后来心理学的发展，对当代的心理学思潮也有重要的影响。

心理学是在19世纪末独立成为一门科学的，其诞生与发展有两个重要的历史渊源。

（一）近代哲学思潮的影响

近代哲学是指17～19世纪欧洲各国的哲学，其中主要指法国17世纪的唯理论和英国17～18世纪的经验论。

唯理论的著名代表是17世纪法国著名哲学家、杰出的自然科学家让内·笛卡儿。笛卡儿只相信理性的真实性，认为只有理性才是真理的唯一尺度，后人称他的哲学为唯理论哲学。在身心关系的问题上，他承认灵魂与身体有密切的关系。认为某些心理现象如感觉、想象、情绪活动，都离不开身体的活动。笛卡儿把人体和动物看成一部自动机械，它们的活动受力学规律的支配。他还用反射概念解释动物的行为和人的某些无意识的简单行为。但他认为，用身体的原因不足以解释全部的心理活动，为了引起心理活动，还必须有灵魂参加。这样，笛卡儿就把统一的心理现象分成了两个方面，其中一个方面依赖于身体组织，而另一个方面是独立于身体组织之外的，因而陷入了二元论。他还相信"天赋观念"，即人的某些观念不是由经验产生的，而是人的先天组织所赋予的。笛卡儿关于身心关系的思想推动了对动物和人体做解剖学和生理学的研究，这对现代心理学的诞生有直接的影响，他对理性与天赋观念的重视也影响到现代心理学的理论发展。

经验主义起源于英国哲学家霍布斯和洛克。前者被认为是经验主义的先驱，后者被认为是经验主义的奠基人。洛克反对笛卡儿的"天赋观念"说。在他看来，人的心灵最初像一张白纸，没有任何观念。一切知识观念都是后天从经验中获得的。洛克把经验分成外部经验与内部经验两种。外部经验叫感觉，它的源泉是客观的物质世界。物质世界的属性或特性作用于外部感官，因而产生外部经验。内部经验叫反省，它是人们对自己的内部活动（思维、意愿、爱憎等）的观察。洛克的思想同样具有明显的矛盾，它摇摆在唯物主义和唯心主义之间。洛克重视外部经验，承认客观的物质世界是外部感觉的源泉，这是唯物的；但他同时承认反省和外部感觉一样，是观念的独立源泉，他的思想又摇摆到唯心主义的方面去了。

18 世纪英国经验主义遵循着两个对立的方向继续发展。英国哲学家哈特莱和法国哲学家康狄亚克发展了洛克思想中的唯物主义方面，他们强调感觉在认识世界中的作用，并且认为它的源泉是客观世界。英国哲学家贝克莱和休谟则继承和发展了洛克思想中的唯心主义方面。贝克莱只承认感知觉经验的实在性，否认客观世界的存在。他有一句名言是"存在就是被感知"。在他看来，不仅观念是感觉的复合，物体也是感觉的复合。离开了感知觉经验，离开了感知的主体，物体以及它们的种种性质，也就不存在了。

英国经验主义演变到 18～19 世纪，形成了联想主义的思潮，代表人物有詹姆斯·穆勒、约翰·穆勒、培因等。他们把联想的原则看成全部心理活动的解释原则。人的一切复杂的观念是由简单观念借助联想进而形成的。例如，砖头的观念借助联想而形成墙的观念；泥灰的观念借助联想而形成地面的观念；玻璃、木条的观念借助联想而形成窗户的观念。而墙壁、地面和窗户的观念借助联想而形成房屋的观念等。人的心理大厦就是由观念按上述原则建构起来的。

（二）实验生理学的影响

近代哲学为西方现代心理学的诞生提供了理论基础，而现代心理学的实验方法则直接来源于实验生理学。

19 世纪中叶，生理学已成为一门独立的实验科学。生理学的发展，特别是神经系统生理学和感官生理学的发展，对心理学走上独立发展的道路产生了重要的影响。1811 年，英国人伯尔和法国人马戎弟首次发现了脊髓运动神经与感觉神经的区别。1840 年德国人雷蒙德发现了神经冲动的电现象。1850 年，德国著名科学家赫尔姆霍茨用青蛙的运动神经测量了神经的传导速度，这项研究为生理心理学中应用反应时的测量方法奠定了基础。1861 年，法国医生布洛卡从尸体解剖中发现，严重的失语症与左额叶部分组织的病变有关，从而确定了语言运动区（布洛卡区）的位置。1869 年，英国神经学家杰克逊提出了大脑皮层的基本机能界线，即中央沟前负责运动，中央沟后负责感觉。1870 年，德国生理学家弗里茨与希兹用点刺激法研究大脑功能，发现动物的运动性行为是由大脑额叶的某些区域支配的。这些研究不仅加深了人们对大脑机能分区的认识，而且对研究心理现象与行为的生理机制开辟了广阔的前景。这个时期生理学家和物理学家在感官生理学方面的一系列重要发现，也为心理学用实验方法研究感知觉问题奠定了基础。

二、主要的心理学流派

1879 年，德国著名心理学家冯特（Wilhelm Wundt，1832—1920）在德国的莱比锡大学创建了第一个心理学实验室，开始对心理现象进行系统的实验室研究，标志着心理学走上了独立发展的道路。

【拓展阅读】

威廉·冯特，德国生理学家、心理学家。构造心理学派创始人之一，科学心理学的创始人。1856年毕业于海德堡大学医学系。1858年他成为赫尔曼·冯·赫尔姆霍茨的助手。在这段时间里他开辟了科学心理学课程的教学。在这个课程中他使用来自自然科学的实验方法来研究心理学。他的讲义被编辑为《人类与动物心理学论稿》。

1864年他被提升为助理教授。

1874年他发表了《生理心理学原理》。在这部书中他系统地研究了人的感识：感觉、体验、意志、知觉和灵感。

1875年冯特成为莱比锡大学教授。1879年他在那里创建了世界上第一个心理实验室。

冯特晚年发表了他的十卷巨著《民族心理学》。

资料来源：陈元晖，教育与心理词典，福建教育出版社，1988

心理学从19世纪末成为一门独立的科学以来，历经一百多年的发展，到20世纪二三十年代进入到了派别林立的大发展时期。

（一）构造主义（Structuralism）

构造主义心理学的奠基人为冯特，其代表人物为冯特的学生铁钦纳（Edward Titchener，1867—1927）。这个学派主张，心理学应该研究人们的直接经验即意识，并把人的经验分为感觉、意象和激情三种元素。感觉是知觉的元素，意象是观念的元素，激情是情绪的元素。这些元素通过联想和统觉就构成了所有的复杂的意识经验。其研究方法是内省法，即在精确的实验条件下，准确地观察并描述经验到的心理状态。例如，研究者控制节拍器发出有节律的滴答声，并使其做出快慢、强弱等方面的系统变化，让被研究者说出自己的主观感受，如愉快—不愉快、紧张—轻松、兴奋—抑制。心理学的目的就是通过内省了解在不同刺激情境下各种元素之间的结构。

直到20世纪20年代，构造主义学派随着铁钦纳的去世而逐渐衰落，对后来的心理学发展影响也不大。但是，其他一些学派正是以它为攻击的标靶而兴起的，因此，它在心理学发展史上功不可没。

（二）机能主义（Functionalism）

机能主义心理学的创始人是美国心理学家詹姆斯（William James，1842—1910），代表人物有杜威（John Deway，1859—1952）和安吉尔（James Angell，1869—1949）等人。该学派主张研究意识，但是不把意识看成个别心理元素的集合，而看成川流不息的过程。在他们看来，意识是个人的、永远变化的、连续的和有选择性的。意识的作用就是使有机体适应环境。如果说构造主义强调意识的构成成分，那么机能主义则强调意识的作用与功能。以思维为例，构造主义关心什么是思维，而机能主义则关心思维在人类适应性行为中的作用。他们还认为心理学的研究工作不应局限在实验室内，可采用观察、测验以及问卷调查等方法，考察人是如何调整行为以适应环境不断提出的要求。

机能主义的主张推动了美国心理学面向实际生活的发展进程，20世纪以来，美国心理学一直比较重视心理学在教育领域和其他领域的应用，这和机能主义的思潮是分不开的。

（三）行为主义（Behaviorism）——心理学史上的第一次革命

20世纪初的美国，当构造主义学派与机能主义学派争论不休时，出现了另外一个学派——行为主义心理学。行为主义心理学的诞生从根本上改变了心理学的发展进程。1913年，美国心理学家华生（John Watson，1878－1958）发表了一篇题为《一个行为主义者眼中的心理学》的论文，宣告了行为主义心理学的诞生。

行为主义心理学反对研究意识，认为意识带有主观的性质，是看不见、摸不着的，无法对它进行可重复性的、客观的研究，主张科学心理学应当研究可观察的外显行为，应当把人的意识当作一个黑箱，不管里面装的是什么，只需考察在刺激影响下的反应活动，行为就是由这些反应活动构成的。同时，行为主义心理学反对内省法，认为心理学作为一门科学，应当只限于以客观的方法处理客观资料，用内省法得到的资料不是客观资料，主张科学心理学应当采用实验法。此外，华生认为人的一切行为都是在后天环境影响下形成的，他曾经说过一段偏激的话：你给我一打儿童，在良好的、由我做主的环境中，不管他们的天资、能力、父母的职业和种族如何，我可以任意地把他们培养成医生、律师、艺术家、大商人，甚至乞丐或小偷。

行为主义心理学后期的另一著名代表人物是美国心理学家斯金纳（Burrhus Frederic Skinner，1904—1990），由于他发展了行为主义，被称为新行为主义。斯金纳坚持行为主义的基本宗旨，并明确指出，任何机体当前的行为结果可改变其未来的行为。例如，当一个学生在课堂上积极举手发言，获得了老师的当众表扬，他以后积极举手发言的行为就越来越多。这一原理不仅适于动物训练，也适于人类的各种行为包括社会行为的塑造和矫正。行为主义能够解决一些实际问题，在实用主义思想指导下，行为主义在美国很快盛行起来，广泛地应用于工厂、学校和医院，直到现在，在行为矫正、心理治疗以及教学设计方面仍然发挥着重要作用。

行为主义心理学在心理学发展史上占有重要地位，其影响深远。它锐意研究可观察的行为，强调严格的科学研究方法，这对心理学走上客观研究的科学道路起到了积极的作用，致使心理学在社会科学各学科中形象突出，影响了当时的行为科学的兴起。但是，由于它极端排斥研究心理的内部结构和过程，否定意识研究的重要性，窄化了心理学的内涵，因此又限制了心理学的发展，故在20世纪50年代逐渐衰落。

（四）格式塔心理学（Gestalt Psychology）

构造主义心理学被铁钦纳带到美国发展的同时，在自己的发源地德国却受到一定的批判。1912 年，德国出现了另一个心理学派别，称为"格式塔心理学"或"完形心理学"，主要研究知觉和意识的组织过程。其主要代表人物有韦特海默（Max Wertheimer，1880—1943），苛勒（Wolfgang Kohler，1887—1967）和考夫卡（Kurt Koffka，1886—1941）。

"格式塔"是德文"gestalt"的译音，其含义是整体或完形。格式塔心理学明确指出，构造主义把心理活动分割成一个个独立的元素进行研究并不合理，因为人对事物的认识具有整体性。人的知觉经验虽然起源于分离零散的外在刺激，但人所得到的知觉却是有组织的。以四条直线构成的矩形为例，人对它的知觉不是对边相等的两条横线和两条竖线，而是一个完整的矩形，这是因为人在集四条直线而成意识时另加了一层"完形"心理组织。这说明，人的知觉和意识不等于、也不能还原为感觉元素的机械之和，整体大于部分之和，整体先于部分而存在并制约着部分的性质和意义。

格式塔心理学在知觉、学习、思维等方面开展了大量的实验研究，至今有关知觉的实验中还包括很多格式塔规律。格式塔心理学的研究为后来认知心理学的发展奠定了基础。

（五）精神分析学说（Psychoanalysis）

精神分析学说是由奥地利精神病医生弗洛伊德（Sigmund Freud，1856—1939）于 19 世纪末、20 世纪初创立。弗洛伊德的代表作有《精神分析引论》《梦的解析》等。他是从治疗精神病的需要出发，从变态心理的角度研究正常人的心理。在弗洛伊德之前，人们相信，精神病人的变态行为是由魔鬼附体引起，治疗疾病的适当方式是让病人尽量痛苦地生活以对付魔鬼，如饱受饥寒、遭受鞭挞或浸泡在开水之中等。弗洛伊德指出，变态行为应当被看做心理疾病，是由心理功能失调所致，只有研究病人心理障碍的原因才能治好病人。通过长期的精神病治疗实践，并依据对自己的焦虑、冲突和愿望等内心活动的观察，弗洛伊德认为，人在童年时期的潜意识经验及其导致的内心冲突是心理障碍的根源。所谓潜意识，就是一些受环境的要求与社会文化限制而不能表现出来的想法、记忆和愿望，尤其是与性本能有关的欲望。它们由于长期被压抑，因而处于不被知觉的意识下层，常常会在梦中、口误以及心理防御行为中表现出来，对意识也有很大的影响。人对潜意识尤其是在性方面的潜意识压抑过度，就会导致多种心理障碍。弗洛伊德提倡用精神分析的方法来寻找病人的病根。所谓精神分析，是一种临床技术，就是通过释梦和自由联想等手段，发现病人潜意识中存在的动机，使受到的压抑得到宣泄，从而治疗疾病。

精神分析学说对心理学的影响很大，不仅在精神病治疗中继续得到应用，而且对个性、动机心理学的研究产生了积极作用，有些概念（如潜意识、自我等）也都渗透到了心理学研究的主流之中。但是，弗洛伊德是根据自己多年对病人的观察和记录而对正常人的心理进行推论解释的，难免以偏概全。而且，弗洛伊德宣扬泛性论，把性欲看做支配人的一切行为的动机，过分夸大了性的作用，忽视了社会文化的影响，这一点遭到了广泛的批评，其后继者对此加以修正，出现了新弗洛伊德学派。

值得一提的是，精神分析学说不仅是当时心理学中影响最大的理论之一，而且也是 20 世纪影响人类文化最大的理论之一，对哲学、文学以及其他社会科学都产生了重要影响。精神分析学说的提出被认为是对人类自尊心的第三次重大的精神打击。第一次打击是发现人不是宇宙的中心；第二次打击是发现人是由猿猴演化而来的；第三次打击就是弗洛伊德认为，人基本上是由许多冲动支配的，这些冲动许多是潜藏在知觉不到的无意识状态之中。人作为有意识控制自己行为的理性形象受到了挑战。

以上五种学派的区别在于：构造主义、机能主义和格式塔心理学重视意识经验的研究，行为主义重视正常行为的分析，而精神分析学派则重视异常行为分析。

（六）人本主义心理学（Humanistic Psychology）

人本主义心理学是美国心理学家马斯洛（Abraham Maslow，1908—1970）和罗杰斯（Carl Rogers，1902—1987）在 20 世纪 50 年代创立的。因为人本主义心理学兴起于精神分析学说与行为主义之后，故被称为现代心理学上的第三势力。

人本主义心理学批评精神分析学说只是以精神病人的心理现象为基础，抨击其有关行为受原始性冲动支配的观点；批评行为主义心理学只是以动物和儿童的心理现象为基础，指责它只研究由零碎的、片面的反应构成的行为，抨击其环境决定论。在人本主义心理学看来，这两种理论都没有把人看做是自己命运的主人，失掉了人的最重要特性。

人本主义心理学主张，心理学的研究应当以正常人为对象，研究人类有别于动物的一些复杂的经验——诸如动机、需要、价值观、情感、生活责任、自我意识等真正属于人性各种层面的问题。人本主义注重人的独特性和社会性，强调人是一种自由的、有理想的生物，其行为主要受自我意识支配；人具有个人发展的潜能和自我成长的需要。人本主义心理学的研究不只是了解人的这些本性，而且要寻求改善环境以利于人性的充分发展，使其达到自我实现的境界。

人本主义心理学强调人的社会性特点，主张以人的需要为出发点去研究人性，给人的心理本质做出了新的描绘，为教育心理学、发展心理学、心理咨询和治疗领域指明了一条新的路线和方法。但人本主义理论不能用实验加以证明，主要靠理论上的思辨和推测，其风格与自然科学研究不同，难免让人感到人本理论方向是正确的，但从事实际研究时在方法上有诸多困难。

（七）认知心理学（Cognitive Psychology）——心理学史上的第二次革命

认知心理学与其他学派不同，不是由某个心理学家提出来的一套理论体系，而是在很多学者研究的基础上产生的。1967 年，美国心理学家奈瑟尔（U. Neisser，1928—　）将当时的各种研究成果加以总结，写出了《认知心理学》一书，使得认知心理学明确成为一种学说。

认知心理学是受多种因素的影响逐渐演变而成的。首先，是受 20 世纪中期计算机科学的影响，计算机科学的发展要求了解人是怎样在头脑中加工信息的，以及人是怎样认识外界的。只有把人的认识活动规律了解清楚后，计算机才能模拟运算，由此认知心理学应运而生。其次，是心理学自身发展中积累了一些成果。例如，瑞士著名心理学家皮亚杰（Jean Piaget，1896—1980）在对儿童研究中，揭示出在儿童发展的不同阶段思维表现有不同水平，这些成果证明内部心理活动规律是可以研究的。最后，某些行为主义心理学家在自身的研究过程中，受格式塔学派的影响，逐步引入了一些与心理活动有关的概念和术语，也推动了心理学研究从行为主义向认知心理学的转变。

所谓认知，是指人在认识事物的过程中所进行的各种心理活动，主要包括知觉、注意、记忆、言语、思维等。例如，在解答一道数学应用题时，从感知文句、理解题意、寻找已知条件、推导解答、实际运算到验证结果等一系列活动就是认知活动。认知心理学家坚信，要想充分了解一个人的行为必须研究其内部心理活动，内部认知过程是可以运用科学的方法加以研究的。他们在研究推理、决策以及问题解决等复杂的认知过程时采用口语报告的方法，获得了很大成功。口语报告法也称"出声思维"，即经过一定训练后，让被研究者在解决某个问题时，大声说出头脑内进行的活动，事后由研究者对其进行分析。口语报告法不同于内省法，它是在行为主义研究方法之上所运用的一种客观的科学研究方法。认知心理学的发展使人的心理、意识又被带回到了心理学的研究之中。

值得一提的是，人们在使用认知心理学这一术语时，存在广义和狭义两种含义。在广义上，凡是用人的知觉、注意、记忆、学习、理解、想象以及思维等认知过程来解释人的心理现象的研究，都属于认知心理学，泛称认知理论。在狭义上，认知心理学与旨在解释人接收、存储和利用信息的过程的信息加工论等同，受计算机科学的影响较大，其主要代表人物是美国著名的心理学家西蒙（Herbert Alexander Simon，1916—2001）。

认知心理学顾名思义只是与认知过程有关，但由于人的认知过程与动机、情感等心理现象是密不可分的，认知心理学实际上并未忽视对动机、情感等方面的研究，它超越单纯的认知研究，已经成为一种思潮，延伸到了教育心理学、社会心理学等领域。目前，认知心理学的研究越来越深入，逐渐与神经心理学和脑科学结合，产生了认知神经心理学。

【拓展阅读】

潜意识心理学

在心理学史上，潜意识的概念是与弗洛伊德及其精神分析理论联系在一起的。然而，关于潜意识心理状态的假说并不是由弗洛伊德最先提出的。莱布尼茨阐释过"次要知觉"，指的就是潜意识；赫尔巴特曾将心理分为意识领域和潜意识领域，并把心理生活看作是在各种竞相进入意识的观念之间的一种竞争；赫尔姆霍茨相信从感觉原子中得到的经验世界的构造要求潜意识推断的存在；沙可在应用催眠理论的过程中发现，存在着一个脱离意识的心理王国；尼采说过"意识只是表层"；叔本华声称"人类灵魂中存在野蛮的兽性"。弗洛伊德的贡献在于他检验所有这些假说，创建了精神分析学派，形成了一门以研究潜意识心理为主的科学心理学。

人脑接收信息的方式分为有意识和无意识接收两种方式，我们每天都会受到不同程度有形或无形的刺激，引起我们的注意而产生不同程度的反应，有意识接收是人脑对于周边事物的刺激有知觉地接收信息，而无意识接收是人脑对于周边事物的刺激不知不觉地接收，这就是所谓潜意识。美国知名学者奥图博士说："人脑好像一个沉睡的巨人，我们均只用了不到1‰的脑力。"一个正常的大脑记忆容量有大约6亿兆的知识总量，相当于一部大型计算机储存量的120万倍。如果人类发挥出其一小半潜能，就可以轻易学会40种语言。记忆整套百科全书，获12个博士学位。根据研究，即使世界上记忆力最好的人，其大脑的使用也没有达到其功能的1‰，人类的智慧和知识至今仍是"低度开发"！人的大脑真是个无尽的宝藏，可惜的是每个人终其一生都忽略了如何有效地发挥它的潜能——潜意识中激发出来的力量。

（一）潜意识的六大特征

①能量巨大：博恩·崔西说："潜意识是显意识力量的3万倍以上。"

②最喜欢带感情色彩的信息。

③不识真假，直来直去。

④易受图像刺激。

⑤记忆差，需强烈刺激或重复刺激。

⑥放松时，最容易进入潜意识。

（二）代表人物

1.弗洛伊德

弗洛伊德提出了关于潜意识心理空间的"地形"概念，即欲望还没有变成意识之前所存在的地方。在弗洛伊德看来，所有的心理事件均始于潜意识，在那里它们受到检验，以确定它们是否能被意识所接受。只有通过审查，潜意识的欲望才有可能变为意识，如果它通不过，就不会被允许进入意识。通过审查的欲望不会直接导致意识，只是"有可能成为意识"；介于潜意识和意识之间的这一空间称作"前意识"。由此可见，潜意识不只是地形中的一个地方，它还是一个从意识中分离出来的系统，并且具有自己的奇异原则。与意识相反，它免除了逻辑的和情感的不稳定性，不随时间的变化而改变，并且完全与外界现实脱离接触。

2. 约瑟夫·墨菲（Joseph Murphy，1898—1981）

墨菲是挖掘人类潜能方面的权威人物。

墨菲博士的"心想事成法则"一经发表，立刻在世界产生了轰动效应，其作品迅速成为世界畅销书，成为许多成功人士枕边必备的书籍。他最知名的著作《潜意识的力量》超越了宗教的界限，在全球广受读者欢迎，堪称潜能开发书籍中的经典。除此之外，他还著有《想有钱就有钱》《易经的秘密》《心量动力的奇迹》《内在的赚钱能量》等三十余部作品，都获得了全球读者的好评。

3. 东泽·HE

美籍华人，美国斯坦福大学博士，在弗洛伊德和墨菲博士的基础上，提出冥想潜意识。其理论结合印度瑜伽与中国的辟谷学说、人类体能与脑活动的联系、人体零消耗，以及潜意识与自然的关系等新学说。其著作《能量的循环》被誉为西方心理学与东方玄学的完美结晶。

【本章小结】

本章主要介绍了心理学的概念、研究对象、研究方法及心理学的主要流派等内容。

1. 心理学是对心理现象发生、发展及其规律进行研究的科学。

2. 心理学研究的对象包括心理过程、个性心理、意识与无意识三个方面。认知、情感和意志过程同属心理过程。认知过程包括感觉、知觉、记忆、思维和想象；在认知基础上产生的喜、怒、哀、惧等态度体验称为情感过程；意志过程是指由认知的支持与情感的推动，人有意识地克服内心障碍与外部困难而坚持实现目标的过程。个性心理是个体所具有的稳定的心理现象，包括个性倾向性、个性心理特征和自我三个方面。

3. 心理学是建立在实验基础上的学科，实验方法是心理学最重要的一种方法。心理学的研究方法主要包括观察法、实验法、测验法、调查法及个案研究法五种。

4. 19世纪末至20世纪初是心理学中派别纷争的时期，涌现了构造主义、机能主义、行为主义、格式塔心理学、精神分析学、人本主义、认知心理学等不同的心理学学派。不同学派在心理学的方法论基础、研究对象、研究领域和研究方法上都有显著的分歧，它们对现代心理学的发展起到重要的推动作用。

【习题（含近年考研真题）】

一、单选题

1. 心理学是研究（ ）的科学。
   A. 心理现象发生、发展及其规律 B. 除精神病人心理以外的心理现象
   C. 除动物心理以外的心理现象 D. 正常成人心理现象

2. 基础心理学是研究（ ）。
   A. 正常成人心理现象的心理学基础学科
   B. 人的心理现象的心理学分支
   C. 除动物心理以外的心理现象的心理学分支
   D. 所有心理现象的学科

3. 心理现象可分为（ ）。
   A. 心理过程和性格 B. 认知、情感和意志
   C. 心理过程和个性心理 D. 认知、情感、意志和性格

4. 心理过程包括（ ）。
   A. 认知、情感和意志 B. 能力、气质和性格
   C. 知、情、意和能力 D. 感觉、知觉记忆和思维

5. 1879年冯特在德国莱比锡大学建立了世界上第一个心理学实验室，标志着（ ）。
   A. 心理学的研究开始运用实验的方法
   B. 构造心理学派的诞生
   C. 科学心理学的诞生
   D. 机能主义心理学的诞生

6. （ ）是行为主义学派的主要特点。
   A. 分析构成人的心理的基本元素 B. 从整体上研究心理现象
   C. 研究心理在适应环境中的机能 **D. 研究刺激和反应之间的关系**

7. （ ）心理学被称为心理学的第三势力。
   A. 机能主义 B. 精神分析 C. 行为主义 **D. 人本主义**

8. 心理学研究除了运用一般观察法、调查法和实验法外，还要运用（ ）。
   A. 个案法 B. 模仿法 C. 无条件反射法 D. 拟人法

9. 在自然情境中对人的行为进行研究，以发现其心理活动变化的方法是（ ）。
   A. 调查法 **B. 观察法** C. 实验法 D. 测验法

10. 强调研究个体意识功能的心理学流派是（ ）。
    A. 构造主义心理学 **B. 机能主义心理学**
    C. 行为主义心理学 D. 人本主义心理学

11. 以内省法作为主要研究手段的心理学派是（ ）。（2007年真题）
    A. 格式塔 B. 人本主义 **C. 构造主义** D. 行为主义

12. 通过搜集和分析某人过去和现在有关方面的资料，以推知其行为原因的方法是（ ）。（2007 年真题）

    A. 调查法　　**B. 个案法**　　C. 测验法　　D. 观察法

13. 强调心理学不应该以意识为主要研究对象的学派是（ ）。（2008 年真题）

    A. 构造主义　　B. 机能主义　　C. 人本主义　　**D. 行为主义**

14. 现代心理学诞生和发展的两个重要历史渊源是哲学和（ ）。（2008 年真题）

    A. 生理学　　B. 社会学　　C. 人类学　　D. 物理学

15. 机能主义学派的创始人是（ ）。（2009 年真题）

    A. 詹姆斯　　B. 斯金纳　　C. 华生　　D. 韦特海默

16. 下列心理学派与其代表人物，正确匹配的是（ ）。（2010 年真题）

    A. 机能主义——冯特　　B. 格式塔——铁钦纳

    C. 人本主义——罗杰斯　　D. 构造主义——詹姆斯

17. 运用心理学的原理和方法来诊断与治疗个体的心理障碍，改善人们的行为模式的心理学分支学科是（ ）。（2010 年真题）

    A. 教育心理学　　B. 发展心理学　　C. 生理心理学　　**D. 临床心理学**

二、多选题

1. 心理学研究（ ）。

    A. 动物的心理现象　　**B. 儿童的心理现象**

    C. 正常成人的心理现象　　D. 除动物以外所有的心理现象

2. 一般把心理现象分为（ ）。

    A. 心理过程和个性　　B. 知、情、意和能力、气质、性格

    C. 知、情、意和个性　　D. 心理过程和性格

3. 心理过程包括（ ）。

    A. 认知　　**B. 情感**　　**C. 意志**　　D. 能力

4. 心理和人的行为之间的关系表现为（ ）。

    A. 心理支配人的行为　　**B. 心理通过行为表现出来**

    C. 心理就是行为　　D. 行为就是心理

5. （ ）是人本主义心理学的主要特点。

    A. 要重视人的本能的作用　　**B. 人有自我实现的需要**

    C. 应重视人自身的价值　　**D. 要充分发挥人的潜能**

6. （ ）是认知心理学的主要特点。

    A. 从整体的观点出发研究构成人的心理的基本元素

    B. 从信息的输入、编码、转换、储存和提取的过程来研究人的认知活动

    C. 把人看做信息加工系统，从信息加工的观点研究人的认识活动

    D. 从适应的观点出发研究人的心理在适应环境中的作用

7. 生理心理学研究的内容包括（ ）。

    A. 心理活动的生理基础　　**B. 心理活动的脑机制**

C. 心理活动的大脑机能定位　　　　**D. 心理活动时大脑的物质代谢**

8. 心理学常用的研究方法有（　　　）。

　　A. 观察法　　　　**B. 调查法**　　　　**C. 个案法**　　　　**D. 实验法**

三、简答题及答案要点

1. 简述心理学的研究对象。

　　答：心理学是研究心理现象的科学，它既研究个体心理也研究群体心理，既研究心理也研究行为，既关注意识也关注无意识，但总的说来，心理学研究的心理现象包括三个方面：①认知，②情绪和动机，③能力和人格。以上三者是个体心理现象的三个主要方面，是心理学的主要研究对象，三者相互联系相互依存。（作答时补充详细概念）

2. 简述心理学的主要研究方法。

　　答：①观察法，②调查法，③测验法，④实验法，⑤个案研究法。前三种方法只能揭示心理现象的相关关系，只有实验法能揭示因果关系。科学心理学的发展在于实验方法的广泛应用。（作答时补充每一方法的具体内容）

3. 格式塔心理学的主要代表人物有哪些？他们的主要观点是什么？（中科院2002年真题，华东师大2004年真题）

　　答：格式塔心理学的创始人有韦特海默、苛勒和考夫卡等。

　　"格式塔"意思就是"整体"，它代表这个学派的基本主张和宗旨。他们反对把意识分析为元素，而强调心理作为一个整体、一种组织的意义。强调整体并不等于部分的总和，整体先于部分而存在并制约着部分的性质和意义。

　　格式塔心理学派作为一个独立的学派，对促使人们对意识经验发生兴趣，把意识经验看做心理学的一个合法的研究领域具有重要意义，同时格式塔学派对同时期的学派中肯而坚定的批评，对心理学的发展也具有重要影响。

　　这个心理学派的局限在于，他们把直接经验世界看做是唯一确实而又可知的世界；把全部心理学问题，完全简化为数理的问题，违背了系统观。（作答时对主要观点需进一步展开）

4. 什么是信息加工的心理学？（华东师大2003年真题）

　　答：认知心理学起始于20世纪50年代中期，60年代以后飞速发展，1967年美国心理学家奈瑟尔《认知心理学》一书的出版，标志着认知心理学的诞生。认知心理学有广义、狭义之分，凡是研究人的认识过程的，都属于广义的认知心理学；狭义的认知心理学，也称信息加工心理学，它是指用信息加工的观点和术语，通过与计算机相类比，模拟、验证等方法来研究人的认知过程，认为人的认知过程就是信息的接收、编码、储存、交换、操作、检索、提取和使用的过程。信息加工心理学将这一过程归纳为四种系统模式，即感知系统、记忆系统、控制系统和反应系统，强调人已有的知识和知识结构对他的行为和当前的认知活动起决定作用，其最重大的成果是在记忆和思维领域的突破性研究。

5. 简述笛卡尔的"二元论"是如何论述"心"和"身"各自的特点及其相互作用的。（华东师大 2009 年真题）

答：在身心关系的问题上，笛卡尔承认灵魂与身体有密切的关系。认为某些心理现象如感觉、想象、情绪活动，都离不开身体的活动。笛卡尔把人体和动物看成一部自动机械，它们的活动受力学规律的支配。他还用反射概念解释动物的行为和人的某些无意识的简单行为。但他认为，用身体的原因不足以解释全部的心理活动，为了引起心理活动，还必须有灵魂参加。这样，笛卡尔就把统一的心理现象分成了两个方面，其中一个方面依赖于身体组织，而另一个方面是独立于身体组织之外的，因而陷入了二元论。笛卡尔关于身心关系的思想推动了对动物和人体做解剖学和生理学的研究，这对现代心理学的诞生有直接的影响。

四、论述题及答案要点

试述在心理学的发展过程中（19 世纪末到 20 世纪初期）主要的心理学学说及其代表人物。

答：从 19 世纪末到 20 世纪初期，心理学家对心理学的内容、方法以及研究目的提出了不同的看法，产生了不同的学说。主要有①构造主义，②机能主义，③行为主义，④格式塔心理学，⑤精神分析学派。其代表人物和理论观点见本书第 22 页至第 25 页。

第二章
心理的神经生理机制

【半脑人的故事】

2005 年 7 月王亦恺以 632 分全班第一名的优异成绩考取了东南大学建筑系。就在他全家人得知高考消息大喜过后十几个小时，全家人上街买完计算机后他在回家的路上突然遭遇车祸，脑部被严重撞伤。王亦恺躺了一个多月才醒了过来，但他却得了失忆症，连自己亲人都不认识了，把妈妈称为"阿姨"。他妈妈为此变得十分狂躁和忧愁。王亦恺由于部分大脑严重受伤，变得说话语无伦次，不着边际，吃饭都不知道饥饱。他妈妈只好对儿子再次进行两岁时的教育，并没有因此彻底对儿子失望，而是对儿子的未来满怀信心和希望，为了使儿子及早康复，还制定了一整套康复方案。在亲人和医护人员的共同努力下，几个月后王亦恺奇迹般地站了起来，但他的大脑还是处于一种无意识的状态。他到上海接受了脑积液引流和钛合金脑颅骨修复手术，从而拥有了一个带补丁的脑袋。手术后他不但认识亲人了，还慢慢地对车祸前后的一些事情恢复了记忆。在他妈妈的精心照料和帮助下，他积极主动地投入到了康复训练当中，通过器械训练和按摩等使他僵硬的肌肉渐渐恢复了正常功能。在记忆恢复的训练过程中，王亦恺的语言表达能力还比车祸前提高了不少，因为他损伤的是大脑右侧，而左侧大脑的语言功能却得到了锻炼和发挥。王亦恺康复后，在妈妈的陪同下又拿着两年前的入学通知书到东南大学报到读书了。

这个故事说明，如果人脑受到损伤，会造成某些认知功能的丧失，因而脑是心理的器官。同时心理是脑的机能，可以通过实践训练与后天教育恢复脑的功能。

【基础知识】

第一节 神经系统的基本结构

心理是神经系统的功能，特别是脑的功能。神经系统主要由两种细胞——神经元（neuron）和胶质细胞（glia）组成。神经元即神经细胞，是构成神经系统结构和功能的基本单位，是脑的建筑材料。它的基本作用是接收和传递信息。胶质细胞为神经元提供结构支持和营养，运走代谢废物，维持神经元的化学环境。

一、神经系统

（一）神经元

神经元是具有细长突起的细胞，它由胞体、树突和轴突三部分组成。人脑神经元的数量大概在 100 亿个以上。胞体位于脑和脊髓的灰质及神经节内，其形状有很大的差别，有圆形、锥体形、梭形和星形等几种。胞体大小不一，直径在 5～150 微米之间。胞体是神经元的代谢和营养中心。胞体最外是细胞膜，内含细胞核和细胞质（介于膜与核之间）。胞质具有复杂的结构，如神经元纤维、尼氏体、高尔基体、线粒体等。其中神经原纤维和尼氏体是神经元特有的结构。细胞突起是由细胞体延伸出来的细长部分，又可分为树突和轴突。每个神经元可以有一个或多个树突，可以接收刺激并将兴奋传入细胞体。每个神经元只有一个轴突，可以把兴奋从胞体传送到另一个神经元或其他组织，如肌肉或腺体。

神经元具有接收刺激（信息）、传递信息和整合信息的功能。所谓接收刺激就是把刺激的物理、化学能量转化为神经能，即神经冲动；传递信息就是沿着神经纤维传递神经冲动，或从感觉器官传至中枢，或从神经中枢传至效应器官；整合信息就是对信息进行分析和整合。

神经元有各种不同的形态，按突起的数目可以分成单极细胞、双极细胞和多极细胞。按功能可以分成内导神经元（感觉神经元）、外导神经元（运动神经元）和联络神

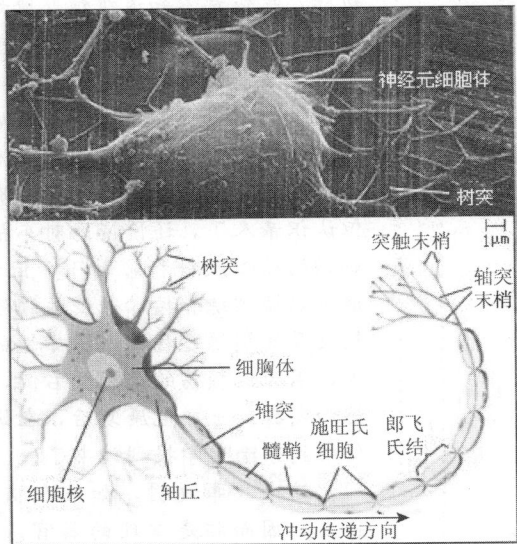

图 2-1　神经元的结构

经元（介于感觉神经元与运动神经元之间）。

（二）胶质细胞

在神经元与神经元之间有大量胶质细胞，总数在 1000 亿以上，是神经元数量的 10 倍。胶质细胞对神经元之间沟通有重要作用。

首先，它为神经元的生长提供了线路，就像葡萄架引导着葡萄藤的生长一样。在发育的后期，它们为成熟的神经元提供了支架，并在脑细胞受到损伤时帮助其恢复。

其次，它能在神经元周围形成绝缘层，使神经冲动得以快速传递。这种绝缘层叫髓鞘，由某些特异化的神经胶质细胞组成。这些细胞在个体出生后不久，就在具有长轴突的神经元周围覆盖起来。髓鞘有绝缘的作用，能防止神经冲动从一根轴突扩散到另一根轴突。在个体发育的过程中，神经纤维的髓鞘化，是行为分化的重要条件。当髓鞘受到损害时，可引起复视、震颤、麻痹等鞘膜性疾病。

最后，它能给神经元输送营养，清除神经元间过多的神经递质。脑血管屏障就是由神经胶质细胞构成的。脑血管屏障对防止有毒物质侵入脑组织有重要作用。

二、突触

（一）突触的概念

突触结构示意图表明突触（synapse）是两个神经元之间或神经元与效应器细胞之间相互接触并借以传递信息的部位。突触一词首先由英国神经生理学家谢灵顿（Charles Scott Sherrington）在 1897 年研究脊髓反射时引入生理学，用以表示中枢神经系统神经元之间相互接触并实现功能联系的部位。而后，又被推广用来表示神经与效应器细胞间的功能关系部位。它来自希腊语，原意是"接触"或"接点"。

（二）突触的分类

1. 根据突触借助的信号媒介分类

突触前细胞借助化学信号，即神经递质，将信息转送到突触后细胞者，称为化学突触；借助于电信号传递信息者，称为电突触。化学突触或电突触均由突触前、后膜以及两膜间的窄缝——突触间隙所构成，但两者有着明显差异。化学突触传递因受递质代谢的限制易出现疲劳；电突触的传递则和纤维传导一样是不疲劳的。化学传递易受环境因素如

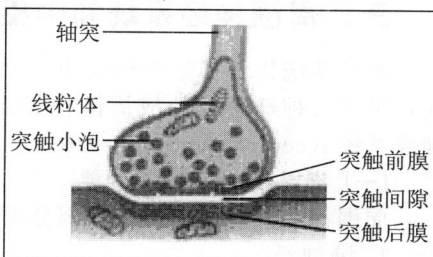

图 2-2 突触的结构

血流、代谢以及能影响递质合成、分解、释放和受体功能的药物等的抑制和促进；电突触的传递则不易受这些因素的影响。不过近年来也发现了一些调制电突触的因素。那些需要快速并同步活动的神经元之间多为电突触。如支配虾弓身逃避反射的快速定型化活动便是主要借助电突触实现的；至于那些细致的协调活动，特别是那些前面活动需要给后来的活动留下影响的情况，如学习、记忆等，则多是由化学突触实现的。

2. 根据突触接触的部位分类

一般来说，高等哺乳动物最主要的突触接触形式有三种。

轴突—树突突触，一个神经元的轴突末梢与下一个神经元的树突相接触；轴突—胞体突触，一个神经元的轴突末梢与下一个神经元的胞体相接触；轴突—轴突突触，一个神经元的轴突末梢与下一个神经元的轴丘或轴突末梢相接触；除上述三种主要突触形式外，电镜下观察无脊椎动物和低等脊椎动物的神经组织时，发现神经元之间的任何一部分都可以彼此形成突触，如树突—树突型突触、树突—胞体型突触和胞体—胞体型突触等。这三种突触常为生物电传递突触，其结构特征是突触间隙极窄，只有约 20～30 埃。它们联结的形式为低电阻的缝隙联结。生物电冲动的传导和离子交换可以横过此间隙进行，是一种电传递形式。电传递的特点是快速同步，基本上无突触延搁。近年来在哺乳类动物，如猴、猫、大白鼠、小白鼠等脑部某些细胞均曾发现存在有这种缝隙联结。

3. 根据突触的结合形式分类

张香桐（1952）根据大脑皮质锥体细胞上的突触结合形式，将突触分为两种。一种是包围式突触，一个轴突末梢的许多分支密集地贴附在另一神经元的胞体上，这种结合形式使兴奋易于总合，相当于轴突—胞体突触。另一种是依傍式突触，一个神经元的轴突末梢分支与另一神经元的树突或胞体的某一点相接触，相当于轴突—树突突触或轴突—胞体突触。

4. 根据突触对下一个神经元机能活动的影响分类

兴奋性突触，使下一个神经元兴奋；抑制性突触，使下一个神经元抑制。例如，螯虾腹神经索中，外侧与运动巨大纤维间形成的突触便是兴奋性突触；在螯虾腹神经索上既有兴奋性突触，也有抑制性突触。

三、周围神经系统和中枢神经系统

神经系统指由神经元构成的一个异常复杂的机能系统。由于结构和机能不同，可以将神经系统分成周围神经系统（peripheral nervous system）和中枢神经系统（central nervous system）两部分。

（一）周围神经系统及其功能

周围神经系统通常由三个部分组成：脑神经、脊神经和植物性神经。

1. 脑神经

脑神经由脑部发出，共有 12 对，其中 3 对是感觉神经，5 对是运动神经，

```
                        神经系统
           ┌────────────────┴────────────────┐
        中枢神经系统                      周围神经系统
        ┌───┴───┐            ┌──────────────┴──────────────┐
      脊髓    脑        非自主神经系统              自主神经系统
                        （感觉和运动神经）           （体内系统）
                                           ┌──────────────┴──────────────┐
                                      交感神经系统              副交感系统（维
                                      （应付麻烦）              护身体内环境）
```

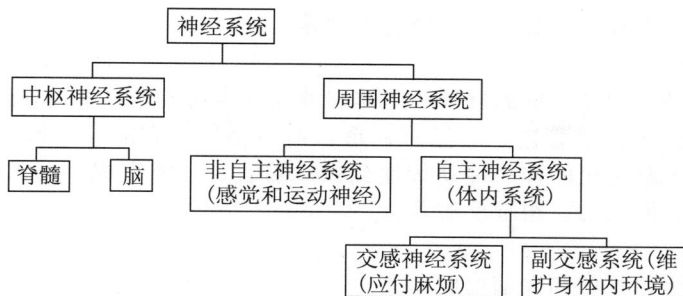

图 2-3　神经系统结构图

4 对是混合神经。脑神经大多由脑干发出，分布在头面部。由脑神经和脊神经组成的躯体神经，主要接受来自皮肤、肌肉、关节等组织的神经冲动，将其传至中枢神经系统，产生各种感觉；再将中枢的神经冲动送至肌肉等组织，对活动进行反馈调节。

2. 脊神经

脊神经发自脊髓，由椎间孔外出，共有 31 对，其中 8 对是颈神经，12 对是胸神经，5 对是腰神经，5 对是骶神经，1 对是尾神经。脊神经由脊髓的前、后根神经纤维组成。前根纤维为运动性的，后根纤维为感觉性的，它们在椎间孔处混合外走。再分为前后两支，前支分布在身体的四肢、两侧的肌肉和皮肤中，后支分布在背部的肌肉和皮肤中。脊神经具有四种不同的机能成分：①一般躯体感觉纤维，分布于皮肤、骨骼肌、腱和关节；②一般内脏感觉纤维，分布于内脏、心血管和腺体；③一般躯体运动纤维，支配骨骼肌的运动；④一般内脏运动纤维，支配平滑肌、心肌和腺体。

3. 植物性神经

植物性神经指的是控制各种腺体、内脏和血管的神经系统。由于它的功能主要是控制内脏活动，所以又叫内脏神经。同时，因为这种神经所控制的活动如心跳、呼吸等是不受意志支配的，是自律的、不随意的，所以又有人称之为自主神经。现代生物反馈的研究发现，人通过训练可以控制内脏的活动。植物性神经可分为两类：交感神经和副交感神经，两者在机能上具有拮抗性质。交感神经通过脊椎外神经节链与身体有关器官相连，副交感神经直接与有关器官相连。一般当肌体处于强烈的活动或应激状态时，交感神经兴奋占优势，相应出现心跳加快、血压上升等生理状态，准备应激。当肌体处于平静状态时，副交感神经兴奋则占优势，心跳减慢，血压下降，消化系统活动加强，肌体获得必要的休息，交感与副交感神经的兴奋和抑制的互补性质，使得肌体有张有弛，保证了肌体活动的正常进行。

（二）中枢神经系统及其功能

中枢神经系统包括脊髓和脑。脑在颅腔内，脊髓在脊柱中。两者通常以椎体交叉的最下端和第一颈神经的最上端为界。

1. 脊髓

脊髓由外周神经系统的脊神经胞体和神经纤维构成，是中枢神经系统最低级的中枢。位于脊椎管内，略呈圆柱形，前后稍扁。它能向大脑传送神经冲动，或者把大脑发出的神经冲动传递到效应器官；也能完成一些简单的反射，如膝盖反射、肘反射、跟腱反射等。

2. 脑

脑由脑干、小脑和大脑构成。

（1）脑干

脑干包括延脑、脑桥、中脑三部分。它是脑的最古老的部位，也是维持生命的基本活动，如呼吸、心跳、体温调节等生理活动的主要机构。

延脑紧接脊髓，是上下行神经纤维的通道，从身体两侧来的神经纤维经延脑的椎体交叉向对侧传导，使大脑两半球与身体两侧形成对侧传导和对侧支配的状况。此外，延脑中还有支配呼吸和心跳的中枢。

脑桥在延脑之上，小脑之前，是神经纤维上下行的通道，也是联系大脑与小脑，以及两个小脑半球之间神经纤维的通道。

中脑在脑桥之上，是上下行神经纤维的通道，也是瞳孔反射和眼动的中枢。

（2）间脑

间脑位于脑干之上，包括丘脑和下丘脑。丘脑是网状结构最高部位的终端，在控制睡眠和觉醒中起重要作用。此外，丘脑还是大脑皮质下较高级的感觉中枢，除嗅神经外，其他感觉神经都要在丘脑换一个神经元才能到达大脑皮层。下丘脑是调节自主神经系统活动（交感神经和副交感神经）的直接中枢，对维持体内平衡，调节内脏器官和内分泌系统的活动，激活情绪起着重要的作用。

（3）小脑

小脑位于脑干的后方，具有保持身体平衡，调节肌肉紧张度，实现随意和不随意运动的作用。

（4）大脑

大脑位于脑干和小脑之上，是脑和整个神经系统的最高部位。大脑分为左右对称的两个半球（左半球主管语言、数学、思考分析、抽象与逻辑思维；右半球主管音乐、绘画及空间关系的鉴别）。两半球之间有胼胝体连接。大脑两半球的表面由平均为 2.5 毫米厚的灰质覆盖着，这层灰质被称为大脑皮层。大脑皮层可以按照神经细胞的形状、大小、排列方式不同分成六层。大脑皮层的展开面积为 2200～2600 平方厘米，纵横折叠成球形窝在颅腔内，使皮层表面凹凸不平，凸出的部分称为"回"，凹陷的部分称为"沟"或"裂"。以主要的沟（中央沟、顶枕裂、外侧裂）为界，大脑皮层可分成四个叶——额叶、顶叶、枕叶、颞叶。额叶上分布着躯体运动中枢；顶叶上分布着躯体感觉中枢；枕叶上分布着视觉中枢；颞叶上分布着听觉中枢。

（5）边缘系统

边缘系统在大脑内侧面最深处的边缘，是一个具有统一功能的系统结构。这些结构包括扣带回、海马回、海马沟、附近的大脑皮层（如额叶框部、岛叶、颞根、海马及齿状回）以及丘脑、丘脑下部、中脑内侧被盖等。

从进化论的观点看，边缘系统比脑干、丘脑和下丘脑、小脑出现得更晚些。在种系发生的阶段上，哺乳动物以下的有机体没有边缘系统。边缘系统与动物的本能活动有关。动物的喂食、攻击、逃避危险、配偶活动等，可能由边缘系统支配。没有边缘系统的动物，上述这些行为只能通过刻板的行为方式实现。在哺乳动物中，边缘系统好像能抑制某些本能行为的模式，使机体对环境的变化能作出更好的反应（希尔加德等，1987）。

边缘系统特别是海马在记忆功能中有重要作用。如海马损毁的病人，空间信息记忆和时间编码功能受到破坏。他们不能回忆刚看过的东西的位置，也不能回忆刚学过的词的顺序。边缘系统与情绪也有密切的关系。如有表情的面孔或有情绪色彩的图片都会引起边缘系统的某些部位如杏仁核的显著激活。

第二节 大脑皮层及其机能

一、大脑皮层感觉区及其机能

皮层的感觉区是初级感觉区，包括躯体感觉中枢、视觉中枢、听觉中枢、嗅觉中枢和味觉中枢。感觉区接受来自各种感觉器官的神经冲动，并对这些信息进行整合加工。

躯体感觉中枢位于中央后回，属布鲁德曼的第1、第2、第3区。它接收由皮肤、肌肉和内脏器官传入的感觉信号，产生触压觉、温度觉、痛觉运动觉和内脏感觉等。身体各部位的重要程度决定了它在感觉区上的投射面积，手、舌、唇的投射面积最大。

视觉中枢位于顶枕裂后的枕叶内，属布鲁德曼的第17区。它接收在光刺激的作用下由眼睛输入的神经冲动，产生初级形式的视觉，如对光的觉察等。如果视觉中枢受到破坏，即使眼睛功能正常，也将失去视觉而成为全盲。

听觉中枢位于颞叶上回，属布鲁德曼的第41、第42区。它接收在声音的作用下由耳朵传入的神经冲动，产生初级形式的听觉，如对声音的觉察等。若听觉中枢受损，也将使听觉丧失而成为全聋。

嗅觉中枢由嗅上皮僧帽细胞到蓬头细胞的轴突构成嗅神经束，在前脑的底部进入大脑，与脑的梨状区、杏仁核团、扣带回和海马回发生联系，构成嗅脑

(olfactory brain)。科学研究证明，在整个嗅球神经元中存在同步的共同活动。嗅刺激引起的嗅觉是嗅球各个神经元群体活动的结果。

味觉中枢位于大脑皮层的中央后回与面部感觉相邻的部位和岛叶。面神经、舌咽神经和迷走神经把味觉信息传递到脑干，达孤束核并在此换神经元，纤维交叉后，继续把信息传入到丘脑的腹后内侧核，然后由后者的神经元分别投射到上述脑区。这些皮层有许多对味觉刺激高度敏感的神经元。其中有的神经元仅仅对一种味觉刺激起反应。有的神经元不仅对味觉刺激起反应，同时也对温度和机械刺激起反应。研究表明，在皮层下也存在与味觉相关的结构。味觉刺激时，在脑桥的结合壁附近记录到诱发电位。在这个脑区聚居着许多面神经和舌咽神经的神经元。脑桥的味觉区不仅向丘脑发出纤维投射，也投射向杏仁核团的中央核。杏仁核团的中央核不仅与味觉有关，而且参与摄食活动的调节，刺激中央核可引起肠胃活动的增加。

二、大脑皮层运动区及其机能

大脑皮层的运动区位于中央前回（布鲁德曼第 4 区），是躯干和四肢中各肌肉运动单位在皮层的投射区。除它之外，还有第二运动区位于中央前回下部。运动区的主要功能是发出指令，支配和调节身体的姿势、位置及躯体各部位运动。身体不同部位在皮层中所占区域随动作的精细复杂程度不同有大小之别，例如，拇指的皮层投射区面积很大，具有精细的机能定位。可见身体各部位在运动区的投射面积不取决于各部位的实际大小，而取决于它们在机能方面的重要程度。

三、大脑皮层言语区及其机能

一般来说，言语区主要定位于大脑左半球，由左半脑中较为广泛的区域组成。在左半球额叶的后下方靠近外侧裂处，有一个言语运动区，属布鲁德曼第44、第45区，亦称布洛卡区，它通过邻近的运动区控制说话时的舌头和上颚的运动，这个区域受损会引起运动性失语症。这种病人说话不流利，话语中常常遗漏功能词，因而形成"电报式"语言。在颞叶上方枕叶附近，有一个言语听觉中枢也称威尔尼克区，与听觉中枢配合理解口头语言；言语视觉中枢位于顶枕叶交界处，和视觉中枢配合理解书面语言；书写中枢位于额中回后部，与运动中枢的某些部分配合控制书写文字。这些语言区域的损毁会造成各种类型的失语症，如运动性失语、听觉性失语等，病人不能表达或听不懂别人的讲话。

近年来用脑成像技术进行的研究也证实，单词的被动视觉引起大脑左半球枕叶的激活，单词的主动视觉引起左半球额下回和颞中回的激活，听单词引起威尔尼克区的激活，而说单词引起前额叶的激活。

【拓展阅读】

布洛卡区

人的大脑负责语言的区域叫做"布洛卡区"，是一个叫布洛卡的医生发现的。如果大脑的这片区域受损或者有缺陷，人的语言功能就会受到影响。一天，布洛卡医生接收了一个病人，这个病人的听觉和发音系统都没有问题，但就是不能说话。这个病人除了能发出"tan"这个音以外，别的什么也不会说。布洛卡医生很是挠头，因为从来没有见过这样的病人，他对这个病人研究了一周的时间，该检查的都检查了，该研究的也研究了，依然毫无进展。就在一周以后，这个病人突然死了，布洛卡医生得到了病人家属的允许，解剖了他的大脑。他发现，原来这个病人脑部的一个组织有缺陷，也就是说这个病人的大脑没有正常的人饱满，它在一个地方发育不良，或者说有个洞。就是因为这个洞，让这个病人只会说一个字，因此布洛卡医生把大脑的这片区域以自己的名字命名，并且得出布洛卡区就是负责人类语言功能的区域的结论。

四、大脑皮层联合区及其机能

联合区不接受任何感受系统的直接输入，从这个脑区发出的纤维，也很少直接投射到脊髓支配身体各部分的运动。从系统发生上来看，联合区是大脑皮层上进化较晚的一些脑区。它和各种高级心理机能有密切的联系。动物的进化水平越高，联合区在皮层上所占的面积就越大。低等哺乳动物（如老鼠）的联合区在皮层总面积中占的比例很小，而人类的联合区却占大脑皮层 4/5 左右，比感觉区和运动区要大得多。

依据联合区在皮层上的分布与功能，可分为感觉联合区、运动联合区和前额联合区。感觉联合区是指与感觉区域邻近的广大脑区。它们从感觉区接受大部分输入信息，并提供更高水平的知觉组织。感觉联合区受损将引起各种形式的不识症。运动联合区位于运动区的前方，又称前运动区，它负责精细的运动和活动的协调。运动联合区损伤的钢琴家，能够正确地移动他的每个手指，正确完成演奏时的各种基本技能，但不能完成一段乐曲、演奏一个音阶，甚至不能有韵律地弹动自己的手指。前额联合区位于运动区和运动联合区的前方，它与动机的产生，行为程序的制定，注意、记忆、问题解决等高级认知功能和人格发展有密切的关系。

五、大脑两半球单侧化优势

大脑两半球功能上的不对称，或者说脑的不同功能向一侧半球集中是人脑结构的主要特征，生理学上称为大脑半球一侧优势，或简称大脑优势。在

98％以上的成年右利手者中，左半球专管对语言的处理和语法表达，如词语、句法、命名、阅读、写作、学习记忆等；而空间技巧与右半球相关，如对三维形状的感知、空间定位、自身打扮能力、音乐欣赏及歌唱等。右半球还可理解一些口语及印刷的词。可以认为左半球是科学性的，而右半球是艺术性的。大脑半球一侧优势在成人有，儿童有，婴儿也有，甚至某些动物也有。

（一）大脑优势的研究历史

1863 年，法国外科医生皮埃尔·布罗卡（Pierre Broca）指出两个大脑半球的功能有差别，左额叶可能是控制言语的皮层区。而除了左半球言语功能占优势外，人们认为两个半球在感觉和运动功能方面是对侧控制的。左半球接受身体右半侧的感觉传入，并支配右半侧肌肉运动；右半球接受身体左半侧的感觉传入，并支配左半侧肌肉运动。

1961 年，美国生理心理学家罗杰·斯佩里（Roger Sperry）等以切断了胼胝体的猫及裂脑人为实验对象，发现了两半球的功能分离，证实了分离的右半球无语言功能。实验结果显示两半球是独立活动的，一侧半球学会的信息不会传递给另一半球，二者之间不会互相交流各自的感知，许多较高级的功能集中在右半球而不是左半球。斯佩里因在大脑一侧优势上取得的成果而荣获 1981 年诺贝尔生理学和医学奖。

（二）大脑优势的研究方法

对大脑优势的临床研究，最先始于对裂脑人的实验观察。自然脑损伤可造成裂脑，在脑损伤病人身上观察到，左侧脑损伤导致右侧功能丧失，主要是语言功能的丧失，但不影响右侧脑功能；同样，右侧脑损伤导致左侧功能丧失，患者可表现穿衣失用症，因分不清左右侧而穿倒衣服，不能绘制图表，视觉认识出现障碍。说明左右大脑半球是独立活动的或功能分离的。裂脑人的主要来源是癫痫病人，为防止发病时左右两半球间的传播发作，减弱癫痫发病强度，常采取切断病人胼胝体的方法，术后病人便成为裂脑人。将图片在裂脑人的左半视野闪过，病人不能说出图片上物体的名称，因为视觉形象投射到了右半球而右半球是不具有说话功能的，但病人可用一些非言语形式表明他们已感知到了物体，比如用手收集和图片上一样的物体。说明病人的右侧视觉是良好的，更重要的是说明了语言中枢位于左半球。而在正常人，由于胼胝体的作用，使两侧半球功能得以联系，因此不论物体出现在哪侧视野，都可用词语说出物体的名称。

第三节　脑机能学说

一、定位说

定位说始于加尔和斯柏兹姆的颅相说，真正的定位说始于对失语病人的研究。脑的各项功能与皮层的特定部位有关。1825 年，布鲁德曼提出语言定位于大脑额叶，由左半球控制。躯体感觉中枢位于中央后回，布罗德曼第 3 区，产生触压觉、温度觉和痛觉等；视觉区位于枕叶内；听觉区在颞叶的颞横回处，属于布鲁德曼第 41、第 42 区。

二、整体说

19 世纪中叶，弗罗伦斯提出，不存在皮层的功能定位，功能的丧失与皮层切除的大小有关，而与皮层的定位无关。20 世纪中叶，拉什利提出了两条原理：均势原理和总体活动原理。按照均势原理，大脑皮层的各个部位几乎以均等的程度对学习发生作用。按照总体活动原理，大脑是以总体发生作用的，学习活动的效率与大脑受损伤的面积大小成反比，而与受损伤的部位无关。

三、机能系统说

鲁利亚认为，脑是一个动态的结构，是一个复杂的动态机能系统。机能系统的个别环节受到损伤时，高级心理机能会受到影响。从这个意义上看，大脑皮层的机能定位是一种动态的和系统的机能定位。

鲁利亚把脑分为三个紧密联系的机能系统。

第一机能系统即调节激活与维持觉醒状态的机能系统，也叫动力系统。由脑干网状结构和边缘系统等组成。其基本功能是保持大脑皮层的一般觉醒状态，提高它的兴奋性和感受性，并实现对行为的自我调节。第一机能系统并不对某个特定的信息进行加工，却提供了各种活动的背景。当这个系统受到损伤时，大脑的激活水平或兴奋水平将普遍下降，影响对外界信息的加工和对行为的调节。

第二机能系统是信息接收、加工和储存的系统。它位于大脑皮层的后部，包括皮层的枕叶、颞叶和顶叶以及相应的皮层下组织。其基本作用是接收来自机体内外的各种刺激，对它们进行加工，并把它们保存下来。

第三机能系统也叫行为调节系统，是编制行为程序、调节和控制行为的系统。它包括额叶的广大脑区。其主要作用是直接调节身体各部位的动作反应；实现对运动的组织，制定运动的程序，产生活动的意图，形成行为的程序，实现对复杂行为形式的调节与控制。

鲁利亚认为，人的各种行为和心理活动是三个机能系统相互作用、协同活动的结果。其中每个机能系统又起各自不同的作用。鲁利亚的研究，特别是关于心理机能定位的研究，丰富和发展了脑功能的理论，引起了各国心理学家和生理学家的普遍重视。脑是一个复杂的动态的机能系统，在机能系统的个别环节受到损伤时，高级心理机能确实会受到影响。

四、模块说

模块说是 20 世纪 80 年代中期在认知科学和认知神经科学中出现的一种重要理论，认为人脑在结构和功能上是由高度专门化并相对独立的模块组成的。这些模块复杂而巧妙的结合，是实现复杂而精细的认知功能的基础。认知神经科学许多新的研究成果都支持了模块学说。例如，在视觉领域的研究发现，猴子的视觉与 31 个脑区有关；颜色、运动和形状知觉是两个大的功能模块，它们之间的精细分工和合作，是视觉的神经基础；在词的识别的研究中也发现，词的命名与广大的脑区有关，这些脑区的动力学关系决定了词的识别（Oje-mann，1991）。

【本章小结】

本章主要介绍了神经系统的基本结构、大脑皮层区及其机能和脑机能学说。

1. 心理是神经系统的功能，特别是脑的功能。神经系统主要由神经元和胶质细胞组成。

2. 神经元即神经细胞，是构成神经系统结构和功能的基本单位，是脑的建筑材料。它由胞体、树突和轴突三部分组成。它的基本作用是接收、传递和整合信息。它有各种不同的形态，按突起的数目可以分成单极细胞、双极细胞和多极细胞；按功能可分为内导神经元（感觉神经元）、外导神经元（运动神经元）和联络神经元（介于感觉神经元与运动神经元之间）。

3. 胶质细胞为神经元提供结构支持、营养，运走代谢废物，维持神经元的化学环境；也能在神经元周围形成绝缘层，使神经冲动得以快速传递；还能给神经元输送营养，清除神经元间过多的神经递质。

4. 突触一词首先由英国神经生理学家谢灵顿研究脊髓反射时引入生理学，用以表示中枢神经系统神经元之间相互接触并实现功能联系的部位。而后，又被推广用来表示神经与效应器细胞间的功能关系部位。突触主要包括化学性突触和电突触。

5. 神经系统包括周围神经系统和中枢神经系统两部分。周围神经系统由脑神经、脊神经和植物性神经三个部分组成；中枢神经系统包括脊髓和大脑。

6. 以沟和裂为界线，可把大脑皮层分为额叶、顶叶、枕叶和颞叶四个部分。外侧裂以上，中央沟以前是额叶；中央沟之后，枕顶沟之前是顶叶；枕顶沟之后是枕叶；外侧裂之下是颞叶。

7. 大脑皮层的不同区域有不同的机能，大致可分为皮层感觉区、皮层运动区、皮层言语区和皮层联合区。皮层感觉区包括视觉区（枕叶后端）、听觉区（颞叶的颞上回）、躯体感觉区（顶叶的中央后回）；皮层运动区位于额叶的中央前回，是躯干和四肢中各肌肉运动单位在皮层的投射区，皮层言语区包括运动言语区、视觉言语区、听觉言语区等；皮层联合区并不直接与感觉过程和运动过程相联系，而是一个起着联络、综合作用的结构和机能系统，它在大脑皮层中执行着高级的心理功能。

8. 脑功能学说主要有定位说、整体说、机能系统说和模块说。

【习题（含近年考研真题）】

一、单选题

1. 神经元是（　　）的基本结构单位。

   A. 神经系统   B. 感觉器官   C. 运动器官   D. 内脏器官

2. 脑的基本结构单位是（　　）。

   A. 脑干、间脑、小脑和大脑   B. 脑神经

   C. 神经元   D. 12 对脑神经

3. 神经元是由（　　）组成的。

   A. 细胞体、树突和轴突   B. 细胞体、细胞核和神经纤维

   C. 细胞、突起和纤维   D. 细胞核、突起

4. 神经元具有（　　）的功能。

   A. 接收刺激、传递和整合信息   B. 产生感觉、引起运动

   C. 接收刺激、整合刺激   D. 传入刺激、产生感觉、引起运动

5. 神经元可分为（　　）等几种。

   A. 感觉神经元、运动神经元和思维神经元

   B. 传入神经元、传出神经元和整合神经元

   C. 感觉神经元、运动神经元和联络神经元

   D. 视觉神经元、听觉神经元、嗅觉神经元和味觉神经元

6. 神经系统是由（　　）构成的。

   A. 中枢神经系统和周围神经系统   B. 感觉神经、运动神经和大脑

   C. 脊髓和大脑   D. 脑干、间脑、小脑和大脑

7. 周围神经系统可分为（　　）。

   A. 交感神经和副交感神经   **B. 躯体神经系统和自主神经系统**

   C. 脑神经和自主神经系统   D. 脊神经和自主神经系统

8. 中枢神经系统是由（　　）组成的。

   A. 小脑和大脑   **B. 脊髓和脑**

   C. 脑干、间脑、小脑和大脑   D. 小脑和大脑皮层

9. 脑是由（　　）构成的。

   A. 脑干、间脑、小脑和端脑   B. 延脑、桥脑和中脑

   C. 脑干和端脑   D. 延脑、桥脑、中脑和端脑

10. 丘脑是（　　）。

   A. 调节睡眠与觉醒的神经结构   B. 调节自主神经系统活动的中枢

C. 皮层下较高级的感觉中枢　　　　D. 皮层下较高级的运动中枢

11. 下丘脑是（　　）。

    A. 皮层下较高级的感觉中枢　　　B. 皮层下调节呼吸与心跳的中枢

    C. 调节自主神经系统活动的中枢　D 调节睡眠与觉醒的神经结构

12. 以沟和裂为界线，可把大脑皮层分为（　　）等组成部分。

    A. 大脑皮层感觉区和大脑皮层运动区

    B. 大脑皮层感觉区、大脑皮层运动区和大脑皮层联合区

    C. 额叶、顶叶、枕叶和颞叶

    D. 额叶、顶叶、枕叶和旁叶

13. 大脑皮层感觉中枢包括（　　）。

    A. 言语中枢、听觉中枢和躯体感觉中枢

    B. 中央前回、中央后回、颞上回和枕极

    C. 听觉中枢、视觉中枢和躯体感觉中枢

    D. 视觉中枢、听觉中枢、嗅觉中枢、味觉中枢和言语中枢

14. 中央后回是（　　）。

    A. 躯体感觉中枢　　　　　　　　B. 躯体运动中枢

    C. 视觉中枢　　　　　　　　　　　D. 听觉中枢

15. 大脑皮层躯体运动中枢位于（　　）。

    A. 中央前回　　B. 中央后回　　C. 颞上回　　　D. 枕极

16. 对一般人来说，大脑两半球的功能左右是（　　）。

    A. 对称的　　　　　　　　　　　**B. 不对称的**

    C. 左半球优于右半球　　　　　　　D. 右半球优于左半球

17. 1860 年法国医生布洛卡发现了（　　）。

    A. 运动性言语中枢　　　　　　　B. 听觉性言语中枢

    C. 视觉性言语中枢　　　　　　　　D. 书写性言语中枢

18. 有关大脑两半球功能单侧化的研究表明，大多数人的言语活动中枢在（　　）。（2007 年真题）

    A. 杏仁核　　B. 边缘系统　　**C. 大脑左半球**　D. 大脑右半球

19. 根据拉什利的脑功能"整体说"，学习活动的效率与大脑受损伤的面积及部位之间的关系是（　　）。（2007 年真题）

    A. 与面积大小成反比，与部位无关

    B. 与面积大小成正比，与部位无关

    C. 与面积大小成反比，与部位有关

    D. 与面积大小成正比，与部位有关

20. 通过裂脑人研究来揭示大脑两半球功能单侧化的科学家是（　　）。（2008 年真题）

    A. 布洛卡　　B. 拉什利　　　**C. 斯佩里**　　D. 威尔尼克

21. 神经元结构中具有信息整合功能的部位是（　　）。（2009 年真题）

    A. 树突　　　　　B. 胞体　　　　　C. 突触　　　　　**D. 轴突**

22. 人体的躯体感觉中枢位于（　　）。（2009 年真题）

    A. 额叶　　　　　B. 枕叶　　　　　C. 颞叶　　　　　**D. 顶叶**

二、多选题

1. 神经元可分为（　　）等几种。

    A. 感觉神经元　　**B. 运动神经元**　　C. 思维神经元　　**D. 中间神经元**

2. 外周神经系统包括（　　）。

    A. 脊神经　　　　**B. 自主神经**　　　C. 脑神经　　　　D. 脊髓

3. 自主神经系统（　　）。

    A. 又叫植物神经系统　　　　　　**B. 一般不受意识的支配**

    C. 包括交感神经和副交感神经　　**D. 与情绪反应有密切的关系**

4. 脑干包括（　　）。

    A. 丘脑　　　　　**B. 延脑**　　　　**C. 脑桥**　　　　**D. 中脑**

5. 鲁利亚提出，脑的机能系统包括（　　）。（2008 年真题）

    A. 动力系统　　　　　　　　　　B. 平衡系统

    C. 调节系统　　　　　　　　　　**D. 信息接收、加工和存储系统**

三、简答题及答案要点

割裂脑研究对揭示左右脑的不同功能有什么重要意义？（北师大 2002 年真题，华中师大 2001 年真题）

    答：人的大脑分为两个半球，连接两个半球的神经纤维叫做胼胝体。在通常情况下，左右半球的信息通过胼胝体传给对侧，因此左右两半球总是处于互通信息协同活动的状态。医生们为了防止颠痫的全身性大发作，通过外科手术把联结左右大脑半球的胼胝体切断。美国神经心理学家斯佩里采用实验方法对这类被切断了胼胝体的病人的大脑功能进行了先驱性研究，这就是割裂脑研究，并于 1981 年获诺贝尔医学奖。他通过对割裂脑病人系统的研究，发现了大脑两半球功能不对称性的许多新事实。概括地说大脑右半球在直觉上如音乐、图画等存在优势，而左脑在语言、书写和计算等功能上具有更多的优势。

第三章　感　觉

【感觉的故事】

　　鲍勃·伊斯登天生失明，51 岁时复明。他在谈到恢复视力后的经历时说："我从来没有感觉到黄色是如此的黄！黄色太让我感到惊讶了，难以形容。红色是我最喜爱的颜色。但是，我难以相信这就是红色。天不亮，我就迫不及待地起床，想去看一切我能看到的东西。夜晚，我遥望天空中的星辰和闪烁的光。有一天，我看见一些蜜蜂，它们美极了。我看到一辆卡车流星似的在雨中驶过，在空气中留下一道水雾，太美了！我还看见一片凋零的叶子在空中飘荡，让人难以忘怀。世界上的一切对我都是那么的美！你们能理解吗？"

　　鲍勃·伊斯登的话提醒我们，如果没有感觉，人就像生活在一个黑暗和寂静的真空世界里，不能感受到阳光的温暖，无法看到美丽的鲜花，无法听到朋友的笑声。人对客观世界的意识是从感觉开始的，人对宇宙的概念是从感觉开始的，人的一切有意义的活动是从感觉开始的。

【基础知识】

第一节　感觉概述

一、什么是感觉

（一）感觉的内涵

　　感觉是人脑对直接作用于感觉器官的事物的个别属性的反映。人生活在丰富多彩的环境中，外部世界的各种事物都在不停地运动着，它们以不断变化着的光、声、味、温度、硬度等各种属性作用于人们。人的感觉器官接受到刺激，就使人脑对客观事物的某一个别属性产生反映。例如，我们面前有一个苹果，我们怎样去认识它呢？我们用眼睛去看，知道它有红红的颜色，圆圆的形状；用嘴一咬，知道它是甜的；用手一掂，知道它有一定的重量。这里的红、圆、甜、重是苹果的一些个别属性。红是由苹果表面所反射的一定波长的光波引起的；甜是苹果内部的某些化学物质作用于舌头引起的；重是由苹果压迫皮肤表面引起的；圆是苹果外围轮廓的线条作用于眼睛引起的。这种当前事物的个别属性在人脑中的反映，就是感觉。因此，感觉是人脑对事物个别属性的认识。

感觉的特点有二。第一，感觉所反映的是当前直接影响感觉器官的事物，而不是间接起作用或是过去起作用的事物。第二，感觉所反映的是事物的个别属性，而不是事物的全貌或整体。因此感觉是一种最简单的心理现象。它是人类认识的开端，任何知识的来源都在于人对客观世界的感觉。

(二) 感觉的意义

感觉虽然简单，但却很重要。它在人们的生活和工作中有重要意义。

首先，感觉提供了内外环境的信息。通过感觉人们能够认识外界物体的颜色、明度、气味、软硬等，从而能够了解事物的各种属性。工人操纵机器生产工业产品，农民种植庄稼提供粮食和蔬菜，科学家们观测日月星辰，发现宇宙的奥秘，都离不开感觉提供的信息。通过感觉我们还能认识自己机体的各种状态，如饥饿、寒冷、疼痛等，因而有可能实现自我调节，如饥择食，冷加衣。没有感觉提供的信息，人就不可能根据自己机体的状态来调节自己的行为。

其次，感觉保持了机体与环境的信息平衡。人要保持正常的生活，必须与环境保持平衡，其中包括信息的平衡。具体来说，人们从周围环境获得的必要信息，是保持机体正常生活所必需的。相反，信息超载或不足，都会破坏信息的平衡，对机体带来严重的不良影响。如由感觉剥夺 (sensory deprivation) 造成的信息不足，将使人无法忍受而产生不安和痛苦。可见，没有感觉提供的外界信息，人就不能正常生存。

【拓展阅读】

感觉剥夺实验

Bexton，Heron&Scott (1954) 首次报告了感觉剥夺的实验结果。在实验中要求被试安静地躺在实验室的一张舒适的床上，室内非常安静，听不到一点声音；一片漆黑，看不见任何东西；两只手带上手套，并用纸卡卡住。吃喝都由主试安排好了，用不着被试移动手脚。总之，来自外界的刺激几乎都被"剥夺"了。处在这种条件下的被试者，每天还可以得到 20 美元的报酬。实验开始，被试还能安静地睡着，但稍后被试开始失眠、不耐烦，急切地寻找刺激，他们想唱歌、吹口哨、自言自语，用两只手套互相敲打，或者用它去探索这间小屋。换句话说，被试变得焦躁不安，老想活动，觉得很不舒服，很难继续坚持这种实验到两三天以上。这个实验说明，来自外界的刺激对维持人的正常生存是十分重要的。

最后，感觉是一切较高级、较复杂的心理现象的基础，是人的全部心理现象的基础。人的记忆、思维和想象等复杂的认识活动，都必须借助于感觉所提供的原始材料。人的情绪体验，也必须依靠人对环境和身体内部状态的感觉。因此，没有感觉，一切较高级、较复杂的心理就无从产生。

（三）感觉的种类

根据刺激物的性质以及它作用于感官的性质，可以将感觉区分为外部感觉与内部感觉两大类。外部感觉接受外部世界的刺激，反映体外事物的个别属性，如视觉、听觉、嗅觉、味觉、肤觉等。其中，视觉、听觉、嗅觉接受远距离的刺激，称为远距离感觉，而味觉、肤觉提供位于身体表面或接近身体的有关信息，称为近距离感。肤觉又可细分为触觉、温度觉和痛觉。内部感觉接受机体内部的刺激，反映自身的位置、运动和内脏器官的不同状态，如运动觉、平衡觉、内脏感觉等。

二、感觉编码

（一）感觉编码的定义

我们的感觉器官是怎样接受外界的刺激进而产生感觉的呢？这里存在着感官对外界刺激的编码过程。所谓编码是指将一种能量转化为另一种能量，或将一种符号系统转化为另一种符号系统。例如，我们熟悉的电报码就是一种编码，它把我们的文字转化为一些线条和点子，易于进行发送（Gleitman、Fridlund & Resiberg，1999）。

我们的神经系统不能直接加工外界输入的物理能量和化学能量，这些能量必须经过感官的换能作用，才能转化为神经系统能够接受的神经能或神经冲动。这个过程就是我们说的感觉编码。

（二）感觉编码的研究

19世纪的德国生理学家缪勒最早研究了感觉编码的问题，并提出了神经特殊能量学说。他认为，各种感觉神经具有自己的特殊能量，它们在性质上是相互区别的。每种感觉神经只能产生一种感觉，而不能产生另外的感觉，如视神经受到刺激产生视觉，听神经受到刺激产生听觉等。感官的性质不同，感觉神经具有的能量不同，由此引起的感觉也是不同的。在他看来，感觉不决定于刺激的性质，而决定于感觉神经的性质。用他自己的话来说："我们始终不能知觉外物自身的性质，我们所知道的只是我们的感觉。"

现代神经生理学的知识告诉我们，大脑直接加工的材料是外物引起的神经冲动。而缪勒只承认人脑对神经自身状态的直接感受，否认人的感觉依赖于外物的性质。动物进化的历史告诉我们,感觉神经的分化是有机体适应环境的结果。环境中存在各种声音、光线、气味物质等各种刺激,才产生了与这些刺激性质相适应的感觉。可见,感觉的性质不是由感觉神经的特殊能量决定的,而是由客观世界刺激的性质决定的,而缪勒承认感官分化,而不了解感官分化的真正原因,这是不科学的。

感觉编码不仅发生在感官中,而且发生在神经系统的不同层面上。近年来关于感觉编码的研究形成了有两种代表性的理论。一种叫特异化理论(specificity theory)。这种理论主张,不同性质的感觉由不同的神经元来传递信息的。有些神经元传递红色信息,有些神经元传递甜味信息,当这些神经元被分别激活时,神经系统把它们的激活分别解释为"红"和"甜"。另一种理论叫模式理论(pattern theory)。这种理论认为,编码是由整组神经元的激活模式引起的。红光不仅引起某种神经元的激活,而且引起相应的一组神经元的激活。只不过某种神经元的激活程度较大,而其他神经元的激活程度较小。整组神经元的激活模式才产生了红色的感觉。近年来的研究发现,在不同的感觉系统中,神经系统同时采用了特异化编码和模式编码(Goldstein,1996;Rosenzweig,Leiman & Breedlove,1996)。

三、感觉的基本规律

(一)感受性与感觉阈限

感觉是由刺激物直接作用于某种感官引起的。但是,人的感官只对一定范围内的刺激做出反应,只有在这个范围内的刺激,才能引起人们的感觉。这个范围及相应的感觉能力,称为感觉阈限(sensory threshold)和感受性(sensitivity)。感觉阈限指持续一定时间,能够引起感觉的刺激量。感受性是指感觉器官对刺激物的感觉能力。感受性的大小用感觉阈限度量,二者在数值上成反比例,即感觉阈限值越大,感受性越低;感觉阈限值越小,感受性越高。人的每一种感觉都有两种类型的感受性和感觉阈限:绝对感受性和绝对感觉阈限,差别感受性和差别感觉阈限。

1. 绝对感受性与绝对感觉阈限

绝对感觉阈限是指刚刚能引起感觉的最小刺激量,即光、声、压力或其他物理量为了引起刚能觉察的感觉所需要的最小数量。对这种最小刺激量的感受能力,叫绝对感受性。例如,听觉的适宜刺激是 $16\sim20000\,\mathrm{Hz}$ 的声波,当声波的能量低于 $16\,\mathrm{Hz}$(绝对感觉阈限)时,则不能引起人的听觉;当声波的能量达到 $16\,\mathrm{Hz}$,则会引起人的听觉(绝对感受性)。

绝对感受性可以用绝对感觉阈限来衡量。绝对感觉阈限越大,即能引起感觉所需的刺激量越大,感受性就越小。相反,绝对感觉阈限越小,即能引起感觉所需的刺激量越小,则感受性就越大。因此,绝对感受性和绝对感觉阈限在数量上成反比。用公式表示为:

$$E = 1/R$$

在这个公式中，E 代表绝对感受性，R 代表绝对感觉阈限。

一般来说，人类各种感觉的绝对感受性都很高。在黑暗而空气清新的夜晚，人们可以看见 30 英里以外的一支烛光，它的强度相当于 10 个光子；在安静的环境中，人们能听到 20 英寸远处的手表滴答声；人也能嗅到一公升空气中散布的 1/10 万毫克的人造麝香的气味等。人类各种感觉的绝对阈限都很低（见表 3-1），这对于保障生命安全有积极作用。

表 3-1　五种基本感觉的绝对阈限

视觉	在晴朗的黑夜里，一个烛光可见到的距离为 50 公里
听觉	在安静的条件下，手表滴答声可听到的距离为 6 米
味觉	可尝出在 7.5 升水中加入的一茶匙糖的甜味
嗅觉	一滴香水扩散到有 6 个房间的公寓的空间中
触觉	从 1 公分距离落到你脸上的一只苍蝇的翅膀

资料来源：［美］克雷奇等著，《心理学纲要》。

2. 差别感受性与差别感觉阈限

差别感觉阈限是指刚刚能引起差别感觉的两个刺激之间的最小差异量。差别感受性是指刚刚能够感觉出两个同类刺激物间的最小差异量的能力。人们生活中需要确定一个刺激的情况并不很多，更常遇到的情况是要去确定两个刺激相同还是不同。例如，音乐家需要确定发自两个声源的声音高度是否相同；喷漆工在粉刷墙壁时需要仔细观察两次调出的颜色是否有差异；调味师要能够分辨出多种不同菜肴味道的细微差别；医生从 X 光照片上看得出微弱的阴影更会有助于肿瘤疾患的早期诊断与治疗。它在生活实践中有重要意义，可以通过实践锻炼来提高。

差别感觉阈限与差别感受性之间也成反比，即人的差别感觉阈限越大，差别感受性越低；差别感觉阈限越小，则差别感受性越高。

研究发现，刺激量的变化（增或减）要达到一定的量，个体才能觉察出来。例如，在 500 克重量的物品上增加 50 克，你会感觉到差异，但在 5000 克的重量上增加 50 克，甚至 60 克，你也觉察不到。描述觉察刺激的微弱变化所需变化量与原刺激之间的关系的规律，由 19 世纪德国生理学家韦伯发现，称韦伯定律。用公式来表示为：

$$K = \Delta I / I$$

其中 I 为标准刺激的强度或原刺激，ΔI 为引起差别感觉的刺激增量。韦伯定律指出，差别感觉阈限（ΔI）与原刺激量即最初的标准刺激强度（I）的比值是一个常数 K。这个 K 值，因刺激和感觉性质的不同而存在着差异，如感觉重量的变化与感觉光的强度的变化不同。

表 3-2　不同感觉的差别感觉阈限

感觉系统	K（韦伯分数）
听觉（音高）	0.003
视觉（亮度）	0.017
听觉（响度）	0.100
皮肤压觉	0.140
味觉（咸味）	0.200
动觉（提重）	0.020
嗅觉（橡胶气味）	0.250

　　根据韦伯分数的大小，可以判断某种感觉的敏锐程度，K 值越小表示该种感觉对差别越敏感。人类视觉和听觉的韦伯比率远小于味觉和肤觉，这是种族进化过程中根据生存需要适应自然的结果。我们了解了不同刺激的差别阈限，也可以在实际生活中处理遇到的一些实际问题。例如，舞台灯光暗，需增加亮度，那么，根据光的差别感觉阈限，就知道大致应该至少增加原亮度的多少比值，如果达不到这一比值，人们在感觉上就不会感到亮度的增加。但韦伯定律只适用于中等强度的刺激，换句话说，只有使用中等强度的刺激，韦伯分数才是一个常数。刺激过强或过弱，韦伯常数都会发生一定的改变。波林（1942）用实验证明，当原重量在 100～400g 范围内时，韦伯分数为 0.02；当原重量低于 100g 或超过 500g 时，韦伯分数就不再是 0.02 了（见图 3-1）。

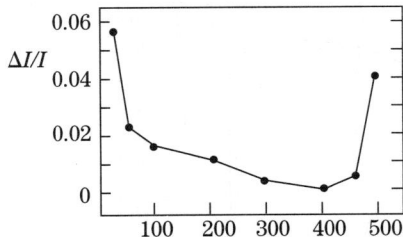

图 3-1　韦伯定律的检验（触觉感受性）
资料来源：Boring，1942

【拓展阅读】

差别阈限的测定

　　在一个信封里放进一枚一元的硬币，另一个信封里放进两枚一元硬币。你可以觉察到两个信封的重量差别。然后把两个信封分别放进两只同样的皮鞋，再拿起鞋，你现在能判断哪只鞋里有两枚硬币吗？韦伯定律又在起作用了。

3. 刺激强度与感觉大小的关系

感觉是由一定刺激引起的。因此，感觉的大小与刺激强度间有着直接的关系。例如，强光使你看去亮些，强音使你听去响些，弱音使你听去不响等。但是，刺激物的物理强度的变化，并不一定引起感觉产生等量变化。

（1）对数定律

1860 年，德国物理学家费希纳在韦伯研究的基础上，进一步探讨了刺激强度与感觉强度的关系。

他承认最小可觉差在主观上都相等。因此，任何感觉的大小都由在阈限上增加的最小可觉差来决定。根据这个假定，费希纳在感觉大小和刺激强度之间，推导出一种数学关系式：

$$P = Klg I$$

这就是费希纳的对数定律。其中，I 指刺激量，P 指感觉量。按照这个公式，感觉的大小是刺激强度的对数函数。如果我们已知某个光线的物理强度 $I = 10$，而常数 $K = 1$，那么由它引起的感觉强度（P）为 1。如果我们使刺激强度加倍，即 $I = 20$，那么由它引起的感觉强度（P）为 1.3。可见，当刺激强度按几何级数增加时，感觉强度只按算数级数上升。图3-2（a）说明了刺激的物理量与由它引起的感觉量的关系。当物理量迅速上升时，感觉量是逐步变化的。如果刺激量取对数值，那么它和感觉量的关系可以表示为一条直线，如图 3-2（b）所示。

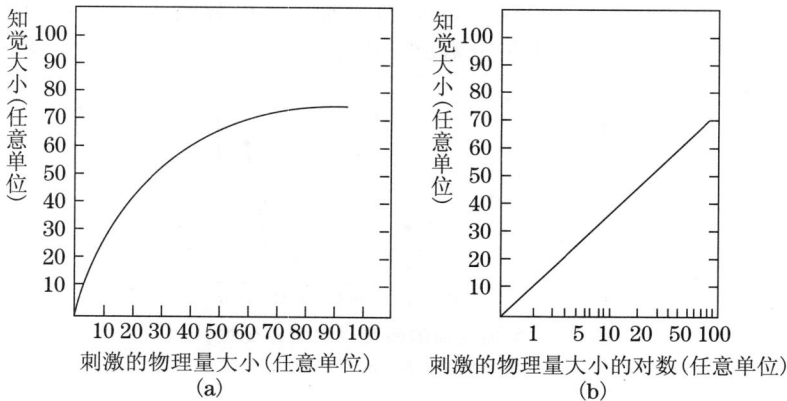

图 3-2　费希纳提出的物理量大小与知觉大小的关系
资料来源：Dember & Warm，1979

费希纳定律提供了度量感觉大小的一个量表，具有重要的实践意义。但他假定所有最小可觉差在主观上相等，已被事实所否定。费希纳定律跟韦伯定律一样，也只有在中等强度的刺激时才适用。

（2）乘方定律

20 世纪 50 年代，美国心理学家斯蒂文斯用数量估计法研究了刺激强度与感觉大小的关系。例如，给被试呈现一个中等强度的光刺激，并给它的明度指定了确定的数值，如 10（标准光）。然后，随机呈现不同强度的光刺激，要求被试根据自己的主观感觉，给每种刺激的明度确定一个数值，以表示它们的强弱。如果某种光看去比标准光亮两倍，那么它的估计值应为 20；如果某种光看去只有标准光一半亮，那么它的估计值就是 5。这样就得到每种刺激强度与感觉大小的关系。研究发现，当刺激的强度上升时，看到的明度也上升。但是，强度加倍，并不使知觉到的明度加倍，而只引起明度微小的变化。在强度较高时，这种现象更明显，叫反应的凝缩。

斯蒂文斯还发现，对不同刺激物来说，刺激强度与估计大小的关系有明显的差异。如果刺激为电击，那么刺激量略增加，感觉量将显著增加。如果刺激为线段长度，并让被试进行估计，那么，反应的大小几乎严格地与刺激量的提高相对应，即线段长一倍，被试对长短的估计也大一倍（见图 3-3）。

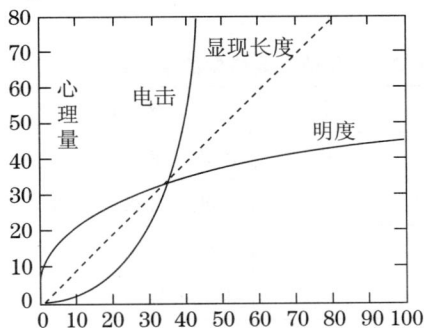

图 3-3　刺激大小与估计大小的关系
资料来源：Stevens, 1962

根据这些实验，斯蒂文斯认为心理量并不随刺激量的对数的上升而上升，而是刺激量的乘方函数。换句话说，知觉到的刺激量的大小是与刺激量的乘方成正比例的。这种关系用数学式表示为：

$$P = KI^n$$

式中的 P 表示知觉到的大小或感觉到的大小，I 是指刺激的物理量，K 和 n 是被评定的某类经验的常定特征。这就是斯蒂文斯的乘方定律。

如果刺激强度和估计大小都取它们的对数值，那么在上述实验中的三条曲线都变成了直线（见图 3-4）。而直线的斜率取决于乘方函数的指数（n）。电击的指数高，斜率大；明度的斜率小，指数也小（直线较平坦）；而长度的估计接近于线性函数，它的斜率近乎 45 度。

表 3-3 列举了几种主要感觉的乘方函数的指数。每个指数都是在一定条件下测得的。

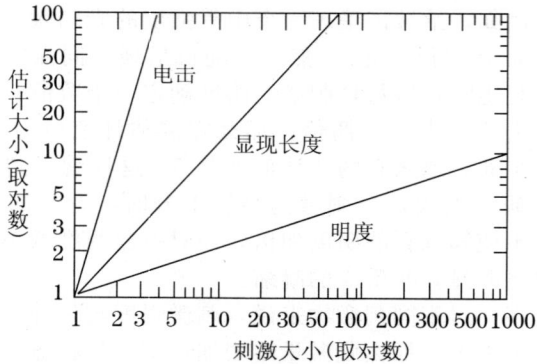

图 3-4 刺激大小（取对数值）与估计大小（取对数值）的关系
资料来源：Stevens，1962

表 3-3 几种主要感觉的乘方函数的指数

感觉连续体（条件）	指数	感觉连续体（条件）	指数
音高（双耳）	0.6	音高（单耳）	0.55
明度（点光源，眼睛适应）	0.5	亮度（对灰色纸的反射）	1.2
气味（咖啡）	0.55	气味（庚烷）	0.6
味觉（糖精）	0.8	味觉（盐）	1.3
温度（冷，在手臂）	1.0	温度（温，在手臂）	1.6
震动（每秒60周，手指）	0.95	震动（每秒250周，手指）	0.6
持续时间（白噪声）	1.1	重复率（光、音、触、震动）	1.0
指距（积木厚度）	1.3	对手掌的压力（对皮肤的静力）	1.1
重量（举重）	1.45	握力（测力计）	1.7
发音的力量（发音的声压）	1.1	电击（每秒60周）	3.5

　　总之，对能量分布较大的感觉通道（如视觉、听觉）来说，乘方函数的指数低，因而感觉量随刺激量的增长而缓慢上升；而对能量分布较小的感觉通道（如温度觉、压觉）来说，乘方函数的指数较高，因而物理量变化的效果更明显。

　　斯蒂文斯的乘方定律同样具有理论和实践的意义。在理论上，它说明对刺激大小的主观尺度可以根据刺激物的物理强度的乘方定律来标定。在实践上，它可以为某些工程计算提供依据。但是用数量估计法所得到的乘方定律没有考虑到背景效应和反应偏向的影响。有人指出，小范围的刺激比大范围的刺激会产生较陡峭的乘方函数，即得到较大的指数；当使用的刺激接近于绝对感觉阈限时，乘方函数的斜率较大；选定标准刺激愈大，乘方函数的斜率愈陡峭。可见，在不同刺激条件下，某种感觉的乘方函数的指数是变化的。

4．感受性在实践中不断发展

人的感受性不仅能在一定条件下起伏变化，而且能在长期实践中逐步提高，不断发展。特别是通过职业活动和某些特殊训练，能提高到常人不可能达到的水平。例如，炼钢工人通过蓝色眼镜能精确辨别炼钢炉中浅蓝色火焰的微小差别，以判断炉内的温度；包装香烟的工人有高度发展的肌肉感觉能力，可以根据触摸觉从一堆纸烟中一次抓到 20 支香烟；有经验的酒商，能够尝出酒精含量，误差在 1％以下；面包工人只用触觉就可以觉察出面团的湿度，误差不超过 2％；调味师有高度发展的嗅觉与味觉，运动员有高度发展的运动觉与平衡觉……这些都说明感受性在实践要求下可以得到高度的发展。

（二）感觉的相互作用

感觉的相互作用是指同一感受器接受的其他刺激以及其他感受器的技能状态对感受性发生的影响。感觉的相互作用有两种形式：一是同一感觉中的相互作用；二是不同感觉间的相互作用。

1．同一感觉的相互作用

同一感受器中的其他刺激影响着对某种刺激的感受性的现象，叫同一感觉中的相互作用。例如，在黑暗中要看某个小光点，如果视野中还有其他一些小光点，那么，就比较容易看到那个光点，这时其他一些光点好像在增强着那个光点的感觉；如果视野中有强光刺激，那就难以看到那个光点，这时强光的刺激好像在削弱对那个光点的感觉。同一感觉相互作用的突出事例是感觉适应和感觉对比。

（1）感觉适应

感觉适应是指人的感受性会由于刺激的持续作用而发生变化的现象。它是感觉受刺激时间影响的结果。适应现象是感觉中的普遍现象，表现在所有的感觉中，但各种感觉中适应的表现和速度是不同的。例如，有人到处找前额上的眼镜，这是因为额部皮肤很快适应了眼镜的压力而感觉不到眼镜在前额上。刚刚穿上棉衣时会感到有几斤重量的压力，经过一段时间就察不出来了。这都是触感觉的适应。当你在秋季进入河水的时候，最初一瞬时会觉得水很冷，经过 2～3 分钟后，就觉得不那么冷了，这是一种温度觉的适应。古人说"人芝兰之室，久而不闻其香；人鲍鱼之肆，久而不闻其臭"，就是嗅觉适应现象。而听觉的适应却不十分明显，痛觉的适应则很难发生。如果一个人的手指被刺伤，就立即感觉疼痛，但无论持续多久，这种疼痛也不会自行减弱，这样，痛觉就成为人体有伤害性刺激的信号，它警告人们注意自己的身体，采取保护措施去制止疼痛，它具有一定的生物学意义。

适应可以引起感受性的提高或降低。我们白天从亮处走进正在演电影的大厅时，最初感到一片漆黑，除了银幕上的形象之外，几乎什么也看不见，过一会儿才能看见周围的轮廓，进而顺利地找到了自己的座位。在这个过程中，人的视觉感受性提高了大约 20 万倍。这一过程叫对暗适应。如果从黑暗的电影院走向强光照射的地方，最初感到一片耀眼发眩，看不清外界的东西，只要稍过几秒就能逐渐看清，这叫对光适应。这时人的视觉感受性降低了。

适应能力是有机体在长期进化过程中形成的，对于我们感知外界事物，与环境保持必要的平衡，调节自己的行为，具有积极的意义。南方人到北方工作，北方人到南方工作，人从地球飞向太空，登上月球，环境发生了很大变化。如果不能适应这个变化的环境就无法生活无法工作。人们了解适应现象的规律性，就可以采取必要的措施主动去适应环境；体育训练和比赛之前都要做好各种准备活动，就是为了适应下一步的剧烈的运动。

【拓展阅读】

单眼适应实验

你在一个黑暗房间待 15～20 分钟，直到你可以达到暗适应。

然后，闭上你的左眼，并用手把左眼紧紧遮住。

然后，你打开灯，让房间亮一两秒钟，只是睁着右眼看。

然后关灯。先睁开一只眼睛，再睁开另一只眼睛，比较两只眼睛的视觉，你将发现，右眼基本什么也看不见。

摘自：［美］库恩，《心理学导论》，2004。

（2）感觉对比

同一感受器在不同刺激作用下使感受性发生变化的现象叫感觉对比。感觉的对比可分为两种：同时对比和继时对比。

同时对比是刺激物同时作用产生的对比现象。例如，同一灰色长方形放在白色背景上显得暗，放在黑色背景上显得亮。

继时对比是刺激物先后作用时产生的对比现象，如吃过糖再吃苹果便觉得苹果不甜，如果先吃黄瓜再吃苹果就会感到苹果很甜。

2. 不同感觉间的相互作用

在同一时间内，一个人可以产生许多种感觉。这些感觉之间往往互相作用互相影响，使感受性发生变化（提高或降低）。一般来说，一种分析器的微弱刺激，能提高其他分析器的感受性；一种分析器的强烈刺激，能降低其他分析器的感受性。例如，微弱的声音刺激，可提高对颜色的视觉感受性；微弱的光刺激，可以提高听觉的感受性。再如，强烈的噪音刺激可以降低视觉感受性；强烈的光刺激可以降低听觉感受性。把音乐与噪音以特定方式结合起来施与牙科病人，会使许多病人减除痛觉。不同感觉间的相互作用的表现形式是感觉补偿与联觉。

（1）感觉补偿

感觉补偿是指某种感觉缺失后，其他感觉的感受性增强而起到部分弥补作用的现象。例如，盲人丧失视觉后，可以通过听觉和触摸觉的高度发展来加以补偿。可以用自己的咳嗽声来辨别室内是否有人，用听别人的脚步声来辨别来的是什么人，是生人或熟人，可以通过触摸觉阅读盲文。聋哑人丧失听觉后，通过视觉的高度发展来加以补偿。他们能"以目代耳"学会看话甚至学会"讲话"。不同感觉之所以有补偿作用，是因为在一定条件下，各种感觉道的不同形式的能量可以互相转换。根据这一原理，人们制造了"声纳眼镜""电子助听器"等产品，开辟了人工感觉补偿的领域。

（2）联觉

联觉是指一种感觉的感受器受到刺激时，在另一感觉道也产生了感觉的现象。生活中联觉的现象相当普遍。例如，听到美妙的音乐会使人觉得看到了绚丽多彩的景色，闻到花的芳香。颜色感觉最容易引起联觉，如可以引起冷暖觉、远近觉、轻重觉等。红色、橙色使人产生类似火焰、热血和太阳的温暖的感觉，是暖色。蓝色、青色，使人产生类似江湖、河海、冷水的感觉，是冷色。绘画或布景上的深色，使人感到近些、淡色使人感到远些。机器上的深色使人感到重些，浅色使人感到轻些。美术作品的创作、房间的色调配置等都充分利用了色觉的联觉现象。

【拓展阅读】

像拔牙一样容易

感觉的相互作用，即一种感觉的刺激掩盖了另一种感觉，它的一个戏剧性的例子就是，在牙科手术中，声音在减少疼痛方面的明显效果。据加德纳（W. I. Gardner）、利克利得（J. C. R. Licklider）和韦兹（A. Z. Weisz）报告：原来需用麻醉或局部麻醉的病人，在音乐与噪音适当结合的作用下，其中有65％的患者疼痛完全消失。他们是如何做的呢？让病人戴上耳机，使病人能通过它听到安慰的立体声的音乐。当牙科手术开始时，给病人一种控制箱，使他可以通过耳机获得一种相当大的像瀑布似的噪音，一旦他感到有一点疼或害怕疼痛将来临时，为了掩盖疼痛，他可以把声音的音量调到相当高的程度。

摘自：［美］克雷奇等著，《心理学纲要》，文化教育出版社，1981。

第二节　视觉

∙∙

　　视觉（vision）是人类最重要的一种感觉。它主要由光刺激作用于人眼所产生。在人类获得的外界信息中，80％来自视觉。为了了解视觉的特点，我们先要知道视觉的物理刺激，即光的特点，光是视觉产生的外部条件；然后要知道视觉的生理机制，即折光机制、感光机制、传导机制和中枢机制，这是视觉产生的内部条件；最后还需要知道视觉的一些基本现象以及它们在人类生活中的意义。

一、视觉的物理刺激

　　要看见东西，就需要光。光是具有一定频率和波长的电磁辐射，它的频率范围为 $5 \times 10^{14} \sim 5 \times 10^{15}$ Hz，换算成波长为 $380 \sim 780$ nm，即可见光。在幅员广阔的电磁辐射中，可见光只是其中的一个狭窄区域。

　　可见光具有三维特点：波长、强度和纯度。这些特性与视觉经验的色调、明度和饱和度相联系。不同波长的光引起不同的色调感觉，即光谱颜色波长与范围不同（见表 3-4）。

表 3-4　光谱颜色波长和范围

色调	波长（nm）	范围（nm）
红	700	640～750
橙	620	600～640
黄	580	550～600
绿	510	480～550
蓝	470	450～480
紫	420	400～450

　　光的强度可用照在平面上的光的总量来测算，这叫照度。光的物理强度引起视觉经验的是明度，通常一个强烈的光会比一个较弱的光明亮。纯度是指光的成分的纯杂性，它引起的色觉反应是饱和度。例如，紫红色、粉红色、墨绿色、浅绿色都是饱和度较小的颜色；而正红色和鲜绿色则是饱和度较大的彩色。饱和度取决于光线中优势波长所占的比例。决定色调的优势波长所占比例越大，色调的饱和度越大，反之越小。

　　光刺激也可分为两大类：彩色和非彩色。非彩色包括白色、黑色和各种不同的灰色；彩色是除白、灰、黑以外的一切颜色。为了便于理解光刺激引起视觉经验中色调（hue）、明度（brightness）、饱和度（saturation）的相互关系，可以用色轴图（见图 3-5）加以说明。图 3-5 中垂直中轴线代表白、灰、黑系列的明度化：顶端是白色，底端是黑色，中心是灰色。绕中轴四周的是不同的色调：红、橙、黄、绿、蓝、紫等。四周与中轴的垂直距离代表饱和度的变化；与中轴垂直距离越短，饱和度越小；与中轴垂直距离越长，饱和度越大。从图 3-5 可见。非彩色只有明度上的差异。彩色则有色调、明度和饱和度的变化。实验证明，如果颜色中三个特性之一有变化，颜色感觉也发生变化；如果两个颜色的三个特性相同，则不论其组成成分如何，在视觉经验上都会产生相同的颜色感觉。

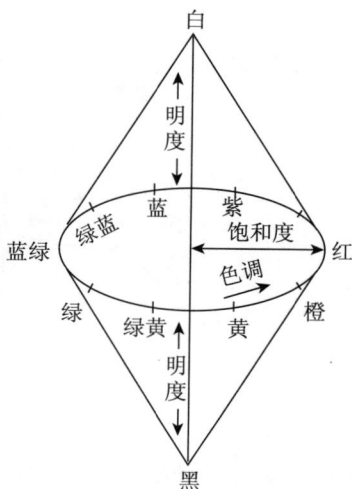

图 3-5　色轴图
资料来源：Judd & Wyszccki, 1952

在我们的生活中，除光源外，大部分物体不能自行发光，它们只能反射来自太阳或人造光源的光线。例如，月亮就是一个不能发光的物体，我们看到的月光，是月球表面反射的太阳光。在正常情况下，由于人眼不可能直接朝向光源，接受刺激，因此我们接受的光线主要是物体表面反射的光线。

总之，当我们讲到视觉刺激物即光的特性时，既包括光源的特性，也包括具有反射作用的物体表面的特性。正是这些特性，决定了人的视觉特性。

二、视觉的生理机制

视觉的生理机制包括折光机制、感光机制、传导机制和中枢机制。

（一）视觉的折光机制

眼睛是我们的视觉器官，形状近似于一个球。前端稍突出，前后径约为 25mm，横向直径为 20mm。它由眼球壁和折光系统两部分构成。图 3-6 是人类眼球的剖面图。

人的眼球壁分为三层。外层为巩膜和角膜。角膜有屈光作用，光线通过角膜发生曲折进入眼内。中层为虹膜、睫状肌和脉络膜。虹膜在角膜后面，晶体前面，中间有一个孔叫瞳孔。虹膜是一种伺服—控制系统。它随着落在网膜上光线的多少而调节瞳孔的大小。眼球壁的内层包括视网膜和视神经内段。

眼睛的折光系统由角膜、房水、晶体状和玻璃体组成。它们具有透光和折光作用。当眼睛注视外物时，由物体发出的光线通过上述折光装置使物体聚焦在视网膜的中央凹造成清晰的物象。眼的折光系统与凸透镜相似，在视网膜上

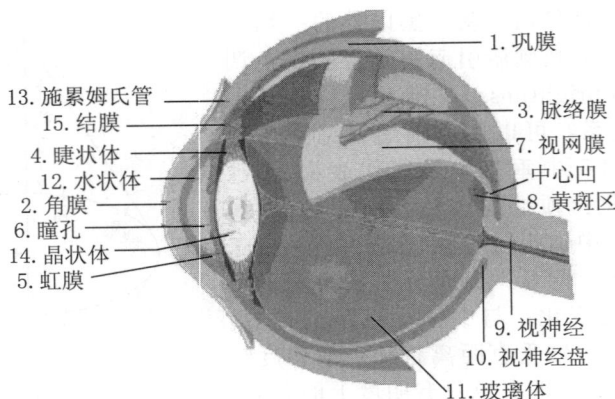

图 3-6　人类眼球的剖面图

形成的物象是倒置的、左右换位的。由于大脑皮质的调节和习惯的形成，我们仍能把外物感知为正立体的。

（二）视觉的感光机制

视网膜是眼球的光敏感层，为一透明薄膜。其最外层是锥体细胞和棒体细胞，是视觉的感光细胞，离光源最远；第二层含有双极细胞和其他细胞；最内层含有神经细胞。

人的网膜上有 1.2 亿个棒体细胞和 600 万个锥体细胞。两种细胞在形态上具有明显的区别。棒体细胞细长，呈棒状，长度为 0.04～0.06mm，直径为 0.002mm。锥体细胞粗短，呈锥形，长度为 0.028～0.058mm，直径为 0.0025～0.0075mm。

棒体细胞和锥体细胞在网膜上的分布也不同。在网膜中央窝只有锥体，没有棒体，这是网膜上对光对敏感的区域。离开中央窝，棒体细胞急剧增加，在 16 度至 20 度处最多。在网膜边缘，只有少量的锥体细胞。在中央窝附近，有一个对光不敏感的区域叫盲点，来自视网膜的视神经节细胞的神经纤维在这里聚合成视神经。

棒体细胞与锥体细胞的功能也不同。棒体细胞是夜视器官，它们在昏暗的照明条件下起作用，主要感受物体的明暗；锥体细胞是昼视器官，在中等和强的照明条件下起作用，主要感受物体的细节与颜色。

现代神经生理学的研究表明，棒体细胞含有叫做视紫红质的感光物质。视紫红质由视黄醛和视蛋白构成。视蛋白是一种结构复杂的蛋白质，视黄醛是一种生色团，它的结构近似于维生素 A。在光的作用下，视黄醛的形状在变化，化学结构也在变化，这个过程叫做视紫红质的光化学反应。在视紫红质分解的后一阶段，出现放能反应，从而激发神经冲动，把信息传向大脑产生暗视觉。锥体细胞中的感光色素叫做视紫蓝质，能感受强光。有三类锥体细胞分别含有感红色素、感绿色素和感蓝色素，它们分别对红、绿、蓝光最为敏感，这为揭示颜色视觉的机制有重要意义。

（三）视觉的传导机制

视觉传导机制由三级神经元实现。第一级为网膜双极细胞；第二级为视神经节细胞，由视神经节发出的神经纤维，在视交叉处实现交叉，鼻侧处交叉至对侧，和对侧的源侧处合并，传至丘脑的外侧膝状体；第三级神经元的纤维从外侧膝状体发出，终止于大脑枕叶的纹状区（布鲁德曼第17区）。

视觉的传导机制不仅把神经兴奋从外周传入中枢，而且对输入的信号进行了加工处理。这对各种视觉的产生有重要意义。

（四）视觉的中枢机制

视觉的直接投射区为大脑枕叶的纹状区（布鲁德曼第17区），这是实现对视觉信号初步分析的区域。当这个区域受到刺激时，人们能看到闪光；这个区域被破坏，病人会失去视觉而成为盲人。与第17区临近的另一些脑区，负责进一步加工视觉的信号，产生更复杂、更精细的视觉，如认识形状、分辨方向等。这些部位受损伤，病人将失去对物体、空间关系、人脸、颜色和词的认识能力，产生各种形式的失认症（agnosia）。

20世纪60年代以来，休伯和威塞尔等对视觉感受野的系统研究，对解释视觉的中枢机制产生了深远的影响。视觉感受野（receptive field）是指网膜上的一定区域或范围。当它受到刺激时，能激活视觉系统与这个区域有联系的各层神经细胞的活动。网膜上的这个区域就是这些神经细胞的感受野（见图3-7）。从图3-7上，我们看到网膜上的一个较小范围成为外侧膝状体上一个细胞的感受野。由于若干个外侧膝状体共同汇聚到一个皮层细胞上，因而皮层细胞上的感受野是网膜上的一个更大区域。

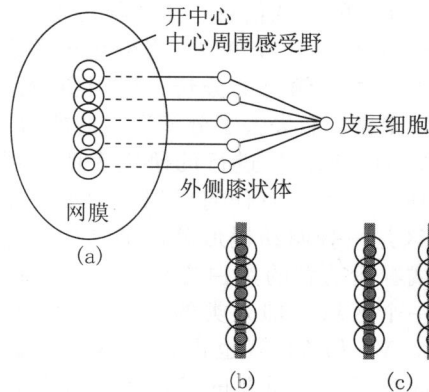

图 3-7　外侧膝状体细胞与皮层细胞感受野的关系
资料来源：Huber & Wiesel, 1962

根据休伯和威塞尔的研究，外侧膝状体细胞的感受野呈圆形，其中心与周围具有对抗的性质。这种感受野使外侧膝状体细胞能对一个细小的光点做出反应。

　　皮层细胞的感受野同样具有性质对抗的两个区域：开区和关区，但为左右排列。休伯和威塞尔把皮层细胞分为简单细胞、复杂细胞和超复杂细胞，它们之间也存在会聚的关系。如果将电极按正确方向（角度）插入皮层，那么电极先到达简单细胞，后到达复杂细胞和超复杂细胞。从电极测到的将是事物的越来越一般的特性。如果将电极稍许偏斜，临界方向将发生变化；偏离越远，信号化的方向越不同。这就形成了皮层上的功能性。人们对网膜上接受的各种视觉信号，是由定位在每个功能柱上具有共同方向的细胞来实现的。

　　根据感受野的研究，休伯等人认为，视觉系统的高级神经元能够对呈现给网膜上的、具有某种特性的刺激物做出反应。这种高级神经元叫做特征觉察器。高等哺乳动物和人类的视觉皮层具有边界、直线、运动、方向、角度等特征觉察器。由此保证了机体对环境中提供的视觉信息做出选择性的反应。

　　近年来，视觉研究有了许多新的发现。用猕猴进行的研究表明，视觉系统存在两条通路：一条是大细胞通路（M通路），另一条是小细胞通路（P通路），大细胞通路从网膜A型神经节细胞经丘脑外侧膝状体最内两层的大神经元，到达初级视皮层（V1）的4B区，再到达二级视皮层（V2）的粗条纹区（方向性运动），其功能为分析运动（V3、V5）和深度（V5）；小细胞通路从网膜B型神经节细胞经过外侧膝状体靠外四层的小神经元，到达初级视皮层（V1）的色斑区和色斑间区，再到达二级视皮层（V2）的细条纹区（波长选择），其功能为分析颜色（V4）和形状（V3，V4）（Livingston & Hubel，1988）。与这两条通路相联系的是两个不同的视觉功能系统——运动系统和色彩系统。前者处理物体运动时的形状信息，主要与运动有关；后者处理特定波长的信息，主要与颜色有关（Zeki，1992）。当颜色通路受到损伤时，病人能保留对形状的认识，只失去了对颜色的分辨；而当负责形状的通路受到损伤时，病人的颜色视觉完好无损，而失去了分辨形状的能力。

　　用正电子发射横断扫面（PET）进行的研究表明，视力正常的人看一幅蒙德里安水彩风景抽象画（一种没有任何可识别的抽象景色）时，区域性大脑血流量增加最大的脑区是一种叫纺锤形脑回的结构。这个脑区可以命名为人类的V4区。当让被试看运动着的黑白方块时，最大的大脑血流量发生在与V4区完全隔开的另一个区域，即人类的V5区。PET研究的结果还显示出，在上述两种条件下，V1和V2区也出现区域性大脑血流量增加的现象（Zeki，1992）。视觉方面的另一个重要的发现是，参与视觉分析的不仅有脑的枕叶，而且有大脑的其他区域，如猴子的视觉就是由32个左右的脑区共同来完成的（Felleman & Essen，1991）。对感受野的进一步研究还发现，视觉系统对运动方向的分析，早在视神经节细胞的感受野中就已开始，而不只是发生在视皮层上。

三、视觉的基本现象

（一）色觉

1. 色觉内涵

色觉是指不同波长的光线作用于视网膜而在人脑引起的感觉。它是视觉系统的基本机能之一，对于图像和物体的检测具有重要意义。人眼可见光线的波长是380～780nm，一般可辨出包括紫、蓝、青、绿、黄、橙、红七种主要颜色在内的120～180种不同的颜色。辨色主要是视锥细胞的功能。因视锥细胞集中分布在视网膜中心部，故该处辨色能力最强，越向周边部，视网膜对绿、红、黄、蓝四种颜色的感受力依次消失。由物理学可知，用红、绿、蓝三种色光作适当混合，可产生白光以及光谱上的任何颜色。

2. 颜色混合

颜色混合分两种：色光混合和颜料混合。色光混合是将具有不同波长的光混合在一起。例如，将700nm的光与579nm的光混合得到橙色光线；将光谱上各种波长的光用透镜聚焦起来得到白光等。颜料混合是指颜料在调色板上的混合，或油漆、油墨的混合，如将红与黄的颜料混合成橘红色，把各种颜色的颜料混合得到黑色等。

颜色的两种混合在性质上是不一样的。色光混合是不同波长的光线同时作用于眼睛，在视觉系统中实现的混合，是一种加法过程，即将各种波长的光相加；而颜料混合是将两种颜料混合之后，作用于视觉系统引起的，是一种减法过程，即某些波长的光被吸收了。以黄与蓝的颜料混合为例，黄色颜料吸收了红、橙和蓝色光线，而蓝色颜料反射大部分蓝光和少量绿光，而吸收红、橙、黄光。当两种颜料混合时，由黄色颜料反射的黄光被蓝色颜料所吸收；由蓝色颜料反射的蓝光又被黄色颜料所吸收。结果只剩下绿色部分被反射回来，因而使混合后的颜料看上去是绿色的（见图3-8）。

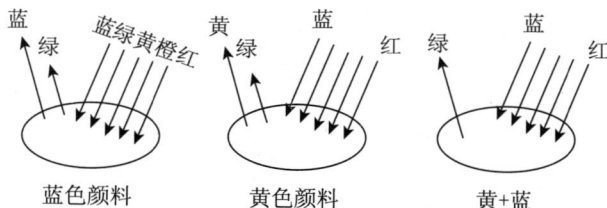

图3-8 颜色混合示意图

资料来源：Goldstein，1980

最常见的颜色混合的实验仪器是色轮。用红、蓝、绿三种基本颜色以适当比例加以混合，可以得到光谱上的各种颜色。如果在这三种颜色中加入适当白色，就可以得到各种不同色调、明度和饱和度。

3. 色觉缺陷

色觉缺陷包括色弱和色盲。色弱患者三种视锥细胞并不缺乏，但对某种颜色的分辨力较弱。色弱多为后天性的，与健康及营养条件有关，是一种常见的色觉缺陷。色盲是由于缺乏某种视锥细胞而出现的色觉紊乱，大多数由遗传决定，尚无特效疗法，其发生率男性约为 8%，女性 0.5%。包括红色盲、绿色盲、蓝色盲和全色盲（单色觉）几种类型。其中红色盲和绿色盲较为多见，习惯上统称为红绿色盲，患者不能分辨红、紫、青、绿各色，仅能识别整个光谱中的黄、蓝两色。全色盲极少见，患者视物只有明暗之别，犹如观黑白电影一样。

色觉异常的人不能从事美术、化学、医学和交通运输等工作，否则不仅影响工作质量，还会造成严重的损失和事故。

4. 色觉理论

对于颜色感觉心理现象的系统理论解释，主要有下列三种学说。

(1) 三色说

三色说（trichromatic theory）是英国物理学家杨（T. Young）于 1801 年提出，后为赫尔姆霍茨（Helmholtz，1860）所发展，合称为杨—赫尔姆霍茨三色说（Young. Helmholtz trichromatic theory）。这个学说从红、绿、蓝三原色按不同比例混合可以产生各种色调及灰色这一事实出发，假定在视网膜上红、绿、蓝三种神经纤维的兴奋都能引起一种原色的感觉。三种神经纤维对光谱的每一波长都有其特有的兴奋水平，其峰值见图 3-9。当光刺激同时引起三种纤维不同程度的兴奋时，便按相应的比率产生各种色觉。例如，当光刺激同时引起三种纤维同样强烈的兴奋时，便产生白色或无彩色的感觉。如果红、绿、蓝三种纤维的兴奋比率为 5：7：11，那么，红、绿、蓝三种纤维五个单位的同时兴奋，产生的是白色。色调将由绿纤维两个单位兴奋和蓝纤维六个单位兴奋来决定，其结果看到的将是明度较大的绿蓝色。

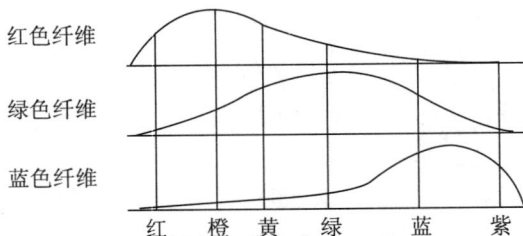

图 3-9 霍尔姆霍茨学说的神经纤维兴奋曲线

(2) 拮抗过程说

色觉的拮抗过程说（opponent process theory）是黑林（E. Hering）于 1878 年提出的。他假定视网膜中具有三对拮抗的视素：白—黑视素、红—绿视素、黄—蓝视素。这三对视素的同化和异化过程就产生各种颜色。光刺激下异化白—黑视素，引起的神经冲动产生白色感觉；没有光刺激时白—黑视素起同化作用，引起的神经冲动产生黑色感觉。红光刺激下异化红—绿视素，产生红色感觉；绿光刺激则同化红—绿视素，产生绿色感觉。黄光刺激下异化黄—蓝视素，产生黄色感觉；蓝光刺激同化黄—蓝视素，产生蓝色感觉。由于各种颜色都含有一定的白色成分，因此每一种颜色除了影响其本身的视素活动外，还影响白—黑视素的活动。图 3-10 表示三对视素的同化和异化作用：XX' 线以上表示异化作用，以下表示同化作用。a、b、c 三条曲线分别表示白—黑视素、黄—蓝视素和红—绿视素的异化作用和同化作用。曲线 a 的形状表明光谱饱和色的明度成分，从曲线 a 可见黄绿色是光谱中最明亮的颜色。各种色觉就取决于这三种视素活动相对幅度的大小。黑林的理论认为视锥细胞能感受红、绿、黄、蓝四种颜色，因而也称为四色说（tetrachromatism）。

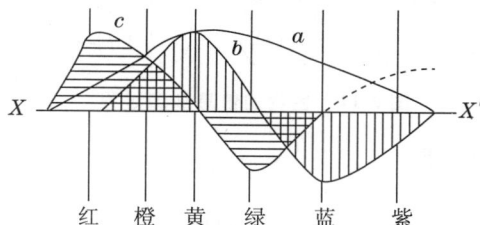

图 3-10　黑林学说的视素代谢作用

上述两种学说都能解释许多色觉现象，但也都有不足之处。杨—赫尔姆霍茨三色说虽能圆满地解释颜色混合现象，但不能满意地解释色盲现象。因为根据三色说，色盲是由于缺乏一种或几种神经纤维而造成的，三种神经纤维同时以同等强度的兴奋才能产生白色或灰色感觉。色盲的人既然缺乏一种或几种神经纤维，就不应该有白色或灰色的感觉，但事实并非如此。所有色盲的人都有白、灰、黑的感觉。黑林的拮抗过程说也能解释许多色觉现象，但不能解释用三原色混合能产生光谱中的一切颜色这种现象。这两种学说曾长期对立，争论不休，似乎很难统一。

（3）色觉阶段说

现代神经生理学研究表明，在视网膜中确实存在三种视锥细胞，分别对 530nm、570nm 和 440nm 光谱很敏感。同时，在视觉通路中还发现对白—黑、绿—红、蓝—黄三类反应起拮抗作用的神经细胞。赫维奇和詹姆森（Hurvich & Jameson，1974）把现代神经生理学的研究成果概括为图3-11。从中可见，色觉的信息加工可分为两个阶段：第一阶段，视网膜有 α、β、γ 三种视锥细胞分别对 440nm、530nm、570nm 最为敏感。它们有选择地吸收光谱不同波长的辐射，同时又可单独产生白—黑反应。第二阶段，在神经兴奋由视锥细胞向视觉中枢传导过程中，这三种反应又重新组合，最后形成三对拮抗的神经反应，即蓝—黄、绿—红和白—黑反应。总之，色觉信息是按层次加工的：在视网膜水平上是按杨—赫尔姆霍茨三原色发生的；冲动在视觉通路上的编码传递过程是按黑林的拮抗过程说进行的。色觉神经机制的最后阶段发生在大脑皮质视区，目前这方面我们仍知道得很少。

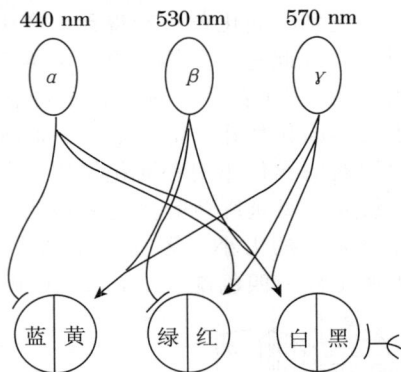

图 3-11　色觉的信息加工过程

（二）视觉中的空间因素

1. 视觉对比

视觉对比（visual contrast）是由光刺激在空间上的不同分布引起的视觉经验。可分为明暗对比和颜色对比两种。

明暗对比是由光强在空间上的不同分布造成的。例如，从同一张灰纸上剪下两个小正方形，分别放在一张白色和一张黑色的背景纸上，这时人们看到，放在白色背景上的小正方形比放在黑色背景上的小正方形要暗得多，由于背景的灰度不同，对比的效果也不同。可见物体的明度不仅取决于物体的照明及物体表面的反射系数，而且也受物体所在的周围环境的明度影响。当某个物体反射的光亮相同时，由于周围物体的明度不同，可以产生不同的明度经验。这种现象叫明度的对比效应。

颜色也有对比效应，即一个物体的颜色会受到它周围物体颜色的影响而发生色调的变化。例如，将一个灰色正方形放在红色背景上，正方形将略显绿色；放在绿色背景上，正方形将略带红色。总之，对比使物体的色调向背景颜色的补色方向变化。

研究视觉对比有实践的意义。据说，18 世纪初，在法国巴黎一家制造毛毯的工厂里发生了这样一件事：工人们抱怨织进毛毯的黑色毛线的颜色，怀疑是由墨色染料造成的。后来，他们请教了一位化学家，经过研究发现，问题是由黑色毛线周围的颜色对比引起的，而与黑色染料的质量无关。直到今天，纺织工业、印染工业和编织工艺中，考虑视觉对比仍有重要的意义。

2. 马赫带

所谓马赫带是指人们在明暗变化的边界上，常常在亮区看到的一条更亮的光带，而在暗区看到一条更暗的线条，如图 3-12（a）所示。从刺激物的能量分布来说，亮区的明亮部分与暗区的黑暗部分，在刺激的强度上和该区的其他部分相同，见图 3-12（b）实线部分，而我们看到的明暗分布在边界处出现了起伏现象，如图 3-12（b）虚线部分。可见，马赫带不是刺激能量的实际分布，而是神经网络对视觉信息进行加工的结果。

我们可以用侧抑制来解释马赫带的产生。由于相邻细胞间存在侧抑制的现象，来自暗明交界处亮区一侧的抑制大于来自暗区一侧的抑制，因而使暗区的边界显得更暗；同样，来自暗明交界区处暗区一侧的抑制小于亮区一侧的抑制，因而使亮区的边界显得更亮。

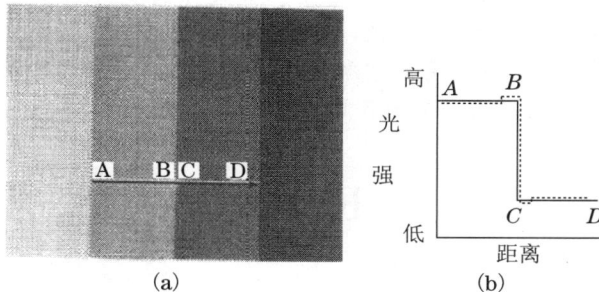

图 3-12　马赫带
资料来源：Ratiliff，1972

3. 视敏度

视敏度（visual acuitv）是指眼辨别物体形态细节的能力即视觉的分辨力，医学上称为视力。通常是以能辨别两条平行光线的最小距离为衡量标准。距离越小，视角也越小，即视力越好。最小视角为 1 分时，视力则定为 1。

视网膜各部分的视敏度不同，在亮光下，中央凹的视敏度最高，周围部分的视敏度迅速下降，最边缘部分的视敏度仅为中央凹的 1/40。在暗处，中央凹的视敏度几乎为零，而周围部分视敏度相对较高，当然与明视觉相差很大。可见，中央视觉的特点是在亮光下分辨细节和具有色觉；边缘视觉的特点则是在暗光中对弱光敏感，而不具色觉。

明视觉与暗视觉。眼能感受光谱的范围不大，但视网膜的不同部位对光谱的敏感度差距很大。在亮光下，最大敏感度是在 560nm（黄绿光带），是明视觉，即有色视觉。随着亮度的逐步降低，最大敏感度向左移至 505nm 处（蓝绿光带），而原来的红色部分则看不见了，这已进入暗视觉，即无色视觉。这种当眼由明视到暗视，视网膜对光谱亮度的敏感度所产生的位移变化，称为光谱亮度曲线位移现象，也称浦肯野（Purkinje）氏位移。此种现象表示在光线转暗情况下，视觉由视锥细胞的明视和有色视觉向视杆细胞的暗视和无色视觉转移。

【拓展阅读】

视敏度的测定

目前，关于视敏度的测定具有代表性的主要有以下三种示意图：(a) 线条测验。将最后仍可被看成分开的一排线条作为测查结果。(b) 斯内伦视力表 (Snellen chart)。将最后仍可被读出的一排字母作为测查结果。(c) 朗多环 (Landolt lings)。将最后仍可以正确说出圆环开口方向的一排作为测查结果。正常视力为 20/20，即你在 6 米（20 英尺）处的分辨力可以看清的东西，你需要在 6 米处才能看清。如果你的视力到了 20/200，则需要配眼镜。如果你的视力为 20/12，则意味着你能在 6 米处看到别人需要到 3.6 米处才能看清的东西。有的宇航员（视敏度 20/12）称可以从 160 公里的高空看见地面上的铁轨（见图 3-13）。

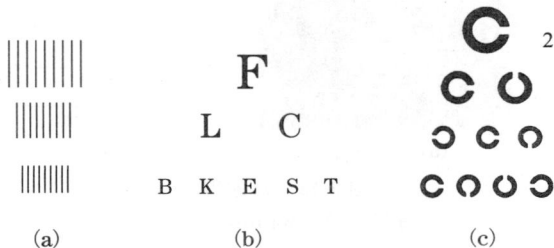

图 3-13 视敏度测定

（三）视觉中的时间因素

1. 视觉适应

适应是我们所熟悉的一种感觉现象。它是由于刺激物的持续作用引起的感受性变化。在视觉范围内可区分为暗适应与明适应。

（1）暗适应

暗适应 (dark adaptaion) 是指照明停止或由亮处转入暗处时视觉感受性提高的时间过程。例如，我们从阳光照射的室外进入电影院，或在黑夜由明亮的室内走到室外，都发生暗适应过程。开始时觉得一片漆黑，什么也看不见，经过一段时间，眼睛开始能看清黑暗中的物体，说明视觉感受性提高了。研究发现，视网膜上的棒体细胞和锥体细胞都参与暗适应过程，但作用的大小及起作用的阶段，两者是不同的。从暗适应曲线（见图 3-14）上我们可以看到，在暗适应的最初 7～10 分钟内，感觉阈限骤降，而感受性骤升。在这以后，暗适应曲线改变方向，感受性继续上升，出现棒锥裂。如果在进行暗适应实验时，红光只使锥体细胞活动，而不能使棒体细胞活动，那么，只有锥体细胞参与暗适应过程。可见，早期的暗适应是由锥体细胞与棒体细胞共同完成的，以后，锥体细胞完成暗适应过程，只有棒体细胞继续起作用。整个暗适应持续大约

30～40 分钟，以后感受性就不再继续提高了。

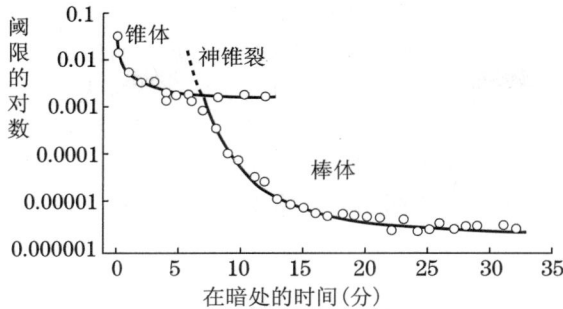

图 3-14 暗适应曲线
资料来源：Hecet，1938

（2）明适应

明适应（bright adaptaion）与暗适应相反，是指照明开始或由暗处转入亮处时人眼感受性下降的时间过程。暗适应时间较长，而明适应进行很快，时间短暂。在一秒钟的时间内，由明适应引起的阈限值上升就已很明显。在 5 分钟左右，明适应就全部完成了。当我们看完电影，从电影院出来时，开始觉得光线耀眼，但很快就恢复正常状态。明适应的机制与暗适应相反，一般用视觉色素的漂白过程来解释。

研究视觉适应有重要的实践意义。人们利用它的规律可以提高视觉的效果，避免在异常情况下光线对眼睛的破坏作用。例如，由于塌方在矿井下停留多日的工人，在抢救出来时要注意保护他们的眼睛。这是因为他们在黑暗中长时间停留，强烈的地面日光会使他们的眼睛灼伤。又如，值夜班的飞行员和消防队员，在值勤以前，最好带上红色眼镜在室内灯光下活动。由于红光不能漂白棒体细胞的视色素，因而在他们接受紧急任务时，可以加快眼睛的暗适应过程。

2. 视觉后像

刺激物对感受器的作用停止以后，感觉现象并不立即消失，它能保留一个短暂时间，这种现象叫后像（afterimage）。后像在视觉中表现特别明显。

视觉后像分两种：正后像和负后像。后像的品质与刺激物相同叫正后像；后像的品质与刺激物相反叫负后像。例如，在注视点灯光之后，闭上眼睛，眼前会出现灯的一个光亮形象，位于黑色背景之上，这是正后像；以后可能看到一个黑色形象，出现在光亮背景之上，这就是负后像。颜色视觉也有后像，一般为负后像。

3. 闪光融合

断续的闪光由于频率增加，人们会得到融合的感觉，这种现象叫闪光融合。例如，日光灯的光线每秒闪动 100 次，我们看不出它在闪动；高速转动的电风扇，我们看不清每扇叶子的形状，都是由于闪光融合的结果。刚刚能够引起融合感觉的刺激的最小频率，叫闪光融合临界频率或闪烁临界频率（critical flicker frequency），它表现了视觉系统分辨时间能力的极限。融合临界频率越高，即融合阈限越高，对时间分辨作用的感受性也就越大。

闪光融合依赖于许多条件。刺激强度低时，临界频率低；随着强度上升，临界频率明显上升。在网膜中央窝部位，临界频率最高，偏离中央窝50度，临界频率明显下降。可见，不同的视觉感受器在不同的刺激条件下，对刺激时间感受性是不同的。

4. 视觉掩蔽

在某种时间条件下，一个闪光出现在另一个闪光之后，能影响到对前一个闪光的觉察，这种效应称为视觉掩蔽（visual mask）。在研究光的掩蔽效应时，目标物或者出现在掩蔽光之前，或者同时出现，或者掩蔽光除了光的掩蔽以外，还有图形掩蔽、视觉噪音掩蔽等。其中有些现象，将在知觉一章阐述。

第三节　听觉

人的感觉除视觉外，另一种最重要的感觉就是听觉（hearing）。人们通过听觉可以和别人进行语言交际，可以欣赏音乐。许多危险信号也是通过听觉传递给人的。因此，听觉在动物和人的适应行为中有重要作用。

一、听觉刺激

声波是听觉的适宜刺激，它是由物体振动产生的。例如，人的语言是由声带振动产生的；提琴的声音是由琴弦振动产生的。物体振动时对周围空气产生压力，使空气的分子作疏密相间的运动，这就是声波。声波通过空气传递给人耳，并在人耳中产生听觉。用一个音叉和一个示波器，我们就可以从示波器上看到声波的形状。

声波的物理性质包括频率、振幅和波形。频率指发声物体每秒振动的次数（周／秒），单位是赫兹（Hz）。不同声音，其频率也不相同。成年男子语音的频率低，而女子和小孩的语音频率高。建筑工地上砸夯机的声音频率低，而工厂汽笛的声音频率则较高。人耳所能接受的振动频率为16～20000Hz。低于16Hz的振动叫次声，高于20000Hz的振动叫超声波，它们都是人耳所不能接受的。

振幅是指振动物体偏离起始位置的大小。发声体振幅大小不一样，它们对空气形成的压力也就不一样。振幅大，压力大，我们听到的声音就强；振幅小，压力小，我们听到的声音就越弱。测量声音的物理长度单位为巴因。1巴因／平方厘米，它是用单位面积上所受的压力大小来表示的。测量声音的强度优势也用声压水平（SPL，单位 dB）。

声音最简单的形状是正弦波。有正弦波的声音叫纯音，如用音频信号发声器和音叉发出的声音就是纯音。在日常生活中，人们听到的大部分声音不是纯音，而是复合音，这是由不同频率和振幅的正弦波叠加而成的。例如，我们把一个频率为 10Hz 的正弦波与一个频率为 20Hz 的正弦波叠加在一起，我们就可以得到一个波形不同的复合音。

声波的这些物理特性，决定了听觉的基本特性：音调、音响和音色。

根据发声体的振动是否有周期性，声音还分成乐音和噪音。乐音是周期性的声波振动，噪音是不规则的、无周期性的声波。乐音有利于人体的健康，能帮助人缓解疲劳、振奋精神、治疗疾病。太强的噪音一般有损于人体健康，使人头晕目眩，注意力分散，工作效率下降。但近年来也有人指出，噪音能提高某些工作的工作效率。

二、听觉的生理机制

（一）耳的构造和功能

耳朵是人的听觉器官，它由外耳、中耳和内耳三部分组成。

外耳包括耳廓和外耳道，主要作用是收集声音。动物的耳廓形似喇叭，由肌肉控制它运动，可帮助声音的定向。人的耳廓的运动能力退化了，但仍有收集声音的作用。

中耳由鼓膜、三块听小骨、卵圆窗和正圆窗组成。三块听小骨指锤骨、砧骨和镫骨。锤骨一端固定在鼓膜上，另一端由镫骨固定在卵圆窗上。当声音从外耳道传至鼓膜时，引起鼓膜的机械振动，鼓膜的运动带动三块听小骨，把声音传至卵圆窗，引起内耳淋巴液的振动。由于鼓膜的面积与镫骨覆盖的面积的比是 20∶1，因此，声音经过中耳的传音装置，声压大约提高 20～30 倍。声音的这条传导途径称为生理性传导。声音的传导途径还有空气传导和骨传导。空气中传导是指鼓膜振动引起的中耳室内的空气振动，然后经由正圆窗将振动传入内耳。骨传导是指声波从颅骨传入内耳。骨传导效率差，但也排除了体内各种噪音的干扰。否则，人们的呼吸或咀嚼时发出的声音将影响人耳对外界声音的正常听觉。

内耳是由前庭器官和耳蜗组成。后者是人耳的听觉器官。耳蜗分三部分：鼓阶、中阶和前庭阶。鼓阶与中阶以基底膜分开。基底膜在靠近卵圆窗的一端最狭窄，在蜗顶一端最宽，这一点对听觉有重要的意义。基底膜上的柯蒂氏器包含着大量支持细胞和毛细胞，后者是听觉的感受器。毛细胞的细毛突入由耳蜗液所充满的中阶内。声音经过镫骨的运动产生压力波，引起耳蜗液的振动，由此带动基底膜的运动，并使毛细胞兴奋，产生动作电位，从而实现能量的转换。

（二）听觉的传导机制和中枢机制

毛细胞的轴突离开耳蜗组成了听神经，即第八对脑神经，它先投射到脑干的髓质，然后和背侧或腹侧的耳蜗神经核形成突触。这些区域的细胞轴突形成外侧丘系，最后终止于下丘的离散区。从下丘开始，经过背侧和腹侧的内侧膝状体，形成两条通道。腹侧通道投射到听觉的核心皮层（AI 或布鲁德曼第 41区），背侧通路投射到第二级区。和视觉系统不同，听觉系统为皮层提供了同侧和对侧的输入以对侧为主。因此在皮层的每个耳蜗神经核中都有双向的表征。

近年来的研究表明，听觉系统的单个神经元编码声音的频率（或音调）。不同神经元对不同频率有最大的敏感性。一般来说，皮下的神经核细胞对较宽的频率敏感，而更高层次的细胞对较窄的频率敏感。人类的听觉系统的二级区可能对言语声音敏感（Kolb & Whishaw，1996）。

三、听觉的基本现象

（一）音调

音调主要是由声波频率决定的听觉特性，声波频率不同，我们听到的音调高低也不同。音乐的音调一般在 50～5000Hz 之间，言语的音调一般在 300～5000Hz 之间。人的听觉的频率范围为 16～20000Hz 之间。其中1000～4000Hz是人耳最敏感的区域。16Hz 是人的音调的下阈，20000Hz 是人的音调的上阈。当频率约为 1000Hz、响度超过 40dB 时，人耳能觉察到的频率变化范围为0.3%。也就是说，人耳能够分辨 1000Hz 与 1003 Hz 两种音调的差别，这是音调的差别阈限。

音调是一种心理量。它和声波的物理特性——频率的变化不完全对应。一般来说，在 1000Hz 以上，频率与音调的关系几乎是线性的，音调的上升低于频率的上升；在 1000Hz 以下，频率与音调的关系不是线性的，音调的变化快于频率的变化。

音调不仅决定于频率的高低，而且还受到一系列其他因素的影响，如声音的持续时间、声音的强度和复合音的音调等。

（二）音频

人耳怎样分析不同频率的声音，产生高低不同的音调？从 19 世纪以来，科学家们提出了各种不同的学说。

1. 频率理论

这是 1886 年物理学家罗·费尔得提出来的一种理论。这种理论认为，内耳的基底膜是和镫骨相同频率运动的。振动的数量与声音的原有频率相适应。如果我们听到一种频率低的声音，连接卵圆窗的镫骨每次振动次数较少，因而使基底膜的振动次数也较少。如果声音刺激的频率提高，镫骨和基底膜都将发生较快的振动。基底膜与镫骨的这种关系，类似于电话机的送话机和收话机的关系。当我们向送话机说话时，它的膜片按话音的频率产生不同频率的振动，使线路内的电流出现变化。在另一端，收话机的薄膜因电流的变化而振动，并产生与送端频率相同的语音，这种理论也叫电话理论。

人们很快发现，频率理论难以解释人耳对声音频率的分析。人的基底膜不能作每秒 1000 次以上的快速运动。这和人耳能够接受超过 1000 Hz 以上的声音是不符合的。

2. 共鸣理论

这是赫尔姆霍茨提出的一种理论。在他看来，由于基底膜的横纤维长短不同，靠近蜗底较窄，靠近蜗顶较宽，因而就像一部竖琴的琴弦一样，能够对不同的声音产生共鸣。声音的频率高，短纤维发生共鸣；声音的频率低，长纤维发生共鸣。人耳基底膜约有 24000 条横纤维，它们分别反映不同频率的声音。基底膜的振动引起听觉细胞的兴奋，因而产生高低不同的音调。共鸣理论（resonance theory）强调了基底膜的振动部位对产生音调听觉的作用，因而也叫位置理论（place theory）。共鸣理论主要根据基底膜的横纤维具有不同的长短，因而能对不同频率的声音发生共鸣。但人们以后发现，这种根据并不充分。人耳能够接受的频率范围为 16～20000 Hz，最高频率与最低频率之比为 1000∶1，而基底膜上横纤维的长短比仅为 10∶1，横纤维的长短与频率的高低之间并不对应。

3. 行波理论

20 世纪 40 年代，著名生理学家冯·贝克西（Von Bekesy）发展了赫尔姆霍茨的共鸣说的合理部分，提出了新的位置理论——行波理论（traveling wave theory）。

贝克西认为，声波传到人耳，将引起整个基底膜的振动。振动运行到基底膜的某一部位，振幅达到最大值，然后停止前进而消失。随着外来声音频率的不同，基底膜最大振幅所在的部位也不同。声音频率低，最大振幅接近蜗顶；频率高，最大振幅接近蜗底（即镫骨处），从而实现了对不同频率的分析。

贝克西进行了一个著名的实验：在耳蜗管的管壁上钻一小孔，从小孔向基底膜上撒些铝粉，然后用玻璃将孔盖上，并观察在不同声音振动时基底膜的运动。结果发现，基底膜的不同部位对不同频率的声音进行反应。当镫骨按高频率运动时，基底膜的底端振动较厉害；声音频率降低，基底膜的最大振动部位转向蜗顶。

贝克西认为，基底膜的某一部位振动越大，柯蒂氏器上的盖膜就越弯向那个区域的毛细胞，因而使有关的神经元的激活比率上升。正是这些激活率最大的成组神经元，发出了声音频率的信息。

行波理论正确描述了 500 Hz 以上的声音引起的基底膜的运动。但难以解释 500 Hz 以下的声音对基底膜的影响。当声音频率低于 500 Hz 时，它的基底膜的各个部位引起了相同的运动，并对毛细胞施加了相同的影响。有人认为，声音频率低于 500Hz，频率理论是对的；声音频率高于 500Hz，位置理论是正确的。

4. 神经齐射理论

20 世纪 40 年代末，韦弗尔（Wever，1949）提出了神经齐射理论（neural volleying theory）。这个学说认为，当声音频率低于 400Hz 时，听神经个别纤维的发放频率是和声音频率对应的。声音频率提高，个别神经纤维无法单独对它作出反应。在这种情况下，神经纤维将按齐射原则发生作用。个别纤维具有较低的发放频率，它们联合"齐射"就可反应频率较高的声音。韦弗尔指出，用齐射原则可以对 5000Hz 以下的声音进行频率分析。声音频率超过 5000Hz，位置理论是对频率进行编码的唯一基础。

（三）音响

音响是由声音强度决定的一种听觉特性。强度大，听起来响度高；强度小，听起来响度低。测量音响的单位是贝尔（Bel）或分贝（dB）。

表 3-5　几种熟知的声音响度

声源	音响（dB）	声源	音响（dB）
喷气机（低空）	150	摇滚乐	140
响雷	120	地铁（离地面 20 英尺）	100
繁忙汽车道	80	普通谈话	60
清静的办公室	40	耳语	20
树叶沙沙声	20	隔音的播音室	10
听觉域	0		

从表 3-5 我们看到，对人来说，音响的下阈为 0dB，它的物理强度为 $2 \times 10^{-9} N/cm^2$。上阈约 150dB，它的物理强度约为下阈时物理强度的 100 万倍。声音还和声音频率有关。在相同的声压水平上，不同频率的声音响度是不同的。而不同的声压水平却可产生不同的音响。音响与频率的关系，可以从等响曲线上看出来。

（四）声音的掩蔽

一个声音由于同时起作用的其他声音的干扰而使听觉阈限上升，称为声音的掩蔽。例如，在一间安静的房屋内，我们可以听到闹钟的滴答声、暖气管内的水流声、电冰箱的马达声，而在人声嘈杂的室内或马达烘箱的厂房内，上面这些声音就被掩蔽了。

声音掩蔽有以下几种：①纯音掩蔽，用一种纯音为掩蔽音，观察它对不同频率的其他声音的影响；②噪音对纯音的掩蔽；③纯音和噪音对语音的掩蔽。

　　声音的掩蔽依赖于声音的频率、掩蔽音的强度、掩蔽音的间隔时间等。兹伟克（Zwicher，1965）和沙尔夫（Scharf，1965）等，用1200Hz的声音作掩蔽音，变化它的强度（20～110dB），然后观察它对其他声音的掩蔽作用。结果发现，与掩蔽音频率接近的声音，受到的掩蔽作用大。频率相差越远，受到的掩蔽作用就越小。频率太近，产生拍音。低频掩蔽音对高频声音的掩蔽作用，大于高频掩蔽音对低频声音的掩蔽作用。掩蔽音强度提高，掩蔽作用也增加。当掩蔽音强度很小时，掩蔽作用覆盖的频率范围也较小；当掩蔽音的强度增加时，掩蔽作用覆盖的频率范围也增加。

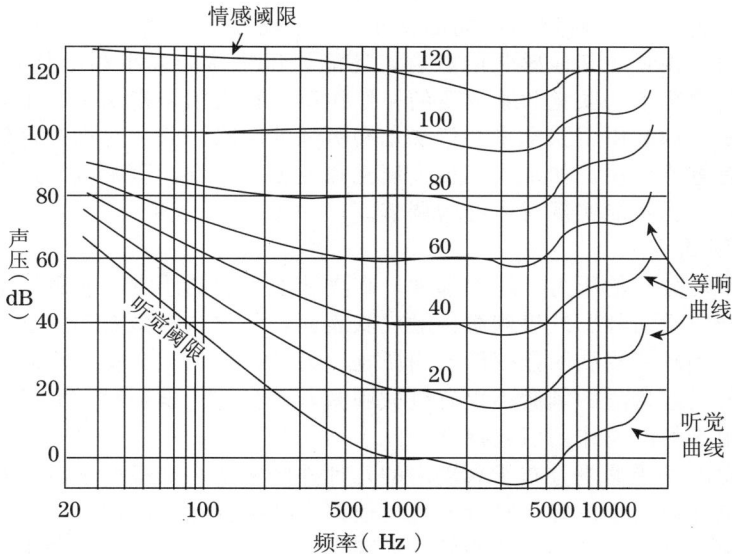

图 3-15　等响曲线

资料来源：Robinson & Dadson，1956

第四节　其他感觉

一、皮肤感觉

（一）肤觉

　　刺激作用于皮肤引起的各种感觉叫肤觉。肤觉的形态主要有：触觉、冷觉、温觉和痛觉。肤觉感受器在皮肤上呈点状分布，称触点、冷点、温点和痛点。身体的部位不同，各种点的分布及数目也不同（见表3-6）。

表 3-6 每平方厘米的皮肤感觉点

	痛	触	冷	温
额	184	50	8	0.6
鼻尖	44	100	13	1.0
胸	196	29	9	0.3
前臂掌面	203	15	6	0.1
手臂	188	14	7	0.5
拇指球	60	120		

　　肤觉对人类的正常生活和工作有重要意义。人们对事物的空间特性的认识和触觉分不开。人的触觉不仅能够认识物体的软、硬、粗、细、轻、重等特性，而且它和视觉与其他感觉的联合，还能认识物体的大小和形状。在视觉、听觉损伤的情况下，肤觉起着重要的补偿作用。盲人用手指认字、聋人靠振动觉欣赏音乐，都利用了肤觉来补偿视觉和听觉的缺陷。肤觉对维持机体与环境的平衡也有重要作用。如果人们丧失痛觉和温觉、冷觉，就不能回避各种伤害人体的危险，也不能实现对体温的调节。

　　1. 触压觉

　　由非平均分布的压力（压力梯度）在皮肤上引起的感觉，叫触压觉。触压觉分触觉与压觉两种。外界刺激接触皮肤表面，使皮肤轻微变形，这种感觉叫触觉。外界刺激使皮肤明显变形，叫压觉。另外，振动觉和痒觉也属于触压觉的范围。但引起痒觉的刺激不仅有机械刺激，而且有化学刺激，如蚊子、蚂蚁叮咬后，由于蚁酸的作用引起痒觉。

　　触压觉的感受器是分布在真皮内的几种神经末梢，如迈斯纳触觉小体、毛囊神经末梢和环层小体等。触觉的传导通路由三级神经元组成：第一级由触觉感受器发出的神经纤维到达脊髓后柱的薄束和楔状束；第二级由薄束、楔状束开始，经延脑、大脑脚到丘脑腹侧核；第三级从丘脑至大脑皮层中央后回。

　　皮肤的不同部位具有不同的触压觉感受性。如果我们给某一皮肤表面放上不同重量的物体，要求被试报告他是否感受到有某种东西存在，这样就可以确定该部位的触觉阈限，即觉察该刺激所需的最小刺激量。实验发现，皮肤不同部位的触觉阈限是不同的（见表 3-7）。

表 3-7 皮肤不同部位的触觉阈限

皮肤部位	触觉阈限（毫克/毫米）
指尖	3
前臂	8
腿	16
足底	250

人们能够分辨皮肤上两个点的最小距离，叫两点辨别阈限。通常用两点阈规来进行测量。皮肤部位不同，两点阈也不同（见图 3-16）。

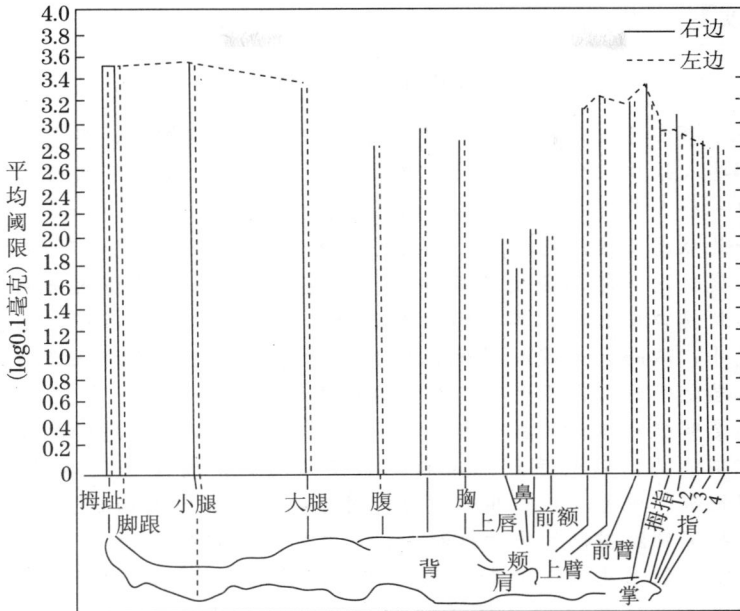

图 3-16　皮肤不同部位的两点阈

2. 温度觉

皮肤表面温度的变化，是温度觉的适宜刺激。一种温度刺激引起的感觉，是由刺激温度与皮肤表面温度的关系决定的。皮肤表面的温度称为生理零度。高于生理零度的温度刺激，引起温觉；低于生理零度的温度刺激，引起冷觉。刺激温度等于生理零度，不产生温度觉。皮肤对冷、热刺激的接受，分别由不同感受器来完成。一般说，罗弗尼氏小体接受温的刺激，克劳斯氏接受冷的刺激。两种感受器都能反映较大范围的温度变化，但前者对 40℃ 左右的温度更敏感，后者对 15℃ 左右的温度更敏感。

3. 痛觉

引起痛觉的刺激物很多。任何一种刺激当它对有机体具有损伤或破坏作用时，都能引起痛觉。这类刺激包括机械的、物理的、化学的、温度的以及电刺激等。痛觉具有保护机体免受伤害的作用。

痛觉的感受器是皮肤下各层中的自由神经末梢。这些纤维穿过脊髓后根到达后角的灰质，在这里交换神经元，然后沿着脊髓—丘脑侧束止于丘脑神经核，然后从丘脑发出纤维至大脑皮层。用猫进行实验表明，切断脊髓—丘脑束，动物便对一般疼痛刺激不起反应。人的痛觉受许多因素的影响，如文化环境、经验的作用，人对伤害性刺激的认识、暗示的作用等。强烈而持久的注意

75

有时也能减轻或消除疼痛。

【拓展阅读】

对疼痛的控制方法

有许多事实可以证明，我们可以对疼痛进行心理控制。目前，没有证据表明哪些人缺少正常的痛反应，但是有证据表明，在以下四种心理状态下，任何一个人都可能改变对疼痛的感觉程度。

第一是焦虑情绪得到缓解。疼痛的情绪反应对实际感觉具有影响作用，害怕和高度焦虑一般都会使疼痛加剧。但是在战场上，受伤的士兵们有时反而不感到伤口那么疼。其中的原因可能是因为他们受伤后可以不去参加下一场战斗，从而大大缓解了他们的焦虑情绪。在这种情绪状态下，伤兵往往可以忍受平时人们不大可能忍受的极度痛苦。

第二是掌握对疼痛的控制权。如果一个人只能被动地忍受疼痛，缺乏对痛的控制能力，必然导致焦虑和忧伤情绪增加，因而也使疼痛感加剧。当你能够把握、避免或控制痛刺激时，对疼痛的感觉就会减弱。一般而言，一个人对疼痛刺激控制的主动权越大，疼痛的感觉就越小。

第三是分散注意力。分散注意同样可以缓解疼痛。尽管痛的感觉是持续的，但也是有可能通过选择性注意，把它部分地"关闭"一下。例如，实验证明，被试可以通过大声朗读，或集中注意力回忆中学老师的姓名，达到分散注意和减轻疼痛的效果。

第四是理解痛刺激具有的积极意义。对一个痛刺激的理解或解释同样影响痛感的程度。例如，如果和孩子玩耍，在孩子的背上重重地拍了一巴掌，孩子可能会哈哈大笑；如果为了惩罚孩子而来这样一下，孩子可能会号啕大哭，这就是对痛刺激的解释效应。在一个实验中，研究者发现，如果将痛视为一种快乐，则会使人大大增加对疼痛的忍受力。

二、嗅觉和味觉

(一) 嗅觉

嗅觉是由有气味的气体物质引起的。这种物质作用于鼻腔上部黏膜中的嗅细胞，产生神经兴奋，经嗅束传至嗅觉皮层部位——海马回、沟内，因而产生嗅觉。

嗅觉感受性受许多因素的影响。首先，对不同性质的刺激物有不同的感受性。例如，乙醚的嗅觉阈限为 5.833 毫克/升空气，而人造麝香的嗅觉阈限为 0.00004 毫克/升空气。其次，它和环境因素、机体状态有关。例如，温度太高、太低，空气中的湿度太小，人患有鼻炎、感冒等疾病，都会影响嗅觉的感受性。最后，适应会使嗅觉感受性明显下降。"入芝兰之室，久而不闻其香；入鲍鱼之肆，久而不闻其臭"，就是由于刺激物的持续作用而引起嗅觉感受性的下降。

（二）味觉

味觉的适宜刺激是溶于水的化学物质。如果用吸水纸或布将舌面擦干，将糖或盐撒在舌面上，起初没有味觉，只有当唾液将糖或盐溶化以后，才能尝到它们的味道。

味觉的感受器是分布在舌面各种乳突内的味蕾（见图 3-17）。人的味觉有甜、苦、酸、咸四种，负责它们的味蕾在舌面的分布是不一样的。舌尖对甜味最敏感，舌中、舌两侧和舌后分别对咸、酸和苦最敏感。因此，尝甜味通常用舌尖，而吃药时，喉头对苦味的感受很久才消失。脊椎动物没有单独的味神经，味觉在皮层上也没有精确的定位。

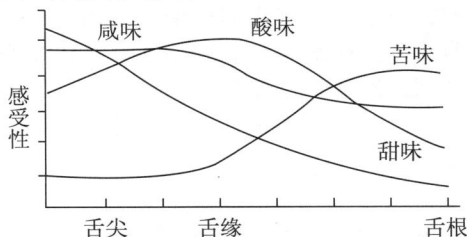

图 3-17　味觉感受器在舌面的分布

三、内部感觉

内部感觉是反映机体内部状态和内部变化的感觉，包括动觉、平衡觉和内脏感觉。

（一）动觉

动觉也叫运动感觉，它反映身体各部分的位置、运动以及肌肉的紧张程度，是内部感觉的一种重要形态。动觉感受器存在于肌肉组织、肌腱、韧带和关节中，分别命名为肌梭、腱梭和关节小体。

动觉是随意运动的重要基础。人们在行走、劳动、进行各种体育活动时，由肌肉活动的速度、强度和紧张度所产生的神经冲动，不断向皮层发出运动信号，皮层分析综合了这些信号以后，又通过传出神经对肌肉进行调节和控制。人们由于具有高度精确的动觉，才能实现动作协调，完成各种复杂的运动技能。

（二）平衡觉

平衡觉也叫静觉。它是由人体作加速度或减速度的直线运动或旋转运动时所引起的。平衡觉的感受器位于内耳的前庭器官。它包括半规管和前庭两部分。半规管是反映身体旋转运动的器官。当身体作加速或减速的旋转运动时，

77

半规管内的感觉纤维发生反应。前庭是反映直线加速或减速的器官。在前庭内具有纤毛的感觉上皮细胞上，有一种极细小的晶体，叫耳石。当人体作直线加速或减速运动时，耳石便改变自己与感觉细胞纤毛的位置，而引起兴奋。

平衡觉与视觉、内脏感觉都有联系。当前庭器官兴奋时，视野中的物体似乎出现移动，人的消化器系统出现呕吐、恶心等现象。人们熟悉的晕船、晕车现象就是由于前庭器官受刺激引起的。前庭器官活动的稳定性，可以经过训练得到改进，如晕车的人经常坐车，晕车现象就会越来越少，甚至完全消失。

（三）内脏感觉

内脏感觉也叫机体觉，是由内脏的活动作用于脏器壁上的感受器产生的。这些感受器把内脏的活动及其变化的信息传入中枢，并产生饥饿、饱胀、便意、恶心、疼痛等感觉。

内脏感觉性质不确定，缺乏准确的定位，因此又叫"黑暗"感觉。当内部器官工作正常时，各种感觉便融合成人的一般自我感觉。在通常情况下，内部感觉的信号被外感受器的工作掩蔽着，它们不能在言语系统中反映出来，因而不能意识到。只有在内脏感觉十分强烈时，它才能成为鲜明的、占优势的感觉。

【本章小结】

本章主要介绍了感觉的基本规律、视觉、听觉及其他感觉。

1. 感觉是人脑对事物个别属性的反映。感觉提供了内外环境的信息，保证了机体与环境的信息平衡，是一切较高级的、较复杂的心理现象的基础。

2. 感觉编码是将刺激能量转化为神经系统能够接受的神经能或神经冲动。缪勒最早研究了感觉编码的问题，并提出了神经特殊能量学说。他认为各种感觉神经具有自己的特殊能量，它们在性质上是相互区别的。缪勒的神经官能学说有其合理的因素，但不能够解释感官分化的真正原因。

3. 当代两种有代表的感觉编码理论：一是特异化理论，认为不同性质的感觉是由不同神经元来传递信息的；二是模式理论，认为编码是由整组神经元的激活模式引起的。近年来的研究发现，在不同的感觉系统中，神经系统同时采用了特异化编码和模式编码。

4. 刚刚能引起感觉的最小刺激量，叫绝对感觉阈限；而人的感官觉察这种微弱刺激的能力，叫绝对感受性。两者在数值上成反比。刚刚能引起差别感觉的刺激物间的最小差异量，叫差别感觉阈限。对这一最小差异量的感觉能力，叫差别感受性。差别感受性与差别感觉阈限在数值上也成反比。

5. 韦伯发现，对刺激物的差别感觉取决于刺激的增量与原刺激量的比值（韦伯定律）。费希纳发现，感觉的大小（感觉量）是刺激强度（刺激量）的对数函数（对数定律）。斯蒂文斯认为，心理量并不随刺激量的对数上升而上升，而是刺激量的乘方数（乘方定律）。

6. 感觉的相互作用主要包括同一感觉的相互作用和不同感觉间的相互作用。其中同一感觉的相互作用的突出事例是感觉适应和感觉对比，不同感觉间的相互作用的表现形式是感觉补偿和联觉。

7. 锥体细胞和棒体细胞是人眼网膜上的两种感光细胞。两种细胞在形态与分布上具有明显的区别，功能也不同。棒体细胞是夜视细胞，主要感受物体的明暗；锥体细胞是昼视细胞，主要感受物体的细节与颜色。

8. 视觉的生理机制主要包括折光机制、感光机制、中枢机制和传导机制，是视觉与外界联系的桥梁。

9. 颜色混合分为色光混合和颜料混合。色光混合是一种加法过程，颜料混合是一种减法过程。

10. 关于色觉的理论目前有三种代表性学说：三色说、拮抗过程说、阶段说。三色说认为，人的视网膜有三种不同的感受器。各种颜色经验是由不同感受器按相应的比例活动而产生的。拮抗过程说认为，视网膜存在三对视素，它们在光刺激的作用下表现为对抗的过程。阶段说认为，视觉通路中存在白—黑、绿—红、蓝—黄三类反应起拮抗作用的神经细胞。

11. 视觉中的空间因素有视觉对比、马赫带、视敏度等；时间因素有视觉适应、后像、闪光融合、视觉掩蔽等。

12. 听觉有四种代表性的理论：频率理论、共鸣理论、行波理论、神经齐射理论。频率理论认为，内耳的基底膜是和镫骨按相同频率运动的，振动的数量与声音原有频率相适应；共鸣理论认为，由于基底膜的横纤维长短不同，因而能够对不同频率的声音产生共鸣；行波理论认为，声波传到人耳，将引起整个基底膜的振动，振动从耳蜗底部开始，逐渐向蜗顶推进，振动幅度也随之逐渐增高，从而实现了对不同频率的分析；神经齐射理论认为，当声音低于400Hz 以下时，听神经个别纤维的发放频率是和声音频率对应的，当声音频率提高，个别神经纤维无法单独对其作出反应时，神经纤维将按齐射原则发生作用，从而可反应频率较高的声音。

13. 一个声音由于同时起作用的其他声音的干扰而使听觉阈限上升，称为声音的掩蔽，它包括纯音掩蔽、噪音对纯音的掩蔽和纯音和噪音对语音的掩蔽。

14. 其他感觉主要包括肤觉、嗅觉和味觉、动觉、平衡觉、内脏觉。肤觉是由刺激作用于皮肤引起的感觉，有四种基本形态：触觉、冷觉、温觉和痛觉；嗅觉是由有气味的气体物质引起的；味觉的适宜刺激是溶于水的化学物质。动觉是内部感觉的一种重要形态，反映身体各部分的位置、运动及肌肉的紧张程度，它是随意运动的重要基础，是主动触摸的重要成分，在认识客观世界方面也有重要的意义。内脏感觉是由于内脏活动作用于脏器壁上的感受器产生的，也叫"黑暗"感觉。

【习题（含近年考研真题）】

一、单选题

1. 感觉是指（　　）。

   A. 人脑对直接作用于感觉器官的客观事物个别属性的反映

   B. 人脑对客观事物个别属性的反映

   C. 人脑对直接作用于感觉器官的客观事物整体的反映

   D. 过去的经验在头脑中的反映

2. 按照刺激的来源可把感觉分为（　　）。

   A. 视觉和听觉

   B. 外部感觉和内部感觉

   C. 视觉、听觉、嗅觉、味觉和皮肤感觉

   D. 运动觉、平衡觉和机体觉

3. 感觉器官对适宜刺激的感觉能力叫（　　）。

   A. 感觉　　　　　**B. 感受性**　　　　C. 感觉阈限　　　D. 最小可觉差

4. 感受性与感觉阈限之间的关系是（　　）。

   A. 常数关系　　　B. 对数关系　　　C. 正比关系　　　**D. 反比关系**

5. 刚刚能引起感觉的最小刺激强度叫（　　）。

   A. 最小可觉差　　**B. 绝对感觉阈限**　C. 差别阈限　　　D. 差别感觉阈限

6. 韦伯定律可以表示为（　　）。

   A. $S = KlgR$

   B. $\Delta I/I = K$

   C. 心理量和刺激的物理量的对数成正比

   D. 心理量是刺激的物理量的幂函数

7. 费希纳定律可以表示为（　　）。

   A. $S = KlgR$

   B. $\Delta I/I = K$

   C. 差别阈限与标准刺激强度的比例是一个常数

   D. 心理量是刺激的物理量的幂函数

8. 在外界刺激持续作用下感受性发生变化的现象叫（　　）。

   A. 感觉适应　　B. 感觉后像　　　C. 感觉对比　　　D. 联觉

9. 对光适应是（　　）。

   A. 在强光作用下视觉感觉阈限迅速提高的过程

   B. 在强光作用下视觉感受性迅速提高的过程

   C. 在强光作用下视觉的差别感受性提高的过程

   D. 在强光作用下视觉的差别阈限迅速降低的过程

10. 对暗适应是（　　）。

   A. 在暗环境中视觉感受性不断提高的过程

B. 在暗环境中视觉感受性不断降低的过程

C. 在暗环境中视觉感觉阈限不断提高的过程

D. 在暗环境中视觉的差别阈限不断提高的过程

11. 为了保护暗适应（   ）。

    A. 最好戴上一副墨镜　　　　　**B. 戴上一副红色的眼镜**

    C. 戴上一副蓝色的眼镜　　　　D. 戴上一副彩色的眼镜

12. 红灯灭后眼睛里出现了蓝绿色的后像，这叫（   ）。

    A. 正后像　　**B. 负后像**　　C. 明度对比　　D. 彩色对比

13. （   ）叫联觉。

    A. 在外界刺激持续作用下感受性发生变化的现象

    B. 外界刺激停止作用后，暂时保留的感觉印象

    C. 不同刺激作用于同一感觉器官使感受性发生变化的现象

    D. 一个刺激不仅引起一种感觉，同时还引起另一种感觉的现象

14. 视觉的适宜刺激是波长在（   ）之间的电磁波。

    A. 10～100nm　　B. 80～280nm　　**C. 380～780nm**　　D. 800～1200nm

15. 视网膜视细胞层上的视觉神经细胞是（   ）。

    A. 锥体细胞和棒体细胞　　　　B. 感觉细胞和联络细胞

    C. 中央窝细胞和边缘细胞　　　　D. 科蒂氏细胞和前庭细胞

16. 位于中央窝上的视觉神经细胞是（   ）。

    A. 中央窝细胞　　B. 边缘细胞　　C. 棒体细胞　　**D. 锥体细胞**

17. 按照色觉异常的程度可把色觉异常分为（   ）。

    A. 完全色弱和部分色弱　　　　B. 红黄色弱和蓝绿色弱

    C. 红绿色盲和黄蓝色盲　　　　**D. 色弱、部分色盲和全色盲**

18. 人耳对（   ）范围内声音的感受性和耐受性都比较高。

    A. 100～1000Hz　　　　　　**B. 1000～4000Hz**

    C. 5000～10000Hz　　　　　D. 10000～15000Hz

19. 老年人听觉感受性降低的特点是（   ）。

    A. 首先丧失对低频声音的听觉　　B. 首先丧失对中频声音的听觉

    C. 首先丧失对高频声音的听觉　　D. 首先丧失对低频和高频两端声音的听觉

20. 声音的基本特性是（   ）。

    A. 音调和响度　　　　　　　　B. 响度和音色

    C. 音调和音色　　　　　　　　**D. 音调、响度和音色**

21. （   ）决定了声音的音色。

    A. 声波的频率　　B. 声波的振幅　　**C. 声波的波形**　　D. 声波的变化

22. 嗅觉适宜刺激的一个主要特性是（   ）。

    A. 有色彩　　B. 有振动　　C. 能溶解　　**D. 具有挥发性**

23. （　　） 是嗅觉的感受器。
    A. 前庭器官　　　　　　　　B. 科蒂氏器官
    C. 鼻腔上膜的嗅细胞　　　D. 半规管

24. 能溶于液体的物质是 （　　） 觉适宜刺激的主要特点。
    A. 听　　　　B. 嗅　　　　**C. 味**　　　　D. 触

25. 基本的味觉有 （　　）。
    A. 咸、甜、苦、酸　　　　B. 酸、甜、苦、辣
    C. 甜、咸、麻、辣　　　　　D. 酥、脆、甜、咸

26. 味觉的感受器是 （　　）。
    A. 味蕾　　　B. 科蒂氏器官　　C. 半规管　　　D. 前庭器官

27. 皮肤感觉实际上包括 （　　）。
    A. 触觉、压觉、振动觉、运动觉、痛觉
    B. 触觉、振动觉、平衡觉和痛觉
    C. 振动觉、运动觉、温觉、冷觉和痛觉
    D. 触觉、压觉、振动觉、温觉、冷觉和痛觉

28. 生理零度是指 （　　）。
    A. 皮肤表面的温度　　　　B. 37 摄氏度
    C. 36.5 摄氏度　　　　　　D. 正常的体温

29. 平衡觉的感受器是 （　　）。
    A. 内耳的耳蜗　　　　　　　**B. 内耳的前庭器官**
    C. 科蒂氏器官　　　　　　　D. 游离的神经末梢

30. 运动觉又叫 （　　）。
    A. 动觉　　　B. 机体觉　　　C. 平衡觉　　　D. 似动

31. 内脏感觉包括 （　　） 等感觉。
    A. 饥饿、饱胀、窒息、疲劳、便意、恶心
    B. 平衡觉、运动觉和疼痛
    C. 饥饿、触压、振动、渴和疼痛
    D. 饱胀、渴、窒息、疲劳、便意、性、振动和触压觉

32. 痛觉的生物学意义在于 （　　）。
    A. 它可以增强一个人的意志力　　B. 它使我们感到生活的真实
    C. 它能使我们更快地适应环境　　**D. 它对机体具有保护性的作用**

33. 电风扇高速转动时，人们看到的不再是一扇一扇的叶片，而是一个整体的圆盘在旋转，这种现象反映的是 （　　）。（2007 年真题）
    A. 视觉掩蔽　　B. 视觉适应　　C. 运动后效　　**D. 闪光融合**

34. 在汤里放 10 克盐，要使汤的咸味尝起来刚好有差异，需要增加 2 克盐。根据韦伯定律，如果最初放 20 克盐，要使汤的咸味刚好有变化，则需要加盐 （　　）。（2007 年真题）

A. 2 克　　　　**B. 4 克**　　　　C. 6 克　　　　D. 8 克

35. 颜色视觉的三个基本属性是（　　）。（2008 年真题）
　　A. 色调、波长、照度　　　　　B. 色调、明度、照度
　　C. 波长、明度、饱和度　　　　**D. 色调、明度、饱和度**

36. 视觉感受野位于（　　）。（2008 年真题）
　　A. 外侧膝状体　B. 额叶　　　**C. 视网膜**　　　D. 视觉皮层

37. 频率理论在解释听觉现象时，使用的声音频率范围是（　　）。（2009 年真题）
　　A. 500 Hz 以下　　　　　　　**B. 1000～5000 Hz**
　　C. 5000～10000 Hz　　　　　D. 10000 Hz 以上

38. 认为心理量和物理量之间呈幂函数关系的心理学家是（　　）。（2009 年真题）
　　A. 斯蒂文斯　　　　　　　B. 费希纳
　　C. 韦伯　　　　　　　　　　D. 冯特

39. 以可见光波的长短为序，人类感觉到的颜色依次为（　　）。（2009 年真题）
　　A. 红、黄、绿、紫　　　　B. 红、黄、蓝、绿
　　C. 紫、红、黄、蓝　　　　　D. 红、紫、蓝、绿

40. 人耳最佳的听力范围（　　）。（2009 年真题）
　　A. 16～20000 Hz　　　　　B. 50～5000 Hz
　　C. 300～1000 Hz　　　　　　D. 1000～4000 Hz

41. 当看到雄伟壮观的国家体育场"鸟巢"时，你的大脑皮层接收的是（　　）。（2010 年真题）
　　A. 眼睛传来的光波　　　　　**B. 感觉通道里传来的神经冲动**
　　C. "鸟巢"的形象　　　　　　D. 感觉通道传来的电磁波

二、多选题

1. 感觉的属性包括（　　）。
　　A. 它是对直接作用于感觉器官的客观事物的反映
　　B. 它是对过去作用于感觉器官的客观事物的反映
　　C. 它是人脑对客观事物个别属性的反映
　　D. 它是人脑对客观事物整体的反映

2. 刚刚能引起差别感觉的刺激的最小变化量叫（　　）。
　　A. 差别感觉阈限　　　　　**B. 差别阈限**
　　C. 最小可觉差　　　　　　**D. JND**

3. 韦伯定律（　　）。
　　A. 说的是差别阈限与标准刺激强度的比例是一个常数
　　B. 说的是心理量和刺激的物理量的对数成正比
　　C. 可以用公式表示为：$S=KlogI$
　　D. 可以用公式表示为：$\Delta I/I=K$

4. （　　　）的现象属于感觉适应。

    A. 入芝兰之室久而不闻其香

    B. 电灯灭了，眼睛里还会看到亮着的灯泡的形状

    C. 从亮处到暗处，开始看不到东西，要过一段时间才能看到

    D. 绿叶陪衬下的红花看起来更红了

5. （　　　）的现象属于感觉后像。

    A. 入芝兰之室久而不闻其香

    B. 电灯灭了，眼睛里还会看到亮着的灯泡的形状

    C. 声音停止后，耳朵里还有这个声音的余音在萦绕

    D. 绿叶陪衬下的红花看起来更红了

6. 绿叶陪衬下的红花看起来更红了，这是（　　　）。

    A. 同时对比现象　　　　　　B. 相继对比现象

    C. 彩色对比　　　　　　　　D. 感觉适应现象

7. （　　　）的现象属于感觉对比现象。

    A. 吃完苦药后再吃糖觉得糖更甜

    B. 一样亮的灰分别放在白背景和黑背景上看起来明度不一样了

    C. 声音停止后，耳朵里还有这个声音的余音在萦绕

    D. 绿叶陪衬下的红花看起来更红了

8. （　　　）的现象属于联觉现象。

    A. 红色看起来觉得温暖

    B. 听着节奏鲜明的音乐觉得灯光也和音乐节奏一样在闪动

    C. 声音停止后，耳朵里还有这个声音的余音在萦绕

    D. 绿叶陪衬下的红花看起来更红了

9. 视觉的适宜刺激是（　　　）。

    A. 380～780mm 的电磁波　　B. 红外线

    C. 光波　　　　　　　　　　D. 紫外线

10. （　　　）在听觉适宜刺激的范围内。

    A. 5000Hz 的空气振动　　　**B. 10000Hz 的空气振动**

    C. 乐音　　　　　　　　　　**D. 噪声**

11. 嗅觉适宜刺激的主要特性是（　　　）。

    A. 它的分子能散布于空气当中　　**B. 具有挥发性**

    C. 能溶解　　　　　　　　　　**D. 有气味**

12. 因为味觉的感受器味蕾位于舌面和上颚等处，所以它的适宜刺激必须是（　　　）。

    A. 能溶于液体的　　　　　　B. 具有挥发性的

    C. 有味道的　　　　　　　　D. 有颜色的

13. 味蕾分布在（　　　）等处。

A. 舌面　　　　**B.** 牙龈　　　　**C.** 上颚　　　　**D.** 皮肤表面

14. 皮肤感觉实际上包括（　　）。

　　A. 痛觉　　　　**B.** 温觉、冷觉　　　**C.** 触压和振动觉　　**D.** 机体觉

15. 皮肤表面的温度（　　）。

　　A. 是皮肤不觉得热和凉的温度　　　B. 一般是指 37℃ 的温度

　　C. 叫生理零度　　　　　　　　　　D. 叫心理零度

16. 运动觉的感受器分布在（　　）中。

　　A. 肌肉　　　　**B.** 筋腱　　　　**C.** 关节　　　　D. 皮肤

17. 内脏痛不同于皮肤痛表现在（　　）。

　　A. 内脏痛的性质不清　　　　　　**B.** 内脏痛的定位不准

　　C. 内脏痛具有放射的性质　　　　D. 内脏痛难于适应

18. 下列说法中不科学的是（　　）。

　　A. 痛觉反映一个人意志力强弱　　B. 痛觉对机体具有保护作用

　　C. 痛觉比较容易适应　　　　　　**D.** 痛觉反映了一个人的灵敏程度

19. 声音的听觉属性有（　　）。（2008 年真题）

　　A. 音频　　　　**B.** 音调　　　　C. 音响　　　　**D.** 音色

三、简答题及答案要点

1. 简述听觉的有关理论。

　　答：听觉的相关理论有四种：①频率理论，②共鸣理论，③行波理论，④神经齐射理论。（作答时列举每一理论的代表人物和主观观点）

2. 根据感觉相互作用的现象，解释为什么重感冒的人会食而无味？（2010 年真题）

　　答：感觉互动理论认为各种感觉之间是相互作用的。人对某个事物的感受，往往是对来自多通道的感觉的整合而形成的。嗅觉和味觉的相互作用尤其明显。当人感冒时，往往会鼻塞，从而影响嗅觉的感受性；在对味道的感觉中，嗅觉是非常重要的，如果没有嗅觉的参与，品尝食物时，会食而无味。

第四章　知　觉

　　刚果的俾格米（Pygmi）人居住在枝叶茂密的热带森林中。人类学家特恩布尔（Turnbull，1961）曾描述过这些人及其生活方式。有些俾格米人从来没有离开过森林，没有见过开阔的视野。当特恩布尔带着一位名叫肯克的俾格米人第一次离开居住的大森林来到一片高原时，他看见远处的一群水牛时惊奇地问："那些是什么虫子？"当告诉他是水牛时，他哈哈大笑，说不要说傻话。尽管他不相信，但还是仔细凝视着，说："这是些什么水牛这样小。"当越走越近，这些"虫子"变得越来越大时，他感到不可理解，说这些不是真正的水牛。

　　知觉是人对感觉信息的解释过程。在知觉一个客体时我们总是根据自己的经验把它归为某一类，说出它的名称或赋予它某种意义。

【基础知识】

第一节　知觉概述

一、知觉的内涵

（一）什么是知觉

　　知觉（perception）是指直接作用于感觉器官的客观事物的整体在人脑中的反映。当我们感觉到国旗的大小、形状、图案、颜色等，把这些属性综合起来，有时借助过去的经验，就构成我们对"国旗"的整体反映，这就是知觉。

（二）知觉和感觉的关系

感觉和知觉是既有区别，又有联系。其区别在于二者是不同的心理过程，感觉反映事物的个别属性，依赖个别感官，而知觉反映事物的整体属性，依赖多种感官；感觉是介于心理和生理的活动，而知觉则是纯粹的心理活动。二者的相同点是：都是对直接作用于感觉器官的事物的反映，都是人类认识世界的初级形式。感觉是知觉的基础，知觉是感觉的深入发展，但它不是个别感觉信息的简单总和。例如，我们看见一个三角形，它的成分是三条直线，但是，把这三条直线的感觉简单相加在一起，并不等于知觉到一个三角形。

二、知觉的加工方式

我们在头脑中建构或解释现实世界的方式有两种。

（一）自下而上的加工（bottom-up processing）

知觉的产生基于大量的感觉信息，心理加工是由刺激直接引起的。自下而上的加工也叫刺激驱动或数据驱动的加工（stimulus-driven processing or data-driven processing）。例如，物体颜色和明度的知觉依赖于光的波长和振幅，音调和音响的知觉依赖于声波的频率和声压水平等。

（二）自上而下的加工（top-down processing）

大脑中的印象或观念对刺激的解释有引导作用。自上而下的加工也叫概念驱动的加工（concept-driven processing）。例如，我们去火车站接一位不认识的客人，我们对来人的期待，将影响我们对他的识别和确认。又如，在阅读课文时，由于个人的知识经验不同，我们从课文中提取的信息也是不一样的。

在知觉过程中我们既运用自下而上的加工，也运用自上而下的加工。一般来说，在人的知觉活动中，非感觉信息越多，所需要的感觉信息就越少，因此自上而下的加工占优势；反之，非感觉信息越少，就需要越多的感觉信息，自下而上的加工占优势。

三、知觉的种类

从不同的角度和标准出发，知觉也有不同的种类。

（一）根据知觉时起主导作用的器官的特性

依据这一标准可以把知觉分为视知觉、听知觉、触知觉、嗅知觉、味知觉等。例如，对物体的大小、距离和运动的知觉属于视知觉；对声音的方向、节奏、韵律的知觉属于听知觉。在这些知觉中，除了起主导作用的器官外，还有其他感觉成分的参与，如在视空间定向中，常有听觉或触觉的成分参与；在物体形状和大小的视知觉中，有触觉和动觉的成分参加；在言语听知觉中，常常有动觉的成分参加。

（二）根据知觉所反映事物的特性

依据这一标准可以把知觉分成物体知觉和社会知觉。任何事物都具有空间特性、时间特性及其运动变化的特性。因此物体知觉包括空间知觉、时间知觉和运动知觉。空间知觉处理物理的大小、形状、方位和距离的信息，时间知觉处理事物的延续性和顺序性，运动知觉处理物体在空间的位移等；社会知觉包括他人知觉、人际知觉、自我知觉和角色认知。

（三）根据知觉印象是否符合客观实际和反映现实的精确性程度

依据这一标准可以把知觉分为精确知觉、模糊知觉、错觉和幻觉。我们的知觉所反映的事物或现象如果是符合客观实在的，就是精确知觉。如果是不清晰、不准确的，就是一种模糊知觉。而错误的、与客观实际不相符合的就是错觉。错觉是有相应的现实刺激作用于感觉器官时所产生的不正确的知觉。幻觉则不同于错觉。幻觉是没有相应的现实刺激作用于感觉器官时出现的知觉体验，是一种严重的知觉障碍和常见的精神症状。

第二节　知觉的特性

一、知觉的选择性

知觉的选择性指的是人们能迅速地从背景中选择出知觉对象。客观事物每时每刻都在影响着我们的感觉器官，但并不是所有的对象都同样被知觉。人们总是有选择地以少数对自己有重要意义的刺激物作为知觉的对象。知觉的对象能够得到清晰的反映，而背景只能得到比较模糊的反映。例如，在街上同一位友人谈话，我们所听见的不只是对方的话语，还可以听到汽车发动机的噪声、行人的说话声等。在这种情况下，友人的说话声是我们知觉的对象，他的讲话你听得很清楚，而其他声音则是这种谈话声的背景，听不清楚。再如，在教学课堂上，老师在黑板上写字，黑板上的字是学生的知觉对象，而附近的墙壁等则是背景。当老师讲解挂图时，挂图便成了知觉对象，而黑板上的字则又变成了背景。知觉中的对象和背景是相对的，可以变换的，双关图形很好地说明了这一点（见图4-1）。

(a) 老妇少女双关图　　(b) 人头花瓶双关图

图 4-1　双关图

影响知觉的选择性的因素主要有以下三个。

第一，对象和背景的差别越大，对象就越容易从背景中区分出来。相反，军事上的伪装、昆虫的保护色，使对象和背景差别减小而不易被发现。再如，教科书中最重要的地方总要打上重点符号或用特殊字体排出。教师之所以在学生作业的背景上用红墨水批改和评分，正是为了突出评语和分数。

第二，在固定不变的背景上，运动的物体容易被知觉为对象。例如，各种仪表上的指针，街上行驶的车辆，夜空中的流星，幻灯、电影等活动教具，都易被人们知觉。

第三，知觉的选择性明显受到知觉者的需要、兴趣、爱好、知识经验的影响。例如，沙漠中长途跋涉的人，对绿洲、甘泉的知觉甚为敏感；待业者对招工信息尤为关心；"樵夫进山只见柴草，猎人进山只见禽兽"，都说明了主体的需求状态对知觉选择性的影响。巴格贝曾做过这样一个实验：让不同经验的被试（美国人和西班牙人）同时用左右眼分别看两张画：左眼看棒球赛，右眼看斗牛。实验表明知觉效果很不一样，美国人多看见棒球赛，西班牙人则多看见了斗牛。知识经验也影响知觉的选择性。

二、知觉的整体性

当客观事物的个别属性作用于人的感官时，人能够根据知识经验把它知觉为一个整体，这就是知觉的整体性。例如，当我们听到某些熟人的声音时，立刻能知觉到这位熟人的整体形象。学生听老师讲课，并不能把老师说的每一个字音都毫无遗漏地知觉出来，而是听取老师讲的完整句子和完整的意思。

知觉之所以具有整体性，是因为客观事物对人而言是一个复合的刺激物。由于人在知觉时有过去经验的参与，大脑在对来自各感官的信息进行加工时，就会利用已有经验对缺失部分加以整合补充，将事物知觉为一个整体。

复合刺激物不同要素可按着不同关系结成不同整体结构。如果这个结构关系变了，知觉对象就不同了。例如，若干乐音按不同顺序和节奏可以组成许多不同乐曲；汉字的不同笔画按不同结构关系组成成千上万的字。复合刺激物的结构关系变了，知觉对象也随着改变。个别刺激物如线条、声音等只有在一定的整体的结构关系中才能有确定的意义。

三、知觉的理解性

知觉的理解性指的是人在知觉某一客观对象时，总是利用已有的知识经验（包括语言）去认识它。人在知觉过程中并不单单是分析器对新事物的照相式的反映，而是还有过去经验参与对新事物加以理解。对事物的理解是产生正确知觉的必要条件。知觉的理解性，表现在运用已有经验把当前的知觉对象纳入已知的相应的一类事物的系统之中，知道它是什么。例如，这是书，那是桌子。

语言的指导，可以帮助人们理解知觉对象。在对象外部特征不够明显时，语言的指导可以唤起过去的有关经验，促使对知觉对象的理解，使人们的知觉更加准确更加迅速。我们一时很难理解图 4-2 的内容，如果我们得知这是英文 FLY，我们知觉它的内容就容易了。

图 4-2　这是什么图形

理解还有助于知觉的整体性。人们对自己理解和熟悉的东西，容易当成一个整体来感知。相反，在不理解的情况下，知觉的整体性常受到破坏。在观看某些不完整的图形时，正是理解帮助人们把缺少的部分补充起来，见图 4-3。

图 4-3　不完整图形

四、知觉的恒常性

（一）定义

当知觉的客观条件在一定范围内变化时，知觉的映象仍然相对保持不变（无论是形状、大小、颜色，还是亮度），这就是知觉的恒常性。它是人们知觉客观事物的一个重要特性。

（二）种类

1. 形状恒常性

当我们从不同角度观察同一物体时，物体在视网膜上投射的形状是不断变化的。但是，我们知觉到的物体形状并没有显出很大的变化，即对物体形状的知觉不因它在视网膜上投影的变化而变化，这就是形状的恒常性。图 4-4 是一扇从关闭到敞开的门，尽管这扇门在我们视网膜上的投影形状各不相同，但人们看上去都是长方形的。一般来说，形状恒常性分为：①完全恒常性：看到的形状与物体形状完全相同；②无恒常性：看到的形状与物体在视网膜上的投影形状完全相同；③实际恒常性（知觉恒常性，知觉常性）：知觉到的形状处于物体实际形状和物体在视网膜上投射的形状之间，而偏于物体的实际形状。

2. 大小恒常性

当我们从不同距离观看同一物体时，物体在视网膜上成像的大小是有变化

图 4-4 形状恒常性示意图

的，而我们知觉到的物体大小却不完全随距离而变化，它趋向于原物的实际大小。在视网膜成像大小变化的情况下，感知物体真实大小的能力即为大小恒常性。

视网膜成像按几何投影的规律变化、随对象的距离按比例增长或缩小。距离大，在视网膜上成像较小；距离小，在视网膜上成像较大。但是实际的大小恒常性也处在完全恒常性与无恒常性之间。例如，一个人从我面前走向教室后门，尽管他在我的视网膜上的投射大小有很大的变化，可是看到的大小并没有明显的改变。当距离逐渐增加时，我们没有把原物看得越来越小。

3. 明度（或视亮度）恒常性

在照明条件改变时，物体的相对明度或视亮度保持不变，叫明度（或视亮度）恒常性。例如，在阳光或月光下的白墙，看上去都是白的；在阳光或月光下的煤块，看去都是黑的。

可见，我们看到的物体明度或视亮度，并不取决于照明的条件，而是取决于物体表面的反射系数。明度或视亮度恒常性处于完全恒常性与无恒常性之间。

4. 颜色恒常性

一个有颜色的物体在色光照明下，它的表面颜色并不受色光照明的严重影响，而是保持相对不变。例如，在不同光线照明下，室内家具的颜色相对保持不变。

在视知觉中，知觉的恒常性表现得特别明显。例如，某个人离自己 10 米远，在视网膜上形成的像，要比这个人离自己 3 米远形成的像小得多。尽管如此，我们并不会认为某个人由 10 米处向我们走来时，他会变得越来越高大。这是大小恒常性现象。一扇门从不同的角度看形状应该有所不同（见图 4-4），但我们主观上总认为它是矩形的。这是形状恒常性现象。在中午和黄昏的不同强度光线下，黑板总是被知觉成黑色的，粉笔总是被知觉成白色的，国旗总是被知觉成红色的。这是颜色恒常性现象。可见对物体大小、形状和颜色的知觉中，并不完全服从光学规律。这样就可以使我们在不断变化的环境条件下，仍然保持对物体稳定不变的知觉，保持对事物本来面貌的认识。如果不是这样，我们就要时刻重新学习，就无法积累经验，甚至无法生活下去。

知觉的恒常性在我们日常生活、工作和学习中有很重要的意义。它有利于人们正确地认识和精确地适应环境，恒常性消失，人对事物的认识就会失真，工作与学习会碰到严重困难。

（三）影响知觉恒常性的条件

知觉恒常性受各种因素的影响，其中视觉线索有重要的作用。所谓视觉线索是指环境中的各种参照物给人们提供的物体距离、方位和照明条件的信息。这说明了人的知识经验对恒常性有重要的影响。

人们在实际生活中，建立了大小和距离、形状与观察角度、明度与物体表面反射系数的联系。当观察条件改变时，人们利用生活中已经建立的这种联系，就能保持对客观世界较稳定的知觉。比方说，在知觉物体大小时，环境中的一些因素给你提供物体距离的线索。当一个物体在视网膜上的视像变小时，如果你从视觉线索中知道物体的距离变大了，那么视像大小的变化会从距离远近的变化中得到补偿。它们的相互作用维持了大小恒常性。

（四）恒常性的意义

恒常性对于人们的正常生活和工作有重要意义。可以获得确定的知识；有助于建筑、艺术等部门的工作；有助于现代计算机技术的发展。现代的机器人有"视觉"可以看，有"听觉"可以听，但它们没有知觉的恒常性。如果我们能够把人和动物具有的知觉恒常性赋予机器人，那么计算机将会发挥更大的作用。

【拓展阅读】

知觉适应

戴上使形象歪曲的眼镜时人们是怎样适应的呢？他们能学会用不同的方式来看这个世界吗？或者当他们学习用不同的方式反应时，他们的视知觉会保持不变吗？

由罗克和哈里斯进行的一个实验有助于回答这些问题。实验任务是让被试把手伸到桌子下面，从桌子另一端的5个目标中指出一个目标。在实验的第一阶段，桌子的表面是用黑布盖着的，目的是让被试只看到目标，而看不到自己在玻璃下面的手。在这种情况下，被试都能准确地指出目标。这些实验结果提供了一个基线，可以与后来的反应进行比较。在实验的第二阶段，让被试戴上棱镜，这时被试会把物体看成从实际位置向右移动了4英寸。接着，把黑布拿走，让被试指出中间目标。开始时，被试没有指对，但很快他们就完成得相当准确了。在实验的第三阶段，拿走棱镜，让被试适应了的手（即他们戴上棱镜时用来指出目标的那只手）和另一只手进行实验。当用适应了的手进行实验时，被试在指点时出现的位置偏移，与棱镜造成的视觉移动的范围是一致的。然而在用另一只手时，他们几乎没有表现出偏移。这些情况表明，对视觉歪曲的适应影响手臂位置感觉的变化，而不是视知觉的改变。如果被试在新的定位情况下已经学会了看靶子，我们将预期他们能用两手中的任何一只手指出靶子的位置。

资料来源：希尔加德、R.L. 阿特金森和R.C. 阿特金森，1987

第三节　空间知觉

空间知觉是人对客观世界物体的空间关系的认识。它包括形状知觉、大小知觉、深度与距离知觉、方位知觉与空间定向等。空间知觉在人与周围环境的相互作用中有重要作用。如果人们不能认识物体的形状、大小、距离、方位等空间特性，就不能正常地生存。

一、形状知觉

形状是物体所有属性中最重要的属性，而形状知觉是人类和动物共同具有的能力。形状知觉是视觉、触觉、动觉协同活动的结果。通过视觉，人们得到了物体在网膜上的投影形状；通过触觉和动觉，人们探索着物体的外形。它们的协同活动，提供了物体形状的信息。

（一）形状的特征分析

许多心理学家相信，对形的识别始于对原始特征的分析与检验。这些原始特征包括点、线条、角度、朝向和运动等。视觉系统的特征检测器对这些特征的检测是自动的，无需意识的努力。

（二）轮廓与图形

图形可以定义为视野中的一个面积，它借助可见的轮廓而从其余部分分离出来。因此，在图形中，轮廓代表了图形与其背景的一个分界面，它是在视野中邻近的成分出现明度或颜色的突然变化时出现的。一个物体的轮廓，不仅受空间上邻近其他物体轮廓的影响，还受时间上前后出现的物体轮廓的影响。

在客观上不存在刺激的梯度变化时，人们在一片同质的视野中也能看到轮廓，称作主观轮廓或错觉轮廓。主观轮廓的特点是：当视野中出现不完整图形时，视觉系统倾向于把它完整起来，变化成比较简单、稳定、正规化图形。它是由于明度对比产生的。

（三）图形的组成

遵照格式塔组织原则。图形组织的原则主要有邻近性、相似性、对称性、良好连续、共同命运、封闭性、线条朝向、简单性等。

1. 邻近性

凡距离相近的物体容易被知觉组织在一起。如图 4-5 （a） 中，左侧正方形的纵向距离大于横向距离，我们看到四列正方形；右侧正方形的纵向距离小于横向距离，我们看到三行正方形。

2. 相似性

凡形状或颜色相近的物体容易被组织在一起。如图 4-5 （b） 中，我们看到的是三列"×"形和两列"○"形，而不是三排形状不同的图形。这是由图形的相似性引起的。

3．对称性

在视野中，对称的部分容易组成图形，如图 4-5（c）所示。

4．良好连续

凡能够组成一个连续体的刺激容易被看成一个整体。在图 4-5（d）的左侧，具有良好连续的几条线段，容易组成图形。而在右侧，图形的良好连续压倒了图形的相似性。正方形与圆点由于良好连续组在一起，而不连续的另一个圆点被分开了。

5．共同命运

在图 4-5（e）的左侧，是一些随机排列的小圆圈。当其中某些成分按共同方向运动或变化时，就会把它们看成是一个英文字母"M"，见图 4-5（e）的右侧。

6．封闭性

人们倾向于将缺损的轮廓加以补充，使知觉对象成为一个完整的封闭图形，如图 4-5（f）中的图形。

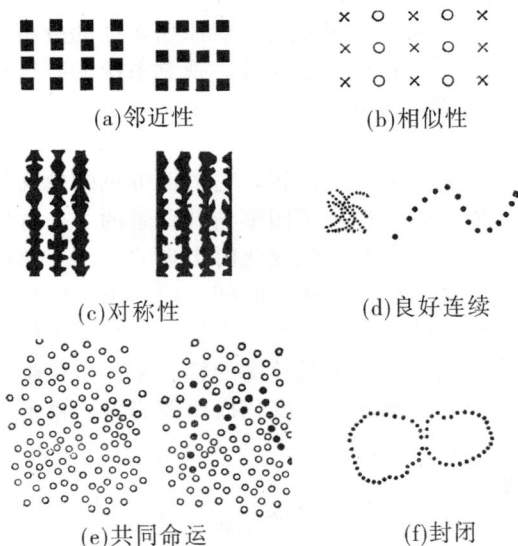

(a)邻近性　　　　　　　(b)相似性

(c)对称性　　　　　　　(d)良好连续

(e)共同命运　　　　　　(f)封闭

图 4-5　图形的组织原则

（四）眼动与形状知觉

在形状知觉中，眼动具有重要意义。眼动可分为两大类：一类是微小的、不随意的眼动，如微跳、漂移、生理震颤；另一类是随意的、较大的眼动，如眼跳和追踪等。

微动对维持视觉映象，避免网膜因注视而产生的局部适应有重要意义。如果用稳定网像的技术，使某一物体的投影始终落在网膜的一个固定位置上，从而排除眼球的微动，那么，人们看到的图形最初很清晰，然后很快减弱，最后消失，只留下一个均匀的灰色视野。可见，微动一开始虽然对感知物体形状没有作用，但对维持物体形状知觉的稳定性是有作用的。

跳动是另一个重要的眼动。它是眼睛从一个注视点到另一个注视点的单个运动。眼跳发生在以下三种情况下：用眼睛搜索要观察的物体；主要将眼睛由一个物体（或物体的一部分）转移注视另一物体（或部分）；当刺激落在视野边缘时，使物体回到视野中。研究发现，眼跳中的注视与信息提取有关。

二、大小知觉

我们知觉物体的大小，与下列因素有关。

（一）大小—距离不变假设：大小恒常性

由于网像的大小与知觉距离有关。因此，人们不能仅仅根据网像的大小来判断物体的大小。在距离相等时，网像大，说明物体大；网像小，说明物体小。在网像恒定时，距离大，说明物体大；距离小，说明物体小。也就是说，人们在知觉物体大小时，似乎不自觉地解决了大小与距离的关系，即物体大小＝网像大小×距离。这就是大小—距离不变假设。它指出，一个特定的网像大小说明了知觉大小和距离的一种不变关系。

人们在进行大小知觉时，同时考虑了视网膜投影的大小和知觉距离。环境中的距离线索和视网膜投影的大小，都给人们提供了物体大小的信息。因此，人们能保持大小恒常性。

（二）物体的熟悉性对大小知觉的作用

日常生活中，许多物体的大小是人们所熟悉的。例如，一支铅笔的长度大约为14～18厘米，一个茶杯的高度大约为12～13厘米，某个同学的高度约为1.80米，等等。当物体距离改变时，视网膜投影的大小随之改变，但对物体大小的熟悉程度使人们能较清楚地知觉到物体的实际大小。

（三）邻近物体的大小对比

有两个实际大小相等的物体，当一个物体处在细小物体的包围中，而另一个物体处在较大物体的包围中时，我们知觉到的物体大小是不相同的。被大的物体包围中的物体显得小，而被小的物体包围中的物体显得大。在这种情况下，物体在视网膜上的投影相等，而观察的距离也一样，它们在大小上的差别是由于视网膜上两个或两个以上的投影比例造成的。

（四）体态变化与大小知觉

当观察者的身体姿势发生变化时，大小知觉恒常性会受到影响（荆其诚等，1987）。

三、深度知觉和距离知觉

形状知觉属于二维空间的知觉，而深度知觉涉及三维空间的知觉，即不仅能知觉物体的高和宽，而且能知觉物体的距离、深度、凹凸等。

深度与距离的知觉比形状知觉更复杂。哪些因素提供了深度知觉和距离知觉的线索呢？

（一）肌肉线索（生理线索）

人眼在观看不同距离的物体时，会出现调节和辐合等一系列变化，对人们分辨物体的距离有一定意义。

1. 调节

调节是指眼睛的水晶体的形状（曲度）由于距离的改变而变化。物体近，眼睛的水晶体曲度变大；物体移向远方，眼睛的水晶体曲度变小。水晶体曲度的变化是由改变睫状肌的紧张度来实现的。睫状肌发出的动作冲动，为分辨物体的距离提供了一个可能的信息来源。调节作用只能在较小的距离范围内起作用。一般在 1～2m 范围内有效，且不很精确。

2. 辐合

辐合是指眼睛随距离的改变而将视轴会聚到被注视的物体上。辐合是双眼的功能。由于辐合，物像落在两眼网膜的中央窝内，从而获得清晰的视像。辐合可用辐合角来表示：物体近，辐合角大；物体远，辐合角小。根据辐合角的大小，人们也能获得距离的信息。

（二）单眼线索

单眼线索：是指用一只眼睛就能感受的深度线索。这些线索包括以下几种。

1. 对象重叠（遮挡）

如果一个物体被另一个物体遮挡，遮挡物看起来近些，而被遮挡物被知觉成远些。物体的遮挡是距离知觉的一个线索。如果没有物体遮挡，远处物体的距离就难以判断。例如，高空的飞机倘若不与云重叠，就很难看出飞机和云的相对高度。

2. 线条透视

这是由空间的对象在一个平面上的几何投影造成的。同样大小物体，离我们近，在视角上所占的比例大，视像也大；离我们远，在视角上所占的比例小，视像也小。视角大小的变化会引起线条透视的视觉效应，线条透视是距离知觉的一个线索。在铁路上你可以看到，近处的两条铁轨间的距离宽些，远处的窄些，更远处则会合成一点。这便是线条透视的视觉效应，如图 4-6 所示。

图 4-6　线条透视

3. 空气透视

当我们观看远处物体时都会感受到物体离我们越远，能看到的细节就越少；物体的边缘越来越不清楚，越来越模糊；物体的颜色变淡，变得苍白，变得灰蒙蒙、蓝盈盈的。远处物体在细节、形状和色彩上的这些衰变现象，称为空气透视。不过，空气透视和天气的好坏很有关系。天高气爽，空气透明度大，看到的物体就觉得近些；阴雾沉沉或风沙弥漫，空气透明度小，看到的物体就觉得远些，如图4-7所示。

图 4-7　空气透视

4. 相对高度

在其他条件相同时，视野中两个物体相对位置较高的那一个，就显得远些。我们看一张风景照片，照片上位置较高的景物，常常给人以较远的感觉，如图4-8所示。

5. 纹理梯度（结构级差）

视野中物体在视网膜上的投影大小及投影密度上的递增和递减，称为结构级差。当你站在一条砖块铺的路上向远处观察，你就会看到愈远处的砖块显得越小，即远处部分每一单位面积砖块的数量在网膜上的映象较多。在任何表面上，随着距离的增加，都会产生远处密集和近处稀疏的结构密度级差，这种结构级差是距离知觉的一个线索，如图4-9所示。

图 4-8　相对高度

图 4-9　纹理梯度

6. 运动视差与运动透视

当观察者与周围环境中的物体相对运动时（包括观察者移动自己的头部，或观察者随运动着的物体而移动），远近不同的物体在运动速度和运动方向上将出现差异。

一般来说，近处物体看上去移动得快，方向相反；远处物体移动较慢，方向相同。这就是运动视差。头只要稍微一转动，物体与视野的关系就变了。这种由于头和身体的活动所引起的视网膜映象上物体关系的变化，称为运动视差。当我们乘坐火车或汽车时，你会立即明白什么是运动视差。我们在向前运行的火车上观看窗外景物，近处的电线杆向后飞驰而过，较远的一些田野、房舍向后移动较慢，最远处的山峦则向着与我们相同的运动方向移动。

当观察者向前移动时，视野中的景物也会连续活动，近处物体流动的速度大，远处物体流动的速度小，这种现象叫运动透视。

（三）双眼线索——双眼视差

1. 定义

人们知觉物体的距离与深度，主要依赖于两眼提供的线索，叫双眼视差（binocular parallax）。人有两只眼睛，它们之间大约相隔 65 毫米。当我们观看一个物体，两眼视轴辐合在这个物体上时，物体的映象将落在两眼视网膜的对应点上。这时如果将两眼视网膜重叠起来，它们的视像应该重合在一起，即看到单一、清晰的物体。

2. 视觉单像区（horopter）

在一定的辐合条件下，在网膜对应区域的成像空间中所有各点的轨迹。位于视觉单像区的物体，都将落在网膜对应点而形成单个的映象。

3. 视差

如果我们看到的一个物体不在视觉单像区内，它们的视像就将落在两眼网膜的非对应点上，形成不同程度的视差。物体离单像区越远，视差的程度就越大。

4. 双像

如果两眼成像的网膜部位相差太大，那么人们看到的将是双像，即把同一个物体看成两个。

5. 双眼视差的作用

双眼视差对知觉深度和距离有重要的意义。当物体的视像落在两眼视网膜的对应部位时，人们看到单一的物体；当物体的视像落在两眼视网膜的非对应部位，而差别不大时，人们看到深度与距离；两眼视差进一步加大，人们将看到双像。双眼深度线索随距离增加而变化。距离超过 1300 米时，两眼视轴平行，双眼视差为零，对判断距离便不起作用了。

四、方位定向

方位定向（orientation）是指对物体的空间关系、位置和对机体自身所在空间位置的知觉。动物和人都具有方向定位的能力。

（一）视觉方向定位

人的视觉定向必须借助各种主客观参照物。例如，太阳位置帮助人们确定方向，天空和地面为判断上下的参照物等。人和外物的关系是人们判断前后、左右的参照物。

视觉定向不是天生的，而是后天习得的。

在视觉定向中，视觉、触觉、动觉和前庭觉的联合作用有重要意义。

（二）听觉方向定位

1. 定义

用耳朵确定声源的方位。

2. 人的听觉方向定位的规律

对来自人体左右两侧的声源容易分辨；头部中切面上的声源容易混淆；如果以两耳连线的中点为顶点作一圆锥，圆锥面上各点发出的声音容易混淆。

3. 人耳进行声源定向的主要线索

这些线索包括时间差、强度差及动觉和视觉的作用。

时间差是指从一侧来的声音，两耳感受声音刺激有时间上的差异（即一只耳朵早于另一只耳朵）。这种时间差是声源方向定位的主要线索，声源被定位于先接受到刺激的耳朵的一侧。

强度差是指声音的强度随传播远近而改变，即越远越弱。与声源同侧的耳朵获得声音较强，对侧耳朵由于声波受头颅阻挡得到的声音较弱。这样，声源就被定位于较强的一侧。

运动与视觉的作用。例如，在探测声源方向时，头部朝向声源的方向，这是动觉的作用；在听东西时，人们同时也注视着它，这是视觉的作用。在礼堂听报告时，我们看着报告人，声音似乎来自前方；闭上眼睛，就知道声音是直接从旁边的扩音器来的。

听觉的方向定位时，人经常转动身体和头部的位置，使两耳的距离差不断变化，以便精确地判断声音的方向。这样，即使是一只耳朵，借助头部和身体转动的线索也能够确定声音的方位。

听觉方向定位要靠大脑两个半球的协同工作，实验证明，切断胼胝体的狗不能对声源定向。

在通常的情况下，正常人的空间知觉主要依靠视觉和听觉。嗅觉也是一种特殊的器官，由于气味到达两只鼻孔的时间、强度不同，也能分辨出气味的来源和位置。在特殊的情况下，还可以用其他感官来感受空间。例如，在黑暗中，靠触摸觉和动觉来确定周围物体与人之间的方位关系等。

第四节　时间知觉与运动知觉

一、时间知觉

（一）什么叫时间知觉（temporal perception）

1. 定义

我们知觉到客观事物和事件的连续性和顺序性，就是时间知觉。事物和现象不仅存在于空间中，而且存在于时间中。它具有自己的过去和现在、开始与终结。时间知觉不同于空间知觉，又与空间知觉有密切的联系。空间等距刺激前臂皮肤实验证明时间知觉是多种感官协同活动的结果。正确地估计时间，在人类生活和工作中有重要意义。

2．时间知觉的四种形式

（1）对时间的分辨

例如，午饭后，小憩了一会儿，接着客人来访。能够按时间顺序把这些活动区别开来，就是对时间的分辨。

（2）对时间的确认

例如，知道今天是 2011 年 10 月 7 日，去年是 2010 年。

（3）对持续时间的估量

例如，这节课已进行了半小时，这个报告听了两个小时等。

（4）对时间的预测

例如，两个月后就是寒假了，三天后要参加研究生的入学考试等。

（二）时间知觉的各种依据

知觉时间必须通过各种媒介间接地进行。

1．根据自然界的周期性现象

例如，太阳的升落、昼夜的交替、四季的变化、月亮的圆缺等自然现象，为我们估计时间提供了客观依据。

2．根据有机体各种节律性的活动（生物钟）

人体的生理活动，许多是周期性的，有节律性的活动。例如，脑电、心跳和脉搏、饥饿周期等。

3．借助计时工具

例如，日历、时钟、手表等。借助于先进的计时工具，我们不仅能准确地估计世纪、年、月这样较长的时间，而且可以准确地记录极其短暂的时间。

（三）影响时间知觉的各种因素

1．感觉通道的性质

判断时间的精确性：听觉＞触觉＞视觉。

2．一定时间内事件发生的数量和性质

在一定时间内，事件数量越多，性质越复杂，越倾向于短估；事件数量少，性质简单，倾向于长估。回忆往事时，情况相反。同样一段时间，经历越丰富，就觉得时间长；同样一段时间，经历越简单，就觉得时间短。

3．人的兴趣和情绪

对自己感兴趣的东西，会觉得时间过得快，出现短估；对厌恶的、无所谓的事情，会觉得时间过得慢，出现长估。在期待某种事物时，会觉得时间过得很慢；对不愿出现的事物，会觉得时间过得快。

二、运动知觉

（一）运动知觉（motion perception）

物体的运动特性直接作用于人脑，为人们所认识，就是运动知觉。运动知觉对动物和人的适应性行为有重要意义。

物体运动时，人们怎样获得关于物体运动的信息呢？一种简单的设想是，相邻视网膜点受到连续的刺激是运动知觉的信息来源。

当物体从 A 处向 B 处运动时，物体在空间的连续位移引起了视网膜上相应部位的连续变化。这种变化经过视觉系统的编码，就产生运动知觉。格列高里（R. L. Gregory，1973）把这种运动系统叫网像运动系统。

格列高里的头—眼运动系统认为，为了知觉到运动，人们需要具有关于自身运动的一种特殊形式的信息，即由中枢神经系统发出的动作指令。这种信息与视网膜映象流会合在一起，共同决定着人们的运动知觉。

运动物体的其他一些特性对视网膜的作用，也有重要的意义。物体"逼近"，它在网膜上的投影逐渐加大；物体远离，它在网膜上的投影逐渐缩小。

（二）真动知觉

真正运动是指物体按特定速度或加速度，从一处向另一处作连续的位移。由此引起的知觉就是真正运动的知觉。

运动知觉直接依赖于对象运动的速度。物体运动的速度太慢，或单位时间内物体位移的距离太小，都不能使人产生运动知觉。距离 2 米时，运动知觉的下阈为 0.66 毫米/秒。物体运动的速度太快，超过一定限度，人们只能看到弥漫性的闪烁。距离 2 米时，运动知觉的上阈为 605.2 毫米/秒。运动知觉的差别阈限大致符合韦伯定律，为标准速度的 20%。

影响运动知觉阈限的因素有：目标物的网膜定位，刺激物的照明和持续时间，视野中有无参照点的存在，目标离观察者的距离，知觉者的职业特点等。

（三）似动（apparent movement）

似动是指在一定的时间和空间条件下，人们在静止的物体间看到了运动，或者在没有连续位移的地方，看到了连续的运动。似动的主要形式：动景运动、诱发运动、自主运动、运动后效。

1. 动景运动（stroboscopic movement）

当两个刺激物（光点、直线、图形或图片）按一定空间距离和时间间隔相继呈现时，我们会看到从一个刺激物向另一刺激物的连续运动。动景运动有时也叫最佳运动或 Phi 运动。例如，呈现两条线段，一条水平、一条垂直，或两条互相平行。时距小于 30 毫秒时人们看到两条线段同时出现；时距大于 200 毫秒时人们看到相继出现的两条线段；时距为 60 毫秒左右时人们看到从一条直线向另一直线的运动。动景运动在逼真性上，使人难以与真正运动区别开来。例如，电影、电视、活动性商业广告，都运用了动景运动原理。

2. 诱发运动（induced movement）

由于一个物体的运动使其相邻的一个静止的物体产生运动的印象，叫诱发运动。例如，月亮和浮云，亮框架和光点。一般来说，视野中细小的对象看上去在动，而大的背景则处于静止的状态。

3. 自主运动（autokinetic movement）

在没有月光的夜晚，若仰视天空，有时会发现一个细小而发亮的东西在天空游动，这是由星星引起的自主运动。例如，暗室里，注视熏香或烟头的光点，会看到光点似乎在运动。

4. 运动后效（movement tereffect）

在注视向一个方向运动的物体之后，如果将注视点转向静止的物体，那么会看到静止的物体似乎朝相反的方向运动。例如，注视瀑布，再看静止的田野；注视飞速开过的火车，再看附近的树木。

第五节　错觉

一、错觉（illusion）

我们的知觉有时不能正确地反映外界事物的特性，而出现种种歪曲，这种现象叫错觉现象。例如，天边的太阳看去比天顶的太阳大得多。

研究错觉有重要的理论意义。错觉虽然奇怪，但不神秘。产生错觉不仅有客观的原因，而且有主观的原因。研究错觉的成因有助于揭示人们正确知觉客观世界的规律。

研究错觉有实践意义。消极方面，有助于消除错觉对人类实践活动的不利影响；积极方面，可以利用某些错觉为人类服务。

二、错觉的种类

错觉种类很多，常见的有几何图形错觉（大小错觉，形状和方向错觉）、形重错觉、倾斜错觉、运动错觉、时间错觉等。

（一）大小错觉

人们对几何图形大小或线段长短的知觉因某种原因出现错误，叫大小错觉。

1. 缪勒—莱耶错觉

也称箭形错觉。有两条长度相等的直线，如果一条直线的两端加上向外的两条斜线，另一条直线的两端加上向内的两条斜线，那么前者就显得比后者长得多。

2. 潘佐错觉

也称铁轨错觉。在两条辐合线的中间有两条等长的直线，结果上面一条直线看上去比下面一条直线长一些。

3. 垂直—水平错觉

两条等长的直线，一条垂直于另一条的中点，那么垂直线看上去比水平线要长一些。

4. 贾斯特罗错觉

两条等长的曲线，在下图中的一条比包含在上图中的一条看去长一些。

5. 多尔波也夫错觉

两个面积相等的圆形，一个在小圆的包围中，另一个在大圆的包围中，结果前者显大，后者显小。

（二）形状和方向错觉

1. 佐尔拉错觉

一些平行线由于附加线段的影响而看成不平行的。

2. 冯特错觉

两条平行线由于附加线段的影响，使中间变狭而两端加宽，直线好像是弯曲的。

3. 爱因斯坦错觉

在许多环形曲线中，正方形的四边略显弯曲。

4. 波根多夫错觉

被两条平行线切断的同一条直线，看上去不在一条直线上。

三、错觉理论

人为什么会产生错觉呢？至今没有一种理论能解释所有错觉现象。一般来说，对错觉有三种解释：刺激取样的误差的解释，知觉系统的神经生理学原因的解释，认知观点的解释。

（一）眼动理论

1. 基本观点

眼动理论认为，我们在知觉几何图形时，眼睛总在沿着图形的轮廓或线条作有规律的扫描运动。当人们扫视图形的某些特定部分时，由于周围轮廓的影响，改变了眼动的方向和范围，造成取样的误差，因而产生各种知觉的错误。

但也有实验说明，眼动不是造成错觉的真正原因。例如，速示图形使眼动无法产生，但仍有图形错觉；用稳定网像技术使图形的网膜映象固定不变，但仍有图形错觉。

2. 传出准备性假说

为了克服眼动理论的困难，人们提出了传出准备性假说（efferent readiness hypothesis）。该理论认为，错觉是由于神经中枢给眼肌发出的不适当的运动指令造成的。只要人们有这种眼动的准备性，即使眼睛实际没有运动，错觉也要发生。但是，这种假设还没有得到充分的事实证明。

（二）神经抑制作用理论

20世纪60年代中期，有人根据轮廓形成的神经生理学知识，提出了神经抑制作用理论。

该理论认为，当两个轮廓彼此接近时，网膜内的侧抑制过程改变了由轮廓所刺激的细胞的活动，因而使神经兴奋分布的中心发生变化。结果，人们看到的轮廓发生了相对的位移，引起几何形状和方向的各种错觉。但是，该理论忽略了错觉现象和神经中枢的融合机制的关系。

（三）深度加工和常性误用理论

深度加工理论和常性误用理论认为，错觉具有认知方面的根源。人们在知觉三维空间物体的大小时，总把距离估计在内，这是保持物体大小恒常性的重要条件。当人们把知觉三维世界的这一特点，自觉、不自觉地应用于知觉平面物体时，就会引起错觉现象。从这个意义上说，错觉是知觉恒常性的一种例外，是人们误用了知觉恒常性的结果。

【本章小结】

本章主要介绍了知觉的一般概念、知觉的特性、空间知觉、时间知觉、运动知觉与错觉。

1. 知觉是指直接作用于感觉器官的客观事物的整体在人脑中的反映。知觉以感觉为基础，但它不是个别感觉信息的简单总和。它比个别感觉的简单相加要复杂得多。

2. 知觉的加工方式有自下而上的加工和自上而下的加工两种方式。自下而上的加工是由刺激直接引起的，也叫刺激驱动或数据驱动的加工；自上而下的加工是由知识经验引起的，对刺激的解释有引导作用，也叫概念驱动的加工。

3. 知觉的特性包括选择性、整体性、理解性和恒常性。

4. 空间知觉是人对客观世界物体的空间关系的认识。它包括形状知觉、大小知觉、深度与距离知觉、方位知觉与空间定向等。空间知觉在人与周围环境的相互作用中有重要作用。

5. 时间知觉是我们知觉到客观事物和事件的连续性和顺序性。它有四种形式：对时间的分辨、对时间的确认、对持续时间的估量、对时间的预测。

6. 运动知觉是指物体的运动特性直接作用于人脑，为人们所认识的知觉。它有真动知觉和似动现象两种形式。真动知觉是指物体按特定速度或加速度，从一处向另一处作连续的位移引起的知觉。似动是指在一定的时间和空间条件下，人们在静止的物体间看到了运动，或者在没有连续位移的地方看到了连续的运动。似动的主要形式有动景运动、诱发运动、自主运动、运动后效。

7. 错觉是知觉的一种特殊形式。错觉的种类很多，常见的有大小错觉、形状和方向错觉、形重错觉、倾斜错觉、运动错觉、时间错觉等。其中大小错觉和形状、方向错觉有时统称为几何图形错觉。研究错觉有重要的理论与实践意义。

【习题（含近年考研真题）】

一、单选题

1. 知觉是指（　　　）。

   A. 人脑对直接作用于感觉器官的客观事物个别属性的反映

   B. 直接作用于感觉器官的客观事物的整体在人脑中的反映

   C. 人脑对客观事物间接的、概括的反映

   D. 过去的经验在头脑中的反映

2. 知觉的基本特性有（　　　）。

   A. 整体性、选择性、恒常性、理解性

   B. 直观性、间接性、恒常性、概括性

   C. 直观性、整体性、可操作性、间接性

   D. 逼真性、可操作性、选择性、理解性

3. 把事物的各个部分、各种属性结合成一个整体加以反映的知觉特性叫知觉的（　　　）。

   A. 完整性　　　　**B. 整体性**　　　　C. 选择性　　　　D. 理解性

4. 知觉包括（　　　）等多种。

   A. 空间知觉、时间知觉、运动知觉和错觉

   B. 平衡觉、运动觉、机体觉和痛觉

   C. 空间知觉、深度知觉、平面知觉和错觉

   D. 平衡觉、运动觉、视知觉和错觉

5. 空间知觉包括（　　　）。

   A. 距离知觉、似动知觉、深度知觉和立体知觉

   B. 运动知觉、远近知觉、距离知觉和实体知觉

   C. 大小知觉、形状知觉、距离知觉和方位知觉

   D. 平衡知觉、运动知觉、似动知觉和错觉

6. 深度知觉产生的主要线索是（　　　）。

   A. 线条或空气的透视作用　　　　B. 眼睛的调节作用

   C. 双眼视轴的辐合作用　　　　**D. 双眼视差**

7. 对物质现象的延续性和顺序性的反映叫（　　　）。

   A. 运动知觉　　　　**B. 时间知觉**

   C. 似动知觉　　　　D. 方位知觉

8. 机体生理节律所引起的人的行为节律性的变化叫（　　　）。

   A. 生物反馈　　　　B. 生物节律

   C. 生物钟　　　　D. 生物链

9. 对物体在空间中的位移所产生的知觉叫（   ）。
   A. 似动知觉　　　　　　　　　B. 时间知觉
   C. 空间知觉　　　　　　　　 **D. 运动知觉**

10. 似动现象（   ）。
    A. 是指物体在空间中位移而被知觉为运动的现象
    B. 是指物体在空间中并没有位移却被知觉为运动的现象
    C. 又叫双眼视差
    D. 又叫知觉的理解性

11. 下列哪种现象与其他三种有所不同？（   ）
    A. 知觉整合　　B. 主观轮廓　　C. 相似性原则　**D. 知觉定势**

12. （   ）是指在特定条件下产生的对客观事物的歪曲知觉。
    A. 错觉　　　　　B. 梦　　　　　C. 无意识　　　D. 幻觉

13. "外行看热闹，内行看门道"体现了知觉的（   ）。（2007 年真题）
    A. 选择性　　　B. 整体性　　　**C. 理解性**　　　D. 恒常性

14. 下列选项中，不属于深度知觉单眼线索的是（   ）。（2007 年真题）
    A. 空气透视　　B. 结构梯度　　C. 运动视差　　**D. 视轴辐合**

15. 观众把篮球比赛中穿着不同服装的运动员相应地归为不同的球队，这体现
    了知觉组织的（   ）。（2008 年真题）
    A. 对称性原则　　　　　　　　B. 邻近性原则
    C. 连续性原则　　　　　　　 **D. 相似性原则**

16. 小张去车站接一位陌生客人，他的预期会影响对这位客人的辨认。这种知
    觉的加工方式主要是（   ）。（2008 年真题）
    A. "全或无"加工　　　　　　　B. 拮抗加工
    C. 自上而下的加工　　　　　D. 自下而上的加工

17. 从高楼顶上看街道上的行人，尽管看上去很小，但人们不会把他们都看做
    是小孩，这种现象体现的主要知觉特性是（   ）。（2009 年真题）
    A. 大小恒常性　　　　　　　B. 形状恒常性
    C. 方向恒常性　　　　　　　　D. 明度恒常性

18. 一般而言，产生立体知觉最重要的线索是（   ）。（2009 年真题）
    A. 运动视差　　　　　　　　　B. 运动透视
    C. 双眼视差　　　　　　　　D. 空气透视

19. 向远方直线延伸的两条平行铁轨看起来逐渐聚合，个体据此判断距离，他
    所依赖的单眼线索是（   ）。（2010 年真题）
    A. 视轴辐合　　　　　　　　 **B. 线条透视**
    C. 运动视差　　　　　　　　　D. 运动透视

20. 一般而言，对于时间间隔主观估计的间隔时间是（   ）。（2010 年真题）
    A. 1 秒　　　　B. 3 秒　　　　C. 5 秒　　　　D. 7 秒

21. 一件白衬衫在灯光昏暗的房间里和阳光明媚的户外亮度不同，但是人们仍然将其知觉为白衬衫，这种知觉特性是（   ）。（2010 年真题）

A. 整体性　　　B. 选择性　　　C. 理解性　　　**D. 恒常性**

二、多选题

1. 距离知觉产生的单眼线索有（   ）。

A. 对象的重叠

B. 线条或空气的透视作用

C. 明暗、阴影或运动视差

D. 眼睛的调节作用

2. 距离知觉产生的双眼线索有（   ）。

A. 双眼视轴的辐合作用　　　　**B. 双眼视差**

C. 双眼的调节作用　　　　　　　D. 双眼视像的重叠

3. 人对时间的估计可以根据（   ）。

A. 日出日落的交替　　　　　　**B. 一年四季的变化**

C. 生理活动的周期性变化　　　**D. 心理活动的周期性变化**

4. 生物钟可以（   ）。

A. 调节人的行为　　　　　　　B. 调节动物的生理活动

C. 调节人的生理活动　　　　　　**D. 给人估计时间提供依据**

5. （   ）是依据似动现象的原理制作出来的。

A. 手表上分针的运动　　　　　　**B. 电影**

C. 动画　　　　　　　　　　　**D. 霓虹灯的动感变化**

6. 错觉的性质包括（   ）。

A. 是对客观事物的歪曲知觉

B. 只要具备产生错觉的条件，错觉就一定会发生

C. 只要知道错觉产生的原因，错觉是可以克服的

D. 错觉所产生的歪曲带有固定的倾向

7. （   ）可以形成错觉。

A. 视觉　　　　　　　　　　　**B. 听觉**

C. 不同感觉道的相互作用　　　D. 记忆

8. 下列选项中，属于似动现象的有（   ）。（2008 年真题）

A. 火车的行驶　　　　　　　　　B. 时针的转动

C. 活动的电影画面　　　　　　**D. 动感的霓虹灯广告**

三、简答题及答案要点

1. 简述有关颜色知觉的理论。

答：①三色说，②对立过程理论。（作答时对主要理论观点展开论述）

2. 简述似动知觉及其种类。

答：似动知觉是运动知觉中的一种。似动知觉是指在特定条件下静止

的物体看起来是运动的，没有连续位移的看起来是连续运动的现象。

似动知觉的种类主要有：①动景运动，②诱发运动，③自主运动，④运动后效。

3. 举例说明几种常见的知觉恒常性现象，并试图由这些现象谈谈你从理论上得到的启示。（华中师大，2003）

答：知觉条件在一定范围内改变时，知觉映像仍然相对保持不变，这就是知觉的恒常性。在视知觉中表现比较明显。视知觉的恒常性通常有形状恒常性、大小恒常性、亮度恒常性、颜色恒常性等。知觉恒常性也存在于除视知觉外的其他知觉领域内，如方位知觉恒常性、声音听觉恒常性等。这表明知觉过程中有经验的参与。

4. 简述感觉与知觉的区别和联系。

答：感觉是人脑对直接作用于感觉器官的客观事物的个别属性的反映。知觉是人脑对直接作用于感觉器官的客观事物的整体属性的反映。

二者的区别表现为：（1）感觉是人脑对客观事物的个别属性的反映，知觉是人脑对客观事物的各个属性的综合整体的反映。（2）生理机制上不同。（3）经验的参与程度不同。

感觉和知觉的联系表现为：（1）感觉是知觉产生的基础。（2）知觉是感觉的深入与发展。（3）知觉是高于感觉的心理活动，但并非感觉的简单相加之总和，它是在个体知识经验的参与下以及个体心理特点，如需要、动机、兴趣、情绪状态等影响下产生的。

5. 简述知觉的基本特征。

答：①选择性，②整体性，③理解性，④恒常性，⑤当视觉输入发生变化时，我们的视觉系统能够适应这种变化，使之恢复到正常的状态，即知觉适应。（作答时对各种特性要展开）

第五章　意识和注意

【注意的故事】

医生、房地产商和艺术家三个人一同去看望他们共同的朋友，路上他们经过了一条繁华的街道。到了朋友家以后，朋友的小女儿请艺术家给她讲个故事。

"今天，我沿着街走，"艺术家说，"看见在天空的映衬下，城市像一个巨大的穹窿，暗暗的金红色在落日的余晖中泛着微光，像一幅美丽的图画。"

房地产商讲道："我在街上看见两个男孩子在讨论怎样挣钱，一个男孩说他想摆一个冰淇淋小摊，并把地址选在两条街道的交汇处，紧挨着地铁的入口处，因为在这里，两条街上的人和乘坐地铁的人们都可以看见他。我发现这个男孩懂得经营位置的价值，没准他将来能成为一个很好的商人。"

医生讲道："有一个橱窗从上到下都摆满了各种药品的瓶子，这些药品用于治疗各种消化不良，有一些人正在挑选。可是我明白他们所要的也许不是什么药品，而是新鲜的空气与睡眠，但我却不能告诉他们。"

医生、房地产商与艺术家走的是同一条街，但看到的却各不相同，原因在于他们对事物的注意具有不同的选择性。

我们的感官随时都在接收着难以计量的庞杂的信息。但我们只对其中最有意义的极少的一部分加以反映。这种认知性的心理倾向就是注意。

【基础知识】

第一节　意识的一般问题

一、意识

在心理学发展的早期，意识（consciousness）就是心理学研究的中心问题之一。但经过几百年的发展，迄今为止，对于意识人们还没有找到一个令人满意的定义。意识是心理的过程和属性。一般来说，意识可以看成是觉醒状态下的觉知，包括对客体的觉知和把自己与其他人相区分的觉知。

就心理状态而言，"意识"意味着清醒、警觉、注意集中等。就心理内容而言，"意识"包括可用语言报告出的一些东西，如对幸福的体验、对周围环境的知觉等。在行为水平上，"意识"意味着受意愿支配的动作或活动，与自动化的动作相反。

意识概念本身很复杂，它可以从不同的角度进行理解。①意识是一种觉知；②意识是一种高级的心理官能；③意识是一种心理状态。

二、无意识

无意识是相对于意识而言的，是个体不曾觉察到的心理活动和过程。按照精神分析学派弗洛伊德的观点，无意识包括大量的观念、愿望、想法等，这些观念和愿望因为与社会道德存在冲突而被压抑，不能出现于意识中。

常见的无意识现象有以下几种：①无意识行为；②对刺激的无意识；③盲视。

三、意识的局限性及能动性

意识经验不是外部世界的镜像，是有一定局限性的。有许多作用于人的感觉器官的事物或刺激，人们并没有意识到。例如，人们看不见波长超过一定范围的光，也听不见频率低于特定范围的声音，这种局限性通常是由我们的感觉器官的特性决定的。另一方面，当人们专注于一件事情时，通常对其他事情会视而不见。在同一时间内可以进入意识的信息量是有限的，意识很难在同一时间内容纳过多的东西。有人认为意识的局限源自认知加工过程。人们能同时意识到哪些东西或者多少东西，与认知过程的性质和认知技能的熟练程度有关。例如，人们在看电视时，可以毫无困难地看到画面并同时听到声音，而同时听两种音乐就比较困难。

意识的另一特性是它的能动性。人们看到的东西不限于外界的刺激，有时候人们还可以看到、听到、触摸到和意识到事实上并不存在的东西。另外，有些个体会在特殊情况下产生"幻听""幻视"等幻觉，即看见并不存在的物体，听到并不存在的声音等。

总而言之，意识不是被动地反映世界，人们可以有限度地超越外部的信息内容，在其范围之外建构他们的意识内容。然而意识的这一特性不能过分强调。尽管人们有时会出现幻觉，但在大多数条件下，外部世界仍限制着意识经验的内容范围。

四、生物节律的周期性与意识状态

意识状态的变化是与个体身体功能的周期性变化密切相关的。对意识状态的理解应该联系其生理机制——人体的生物节律，即人体的基本生理活动、过程和心理状态的周期性自然变化。这种周期性变化会对我们的生活产生重要的影响。在正常情况下，生物节律以一天为一个周期。但有些生理活动的周期要短一些。

大多数人都能意识到他们的精神状态、精力和心情在一天中的波动与变化，这些波动和变化与其身体内部生理过程的变化有关，如荷尔蒙的分泌、体温、血压等的变化等。对大多数人来说，这些生理活动在下午或傍晚时达到最高水平，而在凌晨时水平最低。但个体间有很大的差异，不同个体的变化模式是不同的。一般来说，当体温及其他生理指标达到一天中的最高水平时，个体的工作效率最高。

位于海马的视交叉上核，对人体的这种生理功能及心理状态的周期性变化起关键作用。事实上，它像一个"超生物钟"，令其他的内部"生物钟"互相保持同步。视交叉上核对视觉刺激输入敏感，白天的光线可以激活该神经核，从而减少褪黑激素的分泌。与此相反，黑暗能增加褪黑激素的分泌。因此，我们在白天会感到精力充沛，夜里则感到疲倦。而当视交叉上核受损伤或它与眼睛的神经通路被破坏时，这种日夜交替的生理周期会消失。

【拓展阅读】

意识的活动理论

詹姆斯的接班人 H. 闵斯特伯格发展了一种比詹姆斯更为激进的意识活动理论：把意识还原为感觉和行为。传统的观点认为意识在心理和行为中起着决定性作用。闵斯特伯格则认为，"我们的观念是我们准备活动的产物，我们的活动形成我们的认识"。活动理论的解释是，由于我意识到我的活动，意识到我作出行为的最初倾向，因此，我就可以说，我正在从我所坐的椅子上站起，不是因为我已经作出站起的决定，而且因为站起的活动过程恰好开始，并且已经完全进入意识。

第二节　几种不同的意识状态

一、睡眠与梦

（一）睡眠

1. 睡眠的阶段

①第一阶段，混合的、频率和波幅都较低的脑电波。持续时间约 10 分钟。

②第二阶段，出现"睡眠锭"（即是一种短暂爆发的、频率高、波幅大的脑电波）。持续时间约为 20 分钟。

③第三阶段，脑电波的频率会继续降低，波幅变大，出现 Δ 波，有时也会有"睡眠锭"。持续时间约 40 分钟。

④第四阶段，称深度睡眠。个体肌肉进一步放松，身体功能的各项指标变慢，梦游、梦呓、尿床等发生在此阶段。此阶段会出现快速眼动睡眠（REM）：此时与个体在清醒状态时的脑电活动很相似，Δ 波消失，高频率、低波幅的脑电波出现。睡眠者的眼球开始快速左右上下移动，而且通常伴随着梦境。

2. 睡眠的功能

对睡眠的功能存在不同的解释。第一种解释是睡眠使工作了一天的大脑和身体得到休息、休整与恢复。这似乎很有道理，因为我们在一觉醒来后通常会觉得精力充沛，浑身是劲。但是并没有直接的证据支持这种观点。心理学家曾对人和动物作过减少睡眠的系列研究。实验中要求志愿者逐渐减少每天的睡眠时间，如每两周或三周减少 30 分钟，直到志愿者不愿再减少睡眠时间为止。结果发现大多数人可以将他们的睡眠时间减少到每晚 5 个小时。在减少睡眠后，志愿者在几种测试任务中的表现并没有受到明显影响，其心情与健康状况也保持良好。

有人提出，可能只是睡眠中的某一成分对个体的身心健康有重要影响。例如，有人认为，快速动眼睡眠对个体健康很重要，剥夺这类睡眠会产生有害影响。也有人认为，剥夺快速动眼睡眠只是使以后几天里这类睡眠增加。

对睡眠功能的另一种解释是与生物进化有关的生态学理论。该观点认为，动物睡眠的目的是避免消耗能量，以及在一天中不适应的那段时间里避免受到伤害。例如，我们的祖先不适应在黑暗中觅食，而且受到老虎、狮子等大的肉食动物的威胁，所以要在夜里躲到安全的地方睡眠。

两种理论似乎都有可取之处，也许睡眠在最初是使人类避免遇到麻烦，而后来则演化为恢复身体的功能。

3. 失眠

很多人都有过入睡困难、睡眠不好的经历，这种现象通常称为失眠。大约有 40％的成人报告自己有过失眠的经历。失眠随着年龄的增长有增加的趋势，通常女性比男性更为常见。对大多数人来说，失眠发生在一些特殊的时间或场合，如高考前夜、刚到一个新环境等。

对于有些人来说，入睡难的问题显得很有规律，并对正常生活有不良影响。这时候失眠就成为一种病症，称为失眠症。一般来说，失眠症患者需要更长的时间才能入睡，而且夜间经常醒来，每天的睡眠没有规律。与正常人相比，失眠症患者在睡眠时的脑电图记录更容易不正常。

失眠通常会伴随其他方面的问题，最常见的是精神失调，如焦虑、精神抑郁等。在这种情况下，很难说清楚失眠症究竟是原因还是结果，或两者相互影响。就失眠本身来说，在心理正常和反常的情况下都可能发生。生活中的压力是暂时性失眠最常见的原因。当压力消除后，睡眠会恢复正常。如果患者担心失眠，就会加重失眠的程度。

失眠对个体的生理功能及日常生活有一定影响，个体在睡眠不足时记忆力会下降，而且感到无精打采，脾气也会变坏。

（二）梦

长期以来，对梦的功能的解释一直存在分歧。精神分析学家认为，梦是潜意识过程的显示，是通向潜意识的最可靠的路径。或者说，梦是被压抑的潜意识。冲动和愿望以改变的形式出现在意识中，这些冲动和愿望主要是人的性本能和攻击本能的反映。认知观点认为，梦担负着一定的认知功能。在睡眠中，认知系统依然对储存的知识进行检索、排序、整合、巩固等，这些活动的一部分会进入意识，便成为梦境。生理学观点认为，梦是我们对脑的随机神经活动的主观体验。一定数量的刺激对维持脑与神经系统的正常功能是必要的。在睡眠时，由于刺激减少，神经系统会产生一些随机活动。梦则是我们的认知系统试图对这些随机活动进行解释并赋予一定意义的结果。

二、催眠

（一）催眠：另一种意识状态

催眠过程一般采取这样的步骤：让被催眠的人处于安静舒适的状态，外界的干扰减少到最小；然后催眠师要求被试将注意力集中在某些特定的事情上，如想象中的风景、表的滴答声等，催眠师用平和的语言引导或暗示被试的感受和体验，如"放松""你现在感觉非常舒适"等；这样被试就慢慢进入完全放松的状态，这时候被试会顺从和接受催眠师的指示去做一些动作或事情，并相信催眠师的描述是真实的。

被试进入催眠状态后好像是睡着了，但其实并不是睡眠，催眠时的脑电记录与个体在清醒状态时是一样的。在催眠状态下，个体的思维、言语和活动是在催眠师的指示或指引下进行的，失去了独立思考和行动的能力。

由于不同个体间易受暗示的程度存在差异，有些人容易被催眠，而有些人则很难。人群中，大约有10%到20%的人很容易接受催眠，约10%的人根本不可能接受催眠。容易接受催眠的人通常有以下特征：①经常做情节生动的白日梦；②想象力丰富；③容易沉浸于眼前或想象中的场景；④依赖性强，经常寻求他人的指点；⑤对催眠的作用深信不疑；⑥有经验分离的经历，即体验过记忆或自我的一部分与其余部分分离开来。一般来说，个体在上述几方面的倾向越强，越容易被催眠。

（二）对催眠的不同解释

1. 社会认知或角色扮演的观点

这一观点认为，催眠并不神秘或奇怪，它的作用只是反映了催眠师和被催眠者之间的一种特殊关系。一般来说，被催眠的人事先对催眠已有所了解，知道催眠后会发生什么。在催眠中，他们只是扮演了一个特殊的社会角色——被催眠的人。这个角色意味着将无条件地接受催眠师的指挥。由于是角色的要求，被催眠的人在进入催眠状态后，就倾向于顺从催眠师的指示，做出特定的行为或产生特定的感受。

需要指出的是，并不是说被催眠的人在故意欺骗别人，他们的确相信自己在经历另外一种意识状态，在这种状态下，除了顺从催眠师的指示外别无选择。

2. 意识功能分离的观点

这种观点认为，人的意识有执行和监督两种基本功能：执行功能可以使我们控制和规范自己的行为，监督功能可以使我们观察自己的行为。在正常情况下，意识的这两种功能是连在一起的，但是催眠可以使两种功能之间的联系断开。通过分离两种基本的意识功能，可以达到催眠的效果。在催眠条件下，个体进入一种特殊的意识状态，其执行功能正常，并接受催眠师的指令，而监督功能不起作用。

最近有人认为，催眠不一定使意识分离，它只是弱化了意识对行为的监控，因而使执行功能超过了意识的其他方面，执行功能自动地执行了催眠师的指示，没有以个体的正常认知系统作中介。

（三）催眠的应用

现在催眠已被广泛应用于心理治疗、医学、犯罪侦破和运动等方面。在心理治疗方面，催眠曾用于治疗酗酒、梦游症、自杀倾向、过量饮食、吸烟等。但是除非病人的动机很强，催眠一般不会立即获得明显的效果。如能配合其他的心理治疗，催眠的效果会更好。

三、白日梦与幻想

每个人都有精力不集中、思想开小差的时候。例如，上课时，你根本就没有听到老师在讲什么，满脑子都是刚看过的武侠小说中的情节。又如，正在做数学作业时，突然走神了，想起了昨天发生的一件事，随之思绪万千，沉浸于想象之中。这种现象通常称为白日梦，程度较严重时，称为幻想。研究表明，每个人都有过白日梦的经历。

对大多数人来说，白日梦或幻想的内容一般包括：成功或失败、攻击或敌意、性幻想或浪漫奇遇、内疚等。当然，白日梦的内容并不限于这些。

在很大程度上，白日梦是基于个体的记忆或想象的内容自发产生的。既然记忆主要依赖于我们过去的经历，所以经历过的事件对白日梦的内容有重要影响。研究表明，电视对儿童的白日梦有影响，儿童看电视节目越多，白日梦的频率就越高。

第三节　注意的一般概述

一、注意的基本概念

（一）什么是注意

注意是心理活动或意识对一定对象的指向与集中。注意编码是人脑信息加工的第一步。没有它们，外部刺激就不能进入人脑进行信息加工。所谓编码就是人脑把外部刺激转变成内部表征的过程。编码过程包含着大量的认知活动。注意与编码密切联系着。注意总是集中于当前正在编码的信息。当然，注意并不限于对外部刺激进行编码，从记忆中提取信息进行加工也需要注意。不管注意指向于个体自己还是外部世界，它都具有两种基本的特性：选择性和集中性。因此，我们把注意定义为心理活动（意识）对一定对象的选择性和集中性。

注意的对象既可以是外部世界的对象和现象，也可以是我们自己的身体、行为和观念。人在任何特定的时刻都可以得到无数的刺激，但是人并不是对所有的刺激都作出反应的，他只对某些刺激发生反应而对其他所有刺激不发生反应，这就是心理活动的选择性。心理活动的选择性表现为人脑信息加工时对刺激的随意的（有意的）选择和不随意的（无意的）选择两种形式。无论是哪一种选择形式，在特定的时间内，人对刺激进行有意识反应的能力总是有限的。

在注意状态时，心理活动不仅选择、指向于一定的刺激而且还集中于一定的刺激。心理活动的集中性有两种情况：一是在同一时间内各种有关的心理活动共同集中于一定的刺激。通常我们说"聚精会神""专心一致"就是指人的各种有关的心理活动都共同地指向并集中于同一的刺激。二是就同一种心理活动而言，它不仅指向于一定的对象，而且维持这种指向使活动不断地深入下去。通常我们说的"注视"和"倾听"等，就是指人的某种有关的心理活动不仅指向而且持续地、深入地集中于一定的刺激。因此，与集中性相联系的是注意的强度或紧张度。

由于心理活动对一定刺激的有选择的集中，这些刺激就被我们清晰地意识到，而同时作用着的其他刺激，或者被模糊地意识到或者没有被意识到。因此，在现实生活中有的刺激处于注意的中心，其余的刺激有的处于"注意的边缘"，多数处于注意的范围之外。

（二）注意和意识

一方面，注意不等于意识。一般来说，注意是一种心理活动或"心理动作"，而意识主要是一种心理内容或体验。假如把人脑比喻为一台电视机的话，注意就是对电视节目进行选择的过程，而意识则是出现在电视屏幕上的内容。注意提供了这样一种机制，决定什么东西可以成为意识的内容，而什么东西不可以。与意识相比，注意更为主动和易于控制。在人们将注意集中于特定事物或活动时，或注意将一定事物"推"到意识中心时，通常包含了无意识的过程。人们可以有意识地选择所要注意的活动或对象，但在很多情况下，这种选择并不是有意识的，而是由刺激和事件本身引起的，是一个无意识过程。

另一方面，注意和意识密不可分。当人们处于注意状态时，意识内容比较清晰。人从睡眠到觉醒，再到注意，其意识状态分别处在不同的水平上。睡眠是一种无意识的状态。人在睡眠时，意识不到自己的活动或外部的刺激，或不能清晰地意识到。即使人在觉醒状态下，也不能意识到所有的外部刺激、事件和自己的行为，而只能意识到其中的一部分。人的注意所指向的内容，一般处于意识活动的中心。因此，对于注意指向的内容，人的意识比较清晰和紧张。

总之，在注意条件下，意识与心理活动指向并集中于特定的对象，从而使意识内容或对象清晰明确，意识过程紧张有序，并使个体的行为活动受到意识的控制，而进入注意的具体过程则可能是无意识的，即有时包含了无意识过程。

（三）注意的外部表现

注意是一种内部心理状态，可以通过人的外部行为表现出来。例如，人在注视一个物体或倾听某种声音时，他们的感觉器官常常朝向所注意的对象，以便得到最清晰的印象；注意时，人的血液循环和呼吸都可能出现变化，如肢体血管收缩、头部血管舒张等；当注意高度集中时，还常常伴随某些特殊的表情动作，如托住下颌、凝神远望、眼光似乎呆滞在某处等。注意的外部表现可以作为研究注意的客观指标。但是，注意作为一种内部心理状态，它和外部行为表现之间并不总是一一对应的。例如，当人的视线落在某个物体上时，他的注意可能指向完全不同的物体。

（四）注意的功能

从反映论的角度来看，注意不是一种独立的心理过程，因为注意本身并不反映事物及其属性。当人在注意着什么的时候，他也就在感知着什么、记忆着什么、思考着什么。我们平常所说的"注意铃声""注意灯光"，并不是说注意本身就是独立的反映过程，而是由于习惯，把"注意听铃声""注意看灯光"

中的"听"字和"看"字给省略了。它不同于感知、记忆、思维等心理过程有自己特定的反映内容。

既然注意不属于心理过程，那么它是一种什么样的心理现象呢？可以把注意看做是心理活动的一种倾向，或者一种积极的状态。这种积极状态具有下列功能。

1. 选择功能

对于作用于各种感受器的种种刺激只有加以注意，我们才能选出那些有意义的重要的符合于需要的刺激。从各种可能的动作中选出与完成当前活动有关的动作，从保存在头脑的大量记忆中选出与当前智力活动有关的记忆，都有赖于注意的作用。由于注意的作用，进入我们意识中的感知、动作和记忆的范围便大大地缩小了，其中一些（强的、重要的或新的）占着优势，另一些（弱的、无关的或很熟悉的）则受到抑制。如果心理活动没有注意的选择功能，我们就不可能将有关的信息检索出来，意识就会处于一片混沌状态。注意对信息的选择受许多因素的影响，如刺激物的物理特性，人的需要、兴趣、情感、过去的知识经验等。

2. 维持功能

我们从外界获得的感知信息、从记忆中提取的信息只有加以注意才能保持在意识中或进行精细加工，转换成更持久的形式存储在记忆中。没有注意的维持功能（不加以注意），头脑中的信息就会很快在意识中消失，任何智力操作都无法完成。

3. 调节和监督功能

在注意状态下我们才能对自己的行为和活动进行调节和监督。人的生活是有目标的，无论是积极的目标还是消极的目标，对于自我的注意，才使人有可能对自己的行为与特定的目标相比较，注意反馈信息，并相应地调节、监督自己的行为，使之与特定的目标相一致。如果行为与目标不一致就进一步加以调节，在反馈环节中进行不断的调节直至达到目标为止。

二、不随意注意、随意注意和随意后注意

我们对事物的注意，有时是自然而然发生的，不需要任何意志的努力；有时是有目的的，需要付出意志的努力来维持。这样，我们可以将注意分成不随意注意、随意注意和随意后注意三种。在日常生活和工作中，特别是在教师的教学工作中，了解注意的种类及其产生的条件，具有重要的意义。

（一）不随意注意

1. 什么是不随意注意

不随意注意指没有预定目的，也不需要意志努力的注意。这时，注意的引起与维持不是依靠意志的努力，而是取决于刺激物本身的性质。不随意注意也可理解为一种被动的注意。在这种注意活动中，人的积极性的水平较低。

2. 引起不随意注意的原因

刺激物的新异性、强度、运动变化等都可能引起不随意注意。其中刺激物的新异性是引起不随意注意最重要的原因。不随意注意还和人自身的状态、需要、情感、兴趣、过去经验等有着密切的关系。

不随意注意具有积极的和消极的两方面的作用。它既可帮助人们对新异事物进行定向，使人们获得对事物的清晰认识，也能使人们从当前进行的活动中被动地离开，干扰他们正在进行的活动。

（二）随意注意

1. 什么是随意注意

随意注意指有预定目的并需要一定意志努力的注意。随意注意是注意的一种积极、主动的形式。如果说动物也有不随意注意，那么只有人才有随意注意。因此，在种系发展上，随意注意出现得较晚。

2. 引起随意注意的主要原因

①对注意目的与任务的依从性：随意注意是一种有预定目的的注意。目的越明确、越具体，随意注意越易于引起和维持。

②对兴趣的依从性：生动有趣的事物容易引起随意注意。对活动结果的间接兴趣能够维持人们稳定而集中的注意。

③对活动组织的依从性：随意注意的引起和维持还与活动是否正确组织有关。有些人养成了良好的工作习惯和生活习惯，起居饮食很有规律。这样，在规定的工作时间内，他能全神贯注地工作。把智力活动与某些外部活动结合起来，也有利于注意的维持。

④对过去经验的依从性：随意注意受到过去知识经验的制约。一方面，人们对自己所熟悉的事物和活动可以自动地进行加工和操作，无需特别集中的注意；另一方面，人们想要在活动中维持自己的注意，又与他们的知识经验有一定关系。

⑤对人格的依从性：具有顽强、坚毅性格特点的人，比较容易使自己的注意服从于当前的目的与任务；相反，意志薄弱、害怕困难的人，不可能有良好的随意注意。

（三）随意后注意

随意后注意是注意的一种特殊形式，是指有自觉目的但不需意志努力的注意。从特征上讲，它同时具有不随意注意和随意注意的某些特征。它和自觉的目的、任务联系在一起，但不需要意志的努力。随意后注意既服从于当前的活动目的与任务，又能节省意志的努力，因而对完成长期、持续的任务特别有利。

三、选择性注意、持续性注意与分配性注意

（一）选择性注意

选择性注意是个体在同时呈现的两种或两种以上的刺激中选择一种进行注

意，而忽略另外的刺激。例如，在双耳分听实验中，用耳机分别向被试的双耳呈现不同的声音刺激，要求被试注意其中一耳的刺激，而忽略另一耳的刺激。用这种方法考察的就是选择性注意。对选择性注意的研究，可以揭示人们如何有效地选择一类刺激而忽略另一类刺激，选择的具体过程等。

（二）持续性注意

持续性注意是指注意在一定时间内保持在某个认识的客体或活动上，也叫注意的稳定性。例如，学生在 45 分钟的上课时间内，使自己的注意保持在与教学活动有关的对象上。注意的持续性是衡量注意品质的一个重要指标。它在人们的工作和生活中具有重要的意义。学生必须具有持续的注意，才能有效地接受教师传授的知识；工人必须具有稳定的注意，才能正确地进行生产操作，排除障碍和各种意外的事故，按质按量地完成生产任务。可以说，没有持续的注意，人们就难以完成任何实践任务。

持续性注意通常用警戒作业来测量。这种作业要求被试在一段时间内，持续地完成某项工作，并用工作绩效的变化做指标。

注意动摇不同于持续性注意，它是指注意在短暂时间内的起伏波动。在任何一个比较复杂的认识活动中，注意的动摇总是要发生的。只要我们的注意不离开当前活动的总任务，这种动摇就没有消极的作用。但是，在某些要求对信号作出迅速反应的日常活动和实验作业中，仍有必要顾及注意的动摇。有人用实验测出，注意动摇平均为 8～12 秒。

对于注意动摇的原因，有两种解释：一种意见认为，注意动摇是由于感觉器官的局部适应，使对物体的感受性交替而短暂地下降；另一种意见认为，有机体的一系列机能活动都具有节律性，如呼吸的节律、血压的节律、神经元活动的节律性等。注意的动摇是由机体的这种节律性活动引起的。

（三）分配性注意

分配性注意是个体在同一时间对两种或两种以上的刺激进行注意，或将注意分配到不同的活动中。例如，学生在课堂上一边听讲，一边记笔记。研究分配性注意最常用的方法是双作业操作，即让被试同时完成两种作业，观察他们完成作业的情况。在实验室中，注意的分配可以用双手协调器来演示和测定。

分配注意或注意的分配是完成复杂工作任务的重要条件。如果一个汽车司机不能同时把注意分配在不同的活动上，就不能成为一个合格的司机。有些交通事故正是由于司机不能很好地分配注意造成的。

注意分配的一个基本条件，就是同时进行的几种活动的熟练程度或自动化程度。如果人们对这几种活动都比较熟悉，其中有的活动接近于自动地进行，那么注意的分配就较好；相反，如果人们对要分配注意的几种活动都不熟悉，或者这些活动都较复杂，那么分配注意就比较困难了。另外，注意的分配也和同时进行的几种活动的性质有关。一般来说，把注意同时分配在几种动作技能上比较容易，而把注意同时分配在几种智力活动上就难得多了。葛列众等人

（1995）对双作业操作的研究发现，当两种作业难度增加时，作业完成的质量和水平将会下降。说明作业难度增加后，每一种作业对注意的要求将会增加，注意的分配也更困难。

第四节 注意的生理机制及认知理论

一、注意的生理机制

（一）朝向反射

朝向反射是由情境的新异性引起的一种复杂而又特殊的反射。它是注意最初级的生理机制。

20世纪初，在巴甫洛夫的实验室里曾经发生过这样一件事情：巴甫洛夫的一位助手用狗做实验，使狗形成对声音的食物性条件反射。事后，请巴甫洛夫去实验室参观。令人奇怪的是，每当巴甫洛夫在场的时候，实验就不成功，实验动物已经建立的条件反射明显地被抑制了。经过仔细分析，巴甫洛夫认为，由于他在场，狗对新异刺激物（陌生人）产生了一种特殊形式的反射，因而对已建立的条件反射产生了抑制作用。巴甫洛夫把这种特殊的反射称为朝向反射。这是人和动物共同具有的一种反射。

朝向反射是由新异刺激物引起的。刺激物一旦失去新异性，朝向反射也就不会发生了。在朝向反射时出现的一系列身体变化，有助于提高动物感官的感受性，并能动员全身的能量资源以应付个体面临的活动任务，如趋向活动的目标、逃离威胁个体生存的情境等。朝向反射的这种特殊作用，使它在人类和动物的生活中具有巨大的生物学意义。

（二）脑干网状结构

脑干网状结构是指从脊髓上端到丘脑之间的一种弥散性的神经网络。网状结构的神经细胞形状很复杂，大小也不等，它们的轴突较长，侧枝也较多。因此，一个神经元可以和周围的许多神经元形成突触，一处受到刺激就可以引起周围细胞的广泛的兴奋。

研究发现，来自身体各部分的感觉信号，一部分沿感觉传导通路，直接到达相应的皮层感觉区；另一部分通过感觉通路上的侧枝先进入网状结构，然后由网状结构释放一种冲击性脉冲，投射到大脑皮层的广大区域，从而使大脑产生一般性的兴奋水平和觉醒水平，使皮层功能普遍得到增强。

网状结构不传递环境中的特定信息，但它对维持大脑的一般性活动水平，保证大脑有效地加工特定的信号，具有重要的意义。

（三）边缘系统和大脑皮层的功能

网状结构的激活作用，使脑处于觉醒状态。没有由网状结构引起的大脑活动的普遍激活，就不可能有注意。但是，觉醒并不等于注意，用网状结构的激活作用不能充分解释注意的选择性。人选择一些信息，而离开另一些信息，是与脑的更高级的部分——边缘系统和大脑皮层的功能相联系的。

边缘系统是由边缘叶、附近皮层和有关的皮层下组织构成的一个统一的功能系统。它既是调节皮层紧张性的结构，又是对新旧刺激物进行选择的重要结构。一些研究表明，在边缘系统中存在着大量神经元，它们不对特殊通道的刺激作反应，而对刺激的每一变化作反应。因此，当环境中出现新异刺激时，这些细胞就会活动起来，而对已经习惯了的刺激不再进行反应。这些神经元也叫"注意神经元"。

产生注意的最高部位是大脑皮层。大脑皮层不仅对皮层下组织起调节、控制的作用，而且是主动地调节行动、对信息进行选择的重要器官。对大脑额叶严重损伤的病人进行的临床观察表明，这种病人不能将注意集中在所接受的言语指令上，也不能抑制对任何附加刺激物的反应。这些病人在没有干扰的条件下能做某些事情，但只要环境中出现任何新的刺激或存在任何干扰作用，如有外人走进病房或病房中有人在说话，他们就会停止原来进行的工作，把视线转向外来者或说话人的方向。由于注意高度分散，使他们无法完成有目的的行为。

人脑额叶直接参与由言语指示所引起的激活状态。它通过与边缘系统和网状结构的下行联系，不仅能够维持网状结构的紧张度，而且能够对外周感受器产生抑制性的影响。额叶损伤的病人表现出对新异刺激和环境干扰的过分敏感，可能与额叶丧失了对皮下组织的抑制作用有关。

研究发现，当注意指向一定的认知活动时，可以改变相应的大脑功能区或神经功能单元的激活水平，从而对当前的认知活动产生影响。注意的这种作用可以通过三种方式来实现：①提高目标认知活动对应的神经功能单元的激活水平；②抑制目标周围起干扰作用的神经功能单元的活动；③上面两种方式的结合。来自 PET 和 ERP 的研究一致显示，当注意集中在某一认知活动时，其相应的神经功能单元的活动水平增加。

基于已有的研究发现，拉贝奇提出对某一对象的注意需要三个脑区协同活动的看法，这三个脑区分别是：①认知对象或认知活动的大脑功能区；②能提高脑的激活水平的丘脑神经元；③大脑前额叶的控制区，可以选择某些脑区作为注意的对象，提高其激活水平，使激活维持一定的程度和时间。这三个脑区通过三角环路的形式结合起来，是产生注意现象的生理基础。

二、注意的认知理论

（一）注意的选择功能

心理学家们对注意的选择功能进行了长期研究，提出了许多理论模型，解释了注意的选择作用的实质，以及人脑对信息的选择究竟发生在信息加工的哪个阶段上。

1. 过滤器理论

1958 年，布罗德本特（Broadbent）根据一系列双耳分听实验的结果提出了注意的过滤器理论。

该理论认为，神经系统在加工信息的容量方面是有限度的。当信息通过各种感觉通道进入神经系统时，由于设置在神经系统某个部位的过滤机制，使部分信息获得通过，并接受进一步的加工；而其他的信息就被阻断在这种机制的外面。神经系统的过滤作用表现为"全或无"的性质，通过的信息完全通过，没有通过的信息就完全丧失了。这种理论有时也叫瓶颈理论或单通道理论。

这种过滤器理论很快就遇到了困难。它无法解释人对有意义材料的信息加工和注意分配等现象。例如，在双耳分听实验中，事先规定被试只对一只耳（如左耳）输入信息进行追述（追随耳），而不追述另一耳（非追随耳）的输入信息。结果是，对追随耳的信息被试能很好地知道，对非追随耳的信息常常不能识别，但对特别有意义的信息（如被试的名字）却能够识别。显然，布罗德本特的过滤器模型是无法解释通过非追随耳的特别有意义的信息为什么能得到识别这个问题的。因为布罗德本特的过滤器是按"全或无"的原则进行工作的，是依据刺激的物理属性来选择信息的，同时输入的信息也不与已有的知识经验相互作用。

2. 衰减理论

特瑞斯曼（Treisman，1964）提出了衰减器理论。根据这一理论，输入刺激大约要经过三类加工。

第一类是刺激的物理特征的加工或分析，对于言语材料来说，就是其声学特征，如声高、声强等；第二类加工是决定这些刺激是不是言语材料，如果是的话，将其整合为音节和单词；第三类加工是识别这些单词并理解其意义。并不是所有的刺激都能完成这三类加工，当进入感觉器官的各种信息可以彼此区分不至于互相混淆时，对无关信息（未被注意的信息）的加工才停止，而对被追随信息的加工则继续下去。

衰减器理论主张当信息通过过滤装置时，不被注意或非追随的信息只是在强度上减弱了，而不是完全消失。特瑞斯曼指出，不同刺激的激活阈限是不同的。有些刺激对人有重要意义，如自己的名字、火警信号等，它们的激活阈限低，容易激活。当它们出现在非追随的通道时，容易被人们所接受。

衰减器理论与过滤器理论既有共同点，也有不同点。

共同点：①有相同的出发点，即主张人的信息加工系统的容量有限，因此对外来的信息必须经过滤装置加以调节；②两种理论都假定信息的选择发生在知觉分析之前，只有经过选择以后的信息，才能受到进一步的加工、处理。

不同点：衰减器理论认为神经系统的过滤作用表现为"全或无"的性质，通过的信息完全通过，没有通过的信息就完全丧失了；而衰减器理论主张当信息通过过滤装置时，不被注意或非追随的信息只是在强度上减弱了，而不是完全消失。

3. 后期选择理论

该模型首先由多依奇（Deutsch，1963）提出，后来由诺尔曼（Norman，1968）加以修订。该模型认为，所有的选择注意都发生在信息加工的晚期，过滤器位于知觉和工作记忆之间。注意的选择依知觉的强度和意义为转移。事实上，该模型假定信息到达了长时记忆，并激活其中的项目，然后竞争工作记忆的加工。这个模型强调了中枢控制过程，选择注意就是加工系统中这个控制的一部分。通过它，某些信息的编码被选择出来作进一步的系列加工。诺尔曼把这个机制称为"相关机制"，即对相关刺激作出反应。选择注意就是这个控制机制用来使人集中加工特定信息的结果，是一种主动的过程。

这个模型能很好解释注意分配现象，因为输入的所有信息都得到了加工；也能很好解释特别有意义的信息易引起人的注意，因为储存在长时记忆中的这些项目激活阈值是很低的。但是，这个模型看来是不经济的，因为它假设所有的输入信息都被中枢加工，这就不能很好解释早期选择现象。

4. 多阶段选择理论

这个理论是建立在人类信息加工系统的工作的一般模型基础上的。该理论认为，注意是灵活的，加工系统可以依据输入的物理属性或它的意义来进行选择，但对输入的加工却受着工作记忆容量的限制。该理论的基本假设是，从感觉储存中抽取的信息类型取决于中央控制器的特性（如我们的目的、计划等）。奈瑟尔（Neisser，1967）把注意理解为中枢对知觉结果的主动预期。通过注意刺激的物理属性，加工系统可能仅选择特定的输入进行进一步加工。经最初的选择，较少的输入就留下来，这样工作记忆的加工容量也就相对较大了。中央控制器和刚进来的刺激一起控制着长时记忆中哪些项目将被激活。因此，有意义的刺激就比不重要的刺激更容易进入意识，受到注意。晚期选择（如注意自己的思考或内心活动）被认为主要是由中央控制器确定的，是长时记忆中特定项目高度激活的产物。晚期选择（而不是早期选择）可能需要更多的工作记忆进行加工，因而往往有许多项目竞争注意。

（二）注意与认知资源分配

1. 认知资源理论

认知资源理论解释了注意是如何协调不同的认知任务或认知活动的。不同的认知活动对注意提出的要求是不相同的。例如，对一个熟练司机来说，开车是一件很容易的事，所以他可以毫无困难地一边开车一边和别人交谈。但是当交通非常拥挤时，他必须小心翼翼地开车，这时他和别人的谈话可能不得不停下来。该理论认为，注意可以看做一组对刺激进行归类和识别的认知资源或认知能力。这些认知资源是有限的。对刺激的识别需要占用认知资源，当刺激越复杂或加工任务越复杂时，占用的认知资源就越多。当认知资源完全被占用时，新的刺激将得不到加工（未被注意）。该理论还假设，输入刺激本身并不能自动地占用资源，而是在认知系统内有一个机制负责资源的分配。这一机制是灵活的，可以受我们的控制。

2. 双加工理论：自动化加工和意识控制加工

在注意的认知资源理论的基础上，谢夫林等人（1977）进一步提出了双加工理论。该理论认为，人类的认知加工有两类：自动化加工和受意识控制的加工。其中自动化加工不受认知资源的限制，不需要注意的参与；受意识控制的加工受资源的限制，需要注意的参与，并且在经过大量的练习后，可能转变为自动加工。

双加工理论可以解释很多注意的现象。我们通常能够同时做好几件事情，如可以一边骑自行车一边欣赏路边的风景，或是一边看电影一边织毛衣等。在同时进行的活动中，其中一项或多项已变成自动化的过程（如维持自行车平衡或织毛衣），不需要个体再消耗认知资源，因此个体可以将注意集中在其他认知过程上。

意识控制的加工在经过大量的练习后，有可能转变为自动化加工。例如，初学一种动作技能（如骑自行车）时需要全神贯注，注意力高度集中。当经过不断练习，已经熟练掌握这一技能时，就不需要占用太多的注意了。

【本章小结】

本章介绍了意识与注意的一般问题，主要的几种意识状态，注意的功能和注意的特征，以及如何从理论上解释注意的心理机制。

1. 意识是一个复杂的概念。就心理状态而言，意识指清醒、警觉、觉察、注意集中等；就心理内容而言，意识包括可用语言报告出来的一些东西；就行为水平而言，意识意味着受意愿支配的动作或活动；在更高的哲学水平上，意识是一种与物质相对的精神实体。

2. 无意识是相对于意识而言的，是个体不曾察觉到的心理活动和过程。

3. 注意是心理活动或意识对一定对象的指向与集中。

4. 不随意注意指事先没有目的也不需要意志努力的注意。随意注意指事先有预定目的需要一定意志努力的注意。随意后注意指事先有一定的目的但是不需要意志努力的注意。

5. 选择性注意是个体在同时呈现的两种或两种以上的刺激中选择一种进行注意，而忽略另外的刺激。持续性注意指注意在一定时间内保持在某个认识客体或活动上，也叫注意的稳定性。分配性注意指个体在同一时间内对两种或两种以上的刺激进行注意，或将注意分配到不同的活动中。

6. 睡眠的四个阶段：第一阶段，混合的、频率和波幅都较低的脑电波。持续 10 分钟。第二阶段，出现"睡眠锭"（即是一种短暂爆发的、频率高、波幅大的脑电波）。持续 20 分钟。第三阶段，脑电波的频率会继续降低，波幅变大，出现 Δ 波，有时会有"睡眠锭"。持续 40 分钟。第四阶段，称深度睡眠，个体肌肉进一步放松，身体功能的各项指标变慢，梦游、梦呓、尿床等发生在此时。表现快速眼动睡眠（REM）：在此时，与个体在清醒状态时的脑电活动很相似，Δ 波消失，高频率、低波幅的脑电波出现。睡眠者的眼球开始快速左右上下移动，而且通常伴随着梦境。

7. 梦的功能解释：（1）精神分析的观点，（2）生理学的观点，（3）认知观点。

8. 注意的认知理论：（1）过滤器理论，（2）衰减理论，（3）后期选择理论，（4）多阶段选择理论。

9. 注意与认知资源分配：（1）认知资源理论，（2）双加工理论。

【习题（含近年考研真题）】

一、单选题

1. （　　）是指在觉醒状态下的觉知。

  A. 意识　　　　　　　　　　B. 注意

  C. 认识　　　　　　　　　　　D. 知觉

2. （　　）指个体没有觉察到的心理活动和心理过程。

  A. 无意识　　　　　　　　　B. 个性

  C. 情感　　　　　　　　　　　D. 意识

3. 无意识包括（　　）。

  A. 心理活动不能很好地选择某些对象而舍弃另一些对象

  B. 心理活动不能全神贯注地聚焦在所选择对象上

  C. 无意识的行为和对刺激的无意识

  D. 无意识记和无意想象

4. 根据脑电波的变化，可以将睡眠分为（　　）个阶段。

  A. 3　　　　　　**B. 4**　　　　　　C. 5　　　　　　D. 6

5. 在睡眠状态下脑电波主要是频率较低、波幅较大的（　　）。

  A. σ 波　　　　　　B. β 波　　　　　　C. γ 波　　　　　　**D. Δ 波**

6. 梦境在（　　）开始出现。

  A. 睡眠初期　　　　　　　　　B. 睡眠中期

  C. 睡眠晚期　　　　　　　　　**D. 快速眼动睡眠阶段**

7. 生物节律是指以（　　）小时为单位表现出来的机体活动一贯的、规律性的变化模式。

  A. 12　　　　　　**B. 24**　　　　　　C. 48　　　　　　D. 72

8. 梦（　　）。

  A. 是影响身体健康的一种现象

  B. 的情境具有连续性

C. 的内容具有显著的情绪性

D. 是一种正常的生理和心理现象

9. （　　　）是指心理活动或意识活动对一定对象的指向和集中。

    A. 认知　　　　**B. 注意**　　　　C. 意志　　　　D. 想象

10. 注意是一种（　　　）。

    A. 心理状态　　　　　　　　　B. 心理过程

    C. 认识过程　　　　　　　　　D. 认知过程

11. 注意可分为（　　　）。

    A. 无意注意、有意注意、不随意注意

    B. 无意注意、有意注意、有意后注意

    C. 随意注意、不随意注意、有意注意

    D. 无意注意、有意后注意、随意后注意

12. 既有目的又无需意志努力的注意叫（　　　）。

    A. 无意注意　　　　　　　　　B. 有意注意

    C. 不随意注意　　　　　　　　**D. 有意后注意**

13. 按照任务的要求，注意从一个对象转移到另一个对象上去的现象叫（　　　）。

    A. 注意的分散　　　　　　　　B. 注意的动摇

    C. 注意的转移　　　　　　　　D. 注意的分配

14. 在注意稳定的条件下，感受性发生周期性增强和减弱的现象叫（　　　）。

    A. 注意的周期　　　　　　　　B. 生物节律

    C. 注意的动摇　　　　　　　　D. 注意的循环

15. 注意离开了心理活动所要指向的对象而被无关的对象吸引去的现象叫（　　　）。

    A. 注意的转移　　　　　　　　B. 注意的稳定性

    C. 注意的范围　　　　　　　　**D. 注意的分散**

16. 在同一时间内把注意指向不同对象，同时从事着几种不同活动，这是（　　　）。

    A. 注意的转移　　　　　　　　B. 注意的分散

    C. 注意的分配　　　　　　　　D. 注意的动摇

17. 上课时，学生被突然飞进来的小鸟吸引，这种心理现象是（　　　）。（2007年真题）

    A. 随意注意　　　　　　　　　**B. 不随意注意**

    C. 随意前注意　　　　　　　　D. 随意后注意

18. 检验注意过滤器理论经常使用的实验范式是（　　　）。（2008年真题）

    A. 双耳分听　　　　　　　　　B. 语义启动

    C. 双任务操作　　　　　　　　D. 视觉搜索

19. 随年龄增长，个体的快速眼动睡眠量（　　　）。（2008年真题）

    A. 越来越多　　　　　　　　　B. 越来越少

    C. 呈 U 形变化　　　　　　　　D. 呈倒 U 形变化

二、多选题

1. 意识包括（　　）。
   A. 对外界事物的觉知　　　　　　**B.** 对自身内部状态的觉知
   C. 睡眠　　　　　　　　　　　　　D. 梦

2. 在快速眼动睡眠阶段里，（　　）。
   A. Δ 波消失
   B. 出现类似于清醒状态下的高频低幅的脑电波
   C. 眼球开始上下左右快速移动
   D. 梦境开始出现

3. 梦的特点包括（　　）。
   A. 梦境的不连续性　　　　　　　**B.** 梦境的不协调性
   C. 认知的不确定性　　　　　　　D. 认知的完整性

4. 注意的集中性（　　）。
   A. 是指心理活动不能同时指向所有对象，只能选择某些对象
   B. 是指心理活动能全神贯注地聚焦在所选择的对象上
   C. 表现在心理活动的紧张度和强度上
   D. 表明注意是一种心理过程

5. 在同一时间内意识能清楚地把握对象的数量叫（　　）。
   A. 注意的广度　　　　　　　　　B. 注意的转移
   C. 注意的分配　　　　　　　　　　**D.** 注意的范围

6. 注意离开了心理活动所要指向的对象而被无关的对象吸引去的现象叫（　　）。
   A. 注意的转移　　　　　　　　　　**B.** 分心
   C. 注意的范围　　　　　　　　　　**D.** 注意的分散

7. 能够分配注意的条件是（　　）。
   A. 所从事的活动中必须有一些活动是非常熟练的
   B. 所从事的活动不能在同一感觉道内完成
   C. 所从事的活动不能用同一种心理操作来完成
   D. 所从事的几种活动之间应该有内在的联系

8. 强调注意选择过程发生在信息加工某个特定阶段的理论有（　　）。（2009年真题）
   A. 过滤器理论　　　　　　　　　**B.** 衰减理论
   C. 后期选择理论　　　　　　　　D. 认知资源理论

三、解答题及答案要点

1. 简述睡眠和梦这两种常见的无意识现象。
   　　答：从时间上讲，睡眠占人生约 1/3 的时间。睡眠也是一种重要的生理现象。有关睡眠产生的原理，多数人认为是由于神经活动的抑制作用，是神经系统高级部位发生普遍性抑制的表现，大脑皮质的功能活动由兴奋

转化为抑制时，人即进入睡眠状态。睡眠是一种保护性抑制，对人体有重要的生理意义。根据脑电图的研究可将睡眠分成四个阶段，梦境出现在睡眠的快速眼动阶段。

心理学研究成果证明，梦是一种无意识心理活动，是人在睡眠时脑中出现的一种下意识表象。人在睡眠时，由于大脑皮层中的局部还未完全抑制，外在刺激在大脑皮层中的残留痕迹会重新活跃和再现。另外，睡眠时机体内部的某些刺激也会使大脑皮层形成某些暂时的联系而产生梦。为什么人在睡眠时心理活动还不绝对停止呢？弗洛伊德解释说："因为有些意念不愿使心灵安静，有些刺激仍对心灵起作用，心灵对这些刺激不得不予以反应。所以梦就是对于睡眠中的刺激的反应。"

2. 什么是注意分配以及注意分配需要具备哪些条件？（华东师大 03）

答：分配性注意是指个体在同一时间对两种或两种以上的刺激进行注意，或将注意分配到不同的活动中。研究注意分配最常用的方法是双作业操作，即让被试同时完成两种作业，观察他们完成作业的情况。分配注意或注意的分配是完成复杂工作任务的重要条件。注意分配的一个基本条件就是，同时进行的几种活动的熟练程度或自动化程度。另外，注意的分配也和同时进行的几种活动的性质有关。把注意同时分配在几种动作技能上比较容易，而把注意同时分配在几种智力活动上就比较难些。（作答时要举例并进一步展开）

3. 刺激物的哪些特点会影响不随意注意？教师在教学中应如何做？

答：（1）刺激物的新异性会影响不随意注意。所谓新异性即指刺激物的异乎寻常的特性。（2）刺激物的强度会影响不随意注意。环境中出现的强烈刺激容易引起不随意注意。（3）刺激物的运动变化会影响不随意注意。运动的物体比静止的物体容易引起人们的不随意注意。教师在教学中应依据以上规律，运用自身的口头语言、肢体语言及各种教学媒介以引起学生的不随意注意。

（1）依据新异性特点设计新颖的教学导入语、漂亮的多媒体课件设计等引起学生注意。（2）依据强烈刺激易引起注意的特点教师在教学中对关键部分可提高声音、多媒体设计中画面对比强烈或声音对比强烈等引起学生注意。（3）依据运动变化的特点，教师在教学中除主要运用口头语言并抑扬顿挫外，还要注意运用变化的肢体语言，多媒体设计中引入适当动的元素等以引起学生的不随意注意。

4. 阐述注意分配的认知资源理论和双加工理论，并分别用生活中的实例加以说明。（2009 年真题）

答：（1）注意分配的认知资源理论解释了注意是如何协调不同的认知任务或认知活动的。不同的认知活动对注意提出的要求是不相同的。

（2）双加工理论：自动化加工和意识控制加工

在注意的认知资源理论的基础上，谢夫林等人（1977）进一步提出了双加工理论。（作答时对两种理论的主要观点要展开阐述并结合举例给予分析）

5. 什么是注意？举例说明注意的品质。（2010 年真题）

答：注意是指心理活动或意识对一定对象的指向与集中。指向就是指人在每一瞬间，他的心理活动或意识选择了某个对象，而忽略了另一些对象。（随便举例）集中是指心理活动或意识指向某个对象的时候，它们会在这个对象上集中起来。

注意有四个主要的品质：（1）注意的广度，（2）注意的稳定性，（3）注意的分配，（4）注意的转移。（针对每一品质详细说明其涵，然后可举例说明，也可简单阐述其影响因素）

第六章　记　忆

【记忆的故事】

19世纪，苏格兰的一位哲学家曾经说过："如果你将一把小圆球向地上扔去，你就会发现你很难立即看清7个以上。"1871年英国经济学家和逻辑学家威廉·杰沃斯说，往盆子里掷豆子时，如果掷上3个或4个，他从来没有数错过；如果是5个，就可能出错；如果是10个，判断的准确率为一半；如果豆子数达到15个，他几乎每次都数错。

这个有趣的现象就是神奇的7±2效应。这个规律最早是在19世纪中叶由爱尔兰哲学家威廉·汉密尔顿观察到的。他发现，如果将一把弹子撒在地板上，人们很难一下子看到超过7个弹子。1887年，M. H. 雅各布斯通过实验发现，对于无序的数字，被试能够回忆出数字的最大数量约为7个。而提出遗忘规律的艾宾浩斯也发现，人在阅读一次后，可记住约7个字母。这个神奇的"7"引起许多心理学家的研究兴趣。从20世纪50年代开始，心理学家用字母、音节、字词等各种不同材料进行过类似的实验，所得结果都约是7，即我们头脑能同时加工约7个单位的信息，也就是说短时记忆的容量约为7。1956年，美国心理学家米勒教授发表了一篇重要的论文《神奇的数字7±2：我们加工信息能力的某些限制》，明确提出短时记忆的容量为7±2，即一般为7，并在5～9之间波动。这就是神奇的"7±2效应"。

【基础知识】

第一节 记忆概述

一、什么是记忆

记忆（memory）是在头脑中积累和保存个体经验的心理过程，用信息加工的术语讲，就是人脑对外界输入的信息进行编码、存储和提取的过程。人们感知过的事情、思考过的问题、体验过的情感或从事过的活动，都会在人们头脑中留下不同程度的印象，其中有一部分作为经验能保留相当长的时间，在一定条件下还能恢复，这就是记忆。

记忆与感知觉不同，感知觉是人对当前直接作用于感官的事物的认知，相当于信息的输入，而记忆是对信息的编码、存储和提取。例如，分别多年的老朋友，不在我们眼前时，我们仍能想起他的音容笑貌、言谈举止，当再见到他时还能认得出来。

记忆是一种积极、能动的活动。人对外界输入的信息能主动地进行编码，使其成为人脑可以接受的形式。现代心理学家认为，只有经过编码的信息才能记住。例如，学生阅读、做习题、操作实验都有编码的过程。同时，人们对外界信息的接受是有选择的，只有那些对人们的生活具有意义的、重要的事物，才会有意识地进行记忆。再有，记忆还依赖于人们已有的知识结构，只有当输入的信息以不同形式汇入人脑已有的知识结构时，新的信息才能在头脑中巩固下来。例如，我们要记住一个外文单词，必须将它与过去学过的单词组成词组或句子时才容易记住。信息的提取与编码的程度、信息存储的组织结构有着密切的关系。一般来说，编码较完善，组织得较好，提取就较容易，否则就较困难。

记忆是个体保存经验的形式之一。个体保存经验的形式是多种多样的。例如，书籍、雕塑、图画、建筑物等社会文化形式，都可以保存个体经验。但是，只有在人脑中保存个体经验的过程才叫记忆。

二、记忆的作用

记忆作为一种基本的心理过程，是和其他心理活动密切联系着的。在知觉中，人的过去经验有重要的作用，没有记忆的参与，人就不能分辨和确认周围的事物。在解决复杂问题时，由记忆提供的知识经验，起着更大的作用。近年来，认知心理学把记忆的研究提到了重要的地位，原因也在这里。

记忆在个体的心理发展中也有重要的作用。人们要发展动作技能，如行走、奔跑和各种劳动技能，就必须保存动作的经验。人们要发展语言和思维，也必须保存词与概念。可见没有记忆，就没有经验的积累，也就没有心理的发展。另外，一个人某种能力的出现，一种好的或坏的习惯的养成，一种良好的行为方式和人格特质的培养，也都是以记忆活动为前提的。

记忆联结着人们的心理活动的过去和现在，是人们学习、工作与生活的基本机能。学生凭借记忆、才能获得知识和技能，不断增长自己的才干；演员凭借记忆，才能准确地表达各种情感、语言和动作，完成各种精彩的艺术表演。离开了记忆，个体就什么也学不会，他们的行为只能由本能来决定。所以，记忆对人类社会的发展有着重要的意义，可以说没有记忆和学习，就没有我们现在的人类文明。

三、记忆的分类

记忆可以从不同角度进行分类。

（一）情境记忆和语义记忆

情境记忆指人们根据时空关系对某个事件的记忆。这种记忆是与个人亲身的经历分不开的。由于情境记忆受一定时间和空间的限制，信息的储存容易受到各种因素的干扰，因此，记忆不够稳定也不够确定。

语义记忆是指人们对一般知识和规律的记忆，与特殊的地点、时间无关。它表现在记忆单词、符号、公式、规则、概念这样的形式中。语义记忆受一般规则、知识、概念和词的制约，很少受到外界因素的干扰，因而比较稳定。

（二）外显记忆和内隐记忆

外显记忆是指在意识的控制下，过去经验对当前作业产生的有意识的（明显的）影响。它是有意识的记忆过程，其形成一般有评估、比较和演绎等认知过程的参与，能随意地提取记忆的信息，能对记忆的信息进行较准确的语言描述。

内隐记忆指个体在无法意识的情况下，过去经验对当前作业产生的无意识的（内在的）影响。一般没有意识过程的参与，具有自动的和无意识的特点。其形成和提取不依赖于有意识的认知过程，一般不能用言语表达。

（三）感觉记忆、短时记忆和长时记忆

感觉记忆指当客观刺激停止作用后，感觉信息在一个极短的时间内保存下来；短时记忆指感觉记忆和长时记忆的中间阶段，保持时间大约为5秒到2分钟，包括直接记忆和工作记忆两个成分；长时记忆指信息经过充分和有一定深度的加工后，在头脑中长时间保留下来。

（四）程序性记忆和陈述性记忆

程序性记忆是指"如何做"的记忆，包括对知觉技能、认知技能和运动技能的记忆。这类记忆往往需要通过多次尝试才逐渐获得，在利用这类记忆时往往不需要意识的参与。陈述性记忆指对有关事实和事件的记忆，是关于"是什么"的记忆。它可以通过语言传授而一次性获得，它的提取往往需要意识的参与。

四、记忆结构及其加工过程

按照现代信息加工的观点，记忆是一个结构性的信息加工系统。所谓结构性是指记忆在内容、特征和组织上有明显的差异。记忆结构由三个不同的子系统构成：感觉记忆、短时记忆和长时记忆。这些子系统虽然在信息的保持时间和容量方面存在差异，但它们处在记忆系统的不同加工阶段，因此相互之间有着十分密切的联系。

另外，记忆又是一个过程，它是在一定的时间内展开的，可以区分为前后联系的一些阶段。编码、储存和提取是记忆的三个基本过程，任何外界信息只有经过这些过程，才能成为个体可以保持和利用的经验。

信息编码（encoding）是人们获得个体经验的过程，或者说是对外界信息进行形式转换的过程。在整个记忆系统中，编码有不同的层次或水平，而且是以不同的形式存在着的。信息编码又是一个开展的过程，它包括对外界信息进行反复的感知、思考、体验和操作。新的信息必须与人的已有的知识结构形成联系，并汇入旧的知识结构中，才能获得意义，得到巩固。但是，在某些情况下，当事物与人们的需要、兴趣、情感密切联系时，尽管只有一次经历，人们也能牢固地记住它。例如，学生接到高校录取通知书时的愉快心情，往往是终生难忘的。

存储（storage）是把感知过的事物、体验过的情感、做过的动作、思考过的问题等，以一定的形式保持在人们的头脑中。知识的存储有时也叫知识的表征（representation），它可以是事物的图像，也可以是一系列概念（concept）或命题（proposition）。存储是信息编码和提取的中间环节，它在记忆过程中有着重要的作用，没有信息的存储就没有记忆。

提取（retrieval）是指从长时记忆中查找已有信息的过程，是记忆过程的最后一个阶段。再认（recognition）和回忆（recall）是提取的基本形式。记忆好坏是通过信息的提取表现出来的。

第二节　记忆的神经生理机制

对一个事物可以从不同的角度和水平进行说明。例如，当谈起长城的时候，我们可以从历史的角度说明长城的修建过程，从功能的角度谈到长城所起的作用，也可以从建筑风格的角度讨论长城的结构，甚至可以从化学分析的角度研究长城上砖石的化学成分。人们对记忆的研究也可以从不同的角度进行：心理学家从整体行为的水平将记忆看成是一个信息加工系统，并对其加工过程和结构进行研究；而神经心理学家则从分析的角度对记忆的神经机制进行研究。

一、记忆的脑学说

(一) 整合论

美国心理学家拉胥里提出整合论，认为记忆是整个大脑皮层活动的结果，它和脑的各个部分都有关系，而不是皮层上某个特殊部位的机能。大脑皮层破坏越大，记忆丧失越多。记忆的保持依赖于整个大脑皮层的机能。

(二) 定位论

法国医生布洛卡提出脑机能定位论。定位论认为，脑的机能是由大脑的一些特定区域负责的，记忆当然也不例外。

对记忆脑定位说的支持，来自许多研究。潘菲尔德（Penfield，1952、1963）在医治癫痫病人时，用电极刺激右侧颞叶，引起患者对往事的鲜明回忆。在科恩（Cohen，1968）等的研究中，给抑郁症患者脑的不同部位进行电击和痉挛。被试分三组：一组只击右脑，另一组只击左脑，第三组电击脑的两侧。在电击前所有患者都有言语记忆（有词的联想）和形象记忆（画了一幅图画）。电击治疗后几小时，测验他们记忆保持的情况。结果表明，电击左脑损害言语记忆，但不损害形象记忆。电击右脑损害形象记忆，但不损害言语记忆。电击脑的两侧，形象记忆和言语记忆都受到损害。因此可以推论，言语记忆可能储存在脑的左半球，形象记忆可能储存在脑的右半球。

(三) SPI 理论

Tulving（1995）提出 SPI 理论。SPI 理论认为，记忆系统是由多个执行特定功能的记忆模块构成的。

SPI 理论近年来在记忆的研究中形成了两个重要的概念：记忆系统和记忆过程。SPI 是串行、并行和独立三个词的英文首字母，三个词集中说明了多重记忆系统之间的关系。它们假定存在 5 种主要的记忆系统：程序记忆系统、知觉表征系统、语义记忆系统、初级记忆系统和情境记忆系统。这 5 种记忆系统在种系发生和个体发展上都存在一定的顺序。它们在加工过程中也存在一定的联系。该理论假定这些系统的编码是串行的，存储是并行的，从一个记忆系统中提取信息可以不受其他记忆系统的影响，即提取是独立的。

SPI 理论系统总结了记忆研究的大量成果，并且提出了一种整合记忆过程和记忆系统的方式，这对推进记忆的研究具有重要的理论意义，对解释已有的许多实验结果也有重要的作用。但这个理论还只是一个抽象的模型，它没有说明不同记忆系统的神经解剖和神经生理基础。

二、记忆的脑细胞机制

(一) 反响回路

通过脑电现象和神经结构的研究发现，反响回路可能是短时记忆的生理基础。反响回路（reverberatory circuit）是指神经系统中皮层和皮层下组织之间存在的某种闭合的神经环路（neuronal loop）。当外界刺激作用于神经环路的某一部分时，回路便产生神经冲动。刺激停止后，这种冲动并不立即停止，而是继续在回路中往返传递并持续一段短暂的时间。人们认为反响回路是短时记忆的生理基础。心理学家通过实验证明了这种看法。将控制组的白鼠放在一个窄小的台子上，使它总想往下跳，当它跳下台后，就受到带电金属的电击；为了避免电击，白鼠很快又跳上高台，形成回避反应。但狭小的高台又使它想往下跳。这样经过一天的训练，白鼠在高台上待的时间明显延长，说明它"记住"了下面有电，形成了长时记忆。这时给予白鼠电休克以破坏它的记忆，当白鼠从电休克状态恢复正常后，再将它放回跳台上，这时它不往下跳了，说明电休克没有破坏它的长时记忆。他们将实验组的白鼠在形成回避反应后，立即给予电休克，也就是在短时记忆时用电休克破坏它的电回路。在白鼠恢复正常后再把它放在跳台上，发现它立即往下跳，这说明电休克可能破坏了短暂储存的回避反应的电回路，引起了"遗忘"。

（二）突触结构

现代神经生理学家普遍接受的一种观点是，作为人类长时记忆的神经基础包含着神经突触的持久性改变，这种变化往往是由特异的神经冲动导致的（Lynch，1986）。由于涉及结构的改变，因此其发生的过程较慢，并需要不断地巩固。这种突触变化一旦发生，记忆痕迹就会深刻地储存在大脑中。研究者早就注意到不同经验可导致神经元突触的不同变化。在一个实验中，研究者把刚生下的一窝白鼠分成两组，一组放在内容丰富的环境里，一组放在内容贫乏的环境里。结果发现，前一组白鼠的皮层比后一层白鼠的皮层厚而且重。这可能是由于生活在丰富环境中的白鼠接受了较多的刺激，使它们的神经元突触结构发生了较大的变化，轴突或树突的数量增加，皮层的重量也因而增加。在另一个实验里，实验者将刚出生的一组白鼠，放在黑暗环境里生活 25 天后，再与其他生活在光亮环境中的白鼠进行比较。结果发现，生活在黑暗环境中的白鼠的神经元的树突数量比在光亮环境中生活的白鼠的树突数量少。这说明黑暗环境影响了突触的形成。

近来的研究表明，神经元和突触结构的改变是短时记忆向长时记忆过渡的生理机制。这种改变包括相邻神经元突触结构的变化、神经元胶质细胞的增加和神经元之间突触连接数量的增加。

（三）长时程增强作用

长期以来，心理学家们相信长时记忆会伴随着脑解剖结构的变化。莫兹尼奇（Merzenich）在实验中发现，如果让猴子仅用中间的三个手指去触摸一个旋转的圆盘，在经过数千次触摸之后，猴子大脑中专管中间三个手指的皮层区就会扩大。这说明，个体的实践能够导致大脑皮层相应区域的变化。那么，构成这种变化的机制是什么呢？1973 年，波利斯和勒蒙（Bliss & Lemo）在研究中发现，海马的神经元具有形成长时记忆所需要的塑造能力。在海马内的一种神经通路中，存在着一系列短暂的高频动作电位，能使该通路的突触强度增加，他们将这种强化称为长时程增强（Long-Term Potentiation，LTP）作用。这种LTP具有专一性，它只对受到刺激的通路起强化作用。进一步的研究显示，海马是长时记忆的暂时性储存场所。利用长时程增强机制，海马能对新习得的信息进行为期数小时乃至数周的加工，然后再将这种信息传到大脑皮层中的一些相关部位作更长时间的存储。因此，如果海马结构出现损伤，那么新记忆的存储就会出现障碍。曾有一个被称为H.M.的病例，因严重的癫痫被切除了大脑双侧颞叶的中间部分。手术后该患者看起来是正常的：他记得自己的名字，能保持完好的语言能力、正常的智力和良好的短时记忆能力，并清楚记得手术前发生的事情。然而，他所缺乏的是将所学过的东西由短时记忆转化成长时记忆的能力。例如，他每天都见到医院的工作人员并能和他们正常交谈，但还是记不得他们。

三、记忆的生物化学机制

神经元的电活动不仅会引起神经元突触结构的改变，而且会导致神经细胞内部的生物化学变化，这些变化包括核糖核酸及某些特异性蛋白质分子结构的改变。

（一）核糖核酸

近年来，随着分子生物学的兴起，特别是发现了遗传信息的传递机制——脱氧核糖核酸（DNA）借助另一种核酸分子核糖核酸（RNA）来传递遗传密码，使得科学家相信，记忆是由神经元内部的核糖核酸的分子结构来承担的。由学习引起的神经活动，可以改变与之有关的那些神经元内部的核糖核酸的细微的化学结构，就像遗传经验能够反映在脱氧核糖核酸分子的细微结构中一样。20世纪60年代初，美国生理学家用核糖核酸酶处理无脊椎动物涡虫，消除了涡虫对已学会的某种行为的记忆。以后，有研究者在训练小白鼠走钢丝后，发现鼠脑中有关神经细胞的RNA含量显著增加，其组成成分也有变化。据此，海登（Hyden）等人把大分子看做是信息的"储存所"，并认为RNA和DNA是记忆的化学分子载体。还有研究者发现，给学习过迷津的白鼠注射嘌呤霉素和抗菌素可以消除其有关的记忆，其机制是注射的药物阻碍了神经元内部蛋白质的合成。

（二）激素和记忆

近来的研究表明，机体内部的一些激素（hormone）分泌能够促进其记忆的保持。麦科夫（Mcgaugh，1983）在研究中发现，如果在动物学习时给予中等强度的刺激，往往会引起动物体内皮质内固醇（corticosteroids）、后叶加压素（vasopressin）和肾上腺素（epinephrine）等激素的分泌，而这些激素对动物记忆的保持有明显的加强作用。

高德（Gold，1984）在研究中给学习后的动物马上注射小剂量的肾上腺素，结果发现，动物刚才进行的学习得到了加强，但是大剂量的肾上腺素则会损害动物的记忆。另外，如果利用外科手术阻碍动物肾上腺素的分泌，动物的近期记忆会有缺陷，但在经人工补充肾上腺素之后，这种损害的情况会有好转。

研究者们近来普遍认为，激素能够影响记忆的保持，但是，为什么在轻度唤醒的情况下，激素能够影响记忆的保持呢？这是因为某些激素能使大脑更好地注意当前的输入信息，从而加强了记忆的保持。

第三节　感觉记忆

感觉记忆是指当客观刺激停止作用后，感觉信息在一个极短的时间内保存下来，又称做瞬时记忆。它是记忆系统的开始阶段，以物理特性的编码和形象编码为主，存储时间大约是 0.25～2 秒，容量比较大。

一、感觉记忆的编码

感觉记忆（即瞬时记忆）是记忆系统的开始阶段，也叫感觉登记。它是一种原始的感觉形式，是记忆系统在对外界信息进行进一步加工之前的暂时登记。

其编码形式主要依赖于信息的物理特征，因而具有鲜明的形象性。感觉记忆保存的时间短暂，但在外界刺激的直接作用消失之后，它为进一步的信息加工提供了可能性。感觉记忆有较大的容量，其中大部分信息因为来不及加工而迅速消退，只有一部分信息由于注意而得到进一步加工，并进入短时记忆。

视觉的感觉记忆叫图像记忆（iconic memory）。这是指视觉器官能识别刺激的形象特征，并保持一个生动的视觉图像。斯伯林（Sperling，1960）利用实验证实了视觉器官的这种编码能力。莫瑞（Moray，1965）等人利用实验证实了听觉通道的感觉记忆（声像记忆）。

二、感觉记忆的保持

感觉记忆保持的时间十分短暂，它是如何随时间而迅速变化的呢？为了研究这个问题，斯伯林变化了刺激项目与声音信号之间的时间间隔，结果发现，即时呈现声音信号的回忆率为 80%，当声音信号延迟至 150ms 时，回忆率下降到 75%，信号延迟到 300ms 后，回忆成绩下降到 55%，当延迟超过 0.5 秒之后，局部报告法的成绩就与整体报告法的成绩相同了。

另外，达文等人（Darwin et al.，1972）对声像记忆的性质进行了研究，发现声像记忆的容量要比图像记忆小，平均只有 5 个左右；声像记忆的保持时间要比图像记忆长，可以达到 4 秒之久。

三、感觉记忆向短时记忆的转换

当外界刺激输入之后，其能量首先被转换成各种感觉信息，以后这些感觉信息经过组织获得一定的意义，成为被识别的某种模式。研究表明，感觉记忆中只有能够引起个体注意并被及时识别的信息，才有机会进入短时记忆。相反，那些与长时记忆无关的或者没有受到注意的信息，由于没有转换到短时记忆，很快就消失了。

第四节　短时记忆

短时记忆是感觉记忆和长时记忆的中间阶段，包括工作记忆和直接记忆，以声音编码为主，同时还有视觉或语义编码，保持时间为 5 秒～2 分钟，记忆容量为 7±2 个组块。短时记忆最大特点是其保持的容量是有限的（5～9 个单位），在没有复述的情况下，信息在短时记忆中保持的时间很短。来自感觉记忆的少部分信息可以在短时记忆中得到加工而进入长时记忆；来自长时记忆的信息也可以返回到短时记忆，并得到进一步加工。

一、短时记忆的编码

（一）编码方式

储存在短时记忆中的信息，传统的观点认为主要是语音听觉编码。这是根据短时记忆中产生的错误与正确信息之间存在着语音听觉上的联系而推测出来的。康拉德（Conrad，1964）在记忆广度实验（主试将一系列项目呈现一次后被试立即进行回忆）中观察到回忆错误与正确反应之间有语音上的联系。例如，呈现字母系列为 ADQFHJP，被试回忆为 ATQFHJP，以 T 代替 D，而不是以视觉上相似的 O 来代替。但是这个结论是否有普遍性受到了怀疑。因为康拉德的实验是以英文字母作为记忆材料，字母以拼读为主要职能，缺乏意义，虽然也有一定的形状，但对被试来说，读音应是它的最突出特征。有实验（莫雷，1986）表明，汉字的短时记忆以形状编码为主。对于绘画、脸和身体动作以及视觉观察事件所属范畴的短时记忆，倾向于用视觉编码和语义编码。因此，短时记忆的编码方式似乎是随记忆材料而相应变化的。

（二）影响编码的因素

短时记忆编码的效果受到很多因素的影响。这些因素有以下几个。

1. 觉醒状态

觉醒状态即大脑皮层的兴奋水平。它直接影响记忆编码的效果。早在1885 年，艾宾浩斯通过实验发现，被试在 11～12 点的学习效率最高，18～20

点效率最低。这可能与不同的觉醒状态有关。拉胥里（Lashley，1912）用咖啡碱与马钱子碱等兴奋剂提高大脑的兴奋水平，促进了动物的学习。威克尔格（Wicklgren，1975）用酒精抑制动物的大脑，动物的学习情况比在正常情况下要差些。有一项研究对一天中记忆广度的变化进行了考察，研究者把一天分为上午 8 点、上午 10 点 30 分、下午1点、下午 3 点 30 分、晚上 9 点 5 个时间，对 30 名被试进行了数字广度测试。结果表明，记忆广度的高峰在上午 10 点 30 分左右，而整个下午都在下降，晚上效率最低。

2. 组块

短时记忆的突出特点是其容量的有限性。正常成年人的短时记忆容量在 5～9 波动，平均为 7。米勒（Miller，1956）发表了《神奇的数字7±2：我们信息加工能力的限制》一文，明确提出了短时记忆的容量为7±2。后来人们利用数字、单词、字母、无意义音节等作为实验材料得到的结果都和米勒的结果一致。

蔡斯和西蒙（Chase & Simon，1973）对象棋大师、一级棋手和业余新手的棋局记忆能力进行了研究，结果发现，对一个随机设置的棋局，大师、一级棋手和业余新手的回忆准确率没有差别；而对一个真实的棋局，大师的记忆准确性为 64%，一级棋手为 34%，业余新手只有 18%。研究者认为，之所以产生这种差别是因为在真实的棋局中，高水平的大师和棋手可以利用丰富的经验发现和建立棋子之间的关系，形成组块，而在随机摆放的棋局中，大师的经验就很难发挥作用了。由此可见，个体的知识经验对组块有着很大的影响。

组块可以提高记忆的容量和效率。默多克（Murdock，1961）的实验证实了这种作用。

他用听觉方式先向被试分别呈现三组不同的材料：第一组是由 3 个辅音构成的三字母组合如 PTK，第二组是由 3 个字母组成的单词如 HAT（帽子），第三组是 3 个单词如 EAR（耳朵）—MAN（男人）—BED（床），然后让他们进行回忆。实验结果表明，3 字母组合与 3 个单词的回忆成绩差不多，回忆 3 字母单词比回忆不相关的 3 字母组合的成绩要好得多。这说明一个单词是一个熟悉的单位——组块，通过组块被试能大大地提高对一系列字母的记忆数量。

组块是信息的一种意义单位。一个组块可以是一个字母或数字，一组字母或其他材料，甚至一组词或一个句子。组块化就是根据个人的经验将孤立的项目连接成更大单元的过程。例如，这样一列数字：185119211839193719491935，如果把它看成孤立的数字来记，是 24 个组块，就超过了短时记忆的容量，但如果将它组块化为 1851、1921、1839、1937、1949、1935，把它看成中国近代史上的重要年代，则只有 7 个组块，就容易记住。这样就扩大了短时记忆的容量。每个人都可以根据自己的经验对输入的信息组块化。例如，也可以将上述一列数字看成是朋友的年龄、门牌号码或电话

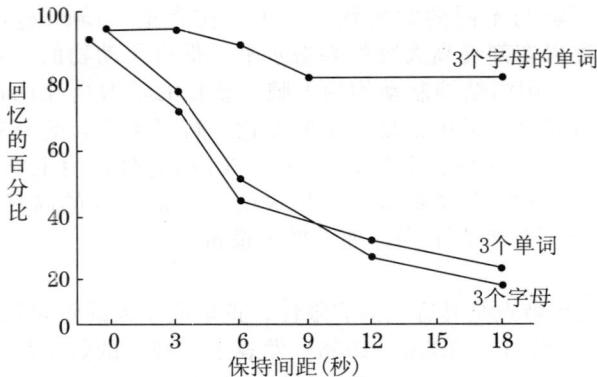

图 6-1　各种保持间距，回忆 3 个字母单词、
3 个字母组合、3 个单词组合的百分率
资料来源：Murdock，1961.

号码而加以组块化。又如，下列字母 ERATVCIAFBIGMGEUSA，孤立地记字母显然超过了短时记忆容量，如果你懂英语，把它看成 EAR—TV—CIA—FBI—GM—GE—USA，就在短时记忆容量以内了。

3. 加工深度

认知加工深度也是影响短时记忆编码的因素。在一项研究中，主试让两组被试分别对一个词表进行特定字母检索和语义评定作业，实验前告诉每组中的一半被试在作业结束后要有一个回忆测验（提示组），对另一半被试则不告诉还有回忆测验（未提示组）。实际上，在作业结束后，都要求两组被试进行回忆测验。结果发现，在特定字母检索作业组中，提示组要比未提示组有更好的回忆成绩，而在语义评定作业组中则没有差异。造成这一结果的原因是：语义评定组对字词的加工深度比较大，因此提示组和未提示组的被试都有很好的成绩；而特定字母检索组由于加工水平比较低，因此只显示出提示组的优势。

二、短时记忆信息的存储和遗忘

（一）复述

复述就是出声或不出声的重复。复述是短时记忆信息储存的有效方法。它包括机械复述和精细复述。精细复述是短时记忆保持的重要条件。短时记忆信息存储的时间很短，如果得不到复述，将会迅速遗忘。复述使信息保持在短时记忆中，以防止被其他信息排挤掉。

（二）短时记忆的遗忘进程

短时记忆的容量有限，存储的时间也很短暂。在没有复述的情况下，短时记忆可以保持信息约 15～30 秒。皮特森等人（Peterson et al.，1959）在实验中，要求被试记住以听觉形式呈现的 3 个字母，为了阻止被试进行复述，在呈现字母之后马上让被试对一个数字进行连减 3 的计算，直到主试发出信号再回忆刚才呈现的 3 个字母。结果发现，被试回忆的准确率是从字母呈现到开始回忆之间的时间间隔的递减函数，如图 6-2 所示。

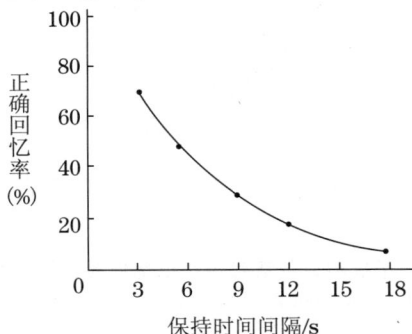

图 6-2　短时记忆遗忘速率

当时间间隔为 3 秒时，被试的回忆准确率达到 80%；当时间间隔延长到 6 秒时，准确率迅速下降到 55%；而延长到 18 秒时，准确率就只有 10% 了。这个实验说明，短时记忆信息存储的时间很短，如得不到复述，将会迅速遗忘。

（三）短时记忆的遗忘——干扰还是消退

短时记忆的信息在得不到复述的情况下会很快遗忘。那么是什么原因导致了遗忘呢？一种观点认为短时记忆的遗忘是由于信息痕迹的自然消退，另一种观点则认为遗忘是由于短时记忆中的信息受到其他无关信息的干扰。由于加入干扰信息需要时间，因此分离这两个因素的作用是非常困难的。沃和诺尔曼（Waugh ＆ Norman，1965）利用一个设计巧妙的实验解决了这个问题。他们让被试听由若干个数字组成的数字序列，在数字序列呈现完毕后，伴随着一个声音信号将呈现一个探测数字，这个探测数字曾经在前面出现过一次。被试的任务就是回忆在探测数字后边是什么数字。从回忆数字到探测数字之间是间隔数字，呈现这些间隔数字所需要的时间为间隔时间。在实验中，采用了两种速度来呈现数字：一种是快速的，每秒 4 个；一种是慢速的，每秒 1 个。这样，就可以在间隔数字不变的情况下改变间隔时间，从而将时间和干扰信息这两种因素分离开来。结果发现，在快、慢两种呈现速度下，被试的回忆准确率都随间隔数字的增加而减少，并且不受间隔时间的影响，如图 6-3 所示。

这一结果支持了干扰说，说明短时记忆的遗忘主要是由于干扰信息引起的。

三、短时记忆的信息提取

人们是怎样从短时记忆中提取信息的？斯腾伯格（Sternberg，1969）的实验对这个问题进行了探讨。实验中向被试呈现在短时记忆容量以内的（1～6 个）不同长度的数字系列（如 52946），接着呈现一个探查数字（如 4），要求

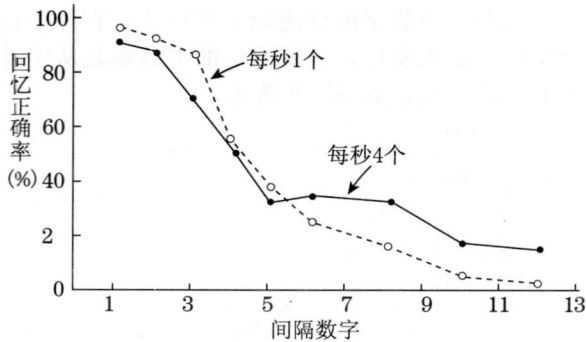

图 6-3　干扰项目数量对短时记忆信息保持的影响

资料来源：Waugh & Norman，1965.

被试回答在呈现的数字系列中是否有探查数字。如果数字系列中有探查数字，就按下"是"键；如果没有就按下"否"键。以反应时作为指标分析短时记忆提取的特点。所谓反应时是指从个体接受刺激到作出回答反应所需的时间。可以想见，被试在作出"是"或"否"的反应前必须将探查数字与记忆中的数字系列进行比较。那么，这一比较过程是如何进行的呢？这里有三种可能。

（一）平行扫描

将探查数字同时与记忆中的所有项目相比较。如果用这种方法，则反应时将不会因数字系列的长短而变化。

（二）系列自中断扫描

将探查数字逐个与忆记中的项目相比较，发现有与探查数字相同的就中断扫描。如果用这种方法扫描，则长数字系列的反应时就比短数字系列的要长；同时，作出"否"反应比作出"是"反应的反应时长。因为作出了"是"反应被试即可停止扫描，但要作出"否"反应需扫描记忆中的所有项目。

（三）系列全扫描

将探查数字逐个与记忆中的所有项目都进行比较，不论记忆中有或没有探查数字。如果用这种方法，扫描长数字系列的反应时就比短数字系列的要长，并且作出"是"或"否"的反应时是相等的。实验结果说明短时记忆中信息的提取是以系列全扫描方式进行的。

第五节　长时记忆

一、什么是长时记忆

长时记忆是信息经过充分和有一定深度的加工后，在头脑中长时间存储的记忆。这是一种永久性的储存，保持时间长，1分钟以上直至终身，容量没有限制，良好的编码能够改善信息在长时记忆中的保持和提取。长时记忆构成了个体关于外界和自身几乎全部的知识经验。

二、长时记忆的编码

长时记忆一般按照语义类别编码、以语言的特点为中介进行编码和主观组织等方式进行编码。影响长时记忆编码的因素除了编码时的意识状态外，对材料的加工深度也影响记忆的效果。

(一) 长时记忆的编码形式

长时记忆的信息编码就是把新的信息纳入已有的知识框架内，或把一些分散的信息单元组合成一个新的知识框架。将材料进行组织可以使输入信息有效地进入长时记忆。长时记忆的编码形式主要有以下几种。

1. 按语义类别编码

在记忆一系列语词概念材料时，人们总是倾向于把它们按语义关系组成一定的系统，并进行归类。例如，鲍斯菲尔德等人（Bousfild et al.，1972）让被试学习60个单词，如长颈鹿、小萝卜、斑马、潜水员、拜伦、顾客、菠菜、面包师傅、土拨鼠、舞蹈演员、黄鼠狼、阿莫斯、南瓜、打字员等。当被试按语义关系将这些单词分别纳入动物、植物、人名、职业四个类别中时，记忆的效果会明显提高。在学习中，人们将材料进行归类，并形成一定的系统，就是利用了长时记忆这一特点。

2. 以语言的特点为中介进行编码

借助语言的某些特点，如语义、发音、字形等，对当前输入的某些信息进行编码，使它成为可以存储的东西。这种编码方式，在记忆无意义音节时经常使用。无意义音节由两个辅音加一个元音组成，本身不具有意义，如 Wel。当人们记忆这个音节时，可以根据发音的近似性，把它当成 Weal（福利），从而提高记忆的效率。

利用语言的音韵和节律等特点，也能对记忆材料进行编码。例如，在记忆农历24个节气时，可以把它组成有音韵、有节律的口诀：春雨惊春清谷天，夏满芒夏暑相连，秋处露秋寒霜降，冬雪雪冬小大寒。将24个节气用音韵组成4句话，每一句话都包括6个节气，这样就好记了。在记忆乘法、珠算口诀时，人们也时常使用这种编码方式。

3. 主观组织

学习无关联的材料时，既不能分类也没有联想意义上的联系，这时个体会倾向于采取主观组织对材料进行加工。有研究发现，让被试进行自由回忆实验时，被试在反复多次的回忆中，有以相同顺序回忆单词的倾向。表明被试在头脑中把词表中的项目进行了主观组织。这种主观组织将分离的项目构成一个有联系的整体，从而提高了记忆效率。

（二）影响长时记忆编码的主要因素

1. 编码时的意识状态

日常生活中，我们看到有意编码的效果明显优于自动编码的效果。有意编码可使人们的全部心理活动趋向于一个目标，这使任务从背景中突出出来，人们在进行感知时头脑中能留下较深的痕迹。有意编码的这种效果可以用一个简单的实验来证明。给被试呈现不同颜色的字母，如 O、B、P、C、M、O、R、B，要求被试记住其中有几个字母 O。然后问被试有几个字母 O，它们是什么颜色，除了字母 O 以外，还有哪些字母，这些字母是什么颜色。结果表明，在有意编码的情况下，被试对字母 O 的数量回答得最准确；相反，被试对其他问题由于没有进行有意编码，因此回答时错误较多，甚至不能回答。这说明没有记忆的意图，编码的结果往往不够准确。

但是，另一些实验证明，由于有组织活动的参与，自动编码也能取得较好的学习效果。海德和詹金斯（Hyde & Jenkins，1969）在一项实验中，要求被试以每秒读一个单词的速度读一张有 24 个单词的词表，然后要求他们回忆这些单词。把被试分为 7 个组，在其他条件相同的情况下，给被试不同的指导语。第一组为有意学习组，要求被试在词表呈现以后要立即回忆这些单词。第二组到第四组为伴随学习组。在第二组中，要求被试在读单词时，按"愉快与不愉快"的程度来评价每个单词；在第三组中，要求被试指出每个单词中是否包含字母"E"；在第四组中，要求被试计算每个单词的字母数。第五、第六、第七组被试为混合组。他们得到了有意学习和无意学习的混合指标，既要分别完成第二、第三、第四组中的任何一项任务，又要回忆所有的单词。结果表明，第一组与第二组的记忆效果一样，第三、第四组效果最差，第五组的记忆效果与第二组差不多，第六、第七组的回忆成绩与第三、第四组近似。说明在无意识的伴随学习条件下，只要被试对词进行了意义加工（判断愉快—不愉快），被试的回忆成绩就和有意学习条件下的成绩一样。相反，如果被试只对单词的外形结构（如找出字母 E 或计算字母数）进行加工，那么这种加工就会干扰被试的回忆成绩。如图 6-4 所示。

2. 加工深度

在前面的实验中我们已经看到，由于信息加工的深度不同，记忆的效果是不同的。下面是另外一个实验及其结果。在实验中将被试分为两组：第一组被试要记住一些具有"主—谓—宾"结构的简单句子；第二组被试用句子中的主语和宾语另造句子，然后进行回忆。检查时只给两组被试提示主语，要求他们回忆宾语。结果表明，第一组的回忆率为 29%，第二组的回忆率为 58%，两组之间的差异是显著的。这是因为第二组被试的句子是由自己编造的，他们对句子的主谓宾关系作了较深入的分析和考虑，比第一组被试对材料的加工深入一些，因而记忆的效果也要好一些。

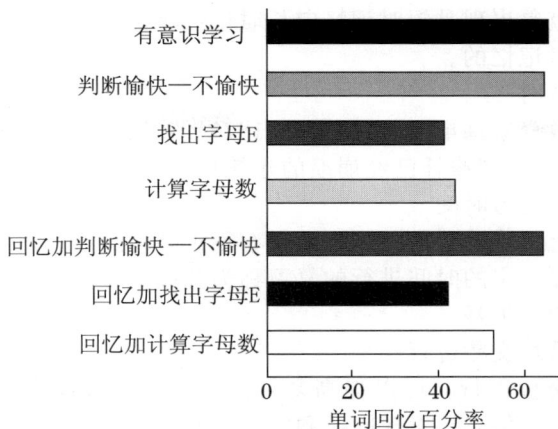

图 6-4 在各种定向指示下被试自由回忆单词的情况
资料来源：Hyde & Jenkins，1969.

三、长时记忆的信息存储

长时记忆中信息的存储是一个动态的过程。信息的保持依赖于在学习过程中是否组织有效的复习，有没有利用外部记忆手段和是否科学用脑。长时记忆保持所需条件有以下几个。①组织有效的复习。与遗忘斗争的首要条件是组织识记后的复习，没有复述的信息是不可能进入长时记忆的，因此我们复习要及时，正确分配复习时间，阅读与重现交替进行，注意排除前后材料的影响。②利用外部记忆手段。③注意脑的健康和用脑卫生。

（一）信息存储的动态变化

长时记忆中信息的存储是一个动态的过程。在存储阶段，已保持的经验会发生变化。这种变化表现在质和量两个方面。在量的方面，存储信息的数量随时间的迁移而逐渐下降。在质的方面，由于每个人的知识和经验的不同，加工、组织经验的方式不同，人们存储的经验会出现不同形式的变化。第一，内容简略和概括，不重要的细节将逐渐趋于消失；第二，内容变得更加完整、合理和有意义；第三，内容变得更加具体，或者更为夸张和突出。

记忆存储内容的变化，还表现为记忆恢复现象。所谓记忆恢复（reminiscence），是指学习某种材料后间隔一段时间所测量到的保持量，比学习后立即测量到的保持量要高。

（二）信息存储的条件与方法

个体经验的保持依赖于一系列条件。

1. 组织有效的复习

与遗忘进行斗争的首要条件是组织识记后的复习。复习在保持中有很大的作用。刺激物的重复出现是短时记忆向长时记忆转化的条件,没有复述的信息是不可能进入长时记忆的。

(1) 复习要及时

俄罗斯著名教育家乌申斯基(1824—1870)曾经指出,我们应当"巩固建筑物",而不要等待去"修补已经崩溃的建筑物"。

(2) 正确分配复习时间

复习在时间上的正确分配对识记效果有很重要的影响。连续进行的复习称为集中复习,间隔一定的时间进行的复习称为分散复习。很多实验证明,分散复习比集中复习的效果好。

(3) 阅读与重现交替进行

阅读与重现交替进行,可以提高复习的效率。重现能提高学习者的积极性,看到成绩,增强信心,发现问题和错误,有利于及时纠正,抓住材料的重复和难点,使复习更具有目的性。实验也证明,这种复习方法比连续诵读的效果好。

(4) 注意排除前后材料的影响

复习时要注意材料的序列位置效应。对材料的中间部分要加强复习。

2. 利用外部记忆手段

为了更好地保持记忆的内容,人们还可以采取一些外部记忆的手段,如记笔记、记卡片和编提纲,有时还可将需要保持的内容存入计算机等。这些方式有助于我们保持识记的内容。

3. 注意脑的健康和用脑卫生

人脑的健康状况直接影响记忆的好坏,严重营养不良,特别是缺乏蛋白质,将使记忆力下降。另外,吸毒、酒精中毒及脑外伤等,都会给记忆带来不良的影响。

四、长时记忆的信息提取

长时记忆的信息提取有两种基本形式,即再认和回忆。

(一) 再认

1. 什么是再认

再认(recognition)是指人们对感知过、思考过或体验过的事物,当它再度呈现时,仍能认识的心理过程。再认与回忆没有本质的区别,但再认比回忆简单和容易。从个体心理发展来看,再认比回忆出现得早。孩子出生后半年内,便可再认,而回忆的发展却要晚一些。日本学者清水曾用图画材料研究了小学生再认与回忆能力的发展。结果表明,幼儿园及小学低年级儿童的再认成绩明显优于回忆,而到五六年级时,两者的差别就逐渐趋向接近了,如表6-1所示。

表 6-1　图形记忆中再认与回忆的比较

方式＼班级	幼儿园	小一	小二	小三	小四	小五	小六
回忆	38.4	52.1	56.3	65.5	70.1	72.7	77.9
再认	75.4	80.3	84.5	87.9	86.9	87.9	89.6
差	37.0	28.2	28.2	22.4	16.8	15.2	11.7

再认有感知和思维两种水平，并表现为压缩的和开展的两种形式。感知水平的再认往往以压缩的形式表现出来，它的发生是迅速而直接的。例如，对一首熟悉的歌曲，只要听见几个旋律就能立即确认无疑。思维水平的再认是以开展的形式进行的，它依赖于某些再认的线索，并包含了回忆、比较和推理等思维活动。

再认有时会出现错误，对熟悉的事物不能再认或认错对象。发生错误的原因是多方面的，如接收的信息不准确、对相似的对象不能分辨，有的错误则是由于情绪紧张或疾病等原因引起。

2.影响再认的因素

再认是否迅速和准确，要受到主客观方面许多因素的影响，重要的因素有以下几个方面。

（1）再认依赖于材料的性质和数量

相似的材料再认时容易发生混淆、如披与被，已与己等。材料的数量对再认也有影响。研究发现，在再认英文单词时，每增加一个词，再认时间就要增加 38ms。

（2）再认依赖于时间间隔

再认的效果随再认时间的间隔而变化，间隔越长效果越差。

（3）再认依赖于思维活动的积极性

对于不熟悉的材料进行再认时，积极的思维活动可以帮助进行比较、推论，提高效果。例如，对一位多年不见的老朋友，可能记不起来了，这时根据现有线索，回忆过去的生活情境，能帮助对他的再认。

（4）再认依赖于个体的期待

再认的速度和准确性不仅取决于对刺激信息的提取，而且依赖于主体的经验、定势和期待等。

（5）再认依赖于人格特征

心理学家威特金等人（Witkin et al.，1977）将人分为场依存性和场独立性。经过实验证实，具有场独立性的人不易受周围环境的影响，而场依存性的人易受周围环境的影响。这两种人在识别镶嵌图形，即从复杂图形中识别简单图形时，有明显的差异。一般地说，场独立性的人比场依存性的人有更好的再认成绩。

（二）回忆

1. 什么是回忆

回忆（recall）是人们过去经历过的事物的形象或概念在人们的头脑中重新出现的过程。例如，考试时，人们根据考题回忆起学习过的知识；节日的情境使人们想起远方的亲人。

2. 回忆的策略和条件

在回忆过程中，人们所采取的策略，将直接影响回忆的进程和效果。

（1）联想是回忆的基础

客观世界的各种事物不是孤立的，而是相互联系和相互制约的。人脑对客观事物的反映，在头脑中所保存的知识经验也不是孤立的和零散的，而是彼此有一定的联系的，这样人们在回忆某一事物时，也会连带地回忆起其他有关的事物。例如，想到"阴天"就会想到"下雨"；想到一个朋友的名字，就会想到他的音容笑貌。这种由一种事物想到另一个事物的心理活动称为联想。

（2）定势和兴趣直接影响回忆的方向和效果

定势对回忆有很大的影响，由于个人的心理准备状态不同，同一个刺激物可以使人回忆起不同的内容，产生不同的联想。另外，兴趣和情感状态也可以使人们对某一类事物的联想处于优势。

（3）提取

寻找关键支点是回忆的重要策略。在回忆过程中，借助表象和词语的双重线索，可以提高回忆的完整性和准确性。例如，问"家里有几扇窗户"，首先在头脑中出现家中的窗户的形象，然后再提取窗户的数目，效果较好。在回忆中，寻找回忆材料的关键点，也有利于信息的提取。例如，回忆英文字母表，如果问字母表 B 后面的字母是什么，大部分人都能回忆起来；如果问 J 后面的字母是什么，回答就比较困难。在这种情况下，有的人从 A 开始通读字母表，知道 J 后面的字母是 K；而更多的人只从 G 或 H 开始，因为 G 在整个字母表上形象比较突出，可能成为记忆材料的关键点。

（4）暗示回忆和再认有助于信息的提取

在回忆比较复杂的和不熟悉的材料时，呈现与回忆内容有关的上下文线索，将有助于材料的迅速恢复。若暗示与回忆内容有关的事物，也能帮助回忆。

（5）与干扰作斗争

在回忆过程中，经常会发生提取信息的困难，这可能是由于干扰所引起的。例如，考试时有人明知考题的答案，但是由于当时情绪紧张一时想不起来，这种明明知道而当时又回忆不起来的现象叫"舌尖现象"（tip of tongue），即话到嘴边又说不出来。克服这种现象的简便方法是当时停止回忆，经过一段时间后再进行回忆，要回忆的事物便可能油然而生。

（三）再认和回忆的差别

再认是指过去经历过的事物再次呈现时仍能被认识。回忆是指过去经验过的事物不在面前而在头脑中再次重现并加以确认的过程。再认测验和回忆测验的成绩是不同的。再认测验成绩优于回忆测验成绩，这是日常生活中很多人都有过的经验。考试时，是非题和选择题比问答题容易。那么，为什么再认成绩优于回忆成绩呢？这是因为再认和回忆在完成水平上是不同的，主要表现为以下三点。

1. 推测率

例如，让你回忆《水浒传》众将中绰号为病关索的姓名，恐怕你回答不出来。这样，在回忆测验中你的记忆成绩为零。但是，对于这一信息（绰号为病关索的水浒将的姓名）的再认测验，情况便不同了。例如，给出下列选择题：《水浒传》众将中绰号为病关索的姓名是：A. 杨雄；B. 杨虎。这里，推测的正确率至少是 50％。学习时的巩固性会影响推测率，再认就要容易些。以前学过的待再认的刺激，如果识记得不牢固仅有似曾相识之感，那么就会产生犹豫不决，再认的速度慢且不确信；如果识记得牢固，那么再认速度就快，而且会确信无疑。

2. 整体信息和辨别信息

再认比回忆容易的第二个原因是再认和回忆所依据的信息不同。实现回忆，必须或多或少要记住有关刺激的"整体"信息。例如，要记住"病关索杨雄"，只了解他是水浒众将之一是不行的，还必须了解杨雄的为人，他在梁山泊中的作用，他的绰号的来历、意思等，即掌握整体信息。而再认则不同，只要有能够辨别目标刺激（即以前学过的待再认的刺激）和干扰刺激的信息就可以了。例如，上例中只要知道水浒众将中没有一个叫杨虎的，那就可以确定"病关索"一定是"杨雄"了。

因此，如果目标刺激和干扰刺激相似程度越高，再认就越困难，不仅速度慢而且可能认错。在一个实验中，向被试呈现一系列相关联的照片（全都是一个人买东西的照片）后，接着加入干扰刺激让他们再认，结果发现，如果加入的干扰刺激是该人买东西的其他照片则认错率为 30％；如果加入的是与该人买东西无关的照片，认错率仅约 1％。随着目标刺激与干扰刺激的相似性增大，再认成绩随之逐渐下降。

3. 操作过程

回忆某个信息，首先必须在识记中搜寻目标信息，然后再对目标信息加以确认。再认某个信息则不同，目标刺激是直接呈现给被试的，因此用不着在记忆中搜寻。总之，再认和回忆是两种不同的完成水平。

五、长时记忆中信息的遗忘

德国心理学家艾宾浩斯认为"保持和遗忘是时间的函数"，提出了艾宾浩斯曲线。影响遗忘进程的因素除了最主要的时间因素以外还有：①识记材料的性质与数量；②学习的程度；③识记材料的系列位置，如近因效应和首因效应；④识记者的态度。

（一）遗忘的一般概念

遗忘是指识记过的材料不能提取，或提取时发生错误的现象。例如，学过的知识不能回忆起来，一个熟人的名字一时叫不出来等。它与信息的保持有关，也与信息的提取有关。

加拿大心理学家图尔文根据遗忘产生的原因，把长时记忆的遗忘分成痕迹性遗忘和线索性遗忘。前者指记忆痕迹因脑中代谢过程的不断进行而受到消磨直至最后消失造成的遗忘，后者指因缺乏适宜的提取线索而造成的提取失败。

德国心理学家艾宾浩斯首先发现，在识记后的最初一段时间里遗忘速度较快，此后逐渐减慢，并稳定在一个水平上。随后的大量研究进一步揭示了遗忘过程的规律。例如，无意义的材料遗忘快，有意义的材料遗忘慢；运动性记忆在充分巩固后不易遗忘；形象性材料不易遗忘；对材料进行适当的过度学习会达到最佳的记忆效果；学习较长的材料时，首尾部分遗忘较少，中间部分遗忘较多；在短间隔时间里学习两种相似材料容易相互干扰而造成遗忘；分散复习较集中复习更能减少遗忘；等等。

（二）遗忘的进程

德国心理学家艾宾浩斯最早研究了遗忘的发展进程。他利用无意义音节为材料，用重学法为研究方法，得到了著名的艾宾浩斯遗忘曲线，即在时间进程上，遗忘是一个先快后慢的过程。

遗忘的进程不仅受时间因素的影响，还受到许多其他因素的影响，主要有以下几个方面。

1. 识记材料的性质和数量

一般认为，对熟练的动作和形象材料遗忘得慢；对有意义材料的遗忘比对无意义材料的遗忘要慢得多；在学习程度相等的情况下，识记材料越多，忘得越快，材料少，则遗忘较慢。因此，学习时要根据材料的性质来确定学习的数量，一般不要贪多求快。

2. 学习的程度

一般认为，对材料的识记没有一次能达到无误背诵的标准，称为低度学习；如果达到恰能成诵之后还继续学习一段时间，称为过度学习。实验证明，低度学习的材料容易遗忘，而过度学习的材料比恰能背诵的材料记忆效果要好一些。当然过度学习超过恰能背诵程度的 50% 为最佳，花费在过度学习上的时间太多，会造成精力和时间的浪费。

3. 识记材料的系列位置

人们发现在回忆系列材料时，材料的顺序对记忆效果有重要影响。在一项实验中，实验者要求被试学习 32 个单词的词表，并在学习后要求他们进行回忆，回忆时可以不按原来的先后顺序。结果发现，最后呈现的项目最先回忆起来，其次是最先呈现的那些项目，而最后回忆起来的是词表的中间部分。在回忆的准确率上，最后呈现的词遗忘得最少，其次是最先呈现的词，遗忘最多的是中间部分。这种在回忆系列材料时发生的现象叫系列位置效应（serial position effect）。最后呈现的材料最易回忆，遗忘较少的现象，叫近因效应。最先呈现的材料较易回忆，遗忘较少的现象，叫首因效应。

4. 识记者的态度

识记者对识记材料的需要、兴趣等，对遗忘的快慢也有一定的影响。研究表明，在人们的生活中不占重要地位的、不引起人们兴趣的、不符合一个人需要的事情，容易出现遗忘。

(三) 遗忘的原因

1. 衰退说

这一理论认为遗忘是记忆痕迹随着时间的推移而逐渐消退的结果。从信息加工心理学的观点来看，记忆痕迹是指记忆的编码。从巴甫洛夫条件反射理论来看，记忆痕迹是指在感知、思维、情绪和动作等活动发生时，大脑皮质有关部位所形成的暂时神经联系。暂时神经联系的形成使经验得以识记和保持；暂时神经联系的恢复，使旧经验以回忆、再认等形式表现出来。可见，记忆痕迹只是一种形象的比喻说法。

记忆痕迹随时间的推移而消失的假说接近于常识，容易为人们所接受。因为某些物理的痕迹或化学的痕迹也是随着时间的推移而衰退的。

但是，要证明记忆痕迹的衰退是遗忘的原因，就必须证明神经组织中的记忆痕迹仅随着时间的推移而消退而不受其他因素的影响，否则这些痕迹就会产生新的神经联系。事实上，这是不可能的。目前我们只能肯定：衰退是感觉记忆和维持性复述被阻断时短时记忆信息丧失的一个重要原因。至于长时记忆的遗忘，衰退理论还没有被科学实验所证明。

尽管不能用实验来证明衰退理论，但也难以驳倒这个理论。因为事物都有发生、发展和衰亡的过程，记忆痕迹可能也不例外。记忆的恢复，可能是痕迹的生长过程；随着时间的流逝，回忆量减少或回忆内容越来越不确切，越模糊，甚至彻底遗忘，也可能是痕迹衰退在起作用。

2. 干扰说

干扰理论认为，遗忘是因为在学习和回忆之间受到其他刺激的干扰所致。一旦干扰被排除，记忆就能恢复，而记忆痕迹并未发生任何变化。干扰说可用倒摄抑制和前摄抑制来证实。

前摄抑制（proactive inhibition）是先学习的材料对识记和回忆后学习的材料的干扰作用。这种现象被安德伍德（Underwood，1949）的实验所证实。实验者要求两组被试学习字表：第一组被试在学习前进行了大量的类似学习和练习，第二组被试没有进行这种练习。结果表明，第一组被试只记住了字表的

25%，而第二组记住了 70%。斯拉墨卡（Slamecka，1968）的实验说明了前行学习的积累效应。被试是 36 名大学生，材料是 4 个相当难的句子，每句都由 20 个字组成，而且内容很相似。结果表明，前摄抑制随前行学习材料数量的增加而增加，也随保持时间的增加而增加。

后学习的材料对识记和回忆先学习材料的干扰作用，称为倒摄抑制（retroactive inhibition）。缪勒和皮尔扎克（Muler & G. Pilzecker，1900）首先发现这种现象。他们让被试识记无意义音节后，休息 5 分钟再进行回忆，结果回忆率为 56%。如果被试在识记和回忆间从事了其他活动，回忆率只有 26%。这说明后面从事的活动对前面的学习起了干扰作用，因而使成绩下降。另外，詹金斯和达伦巴赫（Jenkins & Dallenbach，1924）的实验也证实，干扰可能是遗忘的重要原因。他们要求被试识记 10 个无意义音节，达到一次能背诵的程度。然后，一部分被试即行入睡，另一部分则照常进行日常的工作。结果表明，照常工作对回忆所学的材料起了干扰作用，其回忆效果低于学习后即行入睡组的效果。

实验也证明，倒摄抑制受前后两种学习材料的类似程度、难度、时间安排以及识记的巩固程度等条件的影响。如果前后学习的材料完全相同，后学习即是复习，不产生倒摄抑制。在学习材料由完全相同向完全不同逐步变化时，倒摄抑制开始逐渐增加；材料的相似性达到一定程度，抑制作用最大，以后抑制又逐渐减弱；到了先后识记的材料完全不同时，抑制的效果最小。

3. 压抑说

压抑理论认为，遗忘是由于情绪或动机的压抑作用引起的，如果这种压抑被解除了，记忆也就能恢复。这种现象首先是由弗洛伊德在临床实践中发现的。他在给精神病人施行催眠术时发现，许多人能回忆起早年生活中的许多事情，而这些事情平时是回忆不起来的。他认为，这些经验之所以不能回忆，是因为回忆它们时会使人产生痛苦、不愉快和忧愁等情绪，于是便拒绝它们进入意识，将其储存在无意识中，也就是被无意识动机所压抑。只有当情绪联想减弱时，这种被遗忘的材料才能回忆起来。在日常生活中，由于情绪紧张而引起遗忘的情况，也是常有的。例如，考试时，由于情绪过分紧张，致使一些学过的内容怎么也想不起来。

对成年人回忆儿童时代的经验的研究发现，大多数原初经验的共同情绪体验是同高兴相联系的（占 30%），其次是害怕（15%），再次是愤怒、痛苦和激动。总之，不愉快的事件较愉快的事件更易于遗忘（Waldvogel，1948）。另一个收集早期经验的研究表明，许多被研究者判断为创伤性的记忆，被试往往将其有选择地重新编码为中性的甚至愉快的。显然，我们能重新组织自己的童年经验，以便记住过去的"美好时光"。但实际生活并非如此，只是"应当如此"而已（Kihlstrom & Harackiewicz，1982）。

在一个实验（Zeller，1950）中，让一个被试组学习无意义字表后，立即经历不幸的"失败"。后来的测验表明，被试的回忆成绩比未经历失败遭遇的控制组要差得多。接着让这个"失败"组的被试学习新的字表但让其获得成功。结果发现，这个成功使他们的回忆成绩大为提高。这就是说，如果消除了压抑的原因，消除了记忆材料与消极情绪的联系，那么遗忘也就能克服了。

压抑说考虑到个体的需要、欲望、动机、情绪等在记忆中的作用，这是前面两种理论所没有涉及的。因此，尽管它没有实验材料的支持，也仍然是一种值得重视的理论。

4. 提取失败

有的研究者认为，储存在长时记忆中的信息是永远不会丢失的，我们之所以对一些事情想不起来，是因为我们在提取有关信息的时候没有找到适当的提取线索（retrieval cues）。例如，我们常常有这样的经验，明明知道对方的名字，但就是想不起来，事后却能忆起；有时我们明明知道试题的答案，一时就是想不起来，事后正确的答案不假思索便油然而生。这种明明知道某件事，但就是不能回忆出来的现象称为"舌尖现象"。这种情况说明，遗忘只是暂时的，就像把物品放错了地方怎么也找不到一样。从信息加工的观点来看，遗忘是一时难以提取出欲求的信息。一旦有了正确的线索经过搜寻，那么所要的信息就能被提取出来。这就是遗忘的提取失败理论。

提取失败可能是由于失去了线索或线索错误所致。例如，黄昏时分，远处站着两个人，既看不清面貌也听不到谈话声，缺乏必要的线索，往往会发生再认错误。回忆实验心理学产生的时代背景，如果误把 1879 年冯特在莱比锡大学创立第一个心理实验室的时间当做 1779 年，以这个线索去回忆实验心理学产生的时代背景，就会使回忆发生错误。因此，提供检索线索就能提高回忆成绩。在一个实验（Tulving & Pearistone，1966）中，向被试呈现 48 个单词（它们分属于 12 类，每类有 4 个单词），让被试识记。提供线索组（提示类别名称）平均回忆出 30 个单词，无线索组（没有提示类别名称）平均回忆出 20 个单词。此后，向无线索组提示类别名称，这时他们的回忆数达 28 个单词。显然，这额外回忆出的 8 个词是储存在被试记忆中的，但要把它们提取出来就必须有检索线索。还有不少实验证明，即使记忆无意义音节，如果提供检索线索，回忆成绩也明显提高。有些人在催眠状态下能回忆起他们完全没有意识到的细节。潘菲尔德的研究表明人确实有未被意识到的记忆保持着。所有这些事实都表明，被"遗忘了"的材料仍然被保持着，只是没有被提取出来。

提取失败的现象提示我们，从长时记忆中提取信息是一个复杂的过程，而不是一个简单的"全或无"的问题。如果没有关于某一事件的记忆，即使给我们很多的提取线索我们也想不出来。但同样，如果没有适当的提取线索，我们也无法想起曾经记住的信息。这就像在一个图书馆中找一本书，我们不知道它的书名、著者和检索编号，虽然它就放在书库中，我们也很难找到它。因此，在记忆一个词义的同时，尽量记住单词的其他线索，如词形、词音、词组和语境等，会帮助我们在造句时想起这个词。

以上理论启示我们从以下几方面克服遗忘：①及时并经常复习；②对材料进行意义记忆；③加强对材料中间部分的记忆；④提升对材料的记忆兴趣，调动多方面的心理活动参与记忆。

第六节　内隐记忆与外显记忆

一、内隐记忆与外显记忆的一般概念

内隐记忆是近三十几年来形成的一个较新的记忆研究领域。20 世纪 70 年代，Warrington 和 Weiskrantz（1974）在对遗忘症病人的研究中发现，这些病人虽然不能回忆刚学过的词，但利用残词补全的测验任务却发现，这些词仍对病人的测验成绩有影响。说明人们没有意识到自己有这种记忆，也没有有意识地去提取它，但它却在特定的作业中表现了出来。将内隐记忆从外显记忆中分离出来，是当代记忆心理学研究的一个重要的突破。

内隐记忆是指个体无法意识的情况下，过去经验对当前作业产生的无意识的影响。由于这种记忆对行为的影响是自动发生的，个体无法意到，因此又可称为自动的、无意识的记忆。其形成和提取不依赖于有意识的认知过程，一般不能用言语表达。

外显记忆是指在意识的控制下，过去经验对当前作业产生的有意识的影响。它是有意识的记忆过程，其形成一般有评估、比较和演绎等认知过程的参与，能随意地提取记忆的信息，能对记忆的信息进行较准确的语言描述。

二、内隐记忆与外显记忆的关系

（一）加工深度因素对内隐记忆和外显记忆的影响不同

加工深度不影响内隐记忆，但对外显记忆则有非常明显的影响。内隐记忆不受作业任务类型的影响，而外显记忆受作业任务类型的影响。Graf 等人（1984）在一项研究中，先将被试分成 4 组，所有被试都看同一张单词表，但分别完成 4 种不同的实验任务：①评定对单词的喜爱程度，不要求记忆；②评定对单词的喜爱程度并记忆；③检索包含某个特定字母的单词，不要求记忆；④检索包含某个特定字母的单词并进行记忆。很显然，单词喜好度的评定和字母检索作业相比，要求被试对项目有更深层次的加工。实验最后要求有识记任务的被试组以每个词的前三个字母为提示，再认出刚才学过的词，目的在于测验被试的外显记忆；而对没有识记任务的被试则要求以每个词的前三个字母为提示写出第一个想到的词，目的在于测验被试的内隐记忆成绩。结果发现，被试的内隐记忆并未受到作业任务类型的影响，而外显记忆则明显受到了影响。

（二）内隐记忆和外显记忆的保持时间不同

内隐记忆随时间延长而发生的消退要比外显记忆慢得多。在外显记忆的研究中人们都发现回忆量会随着学习和测验之间时间间隔的延长而逐渐减少。但是，内隐记忆在这方面则表现出完全不同的特点。Tulving 等人（1982）在一项研究中利用再认作业和词干补笔作业对外显记忆和内隐记忆的保持特点进行了对比研究。词干补笔作业是一种用来测量内隐记忆的方法，通常包括两个阶段：在学习阶段要求被试学习一些项目，如"cognition"。在测验阶段不要求被试回忆刚才学过的项目，而是给出学过项目的词干，如"cog _____"，并要求被试用心里想到的第一词来完成填空。然后观察被试在学习阶段获得的信息是否会影响这一作业的成绩，结果发现，在一周之后，被试的再认成绩出现了显著的下降，而词干补笔的作业成绩前后没有显著的变化，这表明内隐记忆能够保持较长的时间。

（三）记忆负荷量的变化对内隐记忆和外显记忆产生的影响不同

记忆的项目越多，越不容易记住，这是记忆的一种普遍现象。但是研究表明，这一规律仅适用于外显记忆，而内隐记忆则不然。Roediger（1993）研究了记忆负荷量对内隐记忆和外显记忆的不同影响。结果发现，用再认作业测量作为外显记忆成绩，这一成绩随着所学词汇数目的增加而逐渐下降，而用知觉辨认测量的内隐记忆成绩并没有受到词汇数目增加的影响。

（四）呈现方式的改变对外显记忆和内隐记忆有不同的影响

感觉通道的改变会严重影响内隐记忆的作业成绩，而对外显记忆的效果没有影响。Jacoby（1981）等人在研究中发现，以听觉形式呈现的刺激而以视觉形式进行测验时，这种感觉通道的改变会严重影响内隐记忆的成绩，而对外显记忆的效果没有影响。

（五）干扰因素对外显记忆和内隐记忆的影响不同

外显记忆很容易受到其他无关信息的干扰，前摄抑制和倒摄抑制现象的存在很好地说明了这一点。但是，内隐记忆的情况则有所不同。通过词干补笔作业来测量内隐记忆的成绩，结果发现，干扰词对外显记忆的成绩影响较大，而很少影响内隐记忆的成绩。内隐记忆的研究不仅扩充、丰富了记忆研究的方法、技术和内容，而且使我们对人类记忆的本质有了更加深入的认识。

【本章小结】

本章主要介绍了记忆的一般概念、感觉记忆、短时记忆、长时记忆及内隐记忆与外显记忆。

1. 情境记忆和语义记忆。情境记忆是人们根据时空关系对某个事件的记忆，具有形象性；语义记忆是人们对一般知识和规律的记忆，与特殊的地点、时间无关，具有抽象性。

2. 外显记忆和内隐记忆。外显记忆指在意识的控制下，过去经验对当前作业产生的有意识的影响；内隐记忆指个体在无法意识的情况下，过去经验对当前作业产生的无意识的影响。

3. 感觉记忆、短时记忆和长时记忆。感觉记忆指当客观刺激停止作用后，感觉信息在一个极短的时间内保存下来的记忆；短时记忆指感觉记忆和长时记忆的中间阶段，保持时间大约为5秒到2分钟；长时记忆指信息经过充分和有一定深度的加工后，在头脑中长时间保留下来（一分钟以上直到终生）的记忆。

4. 程序性记忆和陈述性记忆。程序性记忆指如何做事情的记忆，包括对知觉技能、认知技能和运动技能的记忆；陈述性记忆指对有关事实和事件的记忆，它可以通过语言传授而一次性获得。

5. 记忆的脑学说理论。①整合论：美国心理学家拉胥里提出。他认为记忆是整个大脑皮层活动的结果，它和脑的各个部分都有关系，而不是皮层某个特殊部位的机能。②定位论：法国医生布洛卡提出。他认为脑的机能是由大脑的一些特定区域负责的，记忆当然也不例外。③SPI理论：功能模块。SPI是串行、并行、独立的缩写。该理论认为记忆系统是由多个执行特定功能的记忆模块构成的。

6. 记忆的脑细胞机制：神经元和突触结构的改变是短时记忆向长时记忆过渡的生理机制。这一改变包括相邻神经元突触结构的变化、神经元胶质细胞的增加和神经元之间突触连接数量的增加；长时程增强作用对长时记忆有重要意义；记忆是由神经元内部的核糖核酸的分子结构来承担的，认为脱氧核糖核酸和核糖核酸是记忆的化学分子载体。并且激素能够影响记忆的保持。

7. 感觉记忆是记忆系统的开始阶段，它是一种原始的感觉形式，是记忆系统在对外界信息进行进一步加工之前的暂时登记。图像记忆是感觉记忆的主要编码形式。斯伯林的局部报告法证明了感觉记忆的存在。

8. 短时记忆是感觉记忆和长时记忆的中间阶段。它最大的特点是其保持的容量是有限的（大约5～9个单位），在没有复述的情况下，信息在短时记忆中保持的时间很短。来自感觉记忆的信息可以在短时记忆中得到加工而进入长时记忆；来自长时记忆的信息也可以进入短时记忆，并得到进一步加工。复述是短时记忆的存储信息的方法，可以防止短时记忆中的信息发生遗忘。短时记忆的遗忘主要是由于其他信息的干扰引起的。

9. 长时记忆构成了个体关于外界和自身的全部知识经验。长时记忆的信息容量没有限制，良好的编码能够改善信息在长时记忆中的保持和提取。

10. 长时记忆保持所需条件是：①组织有效的复习，与遗忘斗争的首要条件是组织识记后的复习，没有复述的信息是不可能进入长时记忆的，因此我们复习要及时，正确分配复习时间，阅读与重现交替进行，注意排除前后材料的干扰；②利用外部记忆手段；③注意脑的健康和用脑卫生。

11. 长时记忆中信息的遗忘：德国心理学家艾宾浩斯认为"保持和遗忘是

时间的函数"，提出了艾宾浩斯曲线。影响遗忘进程的因素有①时间因素；②识记材料的性质与数量；③学习的程度；④识记材料的系列位置，如近因效应和首因效应；⑤识记者的态度。

12. 内隐记忆和外显记忆的关系：①加工深度因素对内隐记忆和外显记忆的影响不同。加工深度不影响内隐记忆；但对外显记忆则有非常明显的影响。②内隐记忆和外显记忆的保持时间不同。内隐记忆随时间延长而发生的消退要比外显记忆慢得多。③记忆负荷量的变化对内隐记忆和外显记忆产生的影响不同。外显记忆会随着记忆的项目的增多而不容易记住；内隐记忆则不然。④呈现方式的改变对外显记忆和内隐记忆有不同的影响。感觉通道的改变会严重影响内隐记忆的成绩，而对外显记忆的效果没有影响。⑤干扰因素对外显记忆和内隐记忆的影响不同。外显记忆很容易受到其他无关信息的干扰，而内隐记忆则不然。

【习题（含近年考研真题）】

一、单选题

1. 信息的编码、储存、提取方式和信息储存时间的长短是划分（　　）的标准。

　A. 记忆过程　　　　　　　　　　B. 思维活动
　C. 图像记忆和声像记忆　　　　　**D. 三个记忆系统**

2. 短时记忆的信息（　　）。

　A. 是可以被意识到的　　　　　B. 是不被意识到的
　C. 经复述可以被意识到　　　　　D. 1分钟以后可以被意识到

3. 语言文字的材料在短时记忆中多是（　　）的编码。

　A. 形象　　　　B. 抽象　　　　C. 视觉　　　　**D. 听觉**

4. 长时记忆的编码有（　　）。

　A. 形象编码和抽象编码
　B. 语义编码和形象编码
　C. 图像记忆编码和声像记忆编码
　D. 图像记忆编码和语音编码

5. 长时记忆的容量是（　　）。

　A. 9～20 比特　　　　　　　　B. 7±2
　C. 无限的　　　　　　　　　　D. 因人而异的

6. 长时记忆遗忘的主要原因是（　　）。

　A. 功能固定性的作用　　　　　B. 原型启发的作用
　C. 自然衰退或干扰　　　　　　D. 思维的定势

7. 先前学习的材料对识记和回忆后学习材料的干扰作用叫（　　）。

　A. 前摄抑制　　　　　　　　　B. 倒摄抑制

C. 前干扰
D. 后干扰

8. 记忆材料在系列中所处的位置对记忆效果发生的影响叫（   ）。
   A. 系列位置效应
   B. 前摄抑制
   C. 倒摄抑制
   D. 记忆顺序效应

9. 系列位置效应表现为（   ）。
   A. 开头位置的材料记得好
   B. 中间位置的材料记得好
   C. 后边位置的材料记得好
   D. 两头的材料比中间位置的材料记得好

10. 长时记忆最主要的编码方式是（   ）。（2007 年真题）
    A. 视觉编码
    B. 听觉编码
    C. 语义编码
    D. 形象编码

11. 在对系列呈现的学习材料进行自由回忆时，最后呈现的材料遗忘少。这种现象称为（   ）。（2007 年真题）
    A. 首因效应
    B. 启动效应
    C. 词优效应
    D. 近因效应

12. 对下列内容的记忆，属于陈述性记忆的有（   ）。（2008 年真题）
    A. 端午节的日期
    B. 雨的成因
    C. 骑车的技能
    D. 舞蹈表演

13. 贾维克和艾斯曼的小白鼠跳台实验所支持的记忆学说是（   ）。（2008 年真题）
    A. 脑机能定位说
    B. 突触生长说
    C. 反响回路说
    D. 记忆分子说

14. 机械复述与精细复述的最主要区别在于（   ）。（2009 年真题）
    A. 知识经验参与的多少
    B. 是否有意识的参与
    C. 复述材料的数量不同
    D. 复述材料的性质不同

15. 根据米勒（G. Miller）的研究，短时记忆的容量是（   ）。（2010 年真题）
    A. 3±2 组块
    B. 5±2 组块
    C. 7±2 组块
    D. 9±2 组块

16. 学生在考试时，记忆运动主要是（   ）。（2010 年真题）
    A. 识记
    B. 保持
    C. 再认
    D. 回忆

二、多项选择题

1. 记忆是指（   ）。
   A. 信息输入到大脑，在大脑中储存，并从大脑中提取的过程
   B. 改造信息和知识经验的过程
   C. 过去的经验在头脑中的反映
   D. 人脑对客观事物间接的、概括的反映

2. 遗忘是指（　　）。

   A. 从大脑中提取知识经验的过程

   B. 对识记过的材料不能回忆的现象

   C. 对识记过的材料不能再认的现象

   D. 过去的经验在头脑中的反映

3. 瞬时记忆是以（　　）的形式保持信息的。

   A. 刺激物的形象　　　　　　　　**B. 感觉后象**

   C. 语音　　　　　　　　　　　　　D. 语义

4. 记忆广度（　　）。

   A. 就是短时记忆的容量　　　　　**B. 为 7±2**

   C. 是无限的　　　　　　　　　　　D. 是各人不同的

5. 长时记忆遗忘的主要原因是（　　）。

   A. 自然衰退　　　　　　　　　　B. 感觉定势的作用

   C. 前摄抑制　　　　　　　　　　**D. 倒摄抑制**

6. 瞬时记忆转入短时记忆的条件是（　　）。

   A. 对识记的材料加以注意　　　　B. 复述

   C. 机械复述　　　　　　　　　　　**D. 意识到瞬时记忆的信息**

7. 短时记忆转入长时记忆的条件是（　　）。

   A. 对识记的材料加以注意　　　　　B. 意识到瞬时记忆的信息

   C. 机械复述　　　　　　　　　　**D. 精细复述**

8. 记忆实验中，材料呈现的方法有（　　）。（2008 年真题）

   A. 全部呈现法　　　　　　　　　B. 信号检测法

   C. 提示法　　　　　　　　　　　**D. 对偶联合法**

9. 根据记忆的 SPI 理论，记忆系统的特点有（　　）。（2010 年真题）

   A. 串行编码　　　　　　　　　　**B. 并行储存**

   C. 独立提取　　　　　　　　　　D. 渐进遗忘

三、简答题及答案要点

1. 简述遗忘的影响因素和相关的遗忘理论（试从精神分析和信息加工的观点结合实例分析遗忘现象）。

   答：（1）消退说，（2）干扰说，（3）压抑说，（4）提取失败理论。（作答时展开论述）

2. 试述内隐记忆的特点和研究意义。（北师大 2005）

   答：内隐记忆是指过去经验对个体当前活动的一种无意识的影响。这种记忆对行为的影响是自动发生的，个体无法意识到。内隐记忆和外显记忆之间有许多不同之处，具体体现在以下几个方面：（1）加工深度因素对内隐记忆和外显记忆的影响不同。（2）保持时间不同。（3）记忆负荷量的变化对内隐记忆和外显记忆的影响不同。（4）呈现方式的改变对外显记忆和内隐记忆有不同的影响。（5）干扰因素对内隐记忆和外显记忆的影响不同。（作答时展开论述，关于内隐记忆的研究记忆参考前文中的论述）

3. 简述关于存在独立的短时记忆系统的依据。（北师大 2003）

　　答：短时记忆又称工作记忆或操作记忆。一般指保持时间在 1 分钟之内的记忆。独立的短时记忆系统是在实验和临床事例中得到证实的。默多克等人用实验证明了系列位置效应现象。（具体论据进一步展开）

4. 画图并说明艾宾浩斯遗忘曲线。（吉大 2003，南开 2004）

　　答：德国心理学家艾宾浩斯（Hermann Ebbinghaus）对遗忘现象做了系统的研究，他用无意义的音节作为记忆的材料，用重学法作为实验的方法，把实验数据绘制成一条曲线，称为艾宾浩斯遗忘曲线，如图 1。

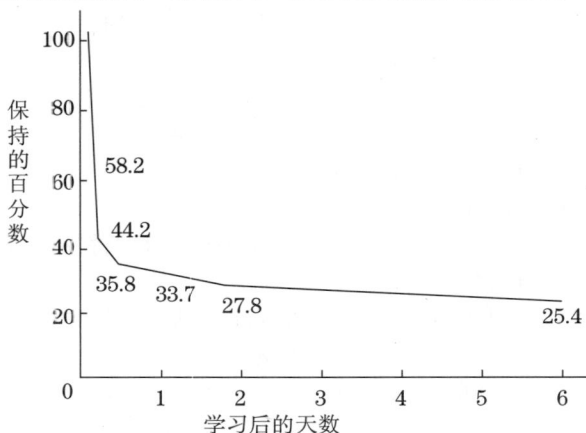

图 1　艾宾浩斯遗忘曲线

这条曲线一般称为艾宾浩斯遗忘曲线，也称艾宾浩斯保持曲线，它的纵坐标代表保持量。曲线表明了遗忘发展的规律：遗忘的进程不是均衡的，而是在记忆的最初阶段遗忘的速度很快，后来就逐渐减慢了，到了相当长的时间后，几乎就不再遗忘了，这就是遗忘的发展规律，即"先快后慢"的原则。观察这条遗忘曲线，你会发现，学得的知识在一天后，如不抓紧复习，就只剩下原来的 25%。随着时间的推移遗忘的速度减慢，遗忘的数量也就减少。

　　另外，遗忘的进程不仅受时间因素的制约，也受其他因素的制约。学生最先遗忘的是没有重要意义的、不感兴趣、不需要的材料。不熟悉的比熟悉的遗忘得要早。从图 2 中，我们可以看到，人们对无意义的音节的遗忘速度快于对散文的遗忘，而对散文的遗忘速度又快于韵律诗。

在学习过程中，对一种材料达到一次完全正确地背诵后仍然继续学习，叫做过度学习。过度学习可以使学习的材料保持得好。要让我们的记忆效果

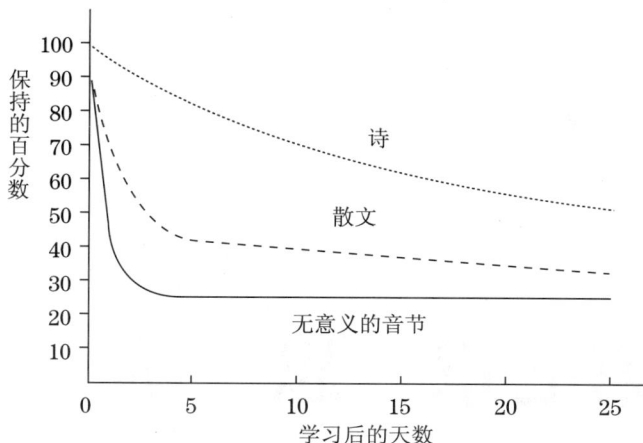

图 2　不同材料的遗忘曲线

事半功倍，更牢、更深刻、更持久，就要及时复习、理解记忆、联想记忆、过度学习！

5. 谈谈如何改善记忆？根据有关的理论、概念加以说明。（北师大 2004）

答：记忆的信息加工理论把记忆分为感觉记忆、短时记忆和长时记忆。（简述三种记忆的内涵和特点）

改善记忆的方法主要有：（1）加大感觉刺激的容量，特别是在图像和声音生动性方面，使更多的信息进入短时记忆；（2）加强有意注意和有意义记忆的训练；（3）加强记忆加工编码的策略训练；（4）加强复述，使更多信息由短时记忆进入长时记忆中；（5）利用知识的网络模型记忆；（6）及时复习，样式多样化，合理分配复习时间，减少遗忘。

6. 简述短时记忆的含义与主要特点。（2008 年真题）

答：略。（参见前文的论述）

四、论述题及答案要点

试述内隐记忆与外显记忆各自的含义及它们之间的区别。（2007 年真题）

答：内隐记忆是指个体无法意识的情况下，过去经验对当前作业产生的无意识的影响。外显记忆是指在意识的控制下，过去经验对当前作业产生的有意识的影响。

二者的关系：（1）加工深度因素对内隐记忆和外显记忆的影响不同，（2）内隐记忆和外显记忆的保持时间不同，（3）记忆负荷量的变化对内隐记忆和外显记忆产生的影响不同，（4）呈现方式的改变对外显记忆和内隐记忆有不同的影响，（5）干扰因素对外显记忆和内隐记忆的影响不同。（具体内容根据前文讲解展开）

第七章 思 维

【思维的故事】

　　有位画家去乡村写生时，看到有位老农把一头大水牛拴在一个小木桩上，就走上前，对老农说："大伯，它会跑掉的。"老农呵呵一笑，语气十分肯定地说："它不会跑掉的，从来都是这样的。"这位画家有些迷惑，忍不住又问："为什么会这样呢？这么一个小木桩，牛只要稍稍用点力，不就拔出来了吗？"

　　这时，老农靠近了他，压低声音（好像怕牛听见似的）说："小伙子，我告诉你，当这头牛还是小牛的时候，就拴在这个木桩上了。刚开始，它不老实，有时撒野想从木桩上挣脱，但是，那时它的力气小，折腾了一阵子还是在原地打转，见没法子，它就蔫儿了。后来，它长大了，却再也没有心思跟这个木桩斗了。有一次，我拿着草料来喂它，故意把草料放在它脖子伸不到的地方，我想它肯定会挣脱木桩去吃草的，可是，它没有，只是叫了两声，就站在原地望着草料了。"

　　其实约束这头牛的并不是那个小小的木桩，而是它早已习惯了的思维定势。

　　思维是高级的认知活动，抽象思维更是人所特有的心理现象。如果说感知是对当前的反映，记忆是对过去经验的反映，思维则是指向未来的。随着认知水平的提高，问题的复杂性也在增加，研究的难度也越来越大。

162

【基础知识】

第一节 思维的概述

一、思维的概念及特征

思维是借助语言、表象或动作实现的，对客观事物概括的和间接的认识，是认识的高级形式。它能揭示事物的本质特征和内部联系，并主要表现在概念形成和问题解决的活动中。

思维是一种高级的认识活动，虽然与感觉和知觉一样，都是人脑对客观现实的反映，但感觉、知觉只能反映事物的个别属性或个别事物；思维则能反映一类事物的本质和事物之间的规律性联系，由此形成概念，并利用概念进行判断、推理，解决人们面临的各种问题。例如，通过感觉和知觉，我们只能感知形形色色的具体的笔（铅笔、钢笔、毛笔、蜡笔等）；通过思维，我们就能把所有的笔的本质属性（写字的工具）概括出来。通过感觉、知觉，我们只能感知到太阳和月亮每天从东方升起，又从西方落下；通过思维，我们则能揭示这种现象的规律性是由于地球自转的结果。同时思维又离不开感觉、知觉、记忆活动所提供的信息。人们只有在大量感知信息的基础上，在记忆的作用下，才能进行推理，做出种种假设并检验，进而揭示感觉、知觉、记忆所不能揭示的事物的内在联系和规律。

（一）概括性

思维的概括性是指在大量感性材料的基础上，把一类事物共同的特征和规律抽取出来，加以概括。概括在人们的思维活动中有着重要的作用，它使人们的认识活动摆脱了具体事物的局限性和对事物的直接依赖关系，是人们形成概念的前提，以及思维活动能迅速进行迁移的基础。

（二）间接性

思维的间接性是指人们借助于一定的媒介和知识经验对客观事物进行间接的认识。由于思维的间接性，人们才可能超越感觉知觉提供的信息，认识那些没有直接作用于人的感官的事物和属性，从而揭示事物的本质和规律。

（三）改组性

思维是一种探索和发现新事物的心理过程。它常常指向事物的新特征和新关系，这就需要人们对头脑中已有的知识经验不断进行更新和改组。思维活动常常是由一定的问题情境引起的，所以思维不是简单地再现经验。在从事科学研究、探索世界的奥秘时，人们需要对已有的知识经验进行重建、改组和更新。

二、思维的过程

所谓思维过程，是指人们在头脑中运用存储在长时记忆中的知识经验，对外界输入的信息进行分析、综合、比较、抽象和概括的过程，也称为思维操作。思维是通过一系列比较复杂的操作来实现的。

（一）分析与综合

分析是指在头脑中把事物的整体分解为各个部分或属性。例如，把一篇文章分解为段落、句子和词，把一棵树分解为根、茎、叶、花等。人们对事物的分析往往是从分析事物的特征和属性开始的。综合是在头脑中把事物的各个部分、各个特征、各种属性结合起来，了解它们之间的联系，形成一个整体。综合是思维的重要特征，即把事物的部分、特征、属性等综合起来，进而把握事物的联系和关系，抓住事物的本质。

分析和综合是相反而又紧密联系的同一思维过程的不可分割的两个方面。分析是把部分作为整体的部分，从它们的相互关系上进行分析。只有这样，分析才有意义，才有方向。综合是通过对各部分、各特征的分析来实现的，所以分析又是综合的基础。任何一种思维活动既需要分析，又需要综合。

（二）比较

比较是将各种事物的心理表征进行对比，以确定它们之间的相异或相同的关系。比较是以分析为前提的，只有在思想上把不同对象的各个部分、属性或特征区别开来，才能进行比较。同时，比较还要确定它们之间的关系，所以比较又是一个综合的过程。

比较是重要的思维过程，也是重要的思维方法。它在人们的日常生活、学习和研究工作中都有重要的作用。有比较才能有鉴别，人们通过比较才能辨别货物的真假、人心的善恶；也才能找到要探索的科学问题，作出恰当的研究结论。

（三）抽象与概括

抽象是在思想上抽出各种事物与现象的共同的特征和属性，舍弃其个别特征和属性（非本质属性）的过程。例如，石英钟、闹钟、座钟、挂钟都能计时，因此，"能计时"就是它们的共同属性。这种认识是通过抽象得到的。日常生活中人们使用的高度、重量、面积、年龄以及忠诚、勇敢、勤劳等概念，也都是思维抽象的结果。

概括是在抽象的基础上进行的，是将抽取出来的本质属性综合起来，并推广到同类事物中去。概括有初级概括与高级概括之分。一般认为初级概括是在感觉知觉、表象水平上的概括；高级概括是根据事物的内在联系和本质特征进行的概括，如一切定理、定义、概念等都是高级概括的产物。

三、思维的种类

按照不同的分类依据，思维可以分为不同的类型。

(一) 动作思维、形象思维和逻辑思维 (根据思维过程中的凭借物)

1. 动作思维

又称实践思维，它所面临的思维任务具有直观的形式，解决问题的方式依赖于实际的动作，是以具体动作为工具解决直观而具体的问题的思维。

例如，半导体收音机不响了，人们打开它的匣子，用电表检查，看看是否电池电量已经用完了，如果电池还有电，再检查线路是否接触不良，三极管是否出毛病了……最后找出了收音机不响的原因。这种思维称为动作思维或直观动作思维，其特点是以实际操作来解决直观的、具体的问题。修理工人、工程师经常运用动作思维解决实践中遇到的问题。

2. 形象思维

它是指人们利用头脑中的具体形象 (表象) 来解决问题。形象思维在问题解决中有重要的意义。

以心象进行的思维，称为形象思维。例如，在未动手重新布置房间前，我们想象着：电视机应摆在哪里，写字台应摆在哪里，书柜应摆在哪里，墙壁的某处应张贴什么画……在思想上考虑着如何布置室内摆设的蓝图。这个任务的解决就是运用形象思维。文学家、艺术家经常用形象思考，通过形象来表达自己的思想和情感。

3. 逻辑思维

当人们面对着理论性质的任务，并要运用概念、理论知识来解决问题时，这种思维称为逻辑思维。它是人类思维的典型形式。

例如，当我们思考"什么是道德""什么是政权""社会主义道德品质包含哪些内容"等理论问题时，是用概念进行判断推理的思维。这种思维是借助于语词、符号来思考的，因而也称为语词逻辑思维。哲学家、数学家经常运用这种思维来解决在实践中遇到的问题。

在正常成年人身上，上述三种思维往往是互相联系、互相渗透的。只单独地使用一种思维来解决问题是极为罕见的。例如，司机用实际操作检查马达出故障的原因时，必然与马达正常运转时的形象相对照，同时还运用已有的知识经验 (如汽车运行的原理) 进行逻辑推论。只有这样才能找出马达出故障的原因。从个体发育的角度来看，儿童的动作思维和形象思维先发展起来，逻辑思维出现较晚。但是，成人中哪一种思维占优势却不表明思维发展水平上的差异。作家、诗人、艺术家、设计师主要运用的是形象思维，但他们的思维发展水平并不亚于主要运用抽象概念和理论知识的哲学家和数学家。

(二) 经验思维和理论思维 (根据思维凭借的概念)

经验思维是指人们凭借日常生活经验进行的思维活动。由于知识经验的不足，这种思维易产生片面性，甚至得出错误或曲解的结论。理论思维指根据科学的概念和论断，判断某一事物，解决某个问题的思维形式。这种思维活动往往能抓住事物的本质，使问题得到正确的解决。

（三）直觉思维和分析思维（根据思维的结果是否经过明确的思考步骤）

直觉思维指人们在面临新的问题、新的事物和现象时，能迅速理解并作出判断的思维活动。这是一种直接的领悟性的思维活动。直觉思维具有快速性、跳跃性等特点。分析思维也就是逻辑思维，它是遵循严密的逻辑规律，逐步推导，最后得出合乎逻辑的正确答案或做出合理的结论。

（四）辐合思维和发散思维（根据思维探索目标的方向）

辐合思维指人们根据已知的信息，利用熟悉的规则解决问题。也就是从给予的信息中产生逻辑的结论，它是一种有方向、有范围、有条理的思维方式。例如，甲＞丙、甲＜乙、乙＞丙、乙＜丁，其结果必然是丙＜丁。发散思维指人们沿着不同的方向思考，重新组织当前的信息和记忆系统中存储的信息，产生出大量、独特的新思想。这种思维方式在解决问题时，可以产生多种答案、结论或假说。

（五）常规思维与创造思维（根据思维的独创性）

常规思维是指人们运用已获得的知识经验，按现成的方案和程序直接解决问题，创造性思维是重新组织已有的知识经验，提出新的方案或程序，并创造出新的思维成果的思维活动。创造性思维是人类思维的高级形式。许多心理学家认为，创造性思维是多种思维的综合表现。它既是发散思维与辐合思维的结合，也是直觉思维与分析思维的结合，它包括理论思维，又离不开创造想象等。

第二节　表象与想象

一、表象

（一）什么是表象

表象（representation）是事物不在面前时，人们在头脑中出现的关于事物的形象。从信息加工的角度来讲，表象是指当前不存在的物体或事件的一种知识表征，这种表征具有鲜明的形象性。从表象产生的主要感觉通道来划分，表象可分为视觉表象（如想起母亲的笑脸）、听觉表象（如想起吉他的声音）、运动表象（如想起舞蹈的动作）等。根据表象创造程度的不同，表象可分为记忆表象和想象表象。记忆表象是在记忆中保持的客观事物的形象，如想起朋友的音容笑貌。想象表象是在头脑中对记忆想象进行加工改组后形成的新形象，这些形象可能从未经历过，或者世界上还不存在，因而具有新颖性。

（二）表象的特征

1. 直观性

表象是以生动具体的形象在头脑中出现的。人头脑中产生某种事物的表象，就好像直接看到或者听到这种事物的某些特征一样。例如，有人研究发现，在儿童中可能发生一种"遗觉象"。给儿童呈现一张内容复杂的图片，30秒后把图片移开，让其看灰色的屏幕，这时他会"看见"同样一张清晰的图片。儿童还能根据当时产生的表象准确地描述图片中的细节，就好像图片仍在眼前一样。

表象是在知觉的基础上产生的，因此表象和知觉中的形象具有相似性，但表象和知觉的形象又有所不同。知觉的形象鲜明生动，表象的形象却比较暗淡模糊；知觉的形象持久稳定，表象的形象不稳定、易变动；知觉的形象完整，表象的形象不完整，时而出现这一部分，时而出现另一部分，甚至有些部分脱落。

2. 概括性

表象是人们多次知觉的结果，它不表征事物的个别特征，而是表征事物的大体轮廓和主要特征，因此表象具有抽象性。例如，"大象"的表象，可能只是长鼻子、大耳朵、深灰色的毛皮、庞大的身体等主要的外部特征。这些特征代表了"大象"的一般的、概括的形象，而不包含大象的某些个别特征。可见，表象是关于某个事物或某类事物的概括形象。

3. 可操作性

由于表象是知觉的类似物，因此人们可以在头脑中对表象进行操作，这种操作就像人们通过外部动作控制和操作客观事物一样。表象的可操作性可以用"心理旋转"的实验来说明。

人们在判断图形加工时，不论是平面图形还是立体图形，在心理空间里会将物体进行方位旋转，然后再进行判断。心理旋转这种加工方式，使我们能用表象对物体进行处理，作出相应的解释。

（三）表象的脑机制

表象的脑机制是认知神经科学的重要研究领域。研究的主要问题是，表象和知觉是具有相同的脑机制，还是两者的脑机制是不同的。

20世纪70年代，毕思阿克等人研究了两名颅顶受损的病人，这两名病人患有单侧性空间忽视症，即他们只能看见一侧的物体，而看不见另一侧的物体。研究者让两名病人想象意大利米兰市的一个著名广场。结果发现，病人在视知觉中存在的问题在表象活动中也表现出来了。

法拉等人用不同的认知作业研究了一位失认症患者L.H.，并和正常人进行了比较。这位病人因两侧颞下回受损，引起了视觉丧失。在视觉表象作业中，他们让被试想象某种动物，并报告它们有长尾巴还是短尾巴；让被试想象一些普通的物体，并报告它的颜色。在空间表象作业中，他们采用了心理旋转、心理扫描、想象大小评价等实验任务。结果发现，与控制组相比，患者的视觉表象作业受损，而视觉空间想象作业完好无损。

20 世纪 90 年代以来，一些人用脑成像的方法研究正常人，进一步证明了表象和视知觉可能具有相同的脑机制。拉·毕汉等人在一项研究中，让被试交替地观看一些闪光模式或想象这些模式，用核磁共振成像测量了被试脑的局部血流量的变化。结果显示，被试在想象闪光模式时在纹状皮层所得到的局部血流量，与被试实际观看模式时相似。

（四）表象在思维中的作用

1. 表象为概念的形成提供了感性基础，并有利于对事物进行概括的认识

表象是认知过程的一个重要环节，它既有直观性，又有概括性。从直观看，它接近于知觉；从概括性看，它接近于思维。表象离开了具体的事物，摆脱了感知觉的局限性，因而为概念的形成奠定了感性的基础。例如，对"动物"这个概念，孩子们常常用猫、狗、鸡、鸭等具体形象来说明。另外，表象的形成还有利于对事物进行概括。

2. 表象促进问题解决

表象在问题解决中的作用，早为人们所认识。例如，小学低年级学生在解决数的运算问题时，在很大程度上要有表象的参与；中学生在解决几何问题时，要依赖表象的支持；成人在利用概念进行抽象思维时，也需要具体形象的帮助与支持，如工程师在审阅建筑设计图纸时，他们倾向于在头脑中利用建筑物的形象来帮助思维。

在进行推理时，表象也有重要的作用。休腾洛切尔等人给被试两个命题，如"汤姆比迪克高些""哈里比汤姆高些"，要求被试说出谁最高，谁最矮，这时被试头脑中可能出现不同高度的圆柱体，并用它们代表汤姆、迪克和哈里。根据对表象的比较，被试直接说出了所要求的答案。

二、想象

（一）什么是想象

想象（imagination）是对头脑中已有的表象进行加工改造，形成新形象的过程。这是一种高级的认识活动。形象性和新颖性是想象活动的基本特点。想象与思维有着密切的联系，同属于高级的认识过程，它们都产生于问题解决的情境，由个体的需要所推动，并能预见未来。想象主要处理图形信息，而不是词或者符号。想象不仅可以创造人们未曾知觉过的事物的形象，还可以创造现实中不存在的或不可能有的形象。

（二）想象的功能

想象具有预见的作用，它能预见活动的结果，指导人们活动进行的方向。同时，想象的新颖性、形象性也是人们创造活动中不可缺少的因素。科学家的发明、工程师的设计、作家的人物塑造、艺术家的艺术造型、工人的技术创

新、学生的学习，所有这些活动都离不开人的想象。

想象具有补充知识经验的作用。在实际生活中，有许多事物是人们不可能直接感知的。例如，宇宙中的星球，原始人类生活的情境，古典小说中人物的形象，这些空间遥远或时间久远的事物，人们是无法直接感知的。但是通过想象可以补充这种知识经验的不足。

想象还有代替作用。当人们的某些需要不能得到实际满足时，可以利用想象的方式得到满足或实现。例如，幼儿想当一名汽车司机，但由于他们的能力所限制不可能实现，于是他们就在游戏中，把排列起来的小板凳想象成小汽车，手握方向盘开起了小汽车。想象对机体的生理活动过程也有调节作用，它能改变人体外周部分的机能活动过程。近年来，人们对生物反馈的研究证明，想象对人的机体有调节控制作用。有人对一位具有鲜明想象与表象的人进行了研究。结果发现，只要这个人说他想象出什么事物，就可以观察到他的机体发生的奇异变化。例如，当他说"看见自己跟在电车后奔跑"时，就可看到他的心跳加快；当他说"看见自己安静地躺在床上"时，心跳就减慢。

（三）想象的综合过程

想象是从旧的形象中分析出必要的元素，按照新的构思重新结合、创造出新的形象。想象过程是对形象的分析综合过程，它的综合有以下几种独特的形式。

1. 黏合

黏合是把客观事物中从未结合过的属性、特征、部分在头脑中结合在一起而形成新的形象。通过这种综合活动，人们创造了许多童话、神话中的形象，如美人鱼、猪八戒、飞马等。黏合的形象在内容上，受到一定的社会文化、民族风俗习惯的影响。在科学技术的创造发明中也有运用这种综合方式的，如水陆两用坦克，就是坦克与船的某些特征的结合。

2. 夸张

夸张又称为强调。这是通过改变客观事物的正常特点，或者突出某些特点略去另一些特点进而在头脑中形成新的形象。例如，人们创造的千手佛、九头鸟、大人国、小人国等形象，都是采取这种方式进行的综合。

3. 典型化

典型化是根据一类事物的共同特征创造新形象的过程。它是文学、艺术创作的重要方式。例如，装饰图案画中的花瓣、树叶等形象，就是来自各种植物的共同特征。小说中的人物形象的创造，也是作家综合某些人物的特点之后创造出来的。例如，鲁迅在谈创作经验时曾指出，人物模特儿没有专门用过一个人，往往嘴在浙江、脸在北京、衣服在山西，是一个拼凑起来的角色。

4. 联想

由一个事物想到另一个事物，也可以创造新的形象。想象联想不同于记忆联想，它的活动方向服从于创作时占优势的情绪、思想和意图。例如，一位诗人在某种情绪状态下，看到"修理钟表"几个字，便会联想到"修理时间"，进而想出这样的字句"请替我修理一下年代吧，它已不能按时间度过"。这是一种异乎寻常的联想，它打破了日常联想的习惯，因而引发了新的形象。

（四）想象的种类

按照想象活动是否具有目的性，可以区分为无意想象和有意想象。

1. 无意想象

无意想象是一种没有预定目的，不自觉地产生的想象。它是当人们的意识减弱时，在某种刺激的作用下，不由自主地想象某种事物的过程。例如，人们看见天上的浮云，想象出各种动物的形象；人们在睡眠时做的梦；精神病患者在头脑中产生的幻觉；由药物，如吸食大麻、迷幻药 LSD 导致的幻觉，都是无意想象。

2. 有意想象

有意想象是按一定目的、自觉进行的想象。例如，科学家提出的各种想象模型，文学艺术家在头脑中构思的人物形象，都是有意想象的结果。根据想象内容的新颖程度和形成方式的不同，可分为再造想象、创造想象和幻想。

（1）再造想象

根据言语的描述或图样的示意，在人脑中形成相应的新形象的过程。例如，建筑工人根据建筑蓝图想象出建筑物的形象。再造想象的形成要求有充分的记忆表象作基础，表象越丰富，再造想象的内容也就越丰富。同时，再造想象离不开词语思维的组织作用。

（2）创造想象

在创造活动中，根据一定的目的、任务，在人脑中独立地创造出新形象的过程。在新作品创作、新产品创造时，人脑中构成的新形象都属于创造想象。例如，鲁迅创作的"阿Q"形象，毛泽东创作的诗词《沁园春·雪》，都是创造想象的产物。创造想象具有首创性、独立性和新颖性等特点。它们源于生活，但又高于生活。

（3）幻想

幻想是指向未来，并与个人愿望相联系的想象，它是创造想象的特殊形式。例如，各种神话、童话中的形象都属于幻想。幻想不立即体现在人们的实际活动中，而带有向往的性质，幻想的形象是人们希望寄托的东西。

当人们根据事物发展的客观规律来想象未来时，这种想象叫理想。理想指向于未来，与人的愿望相联系，这和幻想相同。但幻想不一定以客观规律做依据，因而不一定具有实现的可能；而理想体现了事物的发展规律，因而具有实现的可能性。空想不以客观规律为依据，甚至违背事物发展的客观进程，因而是不能实现的想象。

第三节 概念与推理

一、概念的含义和种类

(一) 概念的含义

概念 (concept) 是人脑反映客观事物本质特征的思维形式，它主要通过语词表现出来。每一个概念都包括内涵与外延两个方面。内涵是指概念的质，即概念所反映的事物的本质特征。外延是指概念的量，即概念的范围。

概念是思维的最基本的单位。概念和词紧密地联系着。词是概念的语言形式，概念是词的思想内容。任何概念都是通过词来表达的。但概念和词也不完全等同。一个词 (多义词) 可以代表不同的概念，如"杜鹃"既可以表示一种植物的概念，也可以表示一种鸟的概念。相同的概念也可以用不同的词来表示，如"目""眼睛"所表示的是同一个概念。有些词 (如"虎词") 则不表示任何概念。

(二) 概念的种类

1. 具体概念和抽象概念

根据概念所包含的属性的抽象与概括程度，概念可分为具体概念和抽象概念。具体概念指按事物的指认属性形成的概念。抽象概念指按事物的内在、本质属性形成的概念。

2. 合取概念、析取概念和关系概念

根据概念反映事物属性的数量及其相互关系，可分为合取概念、析取概念和关系概念。合取概念是根据一类事物中单个或多个相同属性形成的概念，它们在概念中必须同时存在，缺一不可。析取概念是最普遍的概念。析取概念是根据不同的标准，结合单个或多个属性所形成的概念。关系概念是指根据事物之间的相互关系形成的概念。

3. 自然概念和人工概念

根据概念形成的自然性，概念可分为自然概念和人工概念。自然概念是指在人类历史发展过程中自然形成的概念，自然概念的内涵和外延是由事物自身的特征决定的。例如，自然科学中的声、光、电、分子、原子等概念，社会科学中的国家、民族、文化等概念都属于自然概念。人工概念是在实验室的条件下，为模拟自然概念的形成过程而人为地制造出的一种概念，它的内涵和外延常常可以人为的确定。

二、概念结构的理论

概念的结构是指概念的构成因素及它们之间的关系。以下是几种有关概念结构的理论。

（一）层次网络模型

层次网络模型是由柯林斯等人针对言语理解的计算机模拟提出的，后来被用来说明概念的结构。在这个理论中，概念是以节点的形式存储在概念网络中，每个概念具有一定的特征，这些特征实际上也是概念。

层次网络模型简洁地说明了概念间的相互联系，但是，它所概括的概念间的关系类型较少，因此对说明概念间的关系还有其不足的一面。许多实验证实，这种概念结构不一定具有心理的现实性。

（二）特征表理论

特征表理论是由波纳等人提出的。这个理论把概念的语义特征分解为定义性特征和特异性特征。定义性特征是定义一个概念所必须具备的特征，它相当于概念的本质特征。特异性特征是具有描述功能的特征，它相当于概念的非本质特征。特征表理论认为，概念的结构由概念的定义性特征和整合这些特征的规则构成。这些规则也称概念规则，包括肯定、否定、合取、析取、条件等。概念的定义性特征和规则相互结合就构成了各种不同性质的概念。

特征表理论重视概念规则在概念中的作用，其优点是可以很好地解释人工概念的研究。但目前还难以解释某些自然概念，因为有些自然概念的定义性特征是非常难以确定的，如"游戏"这一概念。因此这种概念的结构难以用特征表理论说明。

（三）原型模型

原型模型主要是由茹什等人提出来的。茹什在一系列实验中发现，在要求被试进行范畴判断（如海棠是花吗）时，对范畴中典型成员（如苹果是水果吗）比对非典型成员（如龙眼是水果吗）的判断时间快。

根据这些结果，茹什认为概念主要是以原型来表征的。所谓原型是指范畴中最能代表该范畴的典型成员。从概念结构来讲，原型理论认为，概念是由原型加上与原型特征有相似性的成员来组成的。例如，概念"鸟"的原型可能为"麻雀"，而"鸽子""鸵鸟"等成员与"麻雀"都有一定的相似性特征，这样以原型为核心，加上与之具有相似性的成员就组成了"鸟"的概念范畴。

原型理论较好地解释了自然概念的组成因素，但是并不是所有的概念都有原型，如抽象概念就很难确定其原型。因此原型理论关于概念结构的观点只适用于部分概念。

三、概念形成的实验研究

概念形成是指个体掌握概念本质属性的过程。由于自然概念的形成涉及许多因素，它的形成是一个较长的过程，因此用实验手段研究自然概念的形成过程是不可能的。为了克服这一困难，心理学家设计了人工概念，并对人工概念的形成进行了大量的实验研究，其目的是说明自然概念的形成。

（一）人工概念形成的实验研究

人工概念是人为的、在程序上模拟的概念。它可以简化概念研究的进程，控制研究的变量。赫尔首次用汉字的偏旁部首做概念，用无意义音节给它们命名，继赫尔之后，很多心理学家进行了类似的实验。20 世纪 50 年代以后，在概念形成的研究中，人工概念的研究占主导地位。布鲁纳等人的研究是最有代表性的。布鲁纳通过图片选取探讨概念形成的过程。实验设计了 81 张图片，图片上的属性按性质分为 4 类。①图形：有圆形、方形；②图数：每张图片上的图形数目分别为 1 个、2 个、3 个；③颜色：有绿（素图）、黑、红（斜纹图）三种；④边线：每张图片的边线数目分别为 1 条、2 条和 3 条。

由 81 张图片上的属性的不同结合，可以构成许多不同的概念。例如，概念"3 个黑色圆形"包括了圆形、3 个、黑色 3 个属性，不包括边这个属性，属于合取概念，代表这一概念的图形有 3 张。又如，概念"3 条边线的图片"可以指不同形状和数量的图片，也可以指不同颜色的图片，属于析取概念，代表这一概念的图片有 27 张。再如，概念"双边红色图形之左的图"属于关系概念。

（二）人工概念形成的途径

1. 假设检验说

布鲁纳等人的假设检验说认为，概念形成的过程是不断提出假设、验证假设的过程。被试根据对实验材料的分析、综合与主试提供的反馈，提出了种种假设，当某种假设被证明是正确的，概念也就形成了。

2. 内隐学习说

内隐学习说（implicit learning theory）认为，一些抽象概念的复杂结构是在无意识的内隐学习中获得的。在概念形成中，被试依赖于一些属性在无意识中累加的频次，来区分概念中的相关属性和无关属性。

里伯等人的实验为上述观点提供了证据。在实验中，他们设计了一种"人工语法"，用这种语法可以组成一个个字符串。实验中被试分成两组，一组被试的任务是"努力记住字符串"，另一组被试的任务是"找出字符串排列的规则"。经过一段时间的学习，最后让被试判断一些新的字符串是否符合语法。结果发现，那些要求记住字符串的被试，其成绩显著高于要求找出规则的被试。这说明，原先没有意识到字符串里有什么规则的被试，反而较好地学到了里伯的人工语法。

里伯等人的实验说明，当刺激结构高度复杂时，采用比较被动的、无意识的学习方法可能更有效。里伯认为，一些抽象概念的复杂结构就是在这种无意识的内隐学习中获得的。

（三）概念形成的策略

布鲁纳曾提出了概念形成中的四种策略。

1. 保守性聚焦

保守性聚焦是指把第一个肯定实例（焦点）所包含的全部属性都看做是未

知概念的有关属性，以后只改变其中的一个属性。如果改变这一属性后的实例被证实为肯定实例，那么这一属性就是未知概念的无关属性。相反，如果改变这一属性后的实例被判定为否定实例，那么这一属性就是未知概念的有关属性。

2. 冒险性聚焦

冒险性聚焦是指把第一个肯定实例所包含的全部属性都看做是未知概念的有关属性，但同时改变焦点卡片上一个以上的属性。这种策略带有冒险性，不能保证成功，但有可能在短时间内发现概念。

3. 同时性扫描

同时性扫描是指根据第一个肯定实例所包含的部分属性形成多个部分假设。在选取一定的实例后，根据主试的反馈，对多个部分假设进行检验。采用这种策略由于要同时记住多个假设，因此，给工作记忆以及记忆的信息加工带来了很大的负担。这种策略被试也较少采用。

4. 继时性扫描

继时性扫描是指在已形成的部分假设的基础上，根据主试的反馈，每次只检验一种假设，如果这种假设被证明是正确的，就保留它，否则就采用另一种假设。由于对假设的检验是相继进行的，因此这种策略被称为继时性扫描。

四种策略相比，保守性聚焦是一种更有效的概念形成的策略。因为，采用保守性聚焦时，记忆的负担较轻，而且被试根据主试提供的反馈，可以获得较明确的未知概念的有关信息。

四、推理

（一）推理概念

推理（reasoning）是指从具体事物归纳出一般规律，或者根据一般原理推出新结论的思维活动。前者叫归纳推理，后者叫演绎推理。

推理是从一个或几个已知的判断出发推出另一个新判断的思维形式。在推理中，我们把由其出发进行推理的已知判断叫做前提，把由已知判断所推出的判断叫做结论。要保证推出的结论正确，推理必须具备两个条件：一是前提要真实，即前提应是正确反映客观事实的真实判断；二是推理形式要符合逻辑规则，亦即推理的前提和结论间的关系应有一定的必然联系，而不应是偶然的凑合。

（二）推理理论

下面重点介绍有关演绎推理的一些研究。

1. 三段论推理

三段论推理是由两个假定真实的前提，和一个可能符合也可能不符合这两个前提的结论所组成。例如，逻辑学中著名的三段论：人皆有一死，苏格拉底是人，所以苏格拉底必然会死；再如，所有的 A 都不是 B，所有的 B 都是 C，因此所有的 A 都不是 C。这个论断实际上是错误的。而在实际生活中，许多时候人们的推理不一定遵循严格的逻辑规则。

2. 线性推理

线性推理又称关系推理，在线性推理（linear syllogism）中，所给予的两个前提说明了三个逻辑项之间的可传递性的关系。例如，张三坐在李四左边，李四坐在王五左边，因此，张三坐在王五左边。由于这种推理的三个逻辑项之间具有线性的特点，所以线性推理又称线性三段论。

休腾洛切尔等人认为，线性推理的前提是以表象的方式复现在人脑中，并按一定的空间系列进行操作，即人们把前提结合成统一的视觉形象，把一些项目按大小想象分为自上而下的垂直排列或自左至右的水平排列。这样，三个逻辑项之间的关系，就可以从这个空间系列中的相对位置来判定。

克拉克等人则认为，线性推理的前提不是由表象表征的，而是由命题来表征的。在线性推理时，人们首先把前提转换成命题形式。例如，"张三比李四高"转换成"张三是高的""李四是高的"，这种转换虽然取消了原来两个逻辑项之间的比较关系，但由于命题"张三是高的"比命题"李四是高的"有较大的权重，因此，张三更高些。

3. 条件推理

条件推理是指人们利用条件性命题进行的推理。例如，"如果明天下雨，球赛就停止"，"明天有雨"，"所以，球赛停止"。在条件推理中，人们发现了一个有趣的现象，就是人们倾向于证实某种假设或规则，而很少去证伪它们，这种现象称为证实倾向。

（三）推理的脑机制

神经心理学的证据表明，大脑右半球在推理中起重要的作用。例如，右半球损伤的病人，难以完成可逆关系推理，也难以完成线性系列问题的推理。布朗内尔等人研究了右半球与推理活动的关系，给被试下面这样两个句子：①Sally 手拿钢笔和纸，向着电影明星走去；②她正在写一篇名人谈核动力的文章。正常被试能推论出"Sally 想请电影明星谈谈对核动力的看法"；而右半球受到损伤的被试会认为"Sally 想询问电影明星的成长史"。他们被第一个句子所误导，而且不能从第二个句子作出有联系的推理，以纠正自己的理解。

第四节 问题解决

一、问题解决的概念

（一）什么是问题解决
问题解决是由一定的情境引起的，按照一定的目标，应用各种认知活动、技能等，经过一系列的思维操作，使问题得以解决的过程。问题解决是思维活动的方式之一。当常规或自动化的反应不适应当前的情境时，问题解决就发生了。即是说，它需要应用已习得的概念、命题和规则，进行一定的组合，从而达到一定的目的。

（二）问题的种类

1. 根据问题的明确程度，可分为界定清晰的问题和界定含糊的问题

界定清晰的问题是指初始状态、目标状态以及由初始状态如何达到目标状态的一系列过程都很清楚地问题。例如，已知 A＞B，B＜C，问 A 与 C 哪个大。界定含糊的问题是指对问题的初始状态或目标状态没有清楚地说明，或者对两者都没有明确的说明，这些问题具有很大的不确定性。例如"如何写一篇论文"，这个问题的初始状态和目标状态都是不清楚的。

2. 根据问题解决者是否有对手，可分为对抗性问题与非对抗性问题

在解决对抗性问题时，人们不仅要考虑自己的解题活动，而且这种活动还要受对手解题活动的影响。例如，象棋、围棋、桥牌、扑克等游戏都属于对抗性问题。非对抗性问题是指在解决问题时没有对手参与的问题。例如，解决代数问题、几何问题等都属于非对抗性问题。

3. 根据解题者具有的相关知识的多少，可分为语义丰富的问题和语义贫乏的问题

如果解题者对所要解决的问题具有很多相关的知识，这种问题被称为语义丰富的问题。例如，物理学家解决物理学方面的问题，这种问题对他们来说是语义丰富的问题。如果解题者对要解决的问题没有相关的经验，这种问题被称为语义贫乏的问题。例如，初学物理的人解决物理学的问题，这种问题对他们来说便是语义贫乏的问题。

问题种类的划分是相对的，而不是绝对割裂的。例如，下象棋属于对抗性问题；对于初学者来说，它是语义贫乏的问题；对于象棋专家来讲，它是语义丰富的问题。

二、问题解决的脑机制

大脑皮层的额叶对思维活动具有重要的作用。额叶与大脑皮层的其他部位及皮层下组织具有密切的联系。由大脑皮层其他部位加工过的信息，都要传递到额叶进行更复杂的加工、综合，编制或行为的程序，进而调节和控制人们的行为和心理过程，同时还要将行为的结果与最初的目的进行对照，以保证活动的完成。当额叶受到损伤时，思维活动的上述概念会受到破坏，产生思维的障碍。例如，要求病人概括一幅画的主题，他们很难完成这一任务，他们不能仔细地观察、分析画面的内容，提出假设，而是抓住画面的某一部分甚至某一细节进行猜测，他们的描述常常与整个画面的内容不相符，也不能将自己的描述与任务要求进行对照，从而矫正自己的错误。

大脑半球左侧颞叶和顶—枕叶与思维也有密切的关系。当左侧颞叶受损伤时，言语听觉记忆出现障碍，因而难以保存问题的条件。这种病人完成口头作业很差，完成书面作业好些。顶—枕叶受损伤，表现为综合信息的能力受到破坏，特别是空间综合能力受到的破坏最明显。例如，给病人 27 个同样大小的立方体，其中 8 个三面是黄色、12 个两面是黄色、6 个一面是黄色、一个没有颜色，让病人搭成一个各面都是黄色的大立方体。结果发现，顶—枕叶受损伤的病人，有解决问题的愿望，并能反复进行尝试，但是由于空间综合能力受到破坏，他们不能完成这项任务。

另外，当人们由安静状态转入数学运算活动状态时，发现脑的 α 波立即受到阻断，而出现了 β 快波。在人们进行心算时，大脑皮层的前额叶区与运动前区的血液流量显著增多。这说明人的思维活动与大脑皮层有密切的联系。

三、问题解决中的策略

采用什么样的策略解决问题，是影响问题解决效率的一个很重要的心理因素。好的策略，有利于问题的解决。纽厄尔和西蒙（1972）认为，在问题解决过程中，有以下几条通用的解决问题的策略。

（一）算法

即算法策略，就是把解决问题的方法——进行尝试，最终找到解决问题的答案。采用算法策略的优点是它能够保证问题的解决，但是采用这种策略解决某些问题时需要大量的尝试，因此费时费力。而且当问题复杂、问题空间很大时，人们很难依靠这种策略来解决问题。另外，有些问题也许没有现成的算法或尚未发现其算法，对这种问题算法策略将是无效的。

（二）启发法

启发法，是人们根据一定的经验，在问题空间内进行较少的搜索，以达到问题解决的一种方法。启发法不能完全保证问题解决的成功，但用这种方法解决问题较省时省力。下面是几种常用的启发性策略。

1. 手段—目的分析

将需要达到的问题的目标状态分成若干子目标，通过实现一系列的子目标最终达到总目标。

手段—目的分析就是人认识到问题解决的目标与自己当前的状态之间存在着差别，于是进行分析，想出某种活动来缩小这种差异，从而达到目标的方法。例如，我在重庆要到武汉去开会。这时我首先想到重庆与武汉之间有什么差异。这个差异主要是距离上的差异。我用什么操作手段去缩短这一空间的距离呢？我可以乘火车去，也可以乘轮船去，还可以乘飞机去，运用任何可行的操作方法去缩短这个距离。如果时间紧迫，我决定乘飞机去，但还要考虑怎样才能购到机票。这里又产生了一个"距离"，要缩短这个差异，我得根据现有的条件，再决定是打电话还是步行去售票处订票。总之，解决问题的手段—目的分析的关键是把大目标分为下一级的子目标。这种分析有两种方式：一种方式是把当前状态转化为目标状态，另一种方式是找出消除差异的操作手段。手段—目的分析是人类解决问题的一种常用方法。纽厄尔和西蒙（Neweel & Simon，1972）编制的世界上第一个问题解决程序"通用问题解决者"（General Problem Solver，GPS）就是根据这个原理设计的。

2. 逆向搜索

逆向搜索是从问题的目标状态开始搜索直至找到通往初始状态的通路或方法。例如，人们要去城市的某个地方，往往是在地图上先找到目的地，然后查找一条从目的地退回出发点的路线。

逆向搜索在求解数学证明题时可以成为特别有用的探索方法。例如，已知 ABCD 是一个长方形，证明 AD 与 BC 相等。从目标出发，进行反推时学生会说："如何才能证明 AD 与 BC 相等？如果我能证明三角形 ACD 与三角形 BDC 全等，那么就能证明 AD 等于 BC。"下一步的推理就是"如果我能证明两边和一个夹角相等，那么就能证明三角形 ADC 和三角形 BDC 全等"。这样，学生从一个子目标出发反推到另一个子目标。反推法与手段—目的分析法都要考虑目标并且确定运用何种操作去达到目标。但手段—目的分析要考虑目标状态与当前状态之间的差别，而反推法却不用考虑这一点。因此，手段—目的分析在搜索问题空间时受到的约束较大。如果通向目标状态的途径很多，假途径也较少，手段—目的分析是一种很有用的搜寻方法。当问题空间中从初始状态可以引出许多途径而从目标状态返回到初始状态的途径相对较少时，用反推法就相对容易些。

3. 爬山法

这是类似于手段—目的分析法的一种解题策略。它是采用一定的方法逐步降低初始状态和目标状态的距离，以达到问题解决的一种方法。这就好像登山者为了登上山峰，需要从山脚一步一步登上山峰一样。

人在爬山时考察指定的起始点，然后选取与起始点邻接的未被访问的任一节点，向目标方向运动，并且在爬山过程中对每一节点下面的可能路程进行排序，逐步逼近目标，这种方法称为爬山法。用爬山法解决问题并不总是有效的。最麻烦的问题可能是小丘、山脊和平台问题。每一个小丘可能是个陷阱。在山脊上的每一点，由于在所有试探方向上的移动都是下降的，它们可能被当成最高点，其实并不是真正的最高点。宽广的平地则可能导致无目标的漫游。在经典的爬山法中，总是由上一个决策点通过看来是最佳路径向前移动的，这是局部性的最佳节点。最佳优选法是从全局的最佳性的最佳节点出发，而不管它所处位置如何。其工作方式就像一群在山区中寻找最高峰的协同工作的登山队，他们之间保持无线电联系，在每一次都移动至最高点的一个分队，并且在每个分岔口把分队分成一些更小的分队，这样探索的效率就会大为提高。

四、知识在问题解决中的作用——专家与新手的区别

（一）专家与新手在知识数量上的差异

德格鲁特在一系列著名的实验中，比较了国际象棋大师和普通棋手的差异。在一项研究中，给国际象棋大师和普通棋手看实际比赛的棋局 5 秒钟，然后打乱棋子的位置，让他们重新恢复棋局。结果发现，国际象棋大师正确恢复棋子的数量是 20～25 个，而普通棋手只有 6 个。但当专家和新手所看的棋局为随机排列的棋局时，他们恢复棋子的数量没有差别，都是 6 个。彻斯等人利用"组块"的概念解释了上述结果。他们认为，专家与新手相比，记忆存储的信息量大，存储熟悉的棋局模式多，这些差别决定了专家与新手棋艺水平的差别。

（二）专家与新手在知识组织方式上的差异

专家与新手不仅在知识的数量上存在差别，而且在知识的组织方式上可能也存在差别。蔡等人（1982）对专家和新手的知识组织方式进行了研究。在实验中，他要求专家和新手对 24 个物理问题进行分类。结果发现，新手往往根据问题的表面结构特征进行分类。例如，把插图中有斜面的问题分为一类，而专家则根据问题的深层结构进行分类，即把解题时运用相同定理的问题归为一类。

五、影响问题解决的心理因素

问题解决受到诸如社会、自然、物质和心理等各方面因素的影响。其中影响问题解决的心理因素主要有以下几个。

（一）知识表征的方式

一个人的知觉特点影响着问题解决的思维过程。如图 7-1 所示。

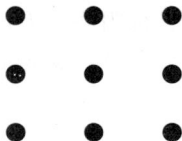

图 7-1　九点连线图

请你用铅笔画出四条直线，不能倒退，也不能中断，要把图上九个点全部连接上。在解决这个问题时，你也许感到有点困难。其原因是思维活动受到知觉整体性的影响：这九个点很容易被组织起来，看成一个正方形，从而限制了你的铅笔画出正方形的边界。事实上，这个问题的条件并没有限制你的铅笔画出边界，只要你克服了这种先入为主的知觉，这个问题就不难解决了。

（二）定势

定势是指重复先前的心理操作所引起的对活动的准备状态。它的影响有积极的，也有消极的。卢钦斯的水罐实验（1942）有力地说明了定势在问题解决

中的重要作用。在多次重复某种解题方式的条件下，被试形成了一种解题活动的内部准备状态，因而干扰了更灵活地解决问题。在另一些情况下，定势也能帮助或易化人的解题活动。

（三）功能固着

人们把某种功能赋予某种物体的倾向称为功能固着。在解决问题的过程中，人们能否改变事物固有的功能以适应新的问题情境的需要，常常成为解决问题的关键。在功能固着的影响下，人们不易摆脱事物用途的固有观念，因而直接影响人们灵活地解决问题。

克服功能固着需要人们灵活机智地使用已有的工具或材料，使之服务于解决问题的目的，这称为功能变通。功能变通与功能固着的作用相反。要具有这种能力，一方面需要有丰富的知识，要熟悉物体的不同功能；另一方面也要具有思维的灵活性。

（四）动机

人们对活动的态度、社会责任感、认识兴趣等，都可以成为发现问题的动机，影响问题解决的效果。动机的强度不同，影响的大小也不同。在一定的限度内，动机的强度和解决问题的效率成正比，但动机太强或太弱都会降低解决问题的效果。动机太强使人的心情过于紧张，不易发现解决问题的重要因素。动机太弱容易被无关因素引到问题之外。动机强度与解决问题效率之间的关系可以用一条倒 U 形曲线来说明。它表明在一定的范围内解决问题的效率随动机强度的增高而上升，中等强度的动机是解决问题的最佳水平。超过一定的限度，提高动机的水平，反而会降低解决问题的效率。

（五）情绪

情绪对问题解决有一定的影响，紧张、惶恐、烦躁、压抑等消极情绪会阻碍问题的解决，而乐观、平静、积极的情绪将有助于问题的解决。如学生考试时，由于情绪过于紧张，会使其思维阻塞，有时甚至面对容易的问题而束手无策。如果学生能以积极的情绪迎接考试，就将有利于思考，打开思路，使问题得以解决。

（六）人际关系

人处在一个复杂的社会中，解决问题不仅受个人心理因素的影响，也会受到人们之间相互关系的影响。例如，人在解决问题时，往往要求与周围人的方式一致，这种现象被称为从众现象。团体内的相互协作和互相帮助，是使问题得以迅速解决的积极因素；相反，互不信任、人际关系紧张则会妨碍问题的解决。

六、创造性思维

（一）什么是创造性思维

创造性思维是指人们应用新颖的方式解决问题，并能产生新的、有社会价值的产品的心理过程。创造性思维总是体现在问题解决的活动中，因此属于问题解决的一个研究领域。

创造性思维就是创造活动中的一种思维。创造活动是一种提供独特的、具有社会价值产物的活动。科学中新概念、新理论的提出，新机器的发明，文学艺术作品的创作等，都是不同实践领域中的创造活动。所谓独特性是指与众不同或前所未有的意思。但是，即使是独特性的产物也不一定都是创造性的。因为独特的东西也可能是毫无社会价值的、与客观规律相违背的。例如，精神病人的胡言乱语是独特的，却不能把这些东西说成是创造性的。因此，某种产物是否是创造性的，不仅要具有独特性，而且必须符合客观规律，具有社会价值。

创造性思维是多种思维的结晶，它既是发散式思维和聚合式思维的统一，也是形象思维和抽象思维的统一。例如，自然科学家提出新假设时，开始运用发散式思维提出各种各样的观点，然后用聚合式思维归纳成假设。形象思维对创造性思维来说是非常重要的。例如，有些化学家想象自己变成运动着的分子，自己亲身感受到分子相遇时的情况。美国科学家麦克林托克（B. McClintok）在获得诺贝尔生物学奖后谈到她的研究工作时说，她跟玉米的关系是朋友关系，通过跟玉米的对话，发现了玉米染色体中遗传基因内的"转座因子"，这是形象思维。但创造活动中的形象思维还得通过抽象逻辑思维加以验证和确认。

（二）创造性的心理成分及创造性的测量

1. 辐合思维与发散思维

吉尔福特把思维分为辐合思维和发散思维两种，并认为发散思维是创造性的主要成分。他还设计了发散生成测验来测量创造性。在测验中，用发散思维的流畅性、变通性、独特性的好坏来衡量创造性的高低。发散思维可以突破思维定势和功能固着的局限，重新组合已有的知识经验，找出许多新的可能的问题解决的方案，它是一种开放的没有固定模式、方向和范围的思维方式。具有流畅性（指发散思维的量）、变通性（思维在发散方向上所表现出的变化和灵活）、独创性（思维发散的新颖、新奇和独特程度）。除发散思维外，辐合思维也是创造性的一个组成部分，在创造活动中发挥着集大成的作用。当通过发散思维提出种种假设和解决问题的方案、方法时，并不意味着创造活动的完成，还需要从中挑选出最合理、最接近客观现实的假设，这一任务的完成是靠辐合思维来承担的，辐合思维具有批判地选择的功能。

2. 远距离联想能力

远距离联想能力是在彼此相距很远的观念间看出其关系的能力，它也是创造性的一种构成成分。远距离联想能力高的人能够根据某些标准把互不相关的概念联系起来，形成一种新的联想。

3. 与创造性相关的非智力因素

创造性不仅受智力因素的影响，而且还受一系列非智力因素的影响。例如，人的坚持性、自信心、意志力等对创造性有重要影响。此外，责任感、勤奋、热情、善于想象、兴趣广泛、独立性等非智力因素也是创造性的重要心理成分。

（三）影响创造性的因素

1. 酝酿与创造性

在解决问题的过程中，时常遇到这样的情境，即经过长时间的紧张思索之后，仍未找到问题解决的答案，但是当你稍稍休息后，突然找到了答案，这种情境有人称为酝酿。

一些研究表明，酝酿有助于问题的解决。究其原因可能是，在问题解决时，定势或功能固着等心理因素在某一时刻可能阻碍着问题的解决，这些因素在短时间内是难以排除的。然而，当你休息一会儿后，这些因素的干扰就可能消除了。酝酿还有助于重新形成问题的表征，进而创造性地解决问题。

2. 社会因素与创造性

人们生活环境中的社会因素也影响着创造性。例如，Amabile（1990）的研究表明，当人们知道他人会对自己的成果作出评估时，人的创造性的程度会降低。在她的一项研究中，把大学生分成两组，让他们创作一首诗歌。实验者告诉其中的一组被试，实验目的是考查他们书法的好坏，诗的内容无关紧要；告诉另一组被试，实验目的是评估他们写诗的水平，专家会对他们写的诗作出评价。两组被试又各分为一半：一半单独完成任务，一半集体在一起完成任务。最后对被试创作的诗歌的水平采用一致性评估技术，由诗人作出评价。结果表明，无论单独完成任务，还是集体完成任务，被试知道他人会对自己的成果作出评估时，他们的创造性程度都大大降低。

研究还发现，人们在工作时，如果有他人在旁观看，或者创造者为了竞争某种奖励，再或者在创造过程中，他人限制了人们的创造性，这些因素都会在一定程度上影响创造性的水平。

【本章小结】

本章主要介绍了思维有关概念形成、推理和问题解决的研究及创造性思维的问题。

1. 思维是借助语言、表象或动作实现的、对客观事物的概括和间接的认识，是认识的高级形式。其特征是：（1）概括性，（2）间接性，（3）改组性，

2. 表象是指人们在头脑中出现的关于事物的形象。它具有直观性、概括性、可操作性。表象在思维中的作用是：（1）表象为概念的形成提供了感性基础，并有利于对事物进行概括的认识。（2）表象促进问题的解决。

3. 想象是对头脑中已有的表象进行加工改造，形成新形象的过程。想象与思维有着密切的关系，同属于高级的认识过程。其功能有：（1）想象具有预见的作用，（2）想象具有补充知识经验的作用，（3）想象还有代替作用，

（4）想象对机体的生理活动过程也有调节作用。

4. 想象的过程和种类：（1）想象过程是对形象的分析综合过程，它的综合有以下几种形式：黏合、夸张、典型化、联想。（2）想象的种类按活动是否具有目的性，可以区分为无意想象和有意想象。无意现象是一种没有目的、不自觉产生的想象；有意想象是按一定目的、自觉进行的想象，分为再造想象、创造想象和幻想。

5. 思维是整个脑的功能，特别是大脑皮层的功能。大脑皮层额叶负责编制行为的程序，调节和控制人们的行为和心理过程，同时，还要将行为的结果与最初的目的进行对照，以保证活动的完成。大脑半球左侧颞叶和顶—枕叶与思维也有密切的关系。近年来研究还发现大脑右半球在推理中起着重要作用。

6. 概念结构的理论主要有层次网络理论、特征表理论和原型理论。

7. 概念形成的途径和策略：（1）概念的形成有两种学说：假设检验说和内隐学说；（2）概念的形成是一个复杂的过程，在这个过程中人们通常采用四种策略：保守性聚焦、冒险性聚焦、同时性扫描和继时性扫描。

8. 推理理论：（1）三段论推理。由两个假定真实的前提和一个可能符合也可能不符合这两个前提的结论所组成。关于三段论推理出现不正确的结论的解释有：①武德沃斯认为前提出现形式所造成的气氛是造成推理错误的原因，这就是气氛效应。②查普曼认为人们错误的解释了前提才造成推理错误。③约翰逊—莱尔德认为推理的错误是由于人们倾向于在前提的基础上，创建一个心理模型，而忽略创建其他可能的心理模型造成。（2）线性推理，又叫关系推理。认为所给予的两个前提说明了三个逻辑项之间的可传递关系。其中休腾洛切尔认为推理的前提是以表象的方式复现在人脑中，克拉克认为推理的前提是由命题来表征的。（3）条件推理。人们利用条件性命题进行的推理。人们在条件推理中，存在着一种对规则进行证实的倾向。一种观点认为证实倾向是由于材料的抽象性、人工性导致的。

9. 问题解决的策略主要有：（1）算法。（2）启发法。它有以下几种策略：①手段—目的分析，②逆向搜索，③爬山法。

10. 影响问题解决的心理因素有：（1）问题解决的策略。（2）知识，（3）其他心理因素的影响有：①知识表征的方式、②定势、③功能固着、④动机、⑤情绪、⑥人际关系。

11. 创造性的心理成分、测量和影响创造性的因素：（1）创造性的心理成分包括辐合思维、发散思维和远距离联想能力以及人的坚持性、自信心、意志力、责任感等人格因素。吉尔福特把思维分为辐合思维和发散思维，认为发散思维是创造性的主要成分，辐合思维也是创造性的一个组成部分。（2）吉尔福特设计了发散生成测验来测量创造性。测验中，用发散思维的流畅性、变通性和独特性的好坏来衡量创造性的高低。（3）影响创造性的因素有酝酿和社会因素。

【习题（含近年考研真题）】

一、单选题

1. （   ）是指人脑对客观事物间接的、概括的反映。

    A. 表象   **B. 思维**   C. 语言   D. 言语

2. 思维反映的是（   ）。

    A. 过去的经验   B. 过去感知过的事物的形象

    C. 事物之间的内在联系   D. 人的愿望

3. 思维的智力操作过程的基本形式有（   ）。

    A. 分析与综合、抽象与概括   B. 形成概念和进行问题解决

    C. 进行辐合思维和发散思维   D. 进行形象思维和抽象思维

4. 把思维划分为动作思维、形象思维和抽象思维是根据思维（   ）。

    A. 探索答案的方向的不同划分的   B. 是否具有创造性划分的

    C. 深度划分的   **D. 内容性质划分的**

5. 按照已知的信息和熟悉的规则进行的思维是（   ）。

    A. 形象思维   B. 抽象思维   **C. 辐合思维**   D. 发散思维

6. 沿着不同的方向探索问题答案的思维叫（   ）。

    A. 辐合思维   **B. 发散思维**   C. 直觉思维   D. 创造性思维

7. （   ）是指过去感知过的事物的形象在头脑中再现的过程。

    A. 表象   B. 想象   C. 再造想象   D. 再认

8. 表象具有（   ）。

    A. 直观形象性、片断不稳定性和可操作性

    B. 抽象性、概括性和稳定性

    C. 直现性、概括性和片断性

    D. 直现形象性、片断不稳定性、可操作性和概括性

9. 表象可以为想象提供素材是因为表象具有（   ）。

    A. 直现形象性   B. 片断不稳定性

    C. 可操作性   D. 概括性

10. 对已有的表象进行加工改造，创造出新形象的过程叫（   ）。

    A. 创造性思维   B. 理想

    C. 表象   **D. 想象**

11. 想象可以分为（   ）。

    A. 无意想象和有意想象   B. 梦和幻觉

    C. 理想和空想   D. 积极想象和消极想象

12. （   ）是指和一个人的愿望相联系并指向未来的想象。

    A. 幻想   B. 幻觉   C. 梦   D. 妄想

13. 概念所包含的事物的本质属性称为概念的（   ）。

    A. 内涵   B. 外延   C. 本质   D. 含义

14. 在问题空间中进行搜索，以便从问题的初始状态达到目标状态的思维过程叫（　　）。

A. 概念形成　　**B. 问题解决**　　C. 发散思维　　D. 创造思维

15. 从现实生活的事例中受到启发而找到解决问题的途径和方法叫（　　）。

A. 技能学习　　**B. 原型启发**　　C. 灵感　　D. 顿悟

16. 从事某种活动前的心理准备状态叫（　　）。

A. 思想准备　　　　　　　　　**B. 定势**

C. 问题解决的策略　　　　　　D. 动力定型

17. 算法策略和启发式策略是（　　）。

A. 通用的问题解决策略　　　　B. 解决数学问题的策略

C. 制作人工概念的办法　　　　　D. 形象思维的具体策略

18. 启发式策略就是（　　）。

A. 运用已有经验，在问题空间中只做少量搜索就能达到问题解决的一种方法

B. 把所有能够解决问题的方法都一一加以尝试，从而达到问题解决的策略

C. 我的东西可能放在家中的抽屉里了，我一个一个抽屉翻找解决问题的策略

D. 一种很笨但能保证问题解决的策略

19. 在人工概念形成过程中，有人每次采用一种假设，逐次进行检验，保留正确的假设，放弃错误的假设，最后得出正确的结论。根据布鲁纳的研究，这个人使用的策略是（　　）。（2007 年真题）

A. 保守性聚焦　　　　　　　　B. 冒险性聚焦

C. 同时性扫描　　　　　　　　**D. 继时性扫描**

20. 小张阅读《西游记》时，根据文字描述在脑中呈现出孙悟空形象，这是（　　）。（2007 年真题）

A. 创造想象　　**B. 再造想象**　　C. 无意想象　　D. 幻想

21. 谢帕德（R. N. Shepard）和库柏（L. A. Cooper）的"心理旋转"实验主要说明了表象具有（　　）。（2008 年真题）

A. 概括性　　B. 可变通性　　**C. 可操作性**　　D. 稳定性

22. 库柏和谢帕德的"心理旋转"实验结果表明，最长时，字母"R"旋转的角度是（　　）。（2008 年真题）

A. 60°　　　　B. 90°　　　　**C. 180°**　　　　D. 240°

23. 诵读"月落乌啼霜满天，江枫渔火对愁眠"诗句时，脑中浮现出相关形象的过程是（　　）。（2009 年真题）

A. 创造想象　　B. 无意想象　　**C. 再造想象**　　D. 幻想

24. 通常把对解决问题有启示作用的相类似事物称为（　　）。（2009 年真题）

A. 原型　　　　B. 定式　　　　C. 迁移　　　　D. 变式

25. 要求幼儿对香蕉、苹果、皮球、口琴等进行分类，幼儿将苹果与皮球归为一类，香蕉与口琴归为一类，由此表明他们所具有的概念种类是（　　　）。（2010 年真题）

　　A. 具体概念　　B. 抽象概念　　C. 合取概念　　D. 人工概念

26. 解决"河内塔"问题最有效的策略是（　　　）。（2010 年真题）

　　A. 手段—目的的分析策略　　　　B. 算法策略

　　C. 逆向搜索策略　　　　　　　　　D. 选择性策略

二、多选题

1. 根据思维的形态所划分的思维的种类包括（　　　）。

　　A. 动作思维　　**B. 形象思维**　　**C. 抽象思维**　　D. 创造性思维

2. 概念的内涵和外延之间的关系是（　　　）。

　　A. 概念的内涵越深其外延越广

　　B. 概念的内涵越浅其外延越广

　　C. 概念所包含的属性越多外延越广

　　D. 概念所包含的属性越少外延越广

3. 表象是（　　　）。

　　A. 过去感知过的事物的形象在头脑中再现的过程

　　B. 头脑中出现的过去感知过的事物的形象

　　C. 形象思维

　　D. 一种再造想象

4. 表象具有（　　　）的作用。

　　A. 积累感性知识

　　B. 从感知向思维过渡的桥梁

　　C. 为想象提供素材

　　D. 创造出新形象

5. 有意想象包括（　　　）。

　　A. 理想　　　　**B. 空想**　　　　**C. 再造想象**　　**D. 创造想象**

6. 幻想的特点是（　　　）。

　　A. 其内容和一个人的愿望相联系

　　B. 没有预定目的，在某种刺激作用下不由自主产生的

　　C. 其内容指向未来

　　D. 在异常精神状态下产生的

7. 问题空间就是（　　　）。

　　A. 对问题解决情境的认识

　　B. 对所要解决的问题的初始状态和目标状态的认识

　　C. 对如何从初始状态过渡到目标状态的认识

D. 问题的数量

8. （   ）都是原型启发的例子。

   A. 瓦特看到水开时蒸汽把壶盖顶起来，受到启发发明了蒸汽机

   B. 牛顿看到苹果掉到地上发现了万有引力定律

   C. 阿基米德洗澡时觉得身体受到水的浮力发现了浮力定律

   D. 鲁班被带齿的丝毛草划破了皮肤而发明了锯子

9. 心理学家认为，通用的问题解决策略有（   ）。

   A. 算法策略   **B. 启发式策略**

   C. 分析综合策略   **D. 抽象概括策略**

10. 问题解决过程中常用的启发式策略有（   ）。（2008年真题）

   A. 手段—目的分析   **B. 爬山法**

   C. 算法   **D. 逆向搜索**

11. 一般认为，一个概念的形成包含的阶段有（   ）。（2009年真题）

   A. 下定义   **B. 类化**   **C. 抽象化**   D. 辨别

12. 下列选项中，属于界定不清晰的问题（ill—defined problem）有（   ）。

   （2010年真题）

   A. 如何写好一篇学术论文

   B. 怎样保持良好的人际关系

   C. 如何根据已知条件求证几何问题

   D. 怎样成为一名优秀的篮球运动员

三、简答题及答案要点

1. 简述概念结构的理论。

   答：（1）层次网络模型，（2）特征表模型，（3）原型模型。（作答时将每一模型的具体内容展开介绍）

2. 简述人工概念的形成途径。

   答：①假设检验说，②内隐学习说。（作答时详细解释二者的具体内容）

3. 简述表象及其所具有的基本特点。

   答：表象是指人们在头脑中出现的关于事物的形象。其基本特点有（1）直观性，（2）概括性，（3）可操作性。（作答时对每一特点要展开论述）

4. 简述问题解决有哪些方法？

   答：（1）算法。（2）启发法。常用的几种启发性策略有：①手段—目的分析，②逆向搜索，③爬山法。（作答时详细说明每一方法的内涵）

5. 用人工概念的实例说明概念形成的特点。

   答：参考书中内容举例。

   概念形成过程的特点：①主体学习的方式是以全或无的方式进行的。②记忆的作用：在假设考验的过程中，过去的记忆不发挥作用，存在替代性取样现象。

四、论述题及答案要点

1. 举例说明如何利用心理学的知识原理培养人的创造性思维能力。

答：首先阐释"创造性思维"的内涵。

（1）激发人的好奇心和求知欲，这是培养创造性思维能力的主要环节。影响人的创造力的强弱有三种因素：一是创新意识，二是创造思维能力，三是各种创造方法和解题策略的掌握。

（2）培养发散思维和聚合思维，这是发展创造性思维能力的重要方面。

（3）培养直觉思维和逻辑思维，这是培养创造性思维不可缺少的环节。

2. 试述问题解决的策略并举例说明影响问题解决的心理因素。（2008年真题）

答：问题解决的策略见简答题部分的回答。

问题解决的心理因素有：

（1）问题解决的策略，如算法和启发法。

（2）知识，如专家和新手在知识的数量和组织方式上的不同。

（3）其他心理因素的影响有：①知识表征的方式，②定势，③功能固着，④动机，⑤情绪，⑥人际关系。（具体举例与说明参考前文讲解）

第八章 语　言

【语言的故事】

明代有个文学家叫李梦阳，在江浙一带督学时，发现有个考生与他同名同姓，便找来询问。考生知道自己与督学同名，犯了讳。可转念一想又不是故意如此，便不卑不亢地回答说："名乃家严所取，不敢擅改。"李梦阳有意考考年轻人的才学，便出上联命考生作对。上联是"蔺相如，司马相如，名相如，实不相如。"考生思考片刻，便朗声答道："魏无忌，长孙无忌，彼无忌，此亦无忌。"出句和对句都巧用历史人名，贴合当时情境。出句化用"相如"，隐含你我虽姓名相同，但资历、学识、声望你却远不如我的意思；对句化用"无忌"，隐含古人不忌讳同名，你也不应该计较我和你同名同姓之意。上下联不仅对仗工整，浑然天成，而且绵里藏针，唇枪舌剑，暗含讥讽和劝谏，确实令人拍案叫绝。

【基础知识】

第一节　语言的一般概念

一、语言的概念及其特征

语言是人类最重要的交际工具，也是正常成年人赖以进行思维的工具。语言是一种符号系统，它包括语音系统、词汇系统和语法系统。现在世界上使用的语言有 5500 多种。从表面上看，各种语言差异甚大。它们的发音不同，似乎还有不同的语法规则。

语言是一种社会现象，是人类通过高度结构化的声音组合，或通过书写符号、手势等构成的一种符号系统，同时又是一种运用这种符号系统来交流思想的行为。语言的基本结构材料是词。词是一种符号，它标志着一定的事物。

语言具有下列一些特征。

（一）创造性

语言的创造性表现在，人们使用有限数量的词语和合并这些词语的规则，便能产生或理解无限数量的语句，这些语句是他们以前从未说过或听到过的。

（二）结构性

任何语言符号都不是离散、孤立地存在的，而是作为一个有结构的整体而存在的。语言受到一定规则的约束，只有符合一定规则的语言，才是人们在交际时可以接受的语言。不同语言的具体结构规则是不同的。

（三）意义性

语言中的一个词或一句话都有一定的含义，这种意义性使得人们能够相互理解、相互交流。

（四）指代性

语言的各种成分都指代一定的事物或者抽象的概念。正是由于语言具有一定的指代性，人们才能理解抽象符号所代表的意义。

（五）社会性与个体性

语言是个体运用语言符号进行的交际活动，具有社会性。人只能使用社会上已经形成的语言，用词来表达意义也只能是约定俗成的。

二、语言的结构

语言是按层次结构组织起来的。语言表达的基本形式是句子。在句子的下面可分为短语、单词、语素和音位等不同层次。每个层次又都包含一定的语言成分和将这些成分组织起来的语言规则，如语音规则、缀词法规则、句法规则等。人们按照这些规则可以将音位组成语素，然后由语素组成单词，再由单词组成短语和句子。

根据乔姆斯基的转换生成语法理论，任何一个语句都包含两个层次的结构：表层结构和深层结构。表层结构是指我们实际上所听到或看到的语句形式，或说话时所发出的声音以及书写时所采用的书面形式；而深层结构是指说话者试图表达的句子的意思。表层结构决定句子的形式，深层结构决定句子的意义。

同一个深层结构可以用不同的表层结构来体现，在表达同一个意义时，可以采用不同的表达方式。一个表层结构也可包含两个或更多的深层结构。在这种情况下，语句就出现歧义。歧义是语言的一种普遍现象。从深层结构到表层结构的转换，要通过一定的规则来实现。这些规则包括短语结构规则和转换规则等。

三、语言的种类

语言活动通常分为两类：外部语言和内部语言。外部语言又包括口头语言（对话语言和独白语言）和书面语言。

（一）对话语言

对话语言是指两个或几个人直接交流时的语言活动，如聊天、座谈、辩论等。它通过相互谈话、插话的形式进行。对话语言是一种最基本的语言形式。其他形式的口语和书面语言都是在对话语言的基础上发展起来的。

对话语言的特点有：①对话语言是一种情境性语言。与交谈双方当时所处的环境有密切联系，因而是"前后呼应"的。②对话语言是一种简略的语言。说话双方往往只用简单的句子，甚至个别单词来表达自己的思想。③对话语言是对话双方的直接交际。由对话双方互相支持，参加对话的人既是听众，又是说话者。需彼此互相理解，并作出恰当反应。④对话语言常常是一种反应性语言。受情境影响，一般缺乏预计性；需根据对方的谈话随时调整自己的谈话，是反应性的。

（二）独白语言

独白语言（monologue language）是个人独白进行的，与叙述思想、情感相联系的，较长而连贯的语言。它表现为报告、讲演、讲课等形式，如报告、讲演、讲课等。

独白语言的特点有：①独白语言是说话者独自进行的语言活动。②支持物是自己谈话的主题和自己所吐露的词句，受听众的支持。这种支持主要来自听众的表情和环境的气氛，具有间接性，不是语言的直接交流。③独白语言是一种展开的语言。它是连贯的、论证性的，在用词造句方面要求严谨、符合语法的要求。说话者应注意语流适当、发音清晰、语调具有变化，要配合适当的表情和手势。④独白语言是有准备、有计划进行的语言活动。它对语言本身的质量有较高的要求，较少受到交流情境提供的非语言信息的影响。

（三）书面语言

书面语言是指一个人借助文字来表达自己的思想或通过阅读来接受别人语言的影响。书面语言的出现比口语要晚得多。它只有在文字出现以后，才为人们掌握和利用。

书面语言具有独白语言的性质，但也不同于独白语言。首先，书面语言无法借助于表情和动作来加强其表现力。作者的情感（激动、爱慕、仇恨等）是以充分展开的形式和适当的修辞来表达的，读者必须从整个上下文中才能体会到。其次，口头语言中的每一个词紧紧相连，在发出后面的一个词的声音时，发言者和听众就不能再感知前面的词。但在书面语言中作者和读者都可以重新返回到已经感知过的文字上进行细致的琢磨和推敲，从而使表达和感知更为精确。

书面语言的特点有：①随意性。书面语言是一种最随意的语言形式。②开展性。书面语言要求用精确的词句、正确的语法和严密的逻辑进行陈述。书面语言是一种自我反馈的语言，它通过自己的修改、补充和润色使之趋于完善。③计划性。常常以腹稿、提纲等形式表现出来，往往有较长的酝酿时间。

（四）内部语言

内部语言是一种自问自答或不出声的语言活动。内部语言是在外部语言的基础上产生的。内部语言虽不直接用来与别人交际，但它是人们语言交际活动的组成部分。当人们计划自己的外部语言时，内部语言常常起着重要作用。

内部语言是一种对自己发出的语言，最大特点是言语发音的隐蔽性。默默思考时，我们听不到发音器官发出的声音，但语言器官的肌肉仍在活动着。这时，语言器官的动觉冲动执行着和出声说话时相同的信号功能，不断向大脑皮层发送信息。实验证明，当被试出声或不出声地解答简单的数学题和背诵诗篇时，用微电极从发音器官上记录到的动作电流的节律相同。这说明，出声思考和默默思考都有语言器官的活动，并且性质是相同的。内部语言的另一个特点是简略性。内部语言比对话语言更简略，它不存在别人是否理解的问题，可只保留句子的主语和谓语，可用一个词或词组代表一系列完整的陈述。

内部语言是在外部语言的基础上形成的。外部语言向内部语言的转化叫内化。这种转化可在3岁左右的儿童身上看到。这时，儿童开始对自己说话。这种自己对自己的说话既有外部语言的交际功能，又有内部语言的自我调节功能。随着儿童年龄的增长，这种自言自语的自我调节功能逐渐被内部语言所代替。内部语言向外部语言的转化叫外化。内部语言是，思想对于他本人来说是明白的，但他不一定能清楚地向别人讲述自己的思想。这是因为内部语言是片段的、压缩的，而外部语言则是展开的，文法和逻辑结构较严谨。因此，如果没有经过必要的训练，外化就会遇到困难。在教学中，既让学生默读课文也让学生朗读课文，既布置口头回答也布置书面作业，这样可以促进学生外化技能的形成。

四、语言的表征与加工的过程

（一）语言的表征

表征是信息在头脑中存在的方式，语言的表征就是语言材料所负载的信息在头脑中存在的方式。语言以何种方式表征还存在争论，它或许是以表象的方式表征的，或许是以命题的方式表征的，或者两种表征方式都存在。

1. 心理词典

心理词典是指保存在人脑中的一部词典。它存储了大量的词条，每个词条又包括词的写法、语音以及词义等各种信息。

2. 分布表征

分布表征的观点认为，词的形、音、义知识并不是存储在单个节点上，而是分布在网络的各个单元中。

（二）语言的加工过程

语言加工是指对输入的语言信息进行编码、转换、存储、提取的过程。这种加工过程首先是从语言材料的输入开始的，如听或读，然后将输入的材料输送到大脑的语言区，在这些区域得到加工，最后经过提取过程，人们或者理解了输入材料的含义，或者产生语言表达思想。

根据不同的分类标准，语言加工可以分成不同的类型。

根据语言加工过程中需要注意资源参与的程度，语言的加工可分为自动化加工和受控制加工两种形式。

根据语言加工时各种成分间是否存在相互作用，语言的加工又可分为模块化的加工和交互作用式的加工。

第二节 语言的生理机制

一、语言的发音机制

（一）呼吸器官

人类发音的原动力是呼吸时所产生的气流，肺脏是呼出和吸入气流的总机关。肺脏位于胸腔，由于肋骨和横膈膜的运动，胸腔可以扩大或缩小。胸腔扩大时，肺脏也跟着扩张，气流于是从口腔或鼻腔经过咽头、气管、支气管吸入肺里；胸腔缩小时，肺脏也收缩，于是气流沿着相反的路径呼出。当气流呼出或吸入的时候，它都可能在所通过的管道上的某些部位发生冲击或摩擦，造成声音。语音一般都是在气流呼出时发生的。

（二）喉头和声带

在语言中，声带是主要的发声体。声带位于喉的中间。喉头下连气管，上接咽头。它是由几块软骨构成的一个精巧的小室，小室的中间有声带。声带由两片附着在喉头上的黏膜构成。两片声带之间有狭缝，叫做声门。构成喉头的几块软骨，由于肌肉的作用，可以互相移动，从而调节声带，使它变更开闭或松紧的状态。

（三）口腔、鼻腔和咽腔

人的口腔、鼻腔和咽腔是一个共鸣器。空腔里所容纳的空气和声带所发出来的声音发生共鸣，声音就被加强。

口腔中的舌、小舌、软腭等部位可以自由活动，使共鸣器的容积和形状发生种种变化，这就使声音产生各种不同的语音音色。可见，口腔、鼻腔和咽腔不仅是人发音的共鸣器，也是不同声音的制造厂。

简括地说，发音器官发生声音要通过如下的程序：空气在一定压力下由肺部发出，通过声带间的狭缝时使声带振动，产生声音。声音的高度决定于声带的长短和松紧程度，空气压力的改变决定语音的强度。声带振动本身所发出的声音响度很低，并没有语音音色。由于共鸣器的共鸣作用，大大增加声音的响度。又由于口腔容积以及舌、小舌、软腭、唇、齿的相对位置的变化，形成种种语音音色。

二、语言活动的中枢机制

(一) 布洛卡区

布洛卡 (Broca，1860) 从失语症病人的尸体解剖中发现，病人左额叶部位的组织有严重病变。据此他推测语言运动应该定位在第三额回后部、靠近外侧处的一个小区。以后，这个脑区就被命名为布洛卡区。

布洛卡区病变引起的失语症通常称为动作性失语症或表达性失语症。患有这种失语症的病人阅读、理解和书写不受影响，但发音困难，说话缓慢而费力。由于病人的发音器官完整无损，功能正常。因此，语言运动功能的障碍是由布洛卡区（语言运动中枢）的损伤引起的。

布洛卡区的功能有：①产生发音程序；②提供语法结构；③语言调节机制；④语言动机和愿望的产生；⑤语言理解。

有人认为，布洛卡区能产生详细而协调的发音程序，这种程序被送到相邻的运动皮层的颜面区，从而激活嘴、咽、舌、唇和其他与语言动作有关的肌肉。若布洛卡区受毁损，就会导致发音程序的破坏，进而产生语言发音的障碍（鲁利亚，1983）。也有研究表明，布洛卡区提供语法结构。在布洛卡区病变的情况下，有些病人不能使用代词、连词，不能处理动词的变化，不能使用复杂的句法结构，他们的话语是一种吞吞吐吐的、电报式的语言。病人与牙医预约："是的……星期一……爸爸和迪克……星期三……9 点钟……10 点钟……大夫……牙齿。"在正常情况下，布洛卡区可能提供了语言的语法结构。

布洛卡区损伤还可能出现词语反复现象。对画上的"苹果"正确命名之后，把后来画上的"两个樱桃"也叫"两个苹果"；在正确说出画面上的"铅笔"和"钥匙"的名称以后，把画上的"茶杯"和"窗户"也叫成"铅笔"和"钥匙"，或"茶杯"和"钥匙"。上述病理惰性说明了语言调节机制的破坏。

布洛卡区与语言动机和愿望有关。有研究表明，包括布洛卡区在内的大脑左半球额叶，特别是前额部皮层还与语言动机和愿望的形成有关。当大脑额叶严重损伤时，病人会丧失说话的愿望，出现自发性主动语言的障碍。不主动说话，对话时很少回答，而且带有模仿和被动的性质。如果问病人："你吃过午饭了吗？"答："是的，我吃过午饭了。""你今天到过什么地方？"病人的回答表现出明显的困难。

近年来的研究还发现，布洛卡区损伤的病人不仅产生语言运动障碍，而且语言的理解也受到一定程度的损害。他们不能区分下面两句话的不同含义：

"He showed her baby the pictures"; "He showed her the baby pictures"。他们很难理解冠词、连词以及其他功能词的含义，因此在说话时常常省略它们。他们难以理解语法复杂的句子，如把 "The boy who Bill thinks is smart kissed the girl"，理解为 "It is Bill who is smart and who kissed the girl"。

（二）威尔尼克区

另一个与语言活动有关的脑区是威尔尼克区。它是 1874 年由德国学者威尔尼克发现并得名的。威尔尼克区在大脑左半球颞叶颞上回处，它的主要作用是分辨语音，形成语义，因而和语言的接受（或印入性语言）有密切的关系。威尔尼克区损伤引起接收性失语症。这是一种语言失认症。病人说话时，语音与语法均正常，但不能分辨语音和理解语义。

接收性失语症的表现有：①词盲。一种较轻的接收性失语症，可听到声音，但不能分辨构成语言的复杂声音模式；②对词义作出错误的估计。能重复对他说出的单词（能知觉到声音的模式），但这些声音模式失去了原有的符号价值。让病人指一把汤匙，她嘴里说，"汤匙，对了"，手却指向一件无关的物体。在她抓鼻子的时候，她回答，"新闻、鼻子"，然后一动不动地待在那里。有的病人能分辨个别单词，但对整个词组却是莫名其妙。例如，给病人一串钥匙，让他们命名，病人却回答："仪器零件的测量指标"，或用不同形式告知仪器的价钱。

接收性失语症病人的表现与患有表达性失语症的病人相反，患有接收性失语症的病人谈吐自由、语流很快，但他们的话语没有意义，几乎不能提供任何的信息。切断或损伤将威尔尼克区与布洛卡区联系起来的神经纤维束——弓形束（arcuate fasciculus）也将产生同样的结果。病人语言流畅，发音清晰，但理解语义的能力丧失或部分丧失。病人说出的话在意义上发生畸变。

（三）角回

第三个重要的语言中枢是角回，它在威尔尼克区上方、顶枕叶交界处。这是大脑后部一个重要的联合区。角回与单词的视觉记忆有密切关系。在这里实现着视觉与听觉的跨通道联合。角回不仅将书面语言转换成口语，也将口语转换成书面语言。当看到一个单词时，词的视觉信号先从视觉初级区到达角回，然后转译成听觉的形式；同样，在听到一个单词时，由威尔尼克区所接受的听觉模式，也送到角回，再作处理。因此，切除角回将使单词的视觉意象与听觉意象失去联系，并引起阅读障碍。例如，病人能说话，能理解口语，但不能理解书面语言。也将引起听—视的失语症。例如，病人由于在看到的物体和听到物名的声音之间失去了联系，因而不能理解语词的意义。让他指地板，他却指窗户；对他说梳子，他却拿起一串钥匙，并说："一把梳子、两把梳子……许多梳子。"

鲁利亚（1983）指出大脑左半球的顶—枕部和颞—顶部密切参与相应的解码过程；若这些部位受损伤，将破坏同时性的空间图式。因此，在语言（符号）水平上将引起一定的理解逻辑语法关系的破坏，出现语义性失语症。其他人的研究也说明，角回部位存储着语法和拼写的规则。

布洛卡区、威尔尼克区、角回以及把它们联系起来的神经纤维束（弓形束）对语言的产生、表达和接受都有重要的意义。它们在各自具有特定功能的基础上彼此协同活动，共同执行着人类特有的语言功能。

第三节　言语感知和理解

语言理解是指人们借助于听觉或视觉的语言材料，在头脑中建构意义的一种主动、积极的过程。

一、语音知觉

语音知觉（phonological perception）有时也叫言语知觉（speech perception），是指人们对语音的识别过程。语音就是语言的声音，亦即人说话的声音，是口语的物质外壳或形式。只有正确地知觉语音，才能接受它所代表的意义。

影响语音知觉的因素很多，主要有以下一些。

（一）语音的物理性质

语音具有某些物理属性，包括：音调是指语音的高低、音强是指语音的强弱、音长是指语音的长短、音色是指语音的特色。

（二）音位及其区别性特征

音位是一种语言中能够区别意义的最小语音单位。音位大致可分为两大类：原音和辅音。当气流从肺部发出，振动声带，顺利通过声道而不受任何阻碍，然后从口腔（有时同时从鼻腔）出去，这样发出的声音就是元音。气流在发音通道上受到阻碍而发出的声音叫辅音。辅音分为清辅音和浊辅音。清辅音是指气流没有振动声带而只是在发音通道上受阻而产生的辅音。浊辅音是指气流使声带振动而发出的辅音。

根据语音的发音部位、发音方式和发音体的不同（清浊音），可以确定每个音位的一些特征。根据这些特征可以描述各种不同的音位，并使每个音位互相区别开来。研究音位的区别性特征有助于解释人对语音的感知。

（三）影响语音知觉的各种因素

1. 语音类似性

由于音位具有区别性特征，因此正确感知这些特征是分辨不同音位的重要条件。两个音节包含的共同特征越多，就越容易混淆。例如，ma 和 na 有五个特征同，一个特征不同，易混淆；ma 和 sa 有一个特征同，五个特征不同，易分辨。

2. 语音强度

当语音强度为 5dB 时，可觉察语音的存在，但不能分辨；强度增加，词的清晰度增高；当强度为 20dB 到 30dB 时，清晰度为 50％；当强度为 40dB 时，清晰度达 70％；当强度为 70dB 时，清晰度为 100％；强度超过 130dB 时，则会引起不舒服，甚至产生压痛感觉。

3. 噪声掩蔽

噪声对语音的掩蔽依赖于信号、噪声的比率。当语音比掩蔽噪声的强度大 100 倍时，噪声对语音的可懂度没有影响；当语音与噪声强度相等时，可懂度为 50％。日常生活中，因语境的作用，当语音低于噪声强度时，人仍可听懂语音。

4. 语境

语境（context）是指语言交际的环境。从广义说，语境是指语言活动出现的具体情境，包括说话的场合、社会环境、时代背景等。从狭义说，语境是指书面语言的上下文和口语的前言后语等。人们对语音的知觉常受到语境的影响。例如，音位/p/在单词 peck 和 speck 中的发音是有区别的。

音位恢复效应（phonemic restoration）是指被试将句子提供的听觉信息先储存起来，直到能够根据语境确定那所失去的那一个音位。在句子语境条件下，让被试倾听一些语句，如 "There was time to ＊ave"。句中＊处的字母为咳嗽声或其他声音所代替；让被试把听到的音位恢复出来。结果发现，句子语境不同，所恢复的音位也不同，如 w、sh、s 或 r 等。音位恢复效应说明人们对个别音位的感知是受语境影响的。

5. 句法、语义的作用

在口语知觉时，语义和句法的信息对提高语言的清晰度有重要的作用。米勒等人的实验要求被试在噪音背景下识别词的语音。语音刺激为 5 个单词组成的语句或单个单词。结果表明，被试容易识别句子中的单词，正确率高达 70％；识别个别单词的正确率只有 40％。米勒等人（Miller et al.，1963）又进一步做了实验。实验材料为语法正确、语义正确，语义不正确，不符合语法三类句子。结果表明，语法、语义都正确的句子，可懂率达 89％；语义不正确的句子，可懂率只达 56％。

6. 语音知觉效果的度量

语音知觉的效果（口语感知的效果）可用语言清晰度与可懂度进行度量。清晰度与可懂度是指听者了解讲话者说话的百分率，或指听者听对的百分率。清晰度与可懂度没有严格的区分。当听者对材料的感知不受上下文影响时，用清晰度；当听者对材料的感知受到上下文影响时，用可懂度。

二、语言理解概述

语言理解（language cmprehension）是指人们借助听觉或视觉的语言材

料，在头脑中建构意义的一种主动、积极的过程。它能揭示语言材料所蕴涵的意义。

理解语言一般分为互相联系着的三个阶段。①知觉阶段：人们通过视觉或听觉接受语言刺激，并对这些材料进行初步的加工。②解析阶段：将语言材料中的字词转化为它们所代表的意义，这是语言理解的一个最重要的阶段。③应用阶段：对语言刺激作出某种特定的反应。正确的应用程度能够反映理解的程度。因此，理解语言是一种主动、积极的建造意义的过程。

语言的理解以正确感知语言为基础，但理解语言并不是通过语音或字形把语义简单地移植在自己的头脑中。语言接受者在头脑中想象语言所描述的情境，通过期待、推理的活动去揭示语言的意义。理解语言依赖于人们已有的知识和经验。人们的知识经验不同，对同一语言材料的理解也会有很大的差别。

语言理解有三级水平。第一级水平：词汇理解或词汇识别。词是语言材料最小的意义单位，各种复杂的语义都依靠词来表达。第二级水平：句子理解。句子理解需要借助句法和语义的知识，需要有语境的帮助。第三级水平：课文（篇章）或话语的理解。课文或话语理解既要以词或句子的理解为基础，还要进行推理、整合、提取意义等更复杂的认知操作。读者可以了解语言使用者的动机和意图，包括用语言所表达的情感和态度，以及某些言外之意。

三、句子的理解

句子的理解（sentence comprehension）是在字词理解的基础上，通过对组成句子的各成分的句法分析和语义分析，获得句子语义的过程。

句子的理解是一个复杂的过程。句子的理解首先要求对组成句子的词语进行加工，以便获得词语的确切意义；其次句子的理解要进行句法分析。句法分析是指从语法上分析词或句子，将句子分成不同的语法成分（如主语、谓语、宾语等）。句法分析的方式不同，得到句子的意义也就不同。句子的理解要进行语义分析。人们利用句子中的内容词的意义及它与其他词语的关系来分析句子的意义。

影响句子理解的因素有句子的类型、词序、语境、句法分析与语义分析等因素。

（一）句子的类型

不同的表层结构向深层结构转换的过程复杂程度不同，影响理解。根据乔姆斯基的转换生成语法，相同的深层结构，可以转换成不同的表层结构。这些表层结构的表现形式之一，就是各种不同形式的句型。常见的句子类型有肯定句、否定句、被动句、被动否定句等，通过句子验证时间模式的研究发现，句型影响句子的理解。对否定句的理解一般难于对肯定句的理解。

（二）词序

词序是表达词的语法意义的手段。汉语没有词的形态学的变化，因此词序在句子理解中的作用更为明显。在不同语言中，词序是不完全一样的。汉语的基本词序为：主—谓—宾，即施动者—行动—对象，这种比较固定的词序提供了句子理解的线索。例如，"中国女排大胜日本队"与"中国女排大败日本队"，人们根据词序总是把中国女排理解为胜利者。当次序颠倒时，人们常常借用某些句法手段来帮助理解句子。"他骂我""他把我骂了""我被他骂了"，尽管原来的词序变了，但特定的句法手段提供了正确理解语言的线索，使我们对句子的意思不会出现误解。

（三）语境

在语言交际时，语境提供了各种背景的知识，因而能帮助人们迅速、准确地理解语言。口语、特别是对话语言是一种情境性语言，它与交谈对方当时所处的环境有密切关系。口语中的许多语句只有在一定情境下，才是可以理解的。脱离了具体的语境，即使是自己说过的话，也难以理解。

在口语或书面语言中，常有一些具有两种或两种以上意义的句子——歧义句，但只要联系语境，这种歧义也能获得较确切的意义。一些研究发现，只要有语境存在，人们就意识不到句子的歧义性。人们对歧义句的反应速度与对非歧义句的反应速度是一样的。语境的重要作用是提供一般性的知识背景。人们根据这些背景知识，就能组织当前的信息，对信息作出解释，并产生期待和预测。

（四）句法分析与语义分析

句法分析决定着人们怎样对句子的组成成分进行切分，因此它对句子的理解有着非常重要的作用。例如，下面的句子由于切分方式不同，句子的意思完全不同。

"落雨天留客天留我不留"

"落雨天，留客天，留我不，留。"

"落雨天留客，天留，我不留。"

句法分析和语义分析是句子理解中的一个重要问题。围绕这个问题，心理学进行了大量研究。主要内容包括：句子加工中所使用的句法策略、语义分析的表征结构、句法分析和语义分析的关系（两种分析独立，且先进行句法分析；两种分析独立，且先进行语义分析；两种分析交互作用）。

句法分析策略有：标准句策略，以句子的标准次序为依据进行句子理解。例如，名词—动词—名词、主语—谓语—宾语；最小依附策略（the minimal attachment strategy），人们倾向于采用最简单的句子结构来理解句子，如把动词后面的名词或名词短语看成是它们的直接宾语。晚终止策略（late-closure strategy），在分析句子时不急于根据前面的材料对句子的结构作出判断。该策略主要针对如何从复杂句子中划分出从句来。

Since Jay always jogs a mile and a half seems likes a short distance to him.

Since Jay always jogs / a mile and a half seems likes a short distance to him.

Since Jay always jogs a mile and a half / seems likes a short distance to him.

在句子理解过程中，语义分析也起很大的作用。在语义知识的帮助下，即使词序出现颠倒，人们对语言材料也不会产生误解。"阳光充满大厅"与"大厅充满阳光"；"汽车盖着雨布"与"雨布盖着汽车"。

四、话语的理解

话语理解（discourse comprehension）是语言理解的最高级水平。它是在理解字词、句子等基础上，运用推理、整合等方式揭示话语意义的过程。话语理解除有赖于正确理解话语中的词汇和句子外，下列因素也影响着话语的理解。

（一）推理

推理可以在话语已有信息的基础上增加信息，或者在话语的不同成分间建立联结，因此在话语理解中具有非常重要的作用。

（二）语境

语境是言语交际的环境，有广义和狭义之分。广义的语境指言语活动出现的具体情境，包括场合、社会环境、时代背景等；狭义的语境指书面语言的上下文和口语的前后顺序等。语境既包括文字形式，也包括图画等其他形式。特定的生活经验对语言理解的影响也属于语境的作用。

语境可以影响语言理解的各个水平。在句子理解中，语境不仅制约着句子加工中的句法分析和语义分析过程，而且对歧义句的解析起到了十分重要的作用。语境能使读者头脑中已有的知识和当前话语的信息很好地整合起来，促进对话语的理解。在篇章和话语理解中，语境制约着阅读过程中的推理的性质和推理发生的时间与程度等；语境提供了各种背景知识，因而能帮助人根据语境提供的信息能够对当前信息进行组织、解释，并产生期待和预测，迅速、准确地完成语言理解过程。在篇章和话语理解中，语境还制约着篇章与话语理解过程中的句法分析和语义分析过程。这可以通过代词指代关系的确定、歧义句的解析、心理模型建构过程等表现出来。

（三）图式的作用

语言理解过程是一个依赖于知识的信息加工过程。这些知识包括语言学知识（句法知识和语义知识）与非语言学知识（语用知识，如常识、特定的生活经验等）。心理学假设，这些知识在人头脑的组织形式之一是图式。

图式（schema）是知识的心理组织形式。它说明了一组信息在头脑中最一般的排列或可以预期的排列方式。也有人把图式看做是有组织的知识单元。

图式在话语理解过程中有着非常重要的作用。我们平时所听到或看到的故事，都是按照故事图式组织起来的。故事图式一般包括事件发生的背景（setting)、主题（theme）、情节（plot）、结局（outcome）。背景交代故事发生的时间、地点和人物；主题提出主人公试图达到的目标；情节指达到目标的一系列活动；结局指故事的最后结果。

研究表明，当故事按故事图式组成时，人们较易理解；如果将故事的图式打乱，人们对故事的理解就困难一些。因此，当语言材料的结构与故事图式一致时，故事图式能提高理解语言的速度与质量；当语言材料的结构与故事图式不一致时，人们对故事图式的预期，会使理解的速度缓慢下来。

语言理解不仅依赖于对语言材料的正确感知，而且还依赖于人们已有的认知结构和各种形式的知识经验。人们根据自己的知识经验去接受、加工所获得的语言信息，通过推理建立材料之间的联系，补充所缺少的信息，最后达到对语言材料的合理解释。语言理解过程是一种积极的思维过程，是一种自下而上的加工和自上而下的加工相互作用的过程，是根据所获得的语言材料去建构意义的过程。

五、影响语言理解的因素

（一）语言知识的作用

在语言理解中，语言知识起重要作用，它包括句法知识、语义知识等。词序是表达词的语法意义的手段。汉语没有词形的变化，因此词序的作用更为明显。在一般情况下，人们总按事物发生的先后顺序来进行语言描述，因此语句的顺序（语序）也提供了理解语言的线索。在语言理解中，语义知识起着更大的作用。在理解"狗追猫""人吃饭"这类句子时，人们不仅应用了词序的知识，而且也应用了语义的知识，即人们对"狗"和"猫"、"人"和"饭"这些词义的了解。人们知道只能"人吃饭"，而不能"饭吃人"；在一般情况下，只能是"狗追猫"，而不会是"猫追狗"。在这里，语义知识起了很大的作用。

（二）语境

语境指语言交际的环境。从广义说，它指语言活动出现的具体情境，包括说话的场合、社会环境、时代背景等；从狭义说，语境指书面语言的上下文和口语的前言后语等。在语言交际时，语境提供了各种背景的知识，能帮助人们迅速、准确地理解语言。比如我们在理解歧义句的确切意义时就需要结合语境。语境既包括文字形式，也包括图画等其他形式。人们根据语境提供的背景知识，就能组织当前的信息，对信息作出解释，并产生期待和预测。

（三）句子与课文的结构

句子结构对语言理解有一定的影响。研究发现，对否定句的理解一般难于对肯定句的理解。句子的层次结构也影响到语言理解。不同的课文有不同的组织结构，它对理解课文有重要意义。

（四）特定生活经验的作用

人们在日常生活中不断积累各种特定的生活经验，这种经验对语言理解也有重要作用。桑克（Schank）和阿伯尔森（Abelson，1977）把这种特定的生活经验称为"脚本"。当"脚本"形成之后，人们在语言交往中往往会根据头脑中关于事件进行的标准顺序，去补充和观测所获得的语言信息。

总之，语言理解可以从简单的亚词汇、词汇水平到复杂的句子和课文水平，影响语言理解的因素有语言内部的歧义或指代，有来自于语言外部的插入刺激、声音、图形等不同形态刺激的干扰。

【本章小结】

本章主要介绍了语言的一般概念，语言的生理机制及言语感知和理解。

1. 语言是一种社会现象，是人类通过高度结构化的声音组合，或通过书写符号、手势等构成的一种符号系统，同时又是一种运用这种符号系统来交流思想的行为。语言具有创造性、结构性、意义性、指代性、社会性和个体性等特征。

2. 语言活动道常分为两类：外部语言和内部语言。外部语言又包括口头语言（对话语言和独白语言）和书面语言。

3. 大脑皮层布洛卡区、威尔尼克区、角回等是语言加工的重要区域，但语言的加工并不局限于这几个区域，它可能分布在脑的更广泛的区域内。

4. 语言理解是指人们借助于听觉或视觉的语言材料，在头脑中建构意义的一种主动、积极的过程。它能揭示语言材料所蕴涵的意义。它可分为词汇的、句子的、课文的理解三种不同的水平。

5. 话语理解是语言理解的最高级水平。它是在理解字词、句子等基础上，运用推理、整合等方式揭示话语意义的过程。推理、理解和图式的作用影响话语理解。

6. 影响语言理解的因素有：语言知识的作用、语境、句子与课文的结构和特定生活经验的作用。

【习题（含近年考研真题）】

一、单选题

1. 人们运用语言交流思想，进行交际的过程叫（   ）。

    A. 符号系统　　　　　　　　B. 内部语言

    C. 语言　　　　　　　　　　**D. 言语**

2. 语言活动的形式有（   ）。

    A. 人工语言与自然语言

    B. 外部语言和内部语言

    C. 方言和普通话

    D. 身体语言和口头语言

3. 用来支持思维活动进行的不出声的语言叫（　　　）。

    A. 默读语言　　　B. 外部语言　　　**C. 内部语言**　　　D. 背诵语言

4. 威尔尼克中枢又叫（　　　）。

    A. 言语运动中枢　　　　　　　　B. 视觉性言语中枢

    C. 书写性言语中枢　　　　　　　**D. 听觉性言语中枢**

5. 布洛卡中枢受到损伤将会发生（　　　）。

    A. 表达性失语症　　　　　　　B. 接受性失语症

    C. 失读症　　　　　　　　　　　D. 失写症

6. 视觉性言语中枢受到损伤的病人（　　　）。

    A. 不能写字、画画　　　　　　　B. 听不懂别人说的话

    C. 说话发生了困难　　　　　　　**D. 不能看懂字词的含义**

7. 演讲采用的言语形式主要是（　　　）。（2007 年真题）

    A. 书面言语　　　　　　　　　B. 内部言语

    C. 对话言语　　　　　　　　　　D. 独白言语

8. 某患者发音器官正常，但说话困难，出现"电报式"言语，其病变可能发生在（　　　）。（2007 年真题）

    A. 威尔尼克区　　　　　　　　　**B. 布洛卡区**

    C. 潘菲尔德区　　　　　　　　　D. 角回

9. 某患者能说话，能理解口头言语，能看到字形，却不能理解书面语言。其病变发生的区域通常是（　　　）。（2008 年真题）

    A. 布洛卡区　　　B. 中央后回　　　**C. 角回**　　　D. 埃克斯勒区

10. 展开性程度最高的言语形式是（　　　）。（2008 年真题）

    A. 独白言语　　　B. 对话言语　　　**C. 书面言语**　　　D. 内部言语

11. 不同的笔画和部件必须按照一定的方式结合起来，才能构成汉字，这影响词汇理解的因素是（　　　）。（2010 年真题）

    A. 单词的部位信息　　　　　　B. 正字法规则

    C. 字词的使用　　　　　　　　　D. 频率字型结构

12. 下列有关内部言语的表述，错误的是（　　　）。（2010 年真题）

    A. 具有隐蔽性

    B. 不需要言语器官的参与

    C. 外部言语是内部言语产生的基础

    D. 在计划外部言语时，内部言语起着重要作用

二、多选题

1. 言语的特点包括（　　　）。

    A. 言语是人们运用语言交流思想、进行交际的过程

    B. 言语是一种心理现象

    C. 言语活动离不开语言

D. 言语是一种社会现象

2. 外部言语包括（　　）等形式。

    A. 交际性言语　　　　　　　　B. 非交际性言语

    C. 口头言语　　　　　　　　　**D.** 书面言语

3. 参与言语活动的皮质部位包括（　　）。

    A. 言语运动中枢　　　　　　　**B.** 言语听觉中枢

    C. 视觉性言语中枢　　　　　　**D.** 书写性言语中枢

4. 影响汉字理解的因素有（　　）。（2007年真题）

    A. 正字法规则　　　　　　　　**B.** 笔画数量

    C. 字形结构　　　　　　　　　**D.** 语音

三、解答题及答案要点

试述大脑皮层几个主要的语言区及其语言功能。

答：运动性语言中枢：位于额下回的后部（第44、第45区），又称布洛卡区。此区受损，产生运动性失语症，即丧失了说话能力，但仍能发音。

听觉性语言中枢：位于颞上回后部（第22区），又称威尔尼克区。此区受损，患者虽听觉正常，但听不懂别人讲话的意思，也不能理解自己讲话的意义，称感觉性失语症。

书写中枢：位于额中回后部（第8区），靠近中央前回的上肢代表区。此区受损，虽然手的运动正常，但不能写出正确的文字，称失写症。

视觉性语言中枢：位于角回（第39区），靠近视区。此区受损时，视觉正常，但不能理解文字符号的意义，称失读症，也属于感觉性失语症。

第九章 动机和需要

【动机的故事】

一群孩子在一位老人家门前嬉闹，叫声连天。几天过去，老人难以忍受。于是，他出来给了每个孩子 25 美分，对他们说："你们让这儿变得很热闹，我觉得自己年轻了不少，这点儿钱表示谢意。"孩子们很高兴，第二天仍然来了，一如既往地嬉闹。老人再出来，给了每个孩子 15 美分。他解释说，自己没有收入，只能少给一些。15 美分也还可以吧，孩子仍然兴高采烈地走了。第三天，老人只给了每个孩子 5 美分。孩子们勃然大怒，"一天才 5 美分，知不知道我们多辛苦！"他们向老人发誓，他们再也不会来他这儿玩了！

在这个寓言中，老人的算计很简单，他将孩子们的内部动机"为自己快乐而玩"变成了外部动机"为得到美分而玩"，而他操纵着美分这个外部因素，所以也操纵了孩子们的行为。动机是情意性的心理倾向。需要是动机的基础，而需要与一定诱因的结合则导致动机。

【基础知识】

第一节 动机的一般概念

一、动机的含义及其功能

（一）动机的含义

动机是在目标或对象的引导下，激发和维持个体活动的内在心理过程或内部动力。动机是一种内部心理过程，不能直接观察，但是可以通过任务选择、努力程度、活动的坚持性和言语表示等行为进行推断。动机必须有目标，目标引导个体行为的方向，并且提供原动力。动机要求活动，活动促使个体达到他们的目标。

动机是构成人类大部分行为的基础。需要和动机是紧密相联系的，但也有差异。需要在主观上常以意向和愿望被体验着。模糊意识到的、未分化的需要叫做意向。有某种意向时，人虽然意识到一定的活动方向，但却不明确活动所依据的具体需要及以什么途径和方式来满足需要。明确意识到并想实现的需要叫做愿望。如果愿望仅停留在头脑里，不把它付诸实际行动，那么这种需要还不能成为活动的动因。因此，处于静态的需要，还不是动机。只有当愿望或需要激起人进行活动并维持这种活动时，需要才成为活动的动机。

（二）动机的功能

动机具有激活、指向、维持和调节功能。动机是个体能动性的一个主要方面，它具有发动行为的作用，能推动个体产生某种活动，使个体从静止状态转向活动状态。同时它还能将行为指向一定的对象或目标。当个体活动由于动机激发而产生后，能否坚持活动同样受到动机的调节和支配。

动机是激发和维持个体进行活动，并导致该活动朝向某一目标的心理倾向或动力。在报纸上读者可以读到，一些农民向国家平价出售上万斤粮而不到市场上去卖高价；一些知识分子宁愿放弃舒适的生活条件而到十分艰苦的地方去工作；不少大学生现在争相传看有关毛泽东的书籍；有的执法人员知法犯法；有的不法商贩制造伪劣农药坑害农民；等等。"为什么人们要做这些事？""是什么东西激发人们去干这些事？"这些问题就是心理学中的动机问题。动机是活动的一种动力或心理倾向，它促使人产生某种活动、按某种方式行事。

作为活动的一种动力，动机具有三种功能。①激发功能，动机能激发起机体产生某种活动。有动机的机体对某些刺激的反应易受激发，特别是当这些刺激和当前的动机有关时。例如，饥饿者对食物有关的刺激、干渴者对水有关的刺激反应特别敏感，易激起寻觅活动。②指向功能，动机使机体的活动针对一定的目标或对象。例如，在为国家多作贡献的动机支配下，农民向国家平价出售粮食而不到市场上卖高价；在成就动机的支配下，知识分子放弃舒适的生活条件而到艰苦的地方去工作。动机不同，活动的方向和它所追求的目标也不同。③维持和调节功能，当活动产生以后，动机维持着这种活动针对一定的目标，并调节着活动的强度和持续时间。如果活动达到了目标，动机促使有机体终止这种活动；如果活动尚未达到目标，动机将驱使有机体维持（或加强）这种活动，或转换活动方向以达到某种目标。

在具体的活动中，动机的上述功能的表现是很复杂的。不同的动机可以通过相同的活动表现出来；不同的活动也可能是由相同或相似的动机所支配，并且人的一种活动还可以由多种动机所支配。例如，学生按时复习功课、完成作业的活动，其学习动机可能是不同的。有的可能是理解到自己对祖国的责任，有的可能是想考取高一级的学校，有的可能是出于个人的物质要求，有的可能是怕老师的检查和父母的责骂，有的还可能出自上述几种原因。又如，成就动机可以促使人们在不同的学习领域（学习、文娱、体育等）进行积极的活动。因此，在考察人的行为活动时，就必须揭示其动机。只有这样才能对他的行为作出准确的判断。

二、动机与需要

（一）需要及其种类

1. 什么是需要

需要的产生是有机体内部生理上或心理上的某种缺乏或不平衡状态，它表现出有机体的生存和发展对于客观条件的依赖性，是有机体活动的积极性源泉。例如，血液中血糖成分的下降会产生饥饿求食的需要；而水分的缺乏则会产生口渴想喝水的需要；生命财产得不到保障会产生安全的需要；孤独会产生交往的需要；等等。一旦机体内部的某种缺乏或不平衡状态消除了，需要也就得到了满足。这时，有机体内部又会产生新的某种缺乏或不平衡状态，产生新的需要。

当人需要某种东西时，便把缺少的东西视为必需的东西。人既是生物有机体又是社会成员。为了个体和社会的生存和发展，人对于外部环境必定有一定的需求。例如，食物、衣服、婚配、育幼等，是维持个体生存和延续种族发展所必需的；从事劳动，在劳动中结成不同的社会关系，人们之间的交往活动等是维持人类社会生存和发展所必需的。这种客观的必要性反映在人的头脑中并引起他内部的某种缺乏或不平衡状态时就会产生某种需要。需要表现出有机体的生存和发展对于客观条件的依赖性。它总是指向于能满足该需要的对象或条件，并从中获得满足的。没有对象的需要，不指向任何事物的需要是不存在的。

需要是有机体活动的积极性源泉，是人进行活动的基本动力。人的各种活动，从饮食男女、学习劳动，到创造发明，都是在需要推动下进行的。需要激发人去行动，使人朝着一定的方向，追求一定的对象，以求得自身的满足。需要越强烈、越迫切，由它所引起的活动动机就越强烈。同时，人的需要也是在活动中不断产生和发展的。当人通过活动使原有的需要得到满足时，人和周围现实的关系就发生了变化，又会产生新的需要。这样，需要推动着人去从事某种活动，在活动中需要不断地得到满足又不断地产生新的需要，从而使人的活动不断地向前发展。需要是个体活动积极性的源泉，它常以意向、愿望、动机、抱负、兴趣、信念、价值观等形式表现出来。

虽然动物和人类有一些共同的需要，但人类的需要和动物的需要是有本质区别的。人的需要的对象和满足需要的方式，受具体的社会历史条件的制约，具有社会性；人具有意识能动性，能调节和控制自己的需要。

2. 需要的种类

人的需要是多种多样的。可以按照不同的标准进行分类。大多数学者采用二分法把各种不同的需要归属于两大类。例如，划分为生物性（生理性）需要与社会性需要，或原发性需要与继发性需要或外部需要与内部需要，或物质性需要与心理性需要等。也有的学者把人的需要划分为五大类——生理的需要、安全的需要、归属与爱的需要、尊重的需要和自我实现的需要（Maslow，1954），或三大类——生存的需要、相互关系的需要和成长的需要（Alderfer，1969）。其实，人的需要是一个多维度多层次的结构系统。因此，当我们从某个维度来考察需要时，应注意人的各种需要都不是彼此孤立的，而是互相联系的。例如，进食需要，就其本性来说（新生儿时）是属于原发性的、生物性的需要，但后来经学习和社会因素的影响，成人的进食需要就含有社会性的成分。心理性需要是相对物质性需要而言的，但满足心理性需要也要有一定的物质条件。例如，为了满足知识的需要，就要有书籍、工具等。人的物质性需要也往往要满足一定的心理需要和具有一定的社会意义。例如，在满足穿衣需要的同时，也包含着对美及社会意义方面的要求。满足社会性需要的同时，也包含着一定的物质性需要和心理性需要。因此，对需要的各种分类仅具有相对的意义。下面，我们仅就生物性—社会性这个维度对人的需要作一简要的考察。

（1）生物性需要

生物性需要是指保存和维持有机体生命和延续种族的一些需要。例如，对饮食、运动、休息、睡眠、觉醒、排泄、避痛、配偶、嗣后等的需要。动物也有这类需要。这些需要也叫生理性需要或原发性需要。

①进食需要。我们都有这样的经验：如果把平时进食的时间延后，就会产生饥饿感，当饥饿达到某种程度时就会产生进食需要。来自胃肠的感受冲动（如空胃运动）和血糖水平的降低是引起饥饿的实际刺激。下丘脑在进食调节中起着重要的作用。现已查明，下丘脑中有两个部位调节着有机体的摄食反应。下丘脑外侧核是进食中枢。如果用弱电流刺激该部位的细胞，动物甚至在刚吃完它所必需的全部食物后，还要大吃；如果完全损坏了该部位，动物表现为无食欲，拒绝进食，直至饿死。下丘脑腹内侧核是厌食中枢。如果用弱电流刺激该部位的细胞，动物会从给它的食物面前走开；如果损坏该部位，动物产生旺盛的食欲，从而使体重大增。用慢性埋藏在脑内的细小导管向下丘脑这两个部位注射化学物质——高浓度盐溶液（兴奋剂）也产生同样的效应。进食中枢与厌食中枢具有交互抑制的关系，其中进食中枢是最基本的。此外，它们对摄食行为的控制可分为两种作用系统：短期控制和长期控制。短期控制是指控制每餐或每天的进食量，长期控制是指在相当长的时期内控制食量以保持体重的恒定。影响下丘脑短期控制食欲的变量有三：血糖浓度、胃充实与否和体温。现已发现，在血糖浓度低、胃壁运动增强、大脑温度降低时下丘脑外侧核细胞发生反应，产生进食行为；相反，在血糖浓度高、胃部膨胀、大脑温度升高时，下丘脑腹内侧核细胞发生反应，导致停止进食。而这些短期控制机制又都受长期控制机制的调节，这样有机体的体重就保持恒定。下丘脑腹内侧核和

外侧核又是进食的长期控制系统，以保持体重的恒定，它们对体重的"标准点"具有相反的效应。腹内侧核受损坏会提高体重的标准点；外侧核受损坏会降低体重的标准点。可以设想，如果小心地同时损坏这两个区域等量的组织，则动物既不超食，也不拒食，仍保持手术前的体重水平。

进食需要的产生并不完全是由下丘脑和体内的血糖浓度、胃充实与否及体温等因素控制的，许多外部的因素也会影响食欲的产生与存在。例如，食物的色、香、味、形状，进食的习惯时间，对食物的爱恶习惯以及社会文化等因素。

②饮水需要。体内的水分通过泌尿、出汗、呼吸等途径不断丢失；如不及时补充，体液量就会减少，细胞外液的渗透压就会升高，细胞内液的水分也会向外渗出而减少。这种缺水的信息可以通过两条途径到达中枢：被中枢的某些细胞直接感受，或通过外周感受器（口腔及喉头的干燥）将信息传至中枢。并通过增加饮水量和减少排尿量两种途径进行调节。

控制饮水行为的中枢在下丘脑。下丘脑中有两种特殊的神经细胞：渗透压感受器和测量容量感受器掌管着饮水需要。渗透压感受器是专门对细胞脱水起反应的。这些细胞脱水后会略微变形，这种物理变化可能触发神经冲动传至大脑皮质，产生饮水的需要；同时它们也刺激脑垂体 ADH（抗利尿激素）的释放，以指使肾脏从尿中重新吸收水分进入血管。此外，血液容量的减少会引起肾脏分泌高压蛋白酶原，它释放激素——血管紧张素；当血管紧张素到达下丘脑，测量容量感受器的兴奋也产生饮水的需要。除了下丘脑和内分泌对饮水需要进行控制外，个人的饮食习惯、情绪和社会风俗等也影响人们对饮水的取舍和饮量的多少。

③睡眠和觉醒的需要。睡眠和觉醒是生命活动所必须的两个相互转化的生理过程，也是人类最基本的生理需要。人只有在觉醒状态下才能与周围环境进行复杂的感觉运动联系，感受外界的各种刺激，并主动地寻求刺激，探索外界环境，操弄周围事物；也只有通过睡眠才能恢复精力和体力，使人保持良好的活动状态。当睡眠需要发生时个体就产生瞌睡，迫使个体由活动趋向休止。如果强行剥夺睡眠数天，就会严重影响人的健康，甚至导致疾病。

睡眠是中枢神经系统内产生的一个主动过程。巴甫洛夫学派认为睡眠是抑制过程在大脑皮质的广泛扩散并扩布到皮质下中枢的结果。当代神经生理学的研究表明，睡眠与中枢神经系统内某些特定结构和递质作用密切相关。例如，如果在脑桥中部切断脑干，动物就处于长期的觉醒状态而很少睡眠。刺激动物颞叶梨状区、扣带回、视前区前部等边缘系统，可通过下行神经径路作用于低位脑干而诱发睡眠。参与睡眠与觉醒的中枢递质有多种并且相互关系也较复杂。前脑中的去甲肾上腺素（NE）和 5-羟色胺（5-HT）是其中一对主要矛盾。在脑内 NE 含量保持不变或增高的情况下，降低 5-HT 含量即产生失眠；而在脑内 5-HT 含量正常或增高情况下降低 NE 含量，即产生多眠。脑内的

NE、5-HT 含量在睡眠和觉醒的生理调节中起着重要的作用。

④性需要。性需要与饮食需要、睡眠需要有许多不同之处。性需要不像饮食需要、睡眠需要那样是维护个体生存所必需的，它是维持种族延续所必需的；性需要也不像饮食需要、睡眠需要那样是由个体内部的某种缺乏所引起、是恢复能量的过程，而是消耗能量的过程。

性需要是由性激素分泌的刺激所引起的。两性在性成熟时（青春期），雄性的睾丸内分泌一种雄激素；雌性的卵巢内分泌一种雌激素。由于性激素分泌的刺激，促使个体产生性需要和性行为，同时也促使其附性器官（雄性的附睾、输精管、前列腺、精囊等，雌性的输卵管、子宫、阴道等）和副性征（男性表现为胡须、突出的喉头、高大的体格和低沉的声音等，女性表现为丰满的乳房、宽大的骨盆、丰富的皮下脂肪和高调的声音等）的发育。如果阉割幼年个体的睾丸，就使附性器官的发育不能成熟，副性征不能出现，性需要和性行为丧失。但如果个体成熟后被阉割，则视个体种属的不同，对其性行为的影响程度也不同。阉割后的雄鼠，其性行为完全丧失；阉割后的雄狗，其性行为仍能延续一段时期；大多数灵长类动物被阉割后，其性行为很少受影响。由于情绪和社会因素，成年男性施行睾丸切除术后，对其性需要并无多大影响。雌性个体的性行为受性激素的影响较大。除人类外，雌性动物卵巢割除后，便完全丧失了性需要。但人类女性卵巢切除后，其性需要不会受影响。

性行为的神经控制是复杂的，并且不同种属动物的性行为控制机制也有相当大的差异。某些基本反射（如雄性的勃起、射精）受脊髓的控制而不受大脑的影响。当大脑受伤，切断脊髓与大脑的联系（半身不遂）时，男人仍有这类反射。虽然不同种属动物的性调节中枢不同，但大多数的性需要和性行为的调节中枢在下丘脑。随着动物种系的进化层次提高，大脑皮质对性需要和性行为的控制越来越起着重要的作用。人类的性需要和性行为表现是受意识控制的。因此，对青少年进行性生理和性道德的教育是很有必要的。

（2）社会性需要

社会性需要是指与人的社会生活相联系的一些需要，如对劳动、交往、成就、奉献的需要等。社会的需要表现为这样或那样的社会要求。当个人认识到这些社会要求的必要性时，社会需要就可能转化为个人的社会性需要。社会性需要是后天习得的，源于人类的社会生活，属于人类社会历史的范畴，并随着社会生活条件的不同而有所不同。社会性需要也是个人生活所必需的，如果这类需要得不到满足，就会使人产生焦虑、痛苦等情绪。

①劳动需要。劳动是人类赖以生存的第一个基本条件。人类如果不劳动，就不能生存。人类的劳动包括体力劳动和脑力劳动。需要也包括体力劳动和脑力劳动的需要。它表现为热爱劳动、向往劳动，如果暂时丧失了劳动机会，就感到不安和难受。在我们的社会里，劳动已经不仅仅是为了个人生活，而且也是为了社会的公共福利；劳动使人们获得幸福、欢乐和光荣。

②交往需要。人自出生之后便成为各种社会团体中的一分子。从婴幼儿时期起，人就想与他人亲近、与他人来往，希望得到别人的赞许、关心、友谊、爱护、接受、支持和合作。交往需要就是个人想与他人交流思想感情、沟通信息的需要。依亲、交友、家人团聚、参加各种社会团体的活动等都可以使个人的交往需要获得满足。与他人绝对隔离也就剥夺了一个人的交往需要。对绝对孤立状态下的人（如一些宗教团体成员、遇难船上的人、隔离实验的志愿参加者）的个案研究表明，长时间的孤独隔离会产生突然的恐惧感和类似忧虑症发作的情感，并且隔离时间越长，产生恐惧和忧虑就越重。沙赫特（Schachter，1959）曾做过这样的一个实验：他以每小时 15 美元的酬金聘人到一间没有窗户但有空调的房间去住。房内有一桌、一椅、一床、一灯，此外别无他物。进餐由人送至门底下的小洞口，住在里面的人伸手就可拿进食物。一个人住进这房间后即与外界完全隔绝。有 5 名大学生应征参加实验。其中一人只待了 20 分钟就要求出来，放弃了实验；3 人待了两天；最长的待了 8 天。这个研究说明，人是很难忍受长时间与他人隔绝的；人们对孤立的容忍力有相当大的个体差异。

交往需要的满足可以使个性得到健康的发展。交往还可以使团体成员之间，团体与团体之间更加相互了解、相互信任，增强观点与态度的一致性，有助于全社会的稳定与安全，有助于创造一个美好、和平、文明的社会生活环境。

③成就需要。成就需要是指个人对于自己认为重要的或有价值的事，力求达成的愿望。所谓成就是相对的，是个人完成一件工作后与他人或自己的既定标准相比较所得出的结果。成就需要包含的内容很多，如对于地位、名誉、声望等的需要和对于实力、绩效、优势等的需要。人们的成就需要不仅内容不同，而且其强度也因人而异。有些人的成就需要强烈，有些人的成就需要很弱。成就需要是后天学习的结果。下列条件将会激发人们的成就需要：第一，能让个人独立负起责任来解决问题的那种环境气氛；第二，能制定出中等成就目标并接受"可预测风险"的倾向；第三，有关于他们工作进展情况的详细而具体的及时反馈。

具有高成就需要的个人往往接受中等风险，而不愿在极大成功和彻底失败的两极中进行赌博。这已为不少研究所证明。因为高成就需要者渴望持续成功，而不愿以一次彻底失败来破坏他的记录。

（二）需要的结构

关于需要的结构，在心理学界存在不同的理论观点，比较著名的有默里的需要理论和马斯洛的需要层次理论等。

马斯洛的需要层次论认为，人的需要是由以下五个等级构成的：①生理的需要，②安全的需要，③归属和爱的需要，④尊重的需要，⑤自我实现的需要。

马斯洛关于低级需要和高级需要的关系的看法认为，需要的层次越低，它的力量越强，潜力越大；在高级需要得到满足之前，必须先满足低级的需要；在人类的进化以及个体的发展中，低级需要出现较早，而高级需要出现较晚；低级需要直接关系到个体的生存，当这些需要得不到满足时，个体将出现直接的生命危机；高级需要不是维持个体生存所绝对必需的，但是高级需要与人的健康成长紧密联系，高级需要的满足可以使人得到生理和心理的健康。

马斯洛的需要层次理论是一种比较完整的需要理论，它系统探讨了需要的实质、结构、发生发展与需要在人类社会生活中的作用。马斯洛提出了人与动物共有的低级需要和人独自具有的高级需要，这就否定了弗洛伊德只有一类本能需要的理论。

然而，马斯洛的理论存在着形而上学的色彩。作为有社会意识的人的行为，并非总是按马斯洛的理论所估计的那样按层次出现。大部分人往往在不同时期被不同的需要所激发。有时不顾某些低级的需要而直接出现高级的需要。

（三）需要是动机产生的基础

动机是在需要的基础上产生的。当某种需要没有得到满足时，它就会推动人们去寻找满足需要的对象，从而产生活动的动机。例如，正常人体需要一个稳定的内环境，保持正常的体温，维持细胞内水与盐分的适当平衡等。当这些平衡发生变异或破坏时，人体内的一些调节机制会自动地进行矫正。例如，体温升高时，靠近皮肤的血管就会舒张，使热量散出，汗腺分泌汗液使体温下降。有机体的这种自动化调节机制也维持着血液中氧与二氧化碳的水平、血糖浓度、血液的酸碱度（pH 值）等。在这种情况下，需要会引起有机体自动调节机制的活动，但它还不是行动的动机。

维持体内的平衡状态不能只靠自动装置来解决。当需要推动人们去活动，并把活动引向某一目标时，需要就成为人的动机。例如，热时寻找比较凉爽的地方；饿时寻找食物并奔向有食物的场所；渴时寻找水源等。这时，需要就成为人活动的动机了。需要作为人的积极性的重要源泉，是激发人们进行各种活动的内部动力。

三、动机与行为效率

（一）动机与行为

动机除了具有激活和维持行为的功能以外，它与行为的关系是十分复杂的。同一种行为可能有不同的动机，即各种不同的动机通过同一种行为表现出来；不同的活动也可能有同一种或相似的动机。例如，在同一个班级中，学生的学习动机可能是各种各样的。有的学生希望成为优等生，在班上拔尖，得到老师和同学的称赞；有的学生为了报答父母的养育之恩，不愿辜负父母、亲友的期望；有的学生是在英雄、模范人物的影响下，希望学好本领，将来为建设祖国服务；有的学生没有明确的动机，上学只是为了混日子等。这些不同的动机都表现在同一种学习行为中。学习动机不同，学习效果也会不一样。另外，同一种动机，也可以产生不同的行为。例如，几个人都想休息，但有的去剧院，有的去散步，有的去划船等。

在同一个人身上，行为的动机也是多种多样的，其中有些动机占主导地位，称主导动机，有些动机处于从属地位，称从属动机。例如，一个学生的主导学习动机是学到真才实学，长大后为人民服务，但是同时他也有成为优等生、报答父母养育之恩的愿望，这些动机则属于从属地位。主导动机和从属动机的结合，组成个体的动机体系，推动个体的行为。所以，个体的活动往往不是受单一动机的驱使，而是由他的动机体系所推动的。

在活动动机与效果的关系上，情况也非常复杂。这里"效果"是指行为的社会效果。一般来说，良好的动机应产生良好的行为效果；反之，不良的动机则会产生不良的社会效果，这就是动机与效果的统一。但是，在实际生活中，动机与效果不统一的情况也时有发生。例如，一个孩子想帮父母干点儿家务活，但不小心打碎了窗户上的玻璃或撞倒了桌上的花瓶。从动机上讲无可非议，但由于其他因素的影响，却产生了不好的活动效果。

由此可见动机与行为的关系是异常复杂的，因此，只有了解一个人的动机，才能比较准确地解释其行为，并对行为做出比较准确的控制与预测。

（二）动机与工作效率

动机与工作效率的关系主要表现在动机强度与工作效率的关系上。心理学的研究表明，动机强度与工作效率之间的关系不是一种线性关系，而是呈倒U形曲线关系。中等强度的动机最有利于任务的完成，也就是说，动机强度处于中等水平时，工作效率最高，一旦动机强度超过了这个水平，对行为反而会产生一定的阻碍作用。

心理学家耶克斯和多德森的研究表明，各种活动都存在一个最佳的动机水平。动机不足或过分强烈，都会使工作效率下降。研究还发现，动机的最佳水平随任务性质的不同而不同。在比较容易的任务中，工作效率随动机的提高而上升；随着任务难度的增加，动机的最佳水平有逐渐下降的趋势。这就是著名的耶克斯—多德森定律。

四、动机与价值观、意志

（一）动机与价值观

价值观（values）是指主体按照客观事物对其自身及社会的意义或重要性进行评价和选择的原则、信念和标准。价值观是一个人思想意识的核心，对个人的思想和行为具有一定的导向或调节作用。符合价值观标准的事物和行为就被认为是有价值的，否则就被认为是没有价值的。个人的价值观直接影响个体对各种观念、事物和行为的判断，使个体发现事物对自己的意义，确定自己奋斗的目标，并按照自己认为有价值的事情或目标去做。价值观对动机的调节和控制有直接影响，个体把目标的价值看得越高，由目标激发的动机就越强，在活动中发挥的力量就越大。相反，个体认为目标的价值不大，由此激发的力量就小。换句话说，动机是个体行为调节系统的一个组成部分，其中价值观起着核心的作用。价值观决定动机的性质、方向和强度。例如，利他的价值观促使个体产生助人的动机，做出助人的决定，并使这种行为坚持下去。

价值观是个体在生活实践中逐渐形成的。一旦形成，就相当稳定。个体会自觉不自觉地时时以自己的价值观来判断事物的意义。事物是客观存在的，但由于价值观不同，人对事物的认识会有很大的差异；价值观也影响到人对事物的需要和需要对行为的调节。

人们的价值观是多种多样的，心理学家从不同的角度对价值观进行了分类。德国心理学家施普兰格尔（Spranger，1928）根据社会文化生活方式把人的价值观区分为经济价值观、理论价值观、审美价值观、社会价值观、政治价值观和宗教价值观等。罗克奇（Rokeach，1973）根据工具—目标维度把价值观分为工具性价值观和终极性价值观。工具性价值观是以个体的行为方式为工具，如有礼貌、诚实、有责任感、有自我控制能力等，获取"社会的认可"。终极性价值观是个体以一种行为方式谋求许多终极目的，如社会认可、友谊、宗教信仰以及家庭安康等。实际上，工具性价值观是终极性价值观的手段。两者的关系很复杂，不容易区分开来。

价值观的主要表现形式有兴趣、信念和理想等。价值观对个体行为的影响是通过这些形式表现出来的。

1. 兴趣

兴趣（interest）是人对事物的一种认识倾向，是价值观的初级形式，伴随着积极的情绪体验，对个体活动，特别是认知活动有巨大的推动力。兴趣会逐渐发展成为个体活动的内在动机。

2. 信念

信念（belief）是坚信某种观点、思想或知识的正确性，并调节控制自己行动的人格倾向性。

3. 理想

理想（ideal）是个体对未来可能实现的奋斗目标的向往和追求。它与信念紧密相连，是信念指向的未来形象，比信念更具体、更丰富、更确定、更具有感染力。理想与目标相联系，它通过目标来激发和影响人的行为。

（二）动机与意志

在心理学中动机与意志这两个概念既有区别又有密切的联系。意志（will）是有意识地支配、调节行为，通过克服困难，实现预定目标的内在心理过程。意志具有引发行为的动机作用，它是自觉的、有目的的行为。例如，学生在复习考试中，必须克服外界环境的引诱和干扰，集中精力坚持学习，以获得优良的成绩，这就是意志。意志是和克服困难相联系的，只有在克服困难的过程中，才能体现意志的力量。

第二节 动机的理论

一、本能理论

本能是在进化过程中形成、由遗传固定下来的一种不学而能的行为模式，是人类行为的原动力。本能论在动机心理学中曾一度占统治地位。

美国心理学家詹姆斯提出，人的行为依赖于本能的指引，人除了具有与动物一样的生物本能外，还具有社会本能，如爱、社交、同情、诚实等。本能论最著名的鼓吹者是美国心理学家麦独孤。他系统地提出了动机的本能理论，认为人类的所有行为都是以本能为基础的；本能是人类一切思想和行为的基本源泉和动力；本能具有能量、行为和目标指向3个成分。

20世纪20年代末，本能论开始受到人们的怀疑与批评。50年代以后，欧洲一批习性学家再度爆发出对本能行为的研究热情。习性学家洛伦茨发现小鹅出生后对自己的那种"依恋"现象，将其称为印刻。

弗洛伊德认为，人有两大类本能。一种是生的本能，他称之为里比多（libido），并用里比多这个词来概括一系列行为和动机现象。例如，饮食、性、自爱、他爱等个人所从事的任何愉快的活动，都是生的本能。另一种是死的本能，他称之为萨那托斯（thanatos，即希腊神话中的死神），像仇恨、侵犯和自杀等都是死的本能。由于这两种本能在现实生活中都不能自由发展，常常受到压抑而进入无意识领域，并在无意识中并立共存，驱使我们的行动。人的每一种动机都是无意识的生的本能和死的本能的混合物。他把心理比做冰山，露出在水面的小部分为意识领域，水下的大部分为无意识领域。这个无意识的大部分是冲动、被压抑的愿望和情感。因此要了解人类行为背后潜藏的动机，如果只分析意识领域是不充分的，也是不恰当的。于是，弗洛伊德采用自由联想、释梦等方法来揭示无意识的动机过程。

弗洛伊德把人格看做由本我、自我和超我三部分组成。本我是心理体系中最原始的，即冲动、欲望等，是人格的主动力。自我占据着人格的中心部分，进行知觉、学习、记忆、推理等。超我在人格中最后形成，反映着社会的各项准则，一般称为道德、良心和理想等。本我根据快乐原则仅指向使其本能得到满足。自我是由本我的一部分分离出来的，协调外界、超我和本我的各自要求，承受着这三方面的压力。在正常人的情况下，本我、自我和超我不是分为相互对立的三个领域，而是作为一个活动的整体。也就是说，人类的行为是本我、自我、超我三个组织相互作用的产物。

人们有意识地压抑自己的本能冲动特别是性冲动，但无意识的本能冲动决不能消除，也不能完全加以控制，常以梦、失言、笔误等以及许多神经症状而显现出来，也会以升华或其他文饰方式表现出来。因此，人类的行为是很复杂的。

弗洛伊德的精神分析理论，后由阿德勒（A. Adler，1870—1937）、荣格（C. G. Jung，1875—1961）和霍妮（K. Horney，1885—1952）等加以修正和发展。尽管他们的观点各不相同，但认为人类最基本的动机是无意识的，这一点却是相同的。

二、驱力理论

由于本能论在解释人类行为时产生了困难，20 世纪 20 年代武德沃斯提出了行为因果机制的驱力概念，以代替本能概念。所谓驱力是指个体由生理需要所引起的一种紧张状态，它能激发或驱动个体行为以满足需要，消除紧张，从而恢复机体的平衡状态。

以后，赫尔提出了驱力减少理论。赫尔假定个体要生存就有需要。需要产生驱力。驱力是一种动机结构，它供给机体的力量或能量，使需要得到满足，进而减少驱力。赫尔的理论适用于解释生物的机能。

赫尔又提出，人类的行为主要是由习惯来支配的，而不是由生物驱力支配的。他强调经验和学习在驱力形成中的作用，认为学习对机体适应环境有重要意义。驱力给行为提供能量，而习惯决定着行为的方向。

赫尔认为，有些驱力来自内部刺激，不需要习得，称为原始驱力；有些驱力来自外部刺激，是通过学习得到的，称为获得性驱力。

赫尔认为，驱力（D）、习惯强度（H）共同决定了个体的有效行为潜能（P），它们的相互关系可以表示为：

$$P=D\times H$$

但是，驱力减少理论不能解释另一些行为，如什么力量激发了过量的强制性的进食行为，为什么一个人可以通宵达旦地工作，为什么政治家在监狱里可以绝食数日。因为在这些行为中，人的驱力不是减少，而是增加了。

赫尔认为，机体的需要产生内驱力。内驱力激起有机体的行为。内驱力是一种中间变量，其力量大小可以根据剥夺时间的长短或引起行为的强度或能量消耗，从经验上加以确定。但他认为，剥夺的持续时间是一个相当不完善的指标，因而强调用行为的力量来衡量。在赫尔的理论中，内驱力主要有两种：原始性内驱力和继发性内驱力。原始性内驱力同生物性需要状态相伴随，并与有机体的生存有密切的联系。这些内驱力产生于机体组织的需要状态，如饥、渴、空气、体温调节、大小便、睡眠、活动、性交、回避痛苦等。继发性内驱力是指情境（或环境中的其他刺激）而言，这种情境伴随着原始性内驱力的降低，结果就成了一种内驱力。也就是说，以前的中性刺激由于能够引起类似于由原始性内驱力所引起的反应，而具有内驱力的性质。

赫尔认为，要形成学习行为，必须降低需要或由需要而产生的内驱力；为了使被强化的习惯产生行动，必须要有与之相适应的诱因，而且必须引起内驱力。因此，产生某种行为的反应潜能（sER）等于内驱力（D）、诱因（K）和习惯强度（sHR）的乘积。这样，赫尔的理论体系可用下列公式来表示：

$$sER=D\times K\times sHR$$

这个公式表明，反应潜能是由内驱力、诱因、习惯强度的乘积决定的。如果 $D=0$ 或 $K=0$，则 sER 也等于零而不发生反应。同时，不论驱力水平有多高，在未形成习惯的情况下也是没有行为反应的。相反，不论习惯强度多高，驱力水平低，反应潜能也低。由此，可以看出，赫尔的动机理论主要有两点：①有机体的活动在于降低或消除内驱力；②内驱力降低的同时，活动受到强化，因而是促使提高学习概率的基本条件。赫尔的动机理论也称为内驱力降低理论。

三、唤醒理论

赫布和柏林等人提出了唤醒理论。这一理论认为，人们总是被唤醒，并维持着生理激活的一种最佳水平，不是太高，也不是太低。对唤醒水平的偏好是决定个体行为的一个因素。一般来讲，个体偏好中等强度的刺激水平，因为它能引起最佳的唤醒水平，而对于过低或过高的刺激，个体是不喜欢的。唤醒理论提出了三个原理。第一个原理是人们偏好最佳的唤醒水平。第二个原理是简化原理，即重复进行刺激能使唤醒水平降低。第三个原理是个人经验对于偏好的影响。研究表明，富有经验的个体偏好于复杂的刺激。经验也能够帮助个体更好地组织刺激。

四、诱因理论

诱因指能满足个体需要的刺激物，它具有激发或诱使个体朝向目标的作用。赫尔接受了诱因这一变量，把它作为行为的决定因素之一，他修改了自己的公式，在其中增加了诱因动机（K），用公式表示为：

$$P=D\times H\times K$$

它是个体行为的一种能源，促使个体去追求目标。诱因与驱力是分不开的，诱因是由外在目标所激发的，只有当它变成个体内在的需要时，才能推动个体的行为，并有持久的推动力。

五、动机的认知理论

现代认知理论认为，个体对来自外界的信息经过编码、存储、提取和输出等加工过程，在头脑中形成了各种不同的观念。这些观念在刺激和行为间起中介作用，它既能引起行为，又能改变行为，在这个意义上，认知具有动机的功能。

（一）期待价值理论

动机的期待价值理论是早期的一种动机认知理论，这种理论将达到目标的期待作为行为的决定因素。新行为主义者托尔曼在动物实验的基础上提出，行为的产生不是由于强化，而是由于个体对一个目标的期待。托尔曼将期待定义为刺激与刺激的联系（$S_1 - S_2$）或反应和刺激的联系（$S_1 - R - S_2$）。期待是重要的，它能帮助个体获得目标。

（二）动机的归因理论

20世纪60年代，心理学家用因果关系推论的方法，从人们行为的结果寻求行为的内在动力因素，称为归因。

海德指出，当人们在工作和学习中体验到成功或失败时，会寻找成功或失败的原因。一般来说，人会把行为的原因归结为内部原因和外部原因两种。内部原因是指存在于个体本身的因素，如能力、努力、兴趣、态度等。外部原因是指环境因素，如任务难度、外部的奖励与惩罚、运气等。海德还提出了"控制点"的概念，并把人分为"内控型"和"外控型"。内控型的人认为成败是由自身的原因造成的，而外控型的人则认为成败是由于外部因素造成的。

韦纳的动机归因理论，证明了成功和失败的因果归因是成就活动过程的中心要素。韦纳也把成就行为的归因划分为内部原因和外部原因，同时把"稳定性"作为一个新的维度，把行为原因分为稳定的和不稳定的。例如，能力、任务难度是稳定的，而努力和运气是不稳定的。根据这些维度，韦纳（1972）提出了两维归因模式。

韦纳（1972）根据自己的研究提出，如果一个新的结果和过去的结果不同，人们一般归因于不稳定的因素，如努力和运气等；如果新结果与过去的结果一致，人们一般归因于稳定的因素，如任务难度和能力等。这种归因会使人们对下一次的行为结果产生预期。

韦纳还发现，归因会使人出现情绪反应。如果把成就行为归结为内部原因，在成功时会感到满意和自豪，在失败时会感到内疚和羞愧。但是，如果把成就行为归结为外部原因，不论成功还是失败都不会产生太突然的情绪反应。近几十年来，他对情绪的动力作用进行了大量研究，提出了动机和情绪的归因理论。

（三）自我功效论

班杜拉的自我功效论是另一种动机的认知理论。他认为，人对行为的决策是主动的，人的认知变量如期待、注意和评价等在行为决策中起着重要的作用。其中期待是决定行为的先行因素，强化的效果存在于期待奖赏或惩罚之中，是一种期待强化。

班杜拉把期待分为结果期待和效果期待两种。结果期待是指个体对自己行为结果的估计或强化。效果期待是指个体对自己是否有能力完成某一行为的推测和判断，这种推测和判断就是个体的自我效能感。班杜拉认为自我效能感的高低，直接决定个体进行某种活动时的动机水平。班杜拉（1994）强调自我效能感是成就活动的一个重要维度。

（四）成就目标理论

20 世纪 80 年代，尼科尔斯和德韦克等人将成就目标概念引入成就动机领域，并使之成为 90 年代动机研究的一个热点。成就目标理论建构了相应的评价标准和原则来评价成功，主要有 3 个。任务标准：主要看个体是否达到了活动的要求；自我标准：主要看个体现在是否比自己以前做得好；他人标准：主要看个体是否比群体中的其他人做得好。

成就目标理论把成就目标分为两种类型。一种是掌握目标，个体的目标定位在掌握知识和提高能力上，认为达到了上述目标就是成功。个体对自己的评价往往依据任务标准和自我标准。另一种是成绩目标，个体的目标定位在好名次和好成绩上，认为只有赢了才算成功。这种目标常常表现在把自己和别人进行比较，并且根据一般标准来评价自身的表现。

研究发现，不同的成就目标对应着不同的动机和行为模式。具有掌握目标的个体，往往会采取主动、积极的行为，如选择适当的具有挑战性的任务，并使用深层的加工策略等；而具有成绩目标的个体，往往有较高的焦虑水平，有时不敢接受挑战性的任务，遇到困难有时容易退缩。

近年来，艾略特及其同事将趋近—回避这两个古老的成就动机概念引入到成就目标理论中，把成绩目标进一步区分为成绩趋近目标和成绩回避目标。前一种目标旨在获得积极的活动结果，是一种趋近的目标状态；后一种目标旨在避免消极的活动结果，是一种回避的目标状态。

平崔克则将趋近—回避状态引入掌握目标中，将掌握目标区分为趋近和回避两种状态，进而把成就目标分为 4 种，即掌握趋近目标、掌握回避目标、成绩趋近目标和成绩回避目标，并提出了这些目标的一些特性。

第三节　动机的种类

一、动机的分类

按照不同的分类依据，动机有不同的分类方式，分成了不同类型的动机。

（一）生理性动机与社会性动机

根据动机的性质，人的动机可分为生理性动机与社会性动机。生理性动机也称驱力，它以有机体自身的生物学需要为基础，如饥、渴、缺氧、疼痛、性、睡眠、排泄等动机，都是生理性动机。

社会性动机，是以人的社会文化需要为基础的。人有权力的需要、社会交往的需要、成就的需要、认识的需要等，因而产生了相应的权力动机、交往动机、成就动机、认识性动机和兴趣等。

（二）原始的动机与习得的动机

根据学习在动机形成和发展中所起的作用，人的动机可分为原始的动机和习得的动机。原始的动机是与生俱来的动机，它们是以人的本能需要为基础的，如饥、渴、母性、性欲等动机。习得的动机是指后天获得的各种动机，即经过学习产生和发展起来的各种动机。

（三）有意识的动机与无意识的动机

根据动机的意识水平，人的动机可分为有意识的动机和无意识的动机。

（四）外在的动机和内在的动机

根据动机的来源，可分为外在动机和内在动机。外在动机是指人在外界的要求与外力的作用下所产生的行为动机。内在动机是指由个体内在需要引起的动机。

二、生理性动机

生物性需要指保存和维持有机体生命和延续种族的一些需要，如对饮食、运动、休息、睡眠、觉醒、排泄、避痛、配偶、嗣后等的需要。动物也有这类需要。这些需要也叫生理性需要或原发性需要。具体内容如前所述。

三、社会性动机

（一）兴趣

兴趣是人的认识需要的心理表现，它使人对某些事物优先给予注意，并带有积极的情绪色彩。例如，对音乐感兴趣的人，总是对乐器以及有关音乐的书籍、刊物等优先加以注意；有关于音乐方面的信息，不论是歌剧还是广播或是别人的演奏，甚至报纸上有关音乐的报道，别人议论有关音乐的事，对他都有很大的吸引力，并总是以积极情绪去探究领会和掌握它。兴趣进一步发展为从事实际活动的需要时，就变成了爱好。所以，兴趣爱好往往是联系在一起的。

人们的兴趣有相当大的个别差异。这种个别差异可从下列 4 方面加以分析。①兴趣的指向性，是指人对什么事物感兴趣。有人对数学感兴趣，有人对哲学感兴趣。人们的兴趣指向的不同，主要是由于生活实践不同造成的、受社会历史条件制约的。我们也可以根据社会伦理的观点把兴趣区分为两类、高尚的兴趣和低级的兴趣。前者同个人身心健康和社会进步相联系，后者使人腐化堕落、有碍社会进步。②兴趣的广度，是指兴趣的数量范围。有人兴趣广泛，有多种多样的兴趣；有人兴趣狭窄，除了对自己所从事的专业发生兴趣外，对其他任何事物几乎都不发生兴趣。人们的兴趣广度有相当大的差异。③兴趣的稳定性，指对事物感兴趣持续时间的长短。人们的兴趣可能是经久不变的，也可能是变化无常的。在兴趣稳定性方面，人们有相当大的差异。④兴趣的效能，是指兴趣在推动认识深化过程所起的作用。有人的兴趣只停留在消极的感知水平上，喜欢听听音乐、看看绘画便感到满足，没有进一步表现出认识的积极性，去理解它、掌握它；有人的兴趣是积极主动的，表现出力求认识它、掌握它。因此，后者的兴趣效能就高于前者。兴趣是价值观的初级形式。因为兴趣也是人用来评价事物好坏的一个内心尺度。但是，这个内心尺度稳定性较差，人们往往也不一定意识到是用这个尺度来评价事物的。兴趣的行为表现通常是自发的，是带有积极情绪色彩的认识倾向。

（二）成就动机

成就动机是人们希望从事对他有重要意义的、有一定困难的、具有挑战性的活动，在活动中取得优异的成绩，并能超过他人的动机。

（三）权力动机

权力动机（power motive）是指人们具有的某种支配和影响他人以及周围环境的内在驱力。在权力动机的支配下，人们表现出积极主动的参与精神，并有成为某一群体的领导者的愿望。高权力动机者，经常表现为对社会事业有浓厚的兴趣，在讨论问题时总是试图以自己的观点、看法去说服别人，在群体中希望处于领导地位，日常生活中表现得比较健谈，好争论。

从个体行为目标上，权力动机可以分为，个人化权力动机（personalized power motive）和社会化权力动机（socialized power motive）。持个人化权力动机的个体，寻求权力的目的是满足个人的私欲或利益。同时，他们热衷于追求权力、地位，目的也是得到某种个人的利益。还有的人表现为追求物质财富，通过各种手段聚集财富。他们企图以优厚的物质财富来提高自己的社会地位，从而达到影响他人和控制社会的目的。

持社会化权力动机的个体，寻求权力的目的是为了他人。在行为上表现为关心社会、关心他人，以个人的知识、观念等方式影响他人。也就是说，这些人以自己的作品或精神产品去影响他人、影响社会，希望对社会作出有益的贡献。例如，那些敬业的教师、作家、新闻记者和文艺工作者等。

（四）交往动机

交往动机是在交往需要的基础上发展起来的一种重要的社会性动机。

人自出生之后便成为各种社会团体中的一分子。从婴幼儿时期起，人就想与他人亲近、与他人来往，希望得到别人的赞许、关心、友谊、爱护、接受、支持和合作。交往需要就是个人想与他人交流思想感情、沟通信息的需要。依亲、交友、家人团聚、参加各种社会团体的活动等都可以使个人的交往需要获得满足。

第四节　意志行动

一、意志行动的基本阶段

意志行动有其发生、发展和完成的历程。这一过程大致可以分为两个阶段：准备阶段和执行阶段。前者是意志行动的开始阶段，它决定意志行动的方向，是意志行动的动因；后者是意志行动的完成阶段，它使内心世界的期望、计划付诸实施，以达到某种目的。

（一）准备阶段

准备阶段一般包含确定目的或目标、制订计划、心理冲突、作出决策等许多环节。目的是人的行动所期望的结果。在行动中，人期望要得到的结果有时是很明确的，有时则不一定是明确的。有时行动想要达到的结果只有一个，无选择的余地，这时确定目的不会产生内心冲突；有时则有好几个可供选择的目的，确定目的会产生心理冲突，需要作出意志努力。目的确定之后，进一步就要选择达到目的的行动方式和方法，拟订出行动计划。对于行动的方式、方法的选择，也有各种不同情况。有时只要一提出目的，行动的方式、方法便可以确定，这无须意志的努力。在通常的情况下，达到目的的方式、方法也要进行选择，比较各种方式、方法的优缺点及可能导致的结果。这时也可能产生内心犹豫不决：时而想采取这种方式、方法，时而想采取那种方式、方法，难以下决心拟订出行动计划。因而在确定行动计划作出决策时也会产生心理冲突，也需要作出意志努力。

（二）执行阶段

在作出决定之后，便过渡到执行决定，进入实际行动。执行决定是意志行动的最重要环节。因为即使在作出决定时有决心、有信心，如果不见之于行动，这种决心和信心依然是空的，意志行动也就不能完成。

从作出决定过渡到执行决定，在时间上往往因具体情况的不同而有所不同。有时在作出决定之后就立即过渡到执行决定阶段。这通常在下列情况下发生：行动的目的和实现行动的方式、方法比较明确具体，完成行动的主客观条件多少已经具备，而行动又要求不失时机地去完成。例如，在战斗中，作出军事行动的决定就必须立即执行。有时，决定是比较长期的任务或是未来行动的纲领。这样的决定并不立即付诸行动，而仅是将来行动的企图。例如，我们准备在暑假内完成一篇论文，目的、计划都明确了，决心也下了，但并不立刻行动，因为条件还不完全具备，只是一种打算。

在执行决定的过程中，已经确立起来的决心和信心也可能会发生动摇。这通常发生在下列情况中。①执行决定时遇到的困难，要付出大的努力，但与个体已形成的消极个性品质（如懒惰、骄傲、保守、坏习惯等）或兴趣爱好发生矛盾，从而使决心和信心发生动摇。②在作出决定时虽然选择了一种目的，其他目的仅受到暂时的压抑，但仍然很有吸引力。在执行决定的过程中，暂时受到压抑的期望又可能重新抬头，产生了新的心理冲突。③在执行决定的过程中，还可能产生新的期望、意图和方法，它们也会同预定的目的发生矛盾，令人踌躇，干扰行动的进程。④有时在作出决定时没有充分考虑到各种主客观条件，没有预见到事物的发展变化，在执行决定时遇到新情况、出现新问题，而人又缺乏应付新情况、解决新问题的知识和技能，也可能使人犹豫不决。这些矛盾都妨碍意志行动贯彻到底。只有解决了这些矛盾才能达到预定的目的。

当意志行动达到预定目的时，又会增强克服困难的毅力，提高克服困难的勇气。优良的意志品质，正是在克服困难的实际斗争中锻炼和培养起来的。

二、意志行动中的冲突

（一）什么叫冲突

意志行动中的心理冲突或动机斗争，是很复杂的。在确定目的时会产生心理冲突。例如，一个大学毕业生在填写毕业分配志愿书时，是到祖国最需要最艰苦的地方去呢？还是留在大城市呢？这时他可能会产生动机斗争。在选择制订计划时也会产生心理冲突。例如，有的方式方法对达到目的是容易的，但不符合道德标准，有损于他人的利益；有的方式方法对达到目的是困难的，需要花很大力气，但符合道德标准，这时一个人也可能产生心理冲突。在执行决定阶段遇到困难是知难而进还是放弃预定目标确定新的目标呢？这时也会产生心理冲突。

（二）冲突的种类

意志行动中的心理冲突情况是很复杂的，从形式上看，大致可以分为以下4类。

1. 双趋冲突

有时，一个人以同样强度的两个动机追求同样并存的两个目的，但又不能同时达到，像这种从两所爱者或两趋向中仅择其一的矛盾心理状态，称为双趋冲突。孟子曰："鱼，吾所欲也；熊掌亦吾所欲也；二者不可得兼，舍鱼而取熊掌也。生，吾所欲也；义亦吾所欲也；二者不可得兼，舍生而取义也。"这是双趋冲突的一种解决办法。

2. 双避冲突

有时，一个人同时遇到两个威胁性而都想躲避的目的，而他又必须接受其一始能避免其二。像这种从两所恶者或两躲避中必须择其一的困扰心理状态，称为双避冲突。例如，品学均差的学生既怕学习又怕受处分，因为在他看来，这两者对他都是一种威胁，都想逃避，但他必须选择其一。

3. 趋避冲突

有时，一个人对同一目的同时产生两种动机：一方面好而趋之，另一方面恶而避之。像这种对同一目的兼具好恶的矛盾心理状态，称为趋避冲突。例如，学生想参加校足球队为学校争光，又怕耽误时间影响自己的学习成绩；青年人想为社会做好事又怕别人不理解等。这类矛盾心理，就是趋避冲突。

4. 多重趋避冲突

有时，一个人面对两个或两个以上的目的，而每一个目的又分别具有趋避两方面的作用。这种对几个目的兼具好恶的复杂矛盾心理状态，称为多重趋避冲突。例如，开学之初一个大学生想选修一些有吸引力的课程，但又害怕考试失败；想参加学校的公关协会学习公关学问，但又怕不能被接受面子上不好看。这种复杂的矛盾心理，就是多重趋避冲突。

从内容上来看，心理冲突可分为原则性的动机冲突和非原则性的动机冲突。凡是涉及个人期望与社会道德标准、法律相矛盾的动机冲突，属于原则性的动机冲突。例如，有些失足青年进行第一次犯罪活动时，是克制自己的邪欲还是纵容自己的邪欲去干不道德的、损人利己的事呢？这类动机斗争属于原则性的动机冲突，往往会引起激烈的思想斗争。凡是不与社会道德标准相矛盾仅属个人兴趣爱好方面的动机冲突，属于非原则性的动机冲突。例如，周末的晚上是去看电影还是看小说或看球赛？这类动机冲突属于个人一般性的兴趣爱好，通常不会引起激烈的思想斗争。前述的双趋冲突、双避冲突、趋避冲突及多重趋避冲突既可能是原则性的动机冲突，也可能是非原则性的动机冲突。

在心理冲突时怎样来衡量一个人的意志品质呢？对于原则性的动机冲突，意志坚强者能坚定不移地使自己的行动服从于社会道德标准、服从于集体的和国家的需要；而对于非原则性的动机冲突他也能根据当时的需要毅然决定取舍。如果一个人遇到原则性的动机冲突时不能使自己的行动服从于社会道德标准，或者对待非原则性的动机冲突经常犹豫不决，摇摆不定，那是意志薄弱的表现。

三、意志行动中的挫折

（一）挫折

挫折是指个体的意志行为受到无法克服的干扰或阻碍，预定目标不能实现时所产生的一种紧张状态和情绪反应，也就是俗话所说的"碰钉子"。挫折包含着三层含义：第一是挫折情境，第二是挫折认知，第三是挫折行为。

（二）挫折情境的形成

挫折情境也就是产生挫折的原因。人的任何挫折都与其所处的情境有关。挫折情境就是使目标不能实现的各种阻碍和干扰的因素。挫折情境形成的因素是多方面的，概括起来可以分为主观因素和客观因素两类。

主观因素也可称为内部因素，是个体的生理因素和心理因素。客观因素主要包括自然因素和社会环境因素。

（三）挫折反应

人们在遭受挫折后，或强或弱、或多或少都会做出一定的反应。概括地讲，个体对挫折的反应表现为三个方面，即情绪性反应、理智性反应和个性的变化。

情绪性反应是指个体在遭受挫折时伴随着的紧张、烦恼、焦虑等情绪反应，它表现为强烈的内心体验或特定的行为反应。情绪反应的形式很多，一般有攻击、冷漠、退化、固执、幻想、逃避、自戕等。

理智性反应实质上是一种意志行动的表现，即当个体遭受挫折后，能审时度势采取积极进取的态度，勇于克服困难、排除阻碍，毫不动摇地朝预定目标迈进。

个性的变化指持续的挫折或重大的挫折使个体产生持续的紧张状态和挫折反应，且某些行为会固定下来，形成个体相应的习惯和某些突出的个性特点，甚至会影响个性的形成与发展。

（四）增强挫折承受力

增强挫折承受力是培养良好意志行为的重要方面。意志行为的重要特征是勇于克服困难和阻碍，而正确对待挫折是克服困难的一个方面。能否经受得起挫折涉及多方面因素，下面介绍几种重要的因素。

1. 正确对待挫折

应该认识到挫折具有两重性。挫折和磨难并不都是坏事，它促使人为了改变境况而奋斗，能磨炼性格和意志，增强创造能力和智慧。同时，遭受挫折后认真总结经验教训也是十分必要的，应该尽量避免不必要的挫折。

2. 改善挫折情境

挫折情境是产生挫折和挫折感的重要原因。如果挫折情境得到改善和消失，挫折感也就会随着消失。

3. 总结经验教训

一方面，从失败中吸取教训，以积极态度冷静地分析遭受挫折的主客观原因，及时找出失败的症结所在，发现自己的弱点，力争改进。另一方面，要发现自己的优点和长处，从而振作精神，鼓起战胜挫折的勇气，树立信心提高对挫折的承受能力。

4. 调节抱负水平

抱负水平过低或过高都不利于增强个体的自信心和自尊心。在过低的抱负水平下，即使成功了，人们也不能产生成就感；抱负水平过高，在达不到预定的目标时，就容易产生挫折感。所以要使个体在活动中产生成就感又不至于受到挫折，就要提出适合个体能力水平的、具有挑战性的标准。

5. 建立和谐的人际关系

和谐的人际关系对于增强挫折的承受力是有积极作用的。当一个人遭受挫折后，可以向朋友倾诉自己的心里话，内心的紧张也会逐渐减弱；还可以从朋友那里得到鼓励、信任、支持和安慰，战胜困难和挫折。要建立和谐的人际关系，首先要关心别人，与人友好相处。

四、意志的品质

人的意志力的强弱是不同的。构成人的意志的某些比较稳定的方面，就是人的意志品质。了解意志品质，对培养优良意志品质、克服不良意志品质具有重要意义。人们的意志品质存在着巨大的个体差异。主要的意志品质有：独立性、果断性、坚定性和自制力。

(一) 独立性

独立性表现为一个人有能力自己作出重要的决定并执行这些决定，有责任并愿意对自己的行为所产生的结果负责，深信这样的行为是切实可行的。独立性不同于武断。武断表现为置他人的意见于不顾，不考虑具体情境而一意孤行。而独立性则是与理智地分析和吸取他人的合理意见相联系。独立性的人对于自己的决定和执行这些决定是经过理智思考的：决定的实行，从社会的角度来看是可以实行的，从道德的角度来看也是正确的。

与独立性相反的意志品质是受暗示性。受暗示性表现为盲从、没有主见，很容易受他人的影响。易受暗示性的人行为动机不是从自己已形成的观点和信念产生的，而是受他人影响的结果。

(二) 果断性

果断性表现为善于迅速地辨明是非，能及时地、坚决地采取决定和执行决定。果断不同于轻率。它是以充分的根据、经过周密思考为前提的。果断的人对自己的行为目的、方法以及可能的后果，都有深刻的认识和清醒的估计，所以当事态发展到最紧急关头的时候，能当机立断，及时行动，毫不动摇，毫不退缩。

与果断性相反的意志品质是优柔寡断。优柔寡断者的显著特点是无休止的动机冲突。在采取决定时，迟疑不决，三心二意；到了紧急关头，只好不假思索，仓猝决定，作出决定后又反悔，甚至开始行动之后，还怀疑自己决定的正确性。优柔寡断是缺乏勇气、缺乏主见、意志薄弱的表现。

(三) 坚定性

坚定性也叫顽强性。坚定性不同于执拗。坚定性表现为长时间地相信自己的决定的合理性，并坚持不懈地克服困难为执行决定而努力。高度坚定性的人有顽强的毅力，充满必胜的信念，不怕困难，不怕挫折，善于总结经验教训，既不为无效的愿望所驱使，也不被预想的方法所束缚。为了达到目的，他坚毅有恒，百折不回。所谓"富贵不能淫，贫贱不能移，威武不能屈"就是意志坚定性的表现。

与坚定性相反的意志品质是动摇性和刚愎、执拗。动摇性是遇到困难便怀疑预定的目的，不加分析便放弃对预定目的的追求。这种人不善于迫使自己去达到预定的目的，偶遇挫折便望而却步，做事见异思迁，虎头蛇尾。刚愎、执拗是对自己的行为不作理智的评价，总是独行其是。这种人不能客观地认识形势，尽管事实证明他的行为是错的，但仍一成不变，自以为是。动摇性和刚愎、执拗表面上不同，实质上都是对待困难的错误态度，属于消极的意志品质。

(四) 自制力

自制力是善于统制自我的能力，如善于控制自己的行为和情绪反应的能力等。在意志行动中，与目标不相一致的欲望的诱惑、消极的情绪（如厌倦、懒惰、恐惧）等都会干扰人作出决定和执行决定。有自制力的人能控制自我，克制与实现目标不一致的思想情绪，排除外界诱因的干扰，迫使自己执行已经采取的、具有充分根据的决定。有高度自制力的人为了崇高的目的，不仅能够忍受各种痛苦和灾难，而且在必要时还能视死如归。自制力是意志的抑制功能。与自制力相对立的意志品质是任性和怯懦。易冲动、意气用事、不能律己、知过不改等，都是缺乏自制力的表现。

必须注意，各种意志品质都有它的具体内容，不能离开具体内容，抽象地加以评价。对于意志品质，我们应当联系其具体内容，从社会的角度和道德的角度来加以评价。上述各种意志品质都是互有联系的，如果缺少其中任何一种品质，就必然会在性格上存在某种缺陷。

【本章小结】

本章主要介绍了有关需要的心理学理论和有关动机的心理学研究，以及与人的需要和动机密切相关的价值观、意志等问题。

1. 动机是在目标或对象的引导下，激发和维持个体活动的内在心理过程或内部动力。动机是一种内部心理过程不能直接观察，但是可以通过任务选择、努力程度、活动的坚持性和言语表示等行为进行推断。动机必须有目标，目标引导个体行为的方向，并且提供原动力。动机要求活动，活动促使个体达到他们的目标。

2. 动机具有激活、指向、维持和调整功能。动机是个体能动性的一个主要方面，它具有发动行为的作用，能推动个体产生某种活动，使个体从静止状态转向活动状态。同时它还能将行为指向一定的对象或目标。当个体活动由于动机激发而产生后，能否坚持活动同样受到动机的调节和支配。

3. 需要的产生是有机体内部生理上或心理上的某种缺乏或不平衡状态，它表现出有机体的生存和发展对客观条件的依赖性，是有机体活动的积极性源泉。马斯洛认为，人的需要主要有：①生理的需要，②安全的需要，③归属和爱的需要，④尊重的需要，⑤自我实现的需要。

4. 动机与行为的关系是十分复杂的。同一种行为可能有不同的动机，即各种不同的动机通过同一种行为表现出来；不同的活动也可能有同一种或相似的动机。动机强度与工作效率之间的关系呈倒 U 形曲线关系。人们在中等强度的动机下工作效率最高。

5. 价值观（values）是指主体按照客观事物对其自身及社会的意义或重要性进行评价和选择的原则、信念和标准。价值观是一个人思想意识的核心，对个人的思想和行为具有一定的导向或调节作用。价值观的主要表现形式有兴趣、信念和理想等。

6. 本能论在动机心理学中曾一度占统治地位。它认为人类是在进化过程中形成、由遗传固定下来的一种不学而能的行为模式，是人类行为的原动力。驱力论认为，个体由生理需要引起一种紧张状态，它能激发或驱动个体行为以满足需要，消除紧张，从而恢复机体的平衡状态。唤醒理论认为，人们总是要求达到一种生理激活的最佳水平。

7. 诱因指能满足个体需要的刺激物，它具有激发或诱使个体朝向目标的作用。诱因与驱力是分不开的，诱因是由外在目标所激发的，只有当它变成个体内在需要时，才能推动个体的行为，并有持久的推动力。

8. 现代认知理论认为，认知具有动机功能。期待价值理论将达到目标的期待作为行为的决定因素。期待能帮助个体获得目标。动机归因理论认为动机是思维的功能，采取因果关系推论的方法从人们行为的结果寻求行为的内在动力因素。韦纳提出了动机的归因理论，构建了内部原因和外部原因两维的归因模式。后来，他又提出了动机和情绪的归因理论。班杜拉提出了自我效能论。他强调期待是决定行为的先行因素，强化的效果存在于期待奖赏或惩罚之中，是一种期待强化。成就目标是个体对从事成就活动的目的或意义的知觉，目标表征了个体从事成就活动的目标和理由。成就目标分掌握趋近目标、掌握回避目标、成绩趋近目标和成绩回避目标四种。

9. 根据动机产生的基础和性质的不同，一般把动机分为生理性动机与社会性动机，生理性动机的主要形式有饥、渴、性、睡眠、排泄等。社会性动机，是以人的社会文化需要为基础的，主要形式有权力动机、交往动机、成就动机和认识性动机、兴趣等。

10. 意志是有意识地支配、调节行为，通过克服困难，以实现预定目标的心理过程。意志品质有独立性、果断性、坚定性和自制力。意志行动过程可分为两个阶段：采取决定阶段和执行决定阶段。前者是意志行动的开始阶段，它决定意志行动的方向，是意志行动的动因；后者是意志行动的完成阶段，它使内心世界的期望、计划付诸实施，以达到某种目的。意志行动中的心理冲突主要有四类：双趋冲突、双避冲突、趋避冲突和多重趋避冲突。意志行动中总会出现挫折。挫折是指个体的意志行为受到无法克服的干扰或阻碍，预定目标不能实现时所产生的一种紧张状态和情绪反应。挫折包含着三层含义：挫折情境、挫折认知和挫折行为。

【习题（含近年考研真题）】

一、单选题

1.（　　）是指激发个体朝着一定目标活动，并维持这种活动的一种内在的心理动力。

    A. 需要　　　　**B. 动机**　　　　C. 意志　　　　D. 情绪

2. 动机和行为的关系表现为（　　）。

    A. 同一行为可以由不同动机引起

　　B. 同一行为必须由同一动机引起

　　C. 同一行为必须由不同动机引起

　　D. 不同行为必须由不同动机引起

3. 按照需要产生的根源，可把动机划分为（　　）。

　　A. 生理性动机和社会性动机　　B. 有意识动机和无意识动机

　　C. 内在动机和外在动机　　　　　D. 原始动机和习得动机

4. 马斯洛的需要层次理论把需要分为（　　）。

　　A. 生理需要、安全需要、爱和归属的需要、尊重的需要、自我实现的需要

　　B. 自然需要、社会需要、爱和归属的需要、尊重的需要、自我实现的需要

　　C. 生理需要、安全需要、人际交往的需要、学习的需要、自我实现的需要

　　D. 生理需要、安全需要、爱和归属的需要、尊重的需要、为他人服务的需要

5. 马斯洛把较低层次、与个体的生命攸关的需要称为（　　）。

　　A. 生长需要　　　　　　　　　　B. 获得性需要

　　C. 缺失性需要　　　　　　　　　D. 基础性需要

6. （　　）是指人希望最大限度发挥自己的潜能，不断完善自己，实现自己理想的需要。

　　A. 安全的需要　　　　　　　　　B. 爱和归属的需要

　　C. 尊重的需要　　　　　　　　　**D. 自我实现的需要**

7. 马斯洛认为，自我实现境界是（　　）。

　　A. 每个人都能达到的　　　　　　B. 大多数人都能达到的

　　C. 少数人能够达到的　　　　　　D. 没有人能达到的

8. （　　）是指有意识地确立目的，调节和支配行为，并通过克服困难和挫折，实现预定目的的心理过程。

　　A. 冲突　　　　**B. 意志**　　　　C. 能力　　　　D. 动机

9. 意志行为的基本阶段分为（　　）。

　　A. 准备阶段和执行阶段　　　　B. 初始阶段和结果阶段

　　C. 酝酿阶段和行动阶段　　　　　D. 行动阶段和完成阶段

10. 意志行为准备阶段的主要任务是（　　）。

　　A. 在思想上确立行动目的，选择行动的方案

　　B. 克服那些妨碍达到既定目标的动机和行为

　　C. 不断审视行动计划

　　D. 坚定地执行既定的计划

11. 有多个目标，每个目标对自己都有利也都有弊，权衡利弊拿不定主意时的矛盾心情是（　　）。

　　A. 双趋式冲突　　　　　　　　　B. 双避式冲突

　　C. 趋避式冲突　　　　　　　　　**D. 多重趋避式冲突**

12. 引发动机的外在条件是（   ）。（2007年真题）

    A. 诱因   B. 需要   C. 兴趣   D. 信念

13. "仓廪实而知礼节，衣食足而知荣辱"这句话反映了人的需要具有（   ）。（2007年真题）

    A. 整体性   B. 选择性   **C. 层次性**   D. 动力性

14. "音乐家必须去创造音乐，画家必须作画，诗人必须写诗。一个人要成为他能够成为的那个人，就必须真实地面对自己。"根据马斯洛的观点，这段话体现了人具有（   ）。（2008年真题）

    A. 归属与爱的需要   B. 尊重的需要

    C. 自我实现的需要   D. 安全的需要

15. "鱼，我所欲也；熊掌，亦我所欲也；二者不可得兼"所反映的动机冲突是（   ）。（2008年真题）

    A. 双趋冲突   B. 双避冲突

    C. 趋避冲突   D. 多重趋避冲突

16. 在马斯洛的需要层次理论中，属于成长性需要的是（   ）。（2009年真题）

    A. 安全需要   B. 归属与爱的需要

    C. 尊重的需要   **D. 自我实现的需要**

17. 与自制力相对立的意志品质是（   ）。（2009年真题）

    A. 任性   B. 犹豫   C. 独断   D. 执拗

二、多选题

1. 需要（   ）。

    A. 是对有机体内部不平衡状态的反映

    B. 表现为有机体对内外环境条件的欲求

    C. 是人对客观外界事物的态度的体验

    D. 是顺利有效地完成某种活动所必须具备的心理条件

2. 社会需要包括（   ）的需要。

    A. 求知   **B. 交往**   C. 休息   D. 饮食

3. 可以激发动机的因素有（   ）。

    A. 需要   **B. 内驱力**   C. 情绪   **D. 诱因**

4. 动机和行为的关系表现为（   ）。

    A. 不同行为可以由不同的动机引起

    B. 不同行为可以由相同或相似的动机引起

    C. 同一行为可以由不同的动机引起

    D. 同一行为可以由相同的动机引起

5. 以人类的社会文化需要为基础而产生的社会性动机包括（   ）。

    A. 交往动机   **B. 成就动机**

C. 权力动机　　　　　　　　　D. 兴趣和爱好

6. 兴趣的品质包括兴趣的（　　　）。

　A. 强度　　　　　B. 广度　　　　　C. 效能　　　　　D. 稳定性

7. 在马斯洛的需要层次理论中，缺失性需要是（　　　）。

　A. 在种族和个体发展过程中早期出现的需要

　B. 力量强的需要

　C. 关系到个体生存的需要

　D. 有益于健康、长寿和精力旺盛的需要

8. 在马斯洛的需要层次理论中，生长需要（　　　）。

　A. 是低层次的需要

　B. 是高层次的需要

　C. 它的满足关系到个体的生存

　D. 它的满足有益于健康、长寿和精力旺盛

9. 耶克斯—多德森定律表明，各种活动都具有最佳动机水平，而且动机最佳水平随任务难度的不同而有差异，具体表现为（　　　）。（2007年真题）

　A. 在低难度任务中，处于较高动机水平的工作效率最高

　B. 在中等难度任务中，处于中等动机水平的工作效率最高

　C. 在高难度任务中，处于较低动机水平的工作效率最高

　D. 在高难度任务中，动机水平的高低与工作效度无关

10. 意志行动的特点是（　　　）。

　A. 顺利有效地完成某种活动所必须具备的心理条件

　B. 一种有目的的行动

　C. 一种受意识调节和支配的行动

　D. 通过克服困难和挫折表现出来的

11. 动机冲突的形式主要有（　　　）。

　A. 双趋式冲突　　　　　　　**B. 双避式冲突**

　C. 趋避式冲突　　　　　　　**D. 多重趋避式冲突**

12. 意志的品质有（　　　）。

　A. 自觉性　　　**B. 果断性**　　　**C. 坚韧性**　　　**D. 自制性**

13. 和意志的自觉性品质相反的品质是（　　　）。

　A. 优柔寡断　　B. 怯懦　　　　**C. 武断从事**　　**D. 受暗示性**

14. 动机的功能有（　　　）。（2008年真题）

　A. 指向功能　　　　　　　　**B. 激发功能**

　C. 维持功能　　　　　　　　**D. 调节功能**

三、简答题及答案要点

1. 简述动机和工作效率的关系。

　　答：工作效率与动机强度有密切联系。简述耶克斯—多德森定律的

内容。

2. 需要和动机的内涵和种类。

　　答：需要是个体在生活中感到某种欠缺而力求满足的内心状态，是有机体活动的积极性源泉，是人进行活动的基本动力。需要可分为：生物性需要，社会性需要。马斯洛的需要理论有五个层次：生理、安全、社交、尊重、自我实现即抱负。

　　动机是激发和维持个体进行活动，并导致该活动朝向某一目标的心理倾向或动力。包括原发性动机，习得性动机。

　　简述动机和需要的区别。

四、论述题及答案要点

简述马斯洛的需要层次理论，说明几种需要之间的关系。（2010 年真题）

　　答：需要层次理论美国心理学家马斯洛 1943 年提出的一种关于人的需要结构的理论。该理论基于两个基本假设：第一，人主要是受满足某种需要的欲望所驱使的需求动物。人类的需要是无止境的，当个人满足一种需求之后，就会产生另一种需求。第二，人类所追求的需要具有普遍性，这些需要有层次之分。由此，马斯洛把人的需要分为五个层次：生理需要，安全需要，社交需要，尊重需要，自我实现需要。其中，生理需要是维持人类自身生存的基本需要，是人类最原始、最基本的需要，如衣、食、住、行、性的需要。在生理需要得到满足之后，人就会产生安全需要，如避免职业病及事故、摆脱失业威胁及某些社会保障的需要。再上一层需要是社交的需要，如满足归属感、希望得到友爱等。尊重需要可分为内部尊重及外部尊重。前者指希望自己有实力，后者指对地位、威望的需求。自我实现的需要是个人的最高需要，要求实现个人抱负，施展才能。

　　马斯洛认为各层次需要之间有以下一些关系：第一，这五种需要像阶梯一样，从低到高。低一层次的需要获得满足后，就会向高一层次的需要发展。一般来说，只有较低层次的需求得到满足之后，较高层次的需求才会有足够的活力驱动行为。已经满足的需求，不再是激励因素。第二，这五种需要不是每个人都能满足的，越是靠近顶部的成长型需要，满足的百分比越少。第三，同一时期，个体可能同时存在多种需要，因为人的行为往往是受多种需要支配的。每一个时期总有一种需要占支配地位。第四，满足较高层次需求的途径多于满足较低层次需求的途径。

第十章　情绪和情感

【情绪的故事】

　　有两个秀才一起去赶考，路上他们遇到了一支出殡的队伍。看到那一口黑乎乎的棺材，其中一个秀才心里立即"咯噔"一下，凉了半截，心想：完了，真倒霉，赶考的日子居然碰到这个倒霉的棺材。于是，心情一落千丈，走进考场后，那个"黑乎乎的棺材"一直挥之不去，结果，文思枯竭，名落孙山。

　　另一个秀才同时也看到了这口棺材，一开始心里也"咯噔"了一下，但转念一想：棺材，棺材，噢！那不就是有"官"又有"财"吗？好，好兆头，看来今天我要鸿运当头了，一定高中。于是心里十分兴奋，情绪高涨，走进考场，文思如泉涌，果然一举高中。

　　面对同一口棺材，两个秀才产生了不同的情绪，进而造成两种不同的结果。由此可见，情绪对一个人的影响是多么巨大。

【基础知识】

第一节　情绪和情感的概述

一、情绪和情感的性质

（一）什么是情绪和情感

　　情绪和情感是人对客观事物的态度体验及相应的行为反应。人的情绪情感总是和一定的刺激情境相联系。情绪情感是以个体的愿望和需要为中介的一种心理活动。情绪和情感是人对反映内容的一种特殊的态度，它具有独特的主观体验、外部表现并且总是伴随着植物性神经系统的生理反应。

在 19 世纪和 20 世纪初期，心理学家把心理过程划分为三个方面：认识过程、情绪过程和意志过程。认识过程是对客观事物本身的品质和属性以及它们之间的联系和关系的反映过程；意志过程是认识活动的能动方面和自觉的调节方面；而情绪和情感，是伴随着认识活动和意志行动而出现的。它具有独特的主观体验的形式和外部表现的形式，具有极为复杂的神经生理、生化的机制，包括有机体在心理的和生理的许多水平上的整合。情绪和情感在人的心理生活中有着广泛的影响，并在人的生理活动中起着十分重要的作用。

人在认识世界和改造世界的过程中，与周围世界交互作用，与现实事物发生多种多样的联系和关系。现实事物对人总是具有这样或那样的意义，人对这些事物就抱有一定的态度。人对客观事物的态度与人对事物的认识有所不同，它总是以带有某些特殊色彩的体验的形式表现出来。例如，顺利完成工作任务使人轻松和愉快；失去亲人带来痛苦和悲伤；面对敌人的挑衅引起激动或愤怒；遭遇危急可能引起震惊或恐惧；美好的事物使人发生爱慕之情；丑恶的现象令人产生憎恶之感。所有这些喜、怒、悲、愤等，都是人的具有某种独特色彩的体验，而这些不同的体验，是以人的不同态度为转移的。因此，情绪和情感就是人对客观事物的态度的一种反映。

人对客观事物采取怎样的态度，要以某事物是否满足人的需要为中介；客观事物对人的意义，也往往与它是否满足人的需要有关。同人的需要毫无关系的事物，人对它是无所谓情感的；只有那种与人的需要有关的事物，才能引起人的情绪和情感。而且，依人的需要是否获得满足，情绪和情感具有肯定或否定的性质。凡能满足人的需要的事物，会引起肯定性质的体验，如快乐、满意、爱等；凡不能满足人的渴求的事物，或与人的意向相违背的事物，则会引起否定性质的体验，如愤怒、哀怨、憎恨等。情绪和情感的独特性质正是由这些需要、渴求或意向决定的。

（二）情绪和情感的区别和联系

情绪和情感是十分复杂的心理现象，它既是在有机体的种族发生的基础上产生的，又是人类社会历史发展的产物。

西方心理学著作常常把无限纷繁的情绪和情感称为感情（affection），这样，感情的概念就包括了心理学中使用的情感和情绪两个概念。

情绪和情感是从不同的角度来标示感情这种复杂的心理现象的。要想把它们作严格的区分是困难的，可以从不同的侧面对二者加以说明。

情绪通常是在有机体的先天生物需要是否获得满足的情况下产生的，例如，由于饮食的需求而引起满意或不满意的情绪，由于危险情境引起的恐惧，和搏斗相联系的愤怒等。而情感则是在后天的社会性需要是否得到满足的情况下产生的。

因此，情绪为人和动物所共有，而情感则是人类特有的。但是，人的情绪在本质上与动物的情绪有所不同。即使人类最简单的情绪，在它产生和起作用的时候，都受人的社会生活方式、社会习俗与文化教养的影响和制约。由于这个原因，人在满足基本需要的生活活动中，那些直接或间接地与人的这些需要相联系的事物，在人的反映中都带有各种各样的情绪色彩。例如，难闻的气味能引起厌恶的情绪，素雅整洁的房间使人产生恬静舒适的心情。

人类在社会历史发展进程中所形成的稳定的社会关系决定着人们对于客观世界的态度，对于这些受社会关系所制约的态度的反映，就是人类特有的情感。例如，集体感、荣誉感、责任感、羞耻心、求知欲等，都是人们在社会生活条件下形成的高级情感，它们具有社会历史性，有时还可能带有阶级的烙印。

由于情感大都与人的社会需要相联系，情感的性质常常与稳定的社会事件的内容密切相关。因此，情感这一概念较多用于表达情感的内容，它一般具有较大的稳定性和深刻性。而情绪常用于感情的表现形式方面，它具有较大的情境性、激动性和短暂性。

因此，当谈到狂热的欣喜、强烈的愤怒或持续的忧郁等的时候，常常用情绪这一术语来表示；而对诸如高尚的道德情操、精湛的艺术感受之类的体验，则用情感这一术语来表达。

可是实际上，无论情感或情绪都有内容和形式两个方面，因此这种区分不是绝对的。一方面人的具有稳定的社会内容的高级情感，也可能以鲜明的、爆发的形式表现出来，表现为一种情绪。例如，保卫边疆的战士，在敌人进攻面前，爱国主义的感情会爆发为强烈的怒火。又如，1976年1月11日傍晚，在长安街上等待周总理灵车经过的千百万人，冒着寒风，流着热泪，悼念周总理的无限悲恸充满了人们的肺腑，表达着人们由衷的哀忱。这些深邃的体验，既是中国人民对祖国、对领袖的高尚而深沉的情感，同时又具有鲜明的表现形式，表现为激烈的情绪。另一方面，那些与人的生物需要相联系的情绪，都能因赋予了社会内容而改变它的原始表现形式。例如，上甘岭战役中，在极度缺水的条件下，一杯水在战士手中辗转传递，没有人沾一下自己的嘴唇。这个著名的事例之所以感人，就是由于人们高度的道德和觉悟，压倒了那些基本的自然需要，表现了真正的、高尚的情操。以上的几个例子说明，情绪和情感是可以区分的，它们各自有特定的含义，但是这种区分是相对的，人类的情绪和情感是统一在人的社会性本质之中的。

（三）情绪和情感的功能

1. 适应功能

有机体在生存和发展的过程中，有多种适应方式。情绪和情感是有机体适应生存与发展的一种重要方式。例如，动物遇到危险时产生怕的呼救，就是动物求生的一种手段。

情绪是人类旦期赖以生存的手段。婴儿刚出生时，还不具备独立的维持生存的能力，这时主要依赖情绪来传递信息，与成人进行交流，得到成人的抚养。成人也正是通过婴儿的情绪反应，及时为婴儿提供各种生活条件。在成人的生活中，情绪直接反映着人们生存的状况，是人们心理活动的晴雨表，如通过愉快表示处境良好、通过痛苦表示处境困难；人们还通过情绪、情感进行社会适应，如用微笑表示友好；通过移情维护人际关系，如通过察言观色了解对方的情绪状况，以便采取适当的、相应的措施或对策等。也就是说，人们通过各种情绪、情感，了解自身或他人的处境和状况，适应社会的需要，求得更好的生存和发展。

2. 动机功能

情绪情感是驱使人行为产生的一个动力。情绪、情感是动机的源泉之一，是动机系统的一个基本成分。它能够激励人的活动，提高人的活动效率。适度的情绪兴奋，可以使身心处于活动的最佳状态，进而推动人们有效地完成工作任务。研究表明，适度的紧张和焦虑能促使人积极地思考与解决问题。同时，情绪对于生理内驱力（drive）也具有放大信号的作用，成为驱使人们行为的强大动力。例如，人们在缺氧的情况下，产生了补充氧气的生理需要，这种生理驱力可能没有足够的力量去激励行为，但是这时人们产生的恐慌感和急迫感就会放大和增强内驱力，使之成为行为的强大动力。

3. 组织功能

情绪情感是人的心理活动的"组织者"。情绪是一个独立的心理过程，有自己的发生机制和发生、发展的过程。什劳费（Sroufe，1976，1979）认为情绪作为脑内的一个检测系统，对其他心理活动具有组织的作用。这种作用表现为积极情绪的协调作用和消极情绪的破坏、瓦解作用。中等强度的愉快情绪，有利于提高认知活动的效果。而消极的情绪如恐惧、痛苦等会对操作效果产生负面影响，消极情绪的激活水平越高，操作效果越差。

情绪的组织功能还表现在人的行为上，当人们处在积极、乐观的情绪状态时，易注意事物美好的一方面，其行为比较开放，愿意接纳外界的事物。而当人们处在消极的情绪状态时，容易失望、悲观、放弃自己的愿望，有时甚至产生攻击性行为。

4. 信号作用

情绪和情感在人际间具有传递信息、沟通思想的功能。这种功能是通过情绪的外部表现，即表情来实现的。表情是思想的信号，在许多场合，只能通过表情来传递信息，如用微笑表示赞赏、用点头表示默认等。表情也是言语交流的重要补充，如手势、语调等能使言语信息表达得更加明确和确定。从信息交流的发生上看，表情的交流比言语交流要早得多。如在前言语阶段，婴儿与成人相互交流的唯一手段就是情绪，情绪的适应功能也正是通过信号交流作用来实现的。

二、情绪的维度与两极性

(一) 情绪维度的理论

人们对情绪的维度有着各种不同的看法，提出了许多理论。

1. 三维理论

19 世纪末，冯特（Wundt，1896）提出了情绪的三维理论，认为情绪是由 3 个维度组成的，即愉快—不愉快、激动—平静、紧张—松弛。每一种具体情绪分布在 3 个维度的两极之间的不同位置上。他的这种看法为情绪的维度理论奠定了基础。

20 世纪 50 年代，施洛伯格根据面部表情的研究提出，情绪的维度有愉快—不愉快、注意—拒绝和激活水平 3 个维度，建立了一个三维模式图。

60 年代末，普拉切克提出情绪具有强度、相似性和两极性 3 个维度，并用一个倒锥体来说明三个维度之间的关系。锥体截面划分为 8 种原始情绪，相邻的情绪是相似的，对角位置的情绪是对立的，锥体自下而上表明情绪由弱到强的变化。

2. 四维理论

美国著名心理学家伊扎德提出了情绪的四维理论，认为情绪有愉快度、紧张度、激动度和确信度 4 个维度。

(二) 情绪、情感的两极性

1. 情绪的两极性可以表现为积极的增力作用和消极的减力作用

情绪的动力性有增力和减力两极。一般地讲，需要得到满足时产生的积极情绪是增力的，可提高人的活力；需要得不到满足时产生的消极情绪是减力的，会降低人的活动能力。

积极的、增力的情绪可以提高人的活动能力，如愉快的情绪驱使人积极地行动；消极的、减力的情绪则会降低人的活动能力，如悲伤引起的郁闷会削弱人的活动能力。在不同的情况下或针对不同的人，同一些情绪可能既具有积极的性质又具有消极的性质。例如，恐惧易于引起行动的抑制，减弱人的精力，但也可能驱使人动员他的精力与危险情境进行斗争。

2. 情绪的两极性还可以表现为激动和平静

激动是一种强烈的、外显的情绪状态，如激怒、狂喜、极度恐惧等。平静是指一种平稳安静的情绪状态，它是人们正常生活、学习和工作时的基本情绪状态，也是基本的工作条件。

激动的情绪表现为强烈的、短暂的、爆发式的体验，如激愤、狂喜、绝望。激情的产生往往与人在生活中占重要地位、起重要作用的事件的出现有关，同时又出乎原来的意料，违反原来的愿望和意向，并且超出了意志的控制之外。与短暂而强烈的激情相对立的是平静的情绪，人在多数情境下是处在安静的情绪状态之中的，在这样的场合人能从事持续的智力活动。

3. 情绪的两极性还可以表现在强度上

即从弱到强的两极状态，如从愉快到狂喜、从微愠到狂怒。在情绪的强弱之间还有各种不同的强度，如在微愠到狂怒之间还有愤怒、大怒和暴怒等。

许多类别的情绪都可以有强—弱的等级变化，如从微弱的不安到强烈的激动、从愉快到狂喜、从微愠到暴怒、从担心到恐惧等。情绪的强度越大，整个自我被情绪卷入的趋向越大。情绪的强度决定于引起情绪的事件对人的意义以及个人的既定目的和动机是否能够实现和达到。

4. 情绪的两极性还可以表现为紧张和轻松（紧张的解除）

这样的两极性常常在人的活动的紧要关头或人所处的情境的最有意义的关键时刻表现出来。如果情境比较复杂，个体心理准备不足而且应变能力比较差，人们往往容易紧张，甚至不知所措。如果情境不太紧急，个体心理准备比较充分，应变能力比较强，人就不会紧张，而会觉得比较轻松自如。

例如，考试或比赛前的紧张情绪，和这样的处于关键时刻的活动过去以后出现的紧张的解除和轻松的体验，能代表这种两极性。紧张取决于环境情境的行动、任务的性质，如客观情境所赋予的对人的需要的急迫性、重要性等；也决定于人的心理状态，如活动的准备状态、注意的集中、脑力活动的紧张性等。一般来说，紧张与活动的积极状态相联系，它引起人的应激活动，有时候过度的紧张也可能引起抑制，引起行动的瓦解和精神的疲惫。

以上从情绪的两极性的分类中归纳了情绪的某些表现形式上的特征，这些特征是不同的侧面，又从每一侧面的两极形式加以归类的。这些从不同侧面归纳出来的情绪的表现形式，往往成为人们度量情绪的尺度，即情绪的强度、情绪的紧张度、情绪的激动程度、情绪的快感程度、情绪的复杂程度等。

三、情绪和情感的分类

（一）情绪的分类

情绪状态是指在某种事件或情境的影响下，在一定时间内所产生的某种情绪，其中较典型的情绪状态有心境、激情和应激三种。

1. 心境

人的心境是一种持续的、微弱的会影响人的整个情绪活动的情绪状态。其特点是非常缓和与微弱；持续时间长久；是一种非定向的，具有弥散性的情绪体验（人与人之间有一定差异）。

引起心境的原因有外界环境中的一般原因。例如，工作或学习的顺利与否，人际关系上的和谐或矛盾，人的世界观，包括理想、信念、价值观、人生观等。

心境有积极和消极之分。良好的心境有助于活动积极性的发挥，可以提高工作、学习效率；不良的心境会使人沉闷，郁郁寡欢，妨碍工作，学习效率，影响人的健康。

2. 激情

激情是人的一种强烈的、短暂的、爆发式的情绪状态。其特点是有明显的外部表现，有冲动性和力量；发作短促、冲动，但会迅速弱化，消失掉；通常由专门对象所引起，指向性较明显。

激情由外部的各种生活或工作事件引起（主体、客观）；人与人之间对立的意向（言语、表情、动作表现）或愿望所引起；过度的抑制或过度的兴奋也会引发激情。

激情有积极和消极双重作用。积极的激情是人类行为的巨大推动力，消极的激情会对人的行为产生不良后果。个体在消极激情状态下，认识范围狭小，理智、分析能力受到抑制，自控能力减弱，从而不能正确评价自己的行为后果，导致后悔莫及。但人的激情可以由理智（知识体系）和意志来控制。

3. 应激

应激是指人在出乎意料的紧张与危急情况下出现的情绪状态。往往是当遇到危险情境而且要做出重大决策的时候发生应激。应激状态会改变有机体的生理激活水平，特别是肌肉紧张、心率、腺体分泌、血压、呼吸，从而增加有机体活动能力来应付紧急情况。

应激作用具有积极、消极两重性。积极应激状态是有机体特殊的排险防御功能，精力旺盛，活动量剧增，思维清晰，动作敏捷，推动人化险为夷，摆脱困境；消极的应激使注意、知觉范围变小，动作紊乱，长期处于此状态会休克或死亡。

人的应激状态可以调节，与人的个性、知识经验、训练、经受的艰难困苦的锻炼、觉悟、事业心、责任心都有很大关系。

（二）情感的分类

情感是同人的社会性需要相联系的主观体验，是人类所特有的心理现象之一。人类高级的社会性情感主要有道德感、理智感和美感。

1. 道德感

道德感是一个人根据一定的社会行为标准评价自己或他人的行为举止、思想言论和意图时产生的一种情感体验。人对道德观念、道德行为和道德规则的认识是道德情感产生的基础，人在社会生活中，不断认识、理解、掌握道德规则，并把它内化成个人的道德需要，当体验到情感对象和道德需要间的关系时，才能逐步形成稳定的道德情感。

道德感的表现可以大致归纳为3个方面：①反映一个人对社会环境的态度，如爱国主义、国际主义情感；②反映周围人和集体的态度，如友谊感、同情心、责任心、眷恋心、爱情；③反映个体对自己行为的态度，如良心、羞耻心、荣誉感、自尊心。

2. 理智感

理智感是人在人的智力活动过程中，对认知活动的成就进行评价时产生的情感体验。理智感是与人的认识成就的获得、需要和兴趣的满足、对真理的探索和追求，以及思维任务的解决紧密相连的。

理智感的特点是人对社会的认识活动越深刻，求和欲望越强烈；人在追求真理的过程中越执著，人的理智感越深刻。

理智感的表现形式有对新异对象有好奇心，感到新异感；对认识活动初步成就的欣赏与高兴的情感；对矛盾事物的怀疑感与惊讶感；做出判断时因所需证据不足而感到的不安感；对问题解答时的坚持不懈的情感；对科学的热爱，在真理的追求过程中，对偏见、迷信、谬误的憎恨。理智感不仅产生于人的认识过程，也是推动人追求真理的强大内在动力之一。

3. 美感

美感是人对客观事物或对象的美的特征的主观体验，是具有一定审美观点的人对外界事物的美进行评价时，产生的一种愉悦、肯定、爱慕、满意的情感。

美感是人对审美对象的一种主观态度（有年龄特点），是对审美对象是否满足主体需要的反映；是通过认识、评价、鉴赏审美对象的美与丑的过程而产生的；每个人的审美需要、观点、标准、能力都不同，因而对同一对象的美感体验不同。

一个人不仅对美与丑的评价和鉴赏会产生美感体验，而且对具有社会意义的善和恶的评价也会产生美感。

第二节　情绪生理机制

一、情绪的脑中枢机制

情绪的脑中枢机制主要与下丘脑、网状结构、边缘系统、大脑皮层等部位有密切关系。其中边缘系统在情绪发生中起重要作用，大脑皮层则调节着情绪和情感的进行，控制着大脑皮层下中枢的活动。研究发现，正情绪时大脑左半球出现较多的脑电位活动，而负情绪时右半球出现较多的电位活动。美国心理学家奥尔兹用自我刺激的方法证明下丘脑和边缘系统中存在一个"快乐中枢"，杏仁核是恐惧反应的中枢。情绪的外周神经机制主要与自主神经系统、内分泌系统和躯体神经系统有密切关系。

（一）丘脑

丘脑是较早被发现的情绪中枢。20世纪二三十年代，美国心理学家凯仑（W. B. Cannon）针对詹姆士—兰格学说提出了情绪的丘脑学说。他根据丘脑受损伤或丘脑活动在失去大脑皮层的控制时，情绪变得容易激动或发生病理性变化这样一些事实，认为丘脑在情绪的发生上起着最重要的作用。他说："当丘脑过程被激动起来时，专门性质的情绪才附加到简单的感觉上。"

其他学者的实验表明，把间脑以上的脑结构全部切除而失去皮层控制的动物，出现"假怒"。凯仑引用了这一结果，认为这是丘脑部位冲动释放引起的强烈的情绪反应。凯仑已经涉及情绪的定位因素。他用药物使低级中枢从皮层的控制下释放出来，被试出现笑和哭的情绪反应。凯仑根据这些事实，认为詹姆士主张情绪无特定的脑中心的说法是不正确的。

但是凯仑的丘脑学说也是不完善的。有的学者指出给已切除皮层的动物切除全部丘脑之后，怒反应仍然存在，而只有当下丘脑结构被切除后，情绪反应才消失；同时如果情绪反应是由于丘脑机构从皮层抑制下的释放，那么排除皮层抑制的来源就应当产生连续、持久的怒反应，但是实际上发生的怒反应是暂时的，而不是连续的；而且，怒反应也可以在刺激下丘脑、大脑皮层甚至小脑时发生。这些事实都不能用皮层抑制的释放来解释。

凯仑的丘脑学说强调了大脑皮层对丘脑抑制的解除是情绪产生的机制，但是他却忽略了外周性变化的意义，以及大脑皮层对情绪发生的作用。

（二）网状结构

我们知道，网状结构对维持大脑皮层兴奋水平、保证人处于清醒状态有着重要作用。研究表明，网状结构对情绪的激活也有重要的影响。美国心理学家林斯里（Lindsley，1951）指出，网状结构的功能在于唤醒，它是情绪产生的必要条件。

网状结构靠近下丘脑部分，既是情绪表现下行系统中的中转站，又是上行警觉激活系统的中转站。这就是说，网状结构靠近下丘脑部位接受来自中枢和外围两方面的冲动，向下发放引起各种情绪的外部表现；向上传送可使某种情绪处于激活状态，并经过大脑皮层的活动产生主体的体验。有人推论，精神病患者的情绪障碍可能是网状激活系统的活动失常引起的。抑郁症患者情绪低沉、淡漠，对一切都无兴趣，内心体验极为贫乏，麻木不仁，甚至医生告诉他母亲去世了，他也无动于衷；在行为表现上，抑郁症患者无面部表情，沉默不语，不吃、不喝、不动等。这些表现可能和网状结构的机能减弱或破坏有关。

（三）边缘系统

研究发现，一些情绪受边缘系统（limic system）的调节和控制。边缘系统是位于大脑半球到间脑并延伸到中脑的一个较大的、非均一的最原始的神经结构，包括丘脑、下丘脑、海马和杏仁核。低等哺乳动物也有这种结构。刺激猫的边缘系统的一部分，恐惧反应消失；刺激连接地区，猫会兴奋——咆哮、嘶叫、跳扑等。刺激人的边缘系统也会产生类似的反应（Panskepp，1986）。

最近的研究指出，杏仁核是恐惧反应的中枢（LeDoux，1996）。达马西奥（Damasio，1996）和他的同事发现，一位病人由于杏仁核中存在大量的钙，造成整个大脑紊乱，病人不能识别恐惧的面部表情，也没有恐惧表情。勒杜（LeDoux，1996）对老鼠进行的研究也发现，如果杏仁核受到破坏，老鼠就会失去对有害刺激产生恐惧反应的能力。他还采用化学递质追踪的方法，研究危险情境对老鼠的激活大脑通路的影响。结果发现，恐惧切断了丘脑向杏仁核传递的通路。这说明恐惧或其他原始情绪，在信息到达大脑皮层进行评价和做出反应前就已经被激活了，某些情绪可以自主发生。

（四）大脑皮层

人类的大量情绪是在大脑皮层（cerebral cortex）的控制和调节下产生的，对情绪的调节不发生在大脑皮层的某一区域，而是不同区域协同活动的结果。不同的情绪有不同的活动模式。

大脑两半球对情绪的控制和调节存在一定的差异。在戴维森和福克斯（Davidson，1990；Fox，1991）的一系列研究中发现，在积极情绪时，左半球出现较多的电位活动；而在消极情绪时，右半球出现较多的电位活动。戴维森的实验是让被试先看能唤起愉快的影片，如动物图片"小狗戏花"和"大猩猩洗澡"，接着看唤起厌恶的影片，如三级伤残尸体和可怕的残肢等。用摄像机记录被试的面部表情，用脑电记录系统记录被试的脑电（EEG）。结果说明，愉快的影片使左半球的脑电活动加强，而厌恶的影片使右半球的电位活动加强。福克斯（1991）在研究婴儿时发现，新生儿在喝甜水时，激活了大脑左半球皮层的电位活动，而喝酸水时激活了右半球皮层的电位活动。10个月的婴儿在接近陌生人时，也显示大脑右半球电位活动增强。

在另一项研究中，让一组4岁的儿童在一起游戏和学习。两周以后，向他们呈现视觉刺激并记录他们的脑电活动（EEG）。结果发现，那些合群的儿童左半球的脑电活动更活跃些，而表现孤独和退缩的儿童，右半球的脑电活动相对较高一些（Fox，et al.，1995）。另一个研究也表明，正常儿童和成人的左半球趋向兴趣、愉快和热情，而那些胆小、恐惧、神经质、怕事和压抑的人右半球的脑电活动更高一些。

二、情绪的外周神经机制

（一）情绪与自主神经系统

情绪过程不同于其他的心理过程，其主要表现为，在情绪活动过程中总伴随着一系列的生理变化，也就是说，当某种情绪产生时，将引起自主神经系统（Autonomy Nervous System，ANS）的反应。自主神经系统包括交感神经系统和副交感神经系统，一般而言，交感神经系统引起兴奋活动，副交感神经系统引起抑制活动。

在情绪活动时交感神经系统开始活动，这时肾上腺素和去甲肾上腺素分泌增多，心血管系统会发生一系列变化，如心率加快、血压升高、机体处于唤醒状态。同时，为了获得更多的氧，呼吸会加快，肝脏也会输出更多的糖进入血液。为了把血液送给大脑和骨骼、肌肉，消化系统的供给减缓，瞳孔放亮，唾液的分泌活动受到抑制。这一切都说明，肾上腺素和去甲肾上腺素为人们的激情提供了生理的燃料。在情绪活动后，副交感神经系统恢复活动使身体状况恢复到情绪发动前的平静状态。心率平缓、血压降低、瞳孔收缩、呼吸减缓、唾液再次分泌、消化系统恢复正常功能、能量供给也处于正常水平。血管中的肾上腺素和去甲肾上腺素的水平降低，情绪的强度也随之逐渐下降。

（二）情绪与分泌系统

人体内有两种腺体：外分泌腺和内分泌腺。不同的情绪状态会引起内外腺体的变化，从而影响激素分泌量的变化，这种变化也可作为判定某种情绪状态的客观指标。

在特定的情绪状态下，外部腺体的活动会产生相应的变化。例如，人在悲痛或过分高兴时往往会流泪，焦急和恐惧时会冒汗等。人产生某种负性的情绪，如焦虑、恐惧时，会抑制消化腺的活动和肠胃的蠕动，因而感到口渴、食欲减退或消化不良。相反，愉快情绪的产生，可以增强消化腺的活动，促进唾液、胃液及胆汁的分泌。

研究表明，在不同的情绪状态下会引起不同内分泌腺的变化，从而影响激素的分泌。例如，学生考试和运动员临赛时的紧张情绪，常常增强肾上腺的活动，促进肾上腺的分泌，从而引起血糖提高，加强交感神经的活动，并引起一系列的机体变化。实验证明，焦虑不安者血液中肾上腺素增多，愤怒者血液中去甲肾上腺素增加。动物实验证明，给动物注射或口服肾上腺素，会引起动物呼吸急促，血压、血糖升高，血管舒张，容易发怒；如果肾上腺素分泌不足，会使动物肌肉无力、精神不振等。

（三）情绪与躯体神经系统

情绪过程与其他心理过程不一样，表现在情绪活动过程中伴随着一定的外部行为表现，即表达情绪状态的面部表情、姿态表情和声调表情。这些都是由躯体神经系统所支配的随意运动。躯体神经系统是由以感觉神经和运动神经所形成的神经回路为基础的生理反馈系统，它支配和调节人体的骨骼肌肉系统的活动。这种调节具有随意性和指向性，是一种有意识、有目的的活动。躯体神经支配着人的各种表情行为，是这些表情活动的生理基础。

人的面部表情是在生物长期进化过程中逐渐形成的，伴随着人的面部肌肉系统高度的精细化，神经系统也得到高度发展，相应的大脑皮层的结构和功能也高度分化，从而使人的面部能呈现各式各样的面部肌肉活动模式。艾克曼（Ekman，1978）把人的面部分为额—眉区，眼—脸区，鼻颊—口唇3个部位。他通过刺激面部肌肉组织引起反应，用照相和录像记录的方法确定了愉快、惊奇、厌恶、愤怒、恐惧和悲伤6种情绪的面部肌肉运动的组合模式。这说明躯体神经系统是人的面部表情活动的生理基础之一。

三、情绪与唤醒模式

任何情绪都伴随着一系列的生理变化，即生理唤醒状态，而且这种状态会增强情绪的体验。问题在于，是所有的情绪都伴随着同样的唤醒状态，还是每一种情绪都有自己的独特的状态呢？有的研究者认为，所有情绪激起同样的生理唤醒，如爱、愤怒和恐惧，都会使心率加快（Cannon，1927）。有研究则认为每一种情绪都有自己独特的、自主的活动模式。

研究表明，这两种看法都有合理的成分。20 世纪 80 年代，艾克曼和他的同事训练被试（他们中的许多人是演员）用面部肌肉表达愉快、发怒、惊奇、恐惧、悲伤或厌恶等。用一面镜子辅助确定面部表情的模式，要求被试将每种表情保持 10 秒钟，并对各种自主唤醒进行测量。结果表明，各种面部表情的生理反应是有差异的，如发怒和恐惧时心率都会加快，但发怒时皮肤温度上升，而恐惧时皮肤温度下降。利文森（Levenson，1992）的研究得到了同样的结果，许多情绪都使心率加快，但被试的主观报告却有很大的差异。发怒时被试报告"脖子以下发热""血沸腾"，而恐惧时报告"骨子发凉""脚底发凉"等（Kovecses，1990；Levenson，1992）。

同时，利文森（1992）等人在 20 世纪 90 年代初研究了印度尼西亚的西苏门答腊岛上的敏纳卡巴（Minangkabau）种族的成员，这一种族的文化是母系制度，信仰伊斯兰教，从事农业劳动。在公众面前，他们一般表现出负情绪，在文化上与美国人有差异，但在自主唤醒模式（arousal pattern）上却与美国被试是一致的。舍雷尔和瓦尔伯特（Scherer & Wallbott，1994）研究了来自 37 个国家和地区（如美国、巴西、法国、挪威、希腊、波兰、博茨瓦纳、马拉维、以色列、印度、新西兰和中国香港特别行政区等）的 3000 名被试的情绪体验，发现对基本情绪的体验具有广泛的一致性。

第三节 表情

在情绪情感发生时，总是伴随着某种外部表现。这些与情绪、情感有关的行为表现，叫表情。表情是情绪所特有的外显行为。在高等动物的种属内或种属间，表情起着通信的作用，如求偶、顺从行为的信号以及警告、求救和威胁的信号等。情绪表现是研究情绪的一个重要方面。

一、面部表情

指通过眼部肌肉、颜面肌肉和口部肌肉的变化来表现各种情绪状态。人的面部肌肉有 80 块，可以做出 7000 多种不同的表情，准确地传达出各种不同的内心情感体验。

人的眼睛是最善于传情的，不同的眼神可以表达人的各种不同的情绪和情感。例如，高兴和兴奋时"眉开眼笑"，气愤时"怒目而视"，恐惧时"目瞪口呆"，悲伤时"两眼无光"，惊奇时"双目凝视"等。眼睛不仅能传达感情，而且可以交流思想。人们之间有许多事情只能意会，不能或不便言传，在这种情况下，通过观察他人的眼神可以了解他的内心思想和愿望，推知他们的态度：赞成、反对，喜欢、不喜欢，接受、拒绝。艺术家在描写人物特征时，重视通过描述眼神来表现人的内心情绪和情感。

眉毛的变化表现表情的动作很多，汉语对其描述时常用的词汇有柳眉倒竖（发怒）、横眉冷对（敌意）、挤眉弄眼（戏谑）、低眉顺眼（顺从）、扬眉吐气（畅怀）、喜上眉梢（开心）、眉飞色舞（兴奋）等。

嘴部的表情主要体验在口形的变化上。伤心时嘴角下撇，欢快时嘴角提升，憎恨时"咬牙切齿"，紧张时"张口结舌"，忍耐时咬着嘴唇等。

鼻子的表情动作较少，但含义明确。厌恶时耸起鼻子，轻蔑时嗤之以鼻，愤怒时鼻孔张大，紧张时鼻腔收缩等。

艾克曼的实验证明，人脸的不同部位具有不同的表情作用。如眼睛对表达忧伤最重要，口部对表达快乐与厌恶最重要，而前额能提供惊奇的信号，眼睛、嘴和前额对表达愤怒情绪都很重要。林传鼎的研究表明，口部肌肉对表达喜悦、怨恨等少数情绪比眼部肌肉重要；而眼部肌肉对忧愁、惊骇等比口部肌肉重要。

面部表情最容易辨认的是快乐、痛苦；较难辨认的是恐惧、悲哀；最难辨认的是怀疑、怜悯。

识别他人情绪的能力对于种族的生存具有重要的意义。识别某些情绪比识别其他一些情绪重要，如知道生气比知道某人愉快更有意义。

二、姿态表情

姿态表情分为身体表情和手势表情。人在不同的情绪状态下，身体姿势会发生不同的变化，如捧腹大笑（高兴）、紧锁双肩（恐惧）、坐立不安（紧张）等。举手投足、两手叉腰等身体姿势都可表达人的某种情绪。

手势通常和言语一起使用，表达赞成还是反对、接纳还是拒绝、喜欢还是厌恶等态度和思想。手势也可单独用来表达思想、情感，在无法用言语沟通的情况下，单凭手势就可以表达开始或停止、前进或后退、同意或反对等思想感情。心理学研究表明，手势是通过学习得来的，不仅具有个别差异，而且存在民族或团体的差异。

三、言语表情

情绪发生时言语的音调、节奏、速度等方面的表情。例如，喜悦时语调高昂、语速较快，言语节奏感明显；悲伤时语调低沉、语速缓慢、言语简短、语音高低差别很小、无节奏感；愤怒时声音高尖且有颤抖，有时言语沙哑；恐惧时，其声音凄厉，或急促而颤抖。

第四节 情绪理论

情绪情感问题，早为哲学家、文学家，后为神经生理学家、心理学家所重视。我国古代思想家曾有过许多论述。例如，"性之好、恶、喜、怒、哀、乐谓之情"；"性者，天之就也；情者，性之质也"（荀子），把情看做是性的表现形式。"情，波也；心，流也；性，水也"（关尹子）；"性之有动者谓之情，性之有喜怒犹水之有波浪"（程颐）；"性是未动，情是已动，心包含已动未动"（朱熹）；都把情绪情感看做性或心的波动状态。

在心理学上，除格式塔心理学家外，几乎所有心理学派别都很重视情绪的研究，并以自己的理论观点来解释情绪。构造心理学把感觉和情感作为心的基本元素，机能主义把情绪定义为"机体再调整"，行为主义把情绪看做"遗传的模式反应"，而精神分析学派则把注意力集中在本能和焦虑问题上。由于情绪问题的复杂性以及研究者的观点和方法上的不同，现代心理学家对情绪的解释是多种多样的。这一节仅讨论几个较有影响的情绪理论和当前的某些研究趋向。

一、情绪的早期理论

（一）詹姆斯—兰格理论

美国心理学家詹姆斯（James，1884）和丹麦生理学家兰格（Lange，1885）认为情绪就是对机体变化的知觉。詹姆斯说："常识告诉我们，我们失去财产，觉得难过并哭泣；我们碰上一只熊，觉得害怕而逃跑；我们受到一个敌手的侮辱，觉得发怒而打起来。这里我们要为之辩护的假设是：这样的序列是不正确的，这一心理状态不是直接由另一状态引起的，在两者之间生理表现必须首先介入。更合理的说法是：我们觉得难过是因为我们哭泣，发怒是因为我们打人，害怕是因为我们发抖。而并不是因为我们难过、发怒或害怕，所以才哭、打人或发抖。没有随着知觉的生理状态，则知觉便纯粹是认知性的，是苍白无色彩的、缺少情绪温度的。于是，我们或许会看到熊而决定最好是逃跑，受了侮辱而认为去打击对手是对的，但我们却并不真正觉得害怕或发怒。"

兰格认为，"血管运动的混乱、血管宽度的改变，以及与此同时各个器官中血液量的改变，乃是激情的真正的最初的原因"。他认为，随意神经支配加强和血管扩张的结果，就产生愉快；而随意神经支配减弱，血管收缩和气管肌肉痉挛的结果，就产生恐惧。兰格说："假如把恐惧的人的身体的症状除掉，让他的脉搏平稳，眼光坚定，脸色正常，动作迅速而稳定，语气强而有力，思想清晰，那么他的恐惧还剩下什么呢？"在兰格看来，情绪就是对机体状态变化的意识。

　　詹姆斯—兰格的情绪理论引起了一系列的实验研究，因为这一理论起码有三方面的含义需要实验证明。

　　1. 如果对外周生理反应的知觉就是情绪，那么每一种情绪都应有不同的生理唤醒模式

　　例如，愤怒的生理反应模式应当不同于惧怕的生理反应模式。因为如果生理反应模式无差别，那就无法区分两种情绪。坎农（Cannon，1927）不赞成詹姆斯—兰格的理论，认为并没有出现各种情绪的不同生理唤醒模式。近来的研究资料表明，植物性神经系统的生理反应模式有可能随不同情绪状态而异。例如，愤怒和惧怕虽然都导致心率加快，但愤怒时手脚血流量增多，惧怕时手脚血流量减少；当人心理上"解除"不同的情绪体验时，植物性神经系统的生理反应也不同（Ekman，et al.，1983）。然而，反过来，不同外周反应这些差异的知觉是否就导致人产生不同的情绪体验呢？这方面，西方心理学家曾做过许多实验无法得到明确的结论。

　　2. 如果对外周生理反应的知觉就是情绪，那么剥夺身体的外周生理反馈就不应该体验到情绪

　　坎农用外科手术切断动物视觉神经与脑的联系后，发现动物仍有情绪行为，并以此来反对詹姆斯—兰格情绪理论。但坎农并没有回答一个重要问题：在手术后动物是否以同样方式体验到情绪？有人（Hohman，1966）通过对脊髓受损伤士兵的研究，回答了这一问题。脊髓被截断后，损伤点以下部位的感觉就不能传递到脑。因此，脊髓损伤部位越高，反馈感觉就越少。研究表明，脊髓受伤者仍有情绪体验，但强度降低了。损伤部位越高，情绪状态也越随着损伤而下降。脊髓高位损伤的那些病人说，他们能做出情绪行为，但感觉不到情绪。这一结果说明，没有外周的生理反应的广泛反馈，情绪照样出现，但反馈量与情绪强度密切相关。

　　3. 如果对外周生理反应的知觉就是情绪，那么倘若有人有意识地控制外周生理反应的出现则与这种反应相联系的情绪也应该出现

　　近来，关于面部反馈的研究对这一问题作了某些回答。"面部反馈假说"认为，面部的运动提供了情绪体验的信息（Izard，1971，1984）。埃克曼等（Ekman，et al.，1983）要求职业演员移动特定的面部肌肉或五官位置，结果发现，面部结构的不同形状导致和正常情绪反应相似的植物性神经系统的生理反应，并且面部结构的不同形状导致不同的反应模式。在另一项研究中，90%的非演员被试也报告他们体验到了与面部表情相应的情绪。有趣的是，惧怕、愤怒、厌恶、悲伤的表情起作用，而笑容并不产生这种效应。或许还是因为人们平时经常把笑容作为社会交往的工具，与其他表情相比，较少和情绪体验相联系（Ekman，1985）。这些研究看来是支持詹姆斯—兰格理论的。但是，谁都知道，面部表情总是和以往的情绪体验相联系的，这些结果很可能是通过记忆的激活来唤醒与此表情相联系的情绪的。再者，这类实验还缺乏进一步的重

复验证。显然，事实并非像詹姆斯—兰格理论所断言的，除去对外周生理反应的知觉，情绪就不会产生。外周生理反应显然不是情绪的唯一来源。

美国心理学家詹姆斯和丹麦生理学家兰格分别提出内容相同的一种情绪理论。他们强调情绪的产生是植物性神经活动的产物。后人称它为情绪的外周理论。即情绪刺激引起身体的生理反应，而生理反应进一步导致情绪体验的产生。詹姆斯提出情绪是对身体变化的知觉。在他看来，是先有机体的生理变化，而后才有情绪。所以悲伤由哭泣引起，恐惧由战栗引起；兰格认为情绪是内脏活动的结果。他特别强调情绪与血管变化的关系。詹姆斯—兰格理论看到了情绪与机体变化的直接关系，强调了植物性神经系统在情绪产生中的作用；但是，他们片面强调植物性神经系统的作用，忽视了中枢神经系统的调节、控制作用，因而引起了很多的争议。

（二）坎农—博德学说

对詹姆斯—兰格理论的主要批评来自坎农。他的主要批评是：① "内脏是相对不敏感的器官"，其反馈很差，仅依靠内部器官的反馈我们不可能区分所体验到的多种情绪；② "在非常不同的情绪状态下会出现相同的内脏变化"；③ "人为地引起某种强烈情绪的典型内脏变化，并不产生相应的情绪"；④ "内脏变化太慢，因此不能成为情绪体验的来源"；⑤ "使内脏完全脱离中枢神经系统并不改变情绪行为"。

在批评詹姆斯理论的同时，坎农和博德（Bard，1927）提出了一个不同的情绪理论。他们认为，植物性神经系统的生理反应无助于情绪的发生，认为情绪的产生是大脑皮质解除丘脑抑制的功能，即激发情绪的刺激由丘脑进行加工，同时把信息输送到大脑及机体的其他部分。输送到大脑皮质的信息产生情绪体验，输送到内脏和骨骼肌的信息激活生理反应。身体变化和情绪体验是同时发生的，而情绪感觉是由大脑皮质和植物性神经系统共同激起的结果。

坎农—博德理论强调大脑皮质解除丘脑抑制的机制，其意义在于把詹姆斯—兰格对情绪的外周性研究推向对情绪中枢机制的研究。后来奥尔兹也确实发现下丘脑有所谓"快乐中枢"和"痛苦中枢"。但坎农—博德的情绪理论也是不完善的。如前所述，虽然外周性生理反应不是情绪的唯一来源，但内脏反应和行为反应确实在一定程度上决定着我们的情绪体验。坎农—博德完全否定外周生理反应在情绪产生中的作用，是不正确的。此外，坎农过分强调丘脑在情绪中的作用，而忽视大脑皮质对情绪的作用，也是不正确的。

坎农—博德学说认为情绪的中枢不在外周神经系统，而在中枢神经系统的丘脑，并且强调大脑对丘脑抑制的解除，使植物性神经活跃起来，加强身体生理的反应，而产生情绪。外界刺激引起感觉器官的神经冲动，传至丘脑，再由丘脑同时向大脑和植物性神经系统发出神经冲动，从而在大脑产生情绪的主观体验而由植物性神经系统产生个体的生理变化。

个体的生理变化在各种情绪状态下并无多大差异，但个人却可以体验到各种不同的情绪；个体的生理变化较慢，而个体的情绪瞬息万变。因此生理变化不能成为个体情绪的主要来源；个体生理变化可由药物改变，但个体的情绪变化很少或不可能受药物的影响。人们不能企图用药物制造一个人的情绪体验；控制和调节个体情绪系统的不是周围神经系统，而是在丘脑部位引起的神经冲动通过丘脑这一中转站，把一部分信息传到大脑皮层，一部分传到交感神经系统，引起内脏变化，传到大脑皮层的信息经分析、综合，产生情绪体验，传到内脏骨髓的信息产生生理活动。在此情况下，大脑皮层产生的情绪体验与内脏骨髓的生理活动一起产生情绪。

二、情绪的认知理论

（一）阿诺德"评定—兴奋"说

阿诺德（Arnold，1950）强调认知评价在情绪中的作用，认为我们总是直接地、自动地并且几乎是不由自主地评价着遇到的任何事物；情绪就是一种朝向评价为好（喜欢）的东西或离开评价为坏（不喜欢）的东西的感受倾向。评价补充着知觉并产生去做某种事情的倾向，任何评价都带有感情体验的成分。其中，记忆是评价的基础。任何新的事物都是按照过去的体验来进行评价的。想象是评价的重要环节。在开始行动之前，当前的情境和有关的感情记忆使我们推测未来。整个评价的复杂过程几乎是在瞬间发生的。

阿诺德提出，刺激情境并不直接决定情绪的性质，从刺激出现到情绪的产生要经过对刺激的估量和评价。情绪产生的基本过程是刺激情境—评估—情绪。同一刺激情境，对它的评估不同就会产生不同的情绪反应。情绪的产生是大脑皮层和皮下组织协同活动的结果，大脑皮层的兴奋是情绪行为的最重要的条件。

（二）沙赫特的两因素情绪理论

沙赫特对詹姆斯—兰格理论和坎农—博德理论采取折中的观点。他既同意詹姆斯的观点（情绪体验来自对身体反应的反馈信息），也同意坎农的观点（这种反馈的差异不大，不足以产生细微的不同情绪）。他认为，情绪既来自生理反应的反馈，也来自对导致这些反应情境的认知评价。因此，认知解释起两次作用：第一次是当人知觉到导致内脏反应的情境时，第二次是当人接受到这些反应的反馈时把它标记为一种特定的情绪。沙赫特认为，脑可能以几种方式解释同一生理反馈模式，给以不同的标记。生理唤醒本来是一种未分化的模式，正是认知过程才将它标记为一种特定的情绪。标记过程取决于归因，即对事件原因的鉴别。人们对同一生理唤醒可以作出不同的归因，产生不同的情绪，这取决于可能得到的有关情境的信息。

不少实验支持沙赫特的观点，生理反应和对这种反应的标记都在情绪中起作用。下面是有关实验对沙赫特的三个理论假设的检验。假设一：如果降低或消除生理反应，那么情绪体验也随之降低或消失。如前所述，关于脊髓损伤部位与情绪体验关系的研究（Hohman，1966），是支持该假设的。假设二：如果把情绪唤醒归因于非情绪的原因，那么情绪体验就应该降低。这一假设也得到实验的支持。在一系列研究（Schachter & Singer，1962）中，向被试注射食盐水，但告诉他们这种注射会导致心率加快和血压增加，产生颤抖等反应。然后让被试处于一种情绪情境（如愤怒）中。结果表明，接受注射的被试比未注射的被试所报告的情绪体验更强烈。这可解释为这一欺骗导致被试把生理唤醒归因于注射，而不是自身的情绪。假设三：如果人为地导致唤醒（如用药物）并且有一种情境能够合理地解释这种唤醒的原因，那么人就会体验到情绪。根据同样的逻辑，人为导致的生理反应如果可以解释为某种激发情境所致，那么人对这种情境的情绪反应就会加剧。沙赫特和辛格自己的研究证实了这一假说，但是也有实验重复沙赫特和辛格的研究而没有复制出他们的结果的（Rogers & Deckner，1975；Marshall，1976）。

美国心理学家沙赫特和辛格提出，情绪的产生有两个不可缺少的因素：一是个体必须体验到高度的生理唤醒；二是个体必须对生理状态的变化进行认知性的唤醒。情绪状态是由认知过程、生理状态、环境因素在大脑皮层中整合的结果。这可以将上述理论转化为一个工作系统，称为情绪唤醒模型。

（三）拉扎勒斯的认知—评价理论

拉扎勒斯（Lazarus，1968）进一步把阿诺德的评价扩展为评价、初次评价和再评价过程；这一过程包括筛选信息、评价以及应付冲动、交替活动、身体反应的反馈、对活动后果的知觉等成分。他建议对个人所处情境的评价也包括对可能采取什么行动的评价。只要事物被评价为与个人生活的重要方面有联系，他就会有情绪体验。每一种情绪均包括生理的、行为的和认知的三种成分。它们在每种特定的情绪中各自起着不同的作用，而又相互作用、互为因果。这三种成分的不同组合便构成各种具体情绪模式的特定标志。拉扎勒斯还强调，个性心理结构（如信仰、态度、人格特征等）是认知因素的一个决定性条件。他认为，文化对情绪的影响有 4 种方式：①通过对情绪刺激的理解；②文化直接影响表情；③通过确定的社会关系和判断；④通过高度礼仪化的行为，如在丧礼上的悲哀。强调了文化因素对情绪的作用是复杂的。

情绪是人与环境相互作用的产物。在情绪活动中，人不仅反映环境中的刺激事件对自己的影响，同时要调节自己对于刺激的反应。也就是说，情绪是个体对环境知觉到有害或有益的反应。因此，人们需要不断的评价刺激事件与自身的关系。具体有初评价、次评价、再评价三个层次。

三、情绪的动机—分化理论

情绪具有动机的性质。伊扎德的情绪动机—分化理论以情绪为核心，以人格结构为基础，论述情绪的性质与功能。伊扎德认为：情绪是人格系统的组成部分，是人格系统的动力核心。情绪系统与认知、行为等人格子系统建立联系，实现情绪与其他系统的相互作用。

　　由于情绪这种心理现象的复杂性，心理学家对它的理论解释是多种多样的。早期的心理学家从自己学派的观点出发来解释情绪，把它纳入自己的理论体系之中，如本节开头介绍中所提到的。后来，心理学家从不同的角度对情绪进行研究，于是就出现了从情绪的各个侧面如情绪行为、情绪生理、情绪认知以及情绪表现和情绪识别等方面提出了种种情绪理论解释。当代情绪理论研究的总趋势是，心理学家力图将各种研究成果加以综合，形成一个完整的情绪理论，并将情绪看成是个人心理结构的重要组成部分。例如，伊扎德（Izard，1977）认为，情绪这一概念必须包括情绪体验、脑和神经系统的活动以及面部表情3个方面；他把人格区分为6个子系统；情绪是人格系统中的一个重要子系统，并认为情绪对个性整合提供动机作用。这一研究方向应引起我们的注意。此外，情绪与认知关系的文献近几年来与日俱增，如布克（Buek，1985）研究了认知和情绪的相互作用，提出了"启动模型"；鲍尔及其同事研究了心境与认知系统的相互作用，提出了"情绪网络模型"等。这些动向也是值得注意的。

【拓展阅读】

什么是情绪智力

　　古希腊哲学家亚里士多德有一个保持人际关系顺畅的秘诀，他说，你如果要发怒，则必须"选择正确的对象，把握正确的程度，确定正确的时间，为了正确的目的，并通过正确的方式"。心理学家丹尼尔·戈尔曼（Daniel Goleman）把这种自我控制的能力称为情绪智力（emotional intelligence）。他认为，情绪智力是一个人能否实现"满意人生"的主要因素。

　　情绪智力是一种综合能力，包括同情心、自我控制力、自我意识、对别人情感的敏感性、耐心和自我动机等。那些成就卓越的人一般都具有高水平的情绪智力。相反，情绪控制能力差的人往往会在生活中遇到很多麻烦，需要付出很高的代价，如在婚姻和子女教育方面出现问题或出现健康问题等。情绪智力的缺乏还可能破坏人的职业生涯，甚至使人在事业上一无所成。情绪智力缺乏的最大损害，可能还会影响儿童和青少年期发展。对于未成年人来说，情绪控制能力差会导致抑郁、饮食紊乱、早孕、攻击行为和暴力犯罪等。

　　因此，戈尔曼认为，学校应该把促进学生的一般智力发展和情绪智力的发展放在同等重要的位置，这样做的结果将使儿童有更强的自我控制能力、乐观主义精神和同情心。只有人人都具有这些必需的基本品质，我们的社会才能够繁荣和稳定。

第五节　情绪调节

一、情绪调节的含义

情绪调节是个体管理和改变自己或他人情绪的过程。情绪调节有以下几个方面：具体情绪的调节，唤醒水平的调节，情绪成分的调节，情绪格调的调节，动力性的调节等。

（一）具体情绪的调节

情绪调节包括所有正性和负性的具体情绪，如快乐、兴趣、悲伤、愤怒、恐惧、抑郁、焦虑等。关于情绪调节，人们很容易想到对负性情绪的调节，当愤怒时人们需要克制；悲伤时需要转换环境，想一些开心的事情等。其实，正情绪在某些情况下也需要调节。当学生在学校里取得了好成绩时，不能表现得过分高兴，以免影响其他同学的情绪。

（二）唤醒水平的调节

情绪调节是个体对自己情绪的唤醒水平的调节。一般认为，主要是调节过高的唤醒水平和强烈的情感体验，但是，一些较低强度的情绪也需要调节。研究表明，高唤醒对认知操作起瓦解和破坏作用，如狂怒会使人失去理智，出现越轨行为。成功的情绪调节包括削弱或去除正在进行的情绪，激活需要的情绪，掩盖或伪装一种情绪。所以情绪调节既包括抑制、削弱和掩盖等过程，也包括维持和增强的过程。

（三）情绪成分的调节

情绪调节的范围相当广泛，它不仅包括情绪系统的各个成分，也包括情绪系统以外的认知和行为等。情绪系统的调节主要是指调节情绪的生理反应、主观体验和表情行为，如情绪紧张或焦虑时，控制血压和脉搏；体验痛苦时，离开情境使自己开心一点；过分高兴时掩饰和控制自己的表情动作等。此外还有情绪格调的调节、动力性的调节等，如调节情绪的强度、范围、不稳定性、潜伏期、发作时间、情绪的恢复和坚持等。情绪调节的机制是一种自动化的机制，不需要个体的努力和有意识地进行操作。

二、情绪调节的基本类型

（一）内部调节和外部调节

从情绪调节过程的来源分类，可以分为内部调节和外部调节，内部调节来源于个体内部，如个体的生理、心理和行为等方面的调节；外部调节来源于个体以外的环境，如人际的、社会的、文化的以及自然的等方面的调节。

个体生理、心理和行为的调节以及它们之间相互作用的调节都属于内部调节。由于认知与情绪体验存在密切的关系，因此，通过某种情绪体验引起某种认知，或通过某种认知激活某种情绪体验，就可以对情绪进行调节。例如，母子分离可以引起负性情绪，但只要让幼儿确信母亲只是暂时离开他，就可以帮助幼儿克服这种情绪。

外部环境对个体情绪的调节有支持和破坏两种可能性。有的环境因素有利于情绪调节，而有的环境因素不利于情绪的调节。例如，在课堂教学中，教师如能满足和支持学生的动机行为，将使学生产生良好的情绪，反之会引起不良的情绪。因此，环境的刺激特征与个体内部状况的关系是影响外部调节的重要因素。

(二) 修正调节、维持调节和增强调节

根据情绪的不同特点可分为修正调节、维持调节和增强调节。修正调节主要指对负性情绪所进行的调整和修正，如降低狂怒的强度使之恢复平静。维持调节主要指人们主动地维持对自己有益的正情绪，如兴趣、快乐等。增强调节指对情绪进行积极的干预。这种调节在临床上常被采用，如对抑郁或淡漠进行增强调节，使其调整到积极的情绪状态。

(三) 原因调节和反应调节

原因调节是针对引起情绪的原因进行调整，包括对情境的选择、修改，注意调整以及认知策略的改变等。通过改变自己的注意来改变情绪，对诱发情绪的情境进行重新认知和评价等。反应调节发生在情绪激活或诱发之后，是指通过增强或减少、延长或缩短反应等策略对情绪进行调整。

(四) 良好调节和不良调节

情绪调节是为了使个体在情绪唤醒情境中，保持功能上的适应状态，使情感表达处在可忍耐，且具有灵活变动的范围之内。当情绪调节使情绪、认知和行为达到协调时，这种调节叫良好调节。相反，当调节使个体失去对情绪的主动控制，使心理功能受到损害，阻碍认知活动，并导致作业成绩下降时，这种调节就是不良调节。

三、情绪调节的基本过程

情绪调节的基本过程是近几十年来才开始进行研究的。研究主要集中在生理调节、情绪体验调节、表情动作调节、认知调节和人际调节等方面。

(一) 生理调节

情绪的生理调节是以一定的生理过程为基础的，调节过程中存在着相应的生理反应变化模式。

生理唤醒是典型的情绪生理反应，如心率、舒张血压、瞳孔大小、神经内分泌的变化、皮下动静脉连接处的血管收缩等都是常用的生理指标。孟昭兰等人（1995）的研究发现，正情绪诱发后，心率变化不明显；负情绪诱发后，心率明显增加。格罗斯（Gross，1993）等人的研究发现，厌恶受到抑制引起躯体活动和心率下降，眼动，皮肤电反应，手指脉搏幅度、呼吸间隔指标上升；悲伤受到抑制引起躯体活动下降，心率区间没有变化，皮肤电、心血管系统的交感神经激活水平和呼吸等明显上升；快乐受到抑制引起躯体活动、心率、皮肤电水平等明显下降，呼吸没有变化（Gross & Levenson，1997）。情绪生理成分的调节是系统性的，这种调节将改变或降低处于高唤醒水平的烦恼和痛苦。

（二）情绪体验调节

情绪体验调节是情绪调节的重要方面。当体验过于强烈时，个体会有意识地进行调整。不同情绪体验有着不同的情绪调节过程，可采用不同的策略。萨尔利（Saarni，1997）发现，在愤怒时人们采取问题解决的策略；悲伤时采取寻求帮助策略；伤感时采取回避的策略。格罗斯等人（Gross & Levenson，1993，1997，1998）发现，忽视可以比较有效地降低厌恶感，抑制快乐的表情可以降低快乐感受等。

（三）行为调节

行为调节是个体通过控制和改变自己的表情和行为来实现的。在日常生活中，人们主要采用两种调节方式，一是抑制和掩盖不适当的情绪表达；二是呈现适当的交流信号，如一个人在向他人表示请求时，即使感到失望或愤怒，也要管理或控制自己的情绪，不要影响信息的表达和交流。

行为调节可以对情绪体验产生影响。莱尔德（Laird，1974）发现，快乐和愤怒的脸部肌肉使个体产生相应的体验。孟昭兰等人（1993）也发现，愤怒的表情活动可以增强愤怒的情绪体验。

（四）认知调节

道奇等人（Dodge et al.，1991）认为，情绪系统和认知系统是信息加工过程中的两个子系统，情绪可以是信息加工过程的启动状态，也可以是信息加工的背景。道奇等人进一步提出，良好的认知调节包含以下步骤：知觉或再认唤醒需要调节的情绪；解释情绪唤醒的原因和认识改变情绪的方式和途径；做出改变情绪的决定和设定目标；产生适当的个体力所能及调节反应；对反应进行一定的评价，尤其是评价这些反应是否达到目标，将调节付诸实践。

（五）人际调节

人际调节属于社会调节或外部环境的调节。在人际调节中，个体的动机状态、社会信号、自然环境、记忆等因素都起重要作用。坎培斯（Campos，1989）认为，个体的动机状态，主要指个体正在追求的目标。如果外部事件与个体追求的目标有关，那么这些事件就可能引起个体的情绪。在社会信号中，他人的情绪信号，尤其是与个体关系密切的人（如母亲、教师、朋友等）发出的情绪信号对情绪调节有较大的作用。在自然环境中，美丽的风景令人赏心悦目；而混乱、肮脏、臭气熏天的环境则令人恶心。个人记忆也会影响人们的情绪，有些环境让人想起愉快的情境，而有些环境让人回忆起痛苦。

四、情绪调节的个别差异

情绪调节可以发展为一种能力，这就是"情绪智力"（emotional intelligence）。不同个体的情绪智力是有差异的。迈尔（Mayer，1997）认为，情绪智力包含 4 个方面：①对情绪的知觉、评价和表达的能力；②用情绪促进思维的能力；③理解和分析情绪的能力；④调节情绪以促进情绪与智力发展的能力。

情绪调节的个体差异还表现在情绪激活阈限、情绪的易感性、情绪的生理唤醒等方面。情绪激活阈限主要决定于神经内分泌的特征，而情绪易感性决定于个体后天的情感经历，它表现为有的个体更容易陷入某种负性情绪，因而使认知操作受到破坏，而有的个体则不太容易受到情绪的影响。生理唤醒的差异主要表现在个体情绪的强度和反应性上的不同。

五、情绪调节与身心健康

良好的调节能促进身心健康，不良的调节或情绪失调会破坏身心健康。贝克（Beck，1979）和塞利格曼（Seligman，1991）都认为，某些认知策略可以预防或减轻抑郁，如认知评价上的忽视。格罗斯（Gross，1998）的研究发现，情绪调节可以减少表情行为，降低情感体验，从而减轻焦虑等负性情绪对人们的不良影响，因而对人的身心健康有益。

相反，不良的情绪调节不利于身心健康。例如，长期压抑悲伤和哭泣容易引起呼吸系统的疾病，不表达情绪会加速癌症的恶化，对愤怒的压抑与心血管疾病、高血压的发病率有着密切联系（Gross，1989）。因此，探讨情绪调节过程与健康的关系是研究情绪调节的一个重要方面。

【本章小结】

本章主要介绍了情绪、情感的一般概述，情绪的生理机制，表情，情绪理论和情绪调节等问题。

1. 情绪或情感，是包括主观体验、生理唤醒和行为表现的一种评价反应（积极或消极的感受状态）。

2. 詹姆斯—兰格理论指出，引发情绪的刺激引起躯体体验，躯体体验导致情绪的主观体验。按照这种理论，我们并不因为害怕而逃跑，而是因为逃跑（以及心跳）而害怕。而坎农—博德理论提出，引发情绪的刺激同时引起情绪体验和躯体反应。尽管两个理论都有其优点和弱点，但最近的研究表明，不同的情绪与特定的、内在的自主神经系统唤醒模式相联系。

3. 情绪表达（表情），指面部和其他诸如躯体语言、语调等情绪的外部表现。面部表情是天生的和普遍存在于不同文化之中。调节和表现情绪的文化模式，被称为表现原则。

4. 公认的基本情绪有（喜、怒、哀、惧）。更基本的情绪分类是将情绪分为正情感和负情感。

5. 情绪由遍布整个神经系统的神经通路控制。下丘脑激发跟情绪有关的交感神经和内分泌反应。杏仁核是大脑的"情绪电脑"，它核计刺激的情感意义。大脑皮层对情绪有好几种作用，尤其是在事件评价方面。

6. 行为主义情绪观点指出，趋避系统分别与正情感和负情感相关联。

7. 按照心理动力学观点，人们可能意识不到自己的情绪体验，而这些情绪体验会影响思想、行为甚至健康。

8. 认知的观点认为，人们的情绪反应有赖于所做的归因，即他们对情绪和自己躯体感觉原因的推论。按照沙赫特—辛格的理论，情绪涉及两个因素：生理唤醒和对唤醒的认知解释。

9. 进化论观点源自达尔文将情绪视为服务于适应目的的观点。情绪主要具有沟通和激励功能。

10. 应激，指对一个人适应外在和内在需求的能力的挑战，它可能有生理唤醒，有情绪负担，要求认知和行为反应。应激是一个生理心理过程，它包含人与环境的交流转换。躯体对应激条件的反应伴随一般适应综合症，它包括三个阶段：警觉、抗拒和衰竭。

11. 应激使一个人了解环境负担的要求，是否超出他可用的心理社会资源。按照这种看法，应激有赖于一个事件对某个个体的意义。拉扎勒斯的模型明确了应激和应付过程中的两个阶段：初级唤醒（人们决定情境是否良好、紧张或者无关），次级评价（人们评价各种意向选择决定如何反应）。

12. 经常导致应激的事件称为应激源。应激源包括生活事件、大灾难和日常冲突。

13. 应激对健康和死亡率有显著的影响，尤其是通过它对免疫系统产生影响。在应激状态下，一个人是保持健康还是生病，在部分程度上要看他的人格倾向。A 型行为，尤其是他的敌意成分，与心脏疾病有关。所谓 A 型行为，指急躁、急于求成、争强好胜的人格特点。权力动机、坚强性、乐观/悲观主义，是跟应激和健康有关的其他人格特质。

14. 人有 3 种办法应付压力：直接改变情境，改变他们对情境的知觉，改变情境引发的情绪。人们处理应激情境的方式称为应付；应付机制，一定程度上带有文化的模式特点。

15. 意在使不愉快情绪最小化，使愉快情绪最大化的无意识应付策略被称为"防御机制"。常见的防御机制包括压抑、否认、投射、反向形成、升华、合理化和消极攻击。

16. 应付压力的一个主要资源是社会支持，它与健康和长寿有关。

17. 心理学模型通常要么研究"冷"的认知过程，要么研究"热"的动机和情感过程，但这两者是统一的信息加工系统的组成部分。统一的系统是进化设计的结果，以最大程度进行适应；它有意识或无意识地处理跟一个人动机、目标和情绪有关的信息。

【习题（含近年考研真题）】

一、单选题

1. （　　）是人对客观外界事物的态度的体验，是人脑对客观外界事物与主体需要之间关系的反映。

   A. 情绪和情感　　B. 动机　　　　C. 人格　　　　D. 需要

2. 情绪变化的外部表现模式叫（　　）。

   A. 激情　　　　B. 表征　　　　C. 应激　　　　**D. 表情**

3. 表情包括（　　）。

   A. 面部表情、动作表情和言语表情

   B. 面部表情、姿态表情和言语表情

   C. 外部表情和内部表情

   D. 音调表情、节奏表情和速度表情

4. 表情的产生（　　）。

   A. 是先天遗传的结果

   B. 是后天学习得来的

   C. 既有先天的，又有后天学习模仿的成分

   D. 是在人身上建立条件反射的结果

5. 关于表情，下列说法中正确的是（　　）。

   A. 全人类都是共同的

   B. 不同文化背景下的人是完全不同的

   C. 人人都不同的

   D. 有一些是全人类都共同的，有一些是不同文化背景下的人有差异的

6. 积极的情绪和情感可以调节和促进活动，消极的情绪和情感则可破坏和瓦解活动，说明情绪和情感具有（　　）。

   A. 适应功能　　　　B. 动机功能　　　　**C. 组织功能**　　　　D. 信号功能

7. 詹姆斯—兰格情绪外周理论认为（　　）。

   A. 情绪的生理机制不在外周而在中枢神经系统的丘脑

   B. 认知在情绪的发生中起着决定的作用

   C. 情绪与动机有密切的联系

   D. 情绪是对身体变化的知觉

8. 情绪和情感变化的维度包括（　　）。

   A. 动力性、激动度、强度和紧张度

   B. 积极性、消极性、强和弱的程度

   C. 增力性、减力性、饱和度和外显度

D. 兴奋性、激动性、外显度和内隐度

9. 情绪和情感变化的维度是指（　　）。

 A. 对情绪种类的度量   B. 对情绪和情感状态的度量

 C. 对情感种类的度量   **D. 对情绪和情感固有特征的度量**

10. 有爱就有恨；有喜悦就有悲伤；有紧张就有轻松，说明情绪和情感（　　）。

 A. 具有两极对立的特性 B. 具有不可调和的特性

 C. 的两极是不相容的   D. 的两极是绝对对立的

11. 情绪的基本表现形式有（　　）。

 A. 激动和平静   B. 高兴与悲哀

 C. 喜、怒、哀、乐   **D. 快乐、愤怒、悲哀和恐惧**

12. 按情绪发生的速度、强度和持续时间对情绪的划分叫（　　）。

 A. 基本情绪 B. 复合情绪 **C. 情绪状态** D. 情感的种类

13. 按情绪状态可把情绪分为（　　）。

 A. 心境、激情、应激   B. 基本情绪和复合情绪

 C. 道德感、理智感和美感 D. 快乐、愤怒、悲哀和恐惧

14. 情感可分为（　　）。

 A. 道德感、理智感和美感 B. 心境、激情、应激

 C. 快乐、愤怒、悲哀和恐惧 D. 基本情绪和复合情绪

15. 道德感、理智感和美感是对（　　）的分类。

 A. 情绪 **B. 情感** C. 基本情绪 D. 情绪状态

16. 小徐骑车经过路口，突然跑出一个小孩，他急忙刹车。停车后，心怦怦乱跳，并出了一身冷汗，这时他才感到"太可怕了"。这种现象所支持的情绪理论是（　　）。（2007年真题）

 A. 詹姆斯—兰格理论   B. 坎农—博德理论

 C. 阿诺德"评定—兴奋"理论 D. 沙赫特"认知—评价"理论

17. 当获悉北京取得2008年奥运会主办权时，人们欣喜若狂。此时的情绪状态是（　　）。（2007年真题）

 A. 心境 **B. 激情** C. 应激 D. 热情

18. 强调丘脑在情绪中有重要作用的理论是（　　）。（2008年真题）

 A. 詹姆斯—兰格情绪理论 **B. 坎农—博德情绪理论**

 C. 沙赫特的情绪理论   D. 阿诺德的情绪理论

19. 普拉切克认为情绪的三个维度是（　　）。（2009年真题）

 A. 愉快—不愉快、紧张—松弛、激动—平静

 B. 愉快—不愉快、注意—拒绝、激活水平

 C. 强度、相似度、两极性

 D. 愉快度、紧张度、确信度

20. "狂喜时手舞足蹈，悲痛时号啕大哭"所体现的情绪状态是（　　）。

（2010 年真题）

    A. 心境   **B. 激情**   C. 应激   D. 热情

21. 下列选项中，不属于理智感的是（　　）。（2010 年真题）

    A. 探求新事物的好奇心   B. 百思不得其解时的困惑

    C. 对教师观点的质疑   **D. 欣赏自然景色时的心旷神怡**

二、多选题

1. 情绪和情感的区别表现在（　　）。

    A. 情绪是感情反映的过程；情感代表的是感情的内容

    B. 情绪适用于动物和人；情感只适用于人

    C. 情感比情绪具有更大的稳定性、深刻性和持久性

    D. 情绪有外在表现；情感则没有外在表现

2. 情绪和情感的联系表现在（　　）。

    A. 情绪和情感是同心理现象的两个不同的方面

    B. 情绪代表的是感情反应的过程；情感代表的是感情的内容

    C. 情感通过情绪来表现

    D. 情绪通过情感来表现

3. 沙赫特的情绪理论（　　）。

    A. 叫情绪的认知理论

    B. 叫情绪的动机—分化理论

    C. 认为情绪是外界环境刺激、机体的生理变化和对外界环境刺激的认识过程三者相互作用的结果

    D. 认为认知在情绪产生中起决定作用

4. 情绪和情感的两极性表现在（　　）上。

    A. 情绪和情感的动力性   **B. 情绪和情感的强度**

    C. 情绪和情感的紧张度   **D. 情绪和情感的激动度**

5. 情绪和情感的功能有（　　）。（2008 年真题）

    A. 适应功能   **B. 动机功能**   **C. 组织功能**   **D. 信号功能**

6. 普拉切克（R. Plutchik）将情绪维度分为（　　）。（2010 年真题）

    A. 紧张性   **B. 相似性**   **C. 两极性**   **D. 强度**

三、简答题及答案要点

1. 小燕正骑马在山间漫步，突然她的马由于前方急速跑过的一只兔子而跳了起来。请用几种情绪理论分析小燕可能的情绪反应。

    答：1. 詹姆斯－兰格理论强调：情绪的产生是植物性神经活动的产物。后人称它为情绪的外周理论，即情绪刺激引起身体的生理反应，而生理反应进一步导致情绪体验的产生。在詹姆斯看来，先有机体的生理变化，而后才有情绪，所以悲伤由哭泣引起、恐惧由战栗引起；兰格认为情绪是内脏活动的结果。他特别强调情绪与血管变化的关系。

2. 坎农－巴德学说认为：情绪的中枢不在外周神经系统，而在中枢神经系统的丘脑，并且强调大脑对丘脑抑制的解除，使植物性神经活跃起来，加强身体生理的反应，从而产生情绪。外界刺激引起感觉器官的神经冲动，传至丘脑，再由丘脑同时向大脑和植物性神经系统发出神经冲动，从而在大脑产生情绪的主观体验并由植物性神经系统产生个体的生理变化。

3. 情绪的认知理论认为：刺激情景并不直接决定情绪的性质，从刺激出现到情绪的产生要经过对刺激的估量和评价。情绪产生的基本过程是刺激情景－评估－情绪。同一刺激情景，由于对它的评估不同就会产生不同的情绪反应。情绪的产生是大脑皮层和皮下组织协同活动的结果，大脑皮层的兴奋是情绪行为的最重要的条件。

4. 沙赫特的两因素情绪理论认为：情绪的产生有两个不可缺少的因素，一是个体必须体验到高度的生理唤醒；二是个体必须对生理状态的变化进行认知性的唤醒。情绪状态是认知过程、生理状态、环境因素在大脑皮层中整合的结果。

5. 拉扎勒斯的认知－评价理论认为：情绪是人与环境相互作用的产物。在情绪活动中，人不仅反映环境中的刺激事件对自己的影响，同时要调节自己对刺激的反应。也就是说，情绪是个体对环境知觉到有害或有益的反应。因此，人们需要不断评价刺激事件与自身的关系。具体有三个层次的评价：初评价、次评价、再评价。

6. 情绪的动机－分化理论认为：情绪具有动机的性质，情绪是人格系统的组成部分，是人格系统的动力核心。伊扎德的情绪动机－分化理论以情绪为核心，以人格结构为基础，论述情绪的性质与功能。伊扎德认为：情绪系统与认知、行为等人格子系统建立联系，实现情绪与其他系统的相互作用。

2. 简述心境，激情和应激的含义及特点。（2009 年真题）

答：根据情绪发生的强度、持续时间的长短以及外部表现，可以将情绪分为心境、激情和应激三种基本状态。（作答时对三种基本状态展开陈述）

四、论述题及答案要点

论述情绪维度和情绪维度理论。

答：情绪的维度是指情绪所固有的某些特征，包括情绪的动力性、激动性、强度和紧张度等方面。这些特征的变化又具有两极性。

情绪维度的理论：（1）冯特提出的三维理论认为：情绪是由三个维度组成的，即愉快－不愉快、激动－平静、紧张－松弛。20 世纪 50 年代，施洛伯格根据面部表情的研究提出，情绪的维度有愉快－不愉快、注意－拒绝和激活水平。60 年代末，普拉切克提出，情绪具有强度、相似性和两极性等三个维度，并用一个倒锥体来说明三个维度之间的关系。（2）美国心理学家伊扎德提出情绪的四维理论认为：情绪有愉快度、紧张度、激动度、确信度四个维度。

第十一章　能　力

【能力的故事】

在南北相对的两座大山上，各有一个寺院。它们相互之间的见解、主张不完全相同。每天早上，两个寺院分别派一个小和尚到山下的市场去买菜，两个小和尚血气方刚、年轻气盛、互不服气，在市场上相遇，经常或明或暗地较劲，互试机巧。

一天，南寺院的小和尚问："你到哪里去?"北寺院的小和尚答道："脚到哪里我就到哪里。"南寺院的小和尚听之，无言以对，不知道如何回答是好，买了菜，回到寺院向师父请教。师父说："下次你碰见他的时候，就用同样的话问他，如果他还是那样回答，你就说：'你没有脚，你到哪里去?'这样你就能击败他了。"小和尚听完，很高兴。

第二天早上，南北寺院的小和尚又在菜市场相遇。南寺院的小和尚又问道："你到哪里去?"北寺院的小和尚答道："风到哪里我便去哪里。"这出乎意料的回答，使南寺院的小和尚完全没有招架之力，又站在那里，一时语塞。回到寺院，师父见小和尚满脸晦气，便问道："难道我教给你的方法不灵吗?"小和尚便将早上的事如实讲了出来，师父听了哭笑不得，对小和尚说："那你可以反问他'如果没有风，你到哪里去?'"小和尚眼睛一亮，心想："明天一定能取胜!"

第三天早上，南寺院的小和尚又碰见了北寺院的小和尚，于是问道："你到哪里去?""我到市场去。"南寺院的小和尚又没有话了，因为他不可能说："如果没有市场，你到哪里去?"师父知道了他们的对话之后，语重心长地叹道："观晚霞悟其无常，观白云悟其卷舒，观山岳悟其灵奇，观河海悟其浩瀚……学贵用心悟，非悟无以入妙。别人的东西永远是别人的，只有悟出的东西才是自己的。"

一个人有没有能力，不是看他知道什么，能做什么，而是看他是否经常"悟到"，"悟到"了，能力就形成了。能力是认知方面的心理特征，表现为人与人在活动效率方面的差异。

【基础知识】

第一节 能力的一般概念

一、什么是能力

能力是人顺利地完成某种活动所必需具备的那些心理特征。能力总是和人的某种活动相联系并表现在活动中。只有从一个人所从事的某种活动中，才能看出他具有某种能力。在绘画活动中，一个学生在彩色鉴别、空间比例关系的估计等方面都很强，画得特别逼真，于是我们说他具有绘画能力。在音乐活动中，一个学生的曲调感、节奏感和听觉表象等都很强，歌声优雅动听，于是我们说他具有音乐能力。能力影响活动的效果。能力的大小只有在活动中才能比较。在其他条件（知识、技能、花费的时间）相同的情况下，数学运算时，甲生比乙生更快地了解题意、采用简捷的方法、准确地进行计算，于是我们说甲生的数学能力强于乙生。倘若一个人不参加某种活动，就难以确定他具有什么能力。

但是，在活动中表现出来的心理特征并不都是能力。例如，在音乐或绘画活动中人们可能表现出脾气急躁、性格开朗，也可能表现出情绪稳定、内向沉默。这些心理特征也可能会影响人顺利地完成音乐或绘画活动，但一般地说对于音乐或绘画活动却不是最必需的。而曲调感、节奏感、听觉表象对于顺利地进行音乐活动，彩色鉴别、空间比例关系的估计、形象记忆对于顺利地进行绘画活动，却是最必需的心理特征。没有这些心理特征，有关的活动便不能顺利地完成。因此，我们把顺利地完成某种活动最必需的那些心理特征，称为能力。

有时，人们也把像彩色鉴别能力，注意分配能力等某一种心理特征称为能力。其实，任何单独的一种心理特征都不可能完成比较复杂的活动。要完成某种复杂的活动，往往需要几种心理特征的有机组合。例如，画家的工作，需要有彩色鉴别能力、形象记忆能力、视觉想象能力、形象思维能力等多种心理特征的有机组合；优秀教师的工作，需要有逻辑思维能力、言语表达能力、注意分配能力、观察力等心理特征的有机组合。为了顺利地完成某种活动，多种能力的有机组合，称为才能。

能力是保证活动取得成功的基本条件，但不是唯一的条件。活动能否顺利地进行，能否取得成功，往往还与人的整个个性特点、知识技能、工作态度、物质条件、健康状况以及人际关系等因素有关。但是，在这些条件相同的情况下能力强的人比能力弱的人，更能使活动顺利进行，更容易取得成功。

在西方心理学中，能力一词有两种含义：一是实际能力（actual ability），二是潜在能力（potential ability）。实际能力是指个人现在实际所能做的，也称为成就（achievement）。例如说，某人能说俄语，能骑自行车等，就是指他现在实际具备的能力。这种能力以知识技能来表现，而知识技能主要是学习的成就或训练的结果。潜在能力不是指个人已经发展出来的实际能力，而是指如果通过训练可能达到的水平，在英语中常用 capacity（能量）、potentiality（潜力）或 aptitude（倾向、才能）等词来表示。实际能力通过成就测验来了解；潜在能力通过倾向测验来了解。

二、能力与知识、技能的关系

能力和知识、技能是既有区别又有密切联系。首先，知识、技能不同于能力。知识是人脑对客观事物的主观表征。技能是个人掌握的动作方式。技能可分为操作技能和心智技能。例如，证明一道几何题，人在推证的过程中，所应用的公理、定理、定义、公式等属于知识；而在推证过程中思维活动的严密性和灵活性则属于能力。如果一个人不仅在证明这道几何题时思维分析是严密的、简练的、迅速的，而且这种简捷的思维操作还能经常迁移到不同的运算场合，这时我们就可以说他具有数学运算思维敏捷的能力。

能力和知识、技能是密切联系的。它们之间的相互联系表现为，一方面能力是在掌握知识、技能的过程中形成和发展起来的。例如，学生在掌握知识的同时，也就掌握了思维操作，从而发展了智力；离开了学习和训练，任何能力都不可能形成，更不可能得到发展。另一方面掌握知识、技能又是以一定的能力为前提的。能力制约着掌握知识、技能的难易、速度和巩固程度。随着知识、技能的掌握又会导致能力的提高或新能力的发生。

虽然能力离不开知识、技能，但能力和知识、技能毕竟不是一回事。一个学生靠死记硬背可能取得比较好的成绩，但能力可能是差的。另一个学生尽管考试时没有取得良好的成绩，但他能灵活地思考，甚至能创造性地解决问题，这说明他的能力比较强。因此，能力不表现为知识、技能本身，而是表现在获得知识技能的动态上，即在其他条件相同时，人掌握知识技能时所出现的快慢、深浅、难易以及巩固的程度。

综上所述，能力是掌握知识、技能的前提，又是掌握知识和技能的结果，两者是相互转化、相互促进的。

三、能力、才能和天才

人们要完成某种活动，往往不是依靠一种能力，而是依靠多种能力的结合。这些能力互相联系，保证了某种活动的顺利进行。这种结合在一起的能力叫才能。例如，教师要有较敏锐的观察力、流畅的语言表达力、比较严谨的逻辑思维能力和组织管理的能力。这些能力的结合就是教师的才能。同样，学生的解题能力和计算能力结合起来，就组成了数学的才能。

能力的高度发展称天才。天才是能力的独特结合，它使人能顺利地、独立地、创造性地完成某些复杂的活动。天才往往结合着多种高度发展的能力。一个天才人物往往同时是文学家、历史学家、诗人、政治家等。天才不是天生的，它离不开社会历史的要求、时代的要求。特定的历史环境常常会涌现出具有特定能力的天才人物。天才也离不开个人的勤奋和努力。

第二节　能力的种类和结构

一、能力的种类

人的能力很多，可以用不同的标准进行分类，一般可分为以下几种。

（一）一般能力和特殊能力

一般能力是在许多基本活动中都表现出来，各种活动都必须具备的能力。例如，观察力、记忆力、思维力、想象力、抽象概括力都属于一般能力。其中抽象概括力是一般能力的核心。一般能力的综合也称为智力。

特殊能力是在某种专业活动中表现出来的能力。例如，数学能力、音乐能力、绘画能力、机械操作能力等，这些能力对于完成相应的活动是必需具备的。每一种特殊能力都是由该活动性质所制约的几种基本的心理品质构成。例如，构成音乐能力的基本组成成分有：①曲调感，即区分旋律的曲调特点的能力；②听觉表象，即能随意地使用反映音高关系的听觉能力；③音乐的节奏感，即感受音乐的节奏并能准确地再现它的能力。

人要顺利地完成某种活动，必须具备一般能力和该种活动的特殊能力。在活动中，一般能力和特殊能力的关系是辩证统一的。一方面，一般能力在某种活动中的特别发展，就可能成为特殊能力。例如，观察力是一般能力，但在农业技术工作中，除了需要一般的观察力外，还需要区别各种作物的形态、结构的细节，察看作物个体的生长、发育、繁殖和类群的特征及其相互关系的敏锐观察能力。这就是对农作物的特殊观察力。另一方面，特殊能力得到发展的同时也发展了一般能力。因为农技师在培育过程中的精细观察能力，有可能迁移到其他活动领域，表现出他的一般观察能力的发展。

（二）模仿能力和创造能力

模仿能力就是仿照他人的言行举止去做，以便使自己的行为方式与被模仿者相同的能力。模仿中主要包括两种成分：观察和仿效。个人"看到"或"听到"别人怎样行动，自己也跟着怎样做。模仿实际上是一种较复杂的操作条件反射的学习过程。模仿能力的大小，表现为个人的行为方式与被模仿者的行为方式的相似性上；两者越相似，表明模仿能力越强。

创造能力是指产生既是首创又是适宜的产物的能力。在创造能力中，创造思维性和创造性想象起着十分重要的作用。创造总是与创造产物相联系的。创造产物通常是指"首创"加"适宜"的产物。例如，艺术作品和科学理论以及有创见性的谈话和奇特的建筑等。模仿能力和创造能力有密切的联系。人们通常是先模仿，然后进入创造；在创造中也是有借鉴的。人们的模仿能力和创造能力也有个别差异。

（三）液体能力和晶体能力

根据能力在人的一生中的不同发展趋势以及能力和先天禀赋与社会文化因素的关系，可分为液体能力和晶体能力。

液体能力（液体智力，fluid intelligence）指在信息加工和问题解决过程中所表现的能力。例如，对关系的认识，类比、演绎推理能力，形成抽象概念的能力等。它较少依赖于文化和知识的内容，而决定于个人的禀赋。液体能力发展与年龄有密切关系。此外，心理学家们也发现，液体能力属于人类的基本能力，其个别差异受教育文化的影响较少。因此，在编制适用于不同文化的所谓文化公平测验时，多以液体能力作为不同文化背景者智力比较的基础。

晶体能力（晶体智力，crystallized intelligence）指获得语言、数学知识的能力，它决定于后天的学习，与社会文化有密切的关系。晶体能力在人的一生中一直在发展，只是到 25 岁以后，发展的速度渐趋平缓。

晶体能力依赖于液体能力。如果两个人具有相同的经历，其中一个有较强的液体能力，那么他将发展出较强的晶体能力。然而一个有较高液体能力的人如果生活在贫乏的智力环境中，那么他的晶体能力的发展是低下的或平平的。

（四）认知能力、操作能力和社交能力

认知能力（cognitive ability）是指人脑加工、储存和提取信息的能力，即我们一般所讲的智力，如观察力、记忆力、想象力等。人们认识客观世界，获得各种各样的知识，主要依赖于人的认知能力。

操作能力（operation ability）是指人们操作自己的肢体以完成各项活动的能力，如劳动能力、艺术表演能力、体育运动能力、实验操作能力等。操作能力是在操作技能的基础上发展起来的，又成为顺利掌握操作技能的重要条件。操作能力与认知能力不能截然分开。不通过认知能力积累一定的知识和经验，就不会有操作能力的形成和发展。反过来，操作能力不发展，人的认知能力也不可能得到很好的发展。

社交能力（sociability）是在人们的社会交往活动中表现出来的能力，如组织管理能力、言语感染力、判别决策能力、解调纠纷能力、处理意外事故的能力等。这种能力对组织团体，促进人际交往和信息沟通有重要作用。

二、能力的结构

能力是由多种心理品质所构成的系统，具有复杂的结构。心理学家对人类能力的结构提出了许多假设，大体上可分为 3 种理论模型：因素说、结构说和信息加工理论。

（一）能力的因素说

1. 独立因素说

美国心理学家桑代克（Thorndike，1901）曾对能力做过系统的描述。在他看来，人的能力是由许多独立的成分或因素构成的。例如，抽象能力、对社会关系的适应能力、对机械问题的适应能力等。根据这种学说，不同能力和不同因素是彼此没有关系的；能力的发展只是单个能力独立的发展。这种学说很快受到人们的批评。心理学家们很快发现，当人们完成不同的认知作业时，他们所得到的成绩具有明显的相关。这说明各种能力并不是完全独立的。

2. 二因素说

在心理学史上，最早对能力结构进行探讨的是英国心理学家斯皮尔曼（C. E. Spearman，1863—1945）。他认为人的能力由两种因素构成："一般因素"（G 因素）和"特殊因素"（S 因素）。人完成的任何一种作业都是由 G 和 S 两种因素决定的。例如，一个人完成算术推理测验作业是由 $G+Sa$ 来实现的，完成言语测验作业是 $G+Sb$ 来实现的。一般因素是个人的基本能力，也是一切智力活动的共同基础。虽然人们都有这种能力，但每个人具有这种能力的大小却是不同的。特殊因素是个人完成各种特殊活动所必需具备的能力。一个人具有完成某种活动的特殊因素，不一定具备完成他种活动的特殊因素。换言之，各人的 S 因素既有大小的区别，也有有无的区别。不论个人有几种 S 因素，这些 S 因素之间，可能彼此互相独立，也可能彼此有些重叠，但是它们必定都含有一部分的 G 因素。斯皮尔曼还认为 G 因素是能力结构的基础和关键，它代表一般的心理能量，相当于生理能量，各种智力测验的目的就是通过广泛的取样来求得 G 因素。

斯皮尔曼的理论简单明确，为智力测验技术提供了理论依据。很多智力测验的理论都是以这个理论为依据而建立起来的。但是，这个理论也有局限性。因为斯皮尔曼早期是否定群因素存在的，同时他强调一般因素和特殊因素的区别，并将它们对立起来。其实一般因素和特殊因素也是相互联系的，在一定条件下也是可以相互转化的。

3. 多元智力理论

多元智力理论是由美国心理学家加德纳提出的。加德纳认为，智力的内涵是多元的，它是由 7 种相对独立的智力成分构成。每种智力都是一个单独的功能系统。这些系统可以相互作用，产生外显的智力行为。

（1）言语智力

包括阅读、写文章或小说，以及用于日常会话的能力。大脑的"布罗卡区"负责产生合乎语法的句子。这个区域受到损伤的人，能够很好地理解单词和句子，但不能将单词组成句子。

（2）逻辑—数学智力

包括数学运算和逻辑思考的能力。

（3）空间智力

包括认识环境、辨别方向的能力。大脑右半球掌管空间位置的判断，大脑的右后部受伤的病人，会失去辨别方向的能力，容易迷路，其辨别面孔和关注细节的能力明显减弱。

（4）运动智力

包括支配肢体完成精密作业的能力，如打球、跳舞、身体运动由大脑运动神经皮层控制。大脑的每一个半球都控制或支配对侧肢体的运动。

（5）音乐智力

包括对声音的辨别与韵律表达的能力，如拉小提琴或弹奏一首曲子等。大脑右半球对音乐的感知和创作有重要作用。研究表明，脑损伤会造成人的"失歌症"或音乐能力的丧失。

（6）社交智力

包括与人交往且能和睦相处的能力，如理解别人的行为、动机和情绪。大脑额叶在人际关系的知识方面起主要作用，这一区域受到损伤，虽然不会影响解决其他问题的能力，但会引起性格的很大变化。

（7）自知智力

包括认识自己并选择自己生活方向的能力，像社交智力一样，大脑额叶对自知智力也起着重要的作用。

（二）能力的结构理论

把能力看成具有多种成分的复杂结构，称为能力的结构说。主要包括弗农（Vernon，P. E.）的层次结构理论和吉尔福特（Guilford，J. P.）的三维智力结构模型。

1. 吉尔福特的三维结构模型

吉尔福特（1959）认为智力包含记忆能力因素和思维能力因素两大类。思维能力因素又包含认知能力因素、生产能力因素、评价能力因素、生产能力因素、根据已有的信息和新的信息在寻求正确答案中的聚合式思维能力和发散式思维能力。1967 年他根据智力测验研究结果的因素分析，进一步提出了智力三维结构模型。他把智力区分为三个维度：内容、操作和产品。智力活动的内容包括听觉的、视觉的（我们所听到、看到的具体材料）、符号的（字母、数字及其他符号）、语义的（语词的意义和观念）、行为的（本人和他人的行为）。它们是测验时给予的信息，是智力活动的对象和材料。智力操作指智力的加工活动，它根据测验时所给予的信息内容进行加工。智力操作包括认知、记忆、发散式思维、聚合式思维和评价。智力活动的产物是指智力加工所产生的结果。这些结果可以按单位计算（单元），可以分类处理（类别），也可以表现为关系、系统、转换和应用。由于三个维度中含有多个因素，因而人的智力可以区分为 $5 \times 5 \times 6 = 150$ 种。吉尔福特认为，这些不同的智力都可以运用不同的测验来检验。例如，给被试一系列四个字母的组合，如 PIAS、FHKY、DSEL，要求被试将它们重新组合成熟悉的单词，如 FISH、PLAY、DESK等。在这一测验中，智力活动的内容为符号，操作为认知（即理解和再认），产物为单元，即按重新组合的字词数来计算成绩。根据产物的数量即可测度出一个人的符号认知能力。如果给被试呈现 10 种语音，然后要求他们立即（或延迟一些时间）重学出来。在这一测验中，智力活动的内容为听觉的，操作为记忆，产物为单元。这一测验的成绩即可度量一个人的听觉记忆能力。

2. 能力的层次结构理论

1971 年英国心理学家弗农提出了能力的层次结构理论。他以一般因素为基础，设想出因素间的层次结构。他认为，智力的第一层次是一般因素（G）；第二层次分两大群，即言语和教育方面的因素，与操作和机械方面的因素，叫大因素群；第三层为小因素群，包括言语、数量、机械信息、空间信息、用手操作等；第四层次为特殊因素，即各种各样的特殊能力。弗农的能力层次结构理论像生物分类学的分类系统那样来设想能力的结构。

（三）能力的信息加工理论

1. 智力三元论

20 世纪 70 年代以来心理学中出现了许多用信息加工观点来研究智力的结构。这里仅介绍斯腾伯格（Sternberg，1985）智力三元理论。包括成分智力（componential intelligence）、经验智力（experiential intelligence）和背景智力（contextual intelligence）。它们在智力活动的信息加工中起着不同作用。

所谓成分智力是指人们在计划和执行一项任务时的心理机制，它包含三种机能的成分。一是元成分（metacomponents），是指人们决定智力问题性质、选择解决问题的策略以及分配资源的过程。例如，一个好的阅读者在阅读时分配在每一段落上的时间是与他要从该段落中准备吸收的知识相一致的。这个决定就是由智力的元成分控制的。二是执行成分（performance components），是指人实际执行任务的过程。例如，词法存取和工作记忆。三是知识习得成分

（knowledge-acquistion components），是指人筛选相关信息并对已有知识加以整合从而获得新知识的过程。

关于经验智力，可以从下面的例子中看出。一个有能力的人比无能力的人能够更有效地适应新的环境；他（或她）能较好地分析情况，用脑筋去解决问题，即使从未遇到过的问题，经过多次解决某个问题之后，有能力的人就能不假思索、自动地启动程序来解决该问题，从而把节省下来的心理资源用在别的工作上。这种能力就称为经验智力。

所谓经验智力大概涉及主体在我们的进化史中选择压力的行为，它有 3 种形式。一是适应，指人们通过发展有用的技能和行为使自己适应环境的能力。在不同的文化中人们对环境的适应方式是不同的。区分有毒和无毒植物是从事狩猎、采集的部落人们的重要技能，而就业面试技能则是工业化社会的一种重要技能，他们的适应能力是不同的。二是选择，指人们在环境中找到自己适当位置的能力。例如，同样是很聪明的人，有的能在社会上找到自己的适当位置，在事业上有建树；有的则不会选择，毫无建树。三是塑造，如果个人不能或不能很好地适应他的环境或不能选择一个新环境，在这种情况下，智力活动可能对环境本身进行塑造。

斯腾伯格的理论，得到了对脑前叶受损病人的研究结果的支持。例如，有一位以前很成功的物理学家，在偶然的事故中脑前叶受损，痊愈后他虽然仍有很高的智商分数，但却不能继续他的工作。他能按指示程序进行工作（如开车）但却缺乏适应环境的能力。显然，这种人的行为缺少了智力中的一些重要成分，而这些成分却没有被大多数智力测验测量出来。

2. 智力的 PASS 模型

什么是智力的 PASS 模型？PASS 是指"计划—注意—同时性加工—继时性加工"（Planning-Arousal-Simultaneous-Successive，PASS）。它包含了 3 层认知系统和 4 种认知过程。其中注意系统又称注意—唤醒（arousal）系统，它是整个系统的基础；同时性加工和继时性加工统称为信息加工系统，处于中间层次；计划系统处于最高层次。三个系统协调合作，保证了一切智力活动的运行。PASS 模型（Naglieri & Das，1988，1990）建立在鲁利亚的 3 个机能系统学说的基础之上。

三个机能系统之间有一种动态的联系，注意、信息编码和计划之间是相互作用和相互影响的。第一机能单元和第三机能单元关系非常密切，计划过程需要一个充分的唤醒状态，以使注意能够集中，进而促使计划的产生。编码和计划过程也密不可分，因为在现实生活中的任务往往能以不同的方式进行编码，个体如何加工这种信息也是计划的功能，所以同时性或继时性加工要受到计划功能的影响。

第三节 能力的测量

一、一般能力测量

(一) 智力测验的由来

用一定的手段和工具来测定人的智力，古已有之。在我国古代，刘勰用左手画方右手画圆的方法来考查人的注意分配；杨雄用言语和书法的速度来判断人的智慧，都具有智力测验的性质。19世纪末，英国生物学家高尔顿设计了高尔顿音笛和高尔顿棒，分别测定人的听觉和视觉辨别力，试图通过感觉辨别力来估计人们智力的高低。

系统采用测验方法来测量人的智力，是在20世纪初由法国心理学家比内和医生西蒙提出来的。1905年，比内在西蒙的帮助下，编制了一个包括30个项目的正式测验，每个项目的难度逐渐上升。根据儿童通过项目的多少来评定他们智力的高低。这就是最早出现的一个量表——比内—西蒙智力量表。

1908年，比内和西蒙对已编制好的量表进行了第一次修定。测验项目由30个增加到58个；测验年龄在3～15岁，每个年龄组的测验项目为4～5个。1916年，美国斯坦福大学教授特曼将比内—西蒙智力量表介绍到美国，并修订成为斯坦福—比内智力量表。1937年和1960年，斯坦福—比内智力量表又经过两次修订，成为目前世界上广泛流传的标准测验之一。我国第一次修订斯坦福—比内量表的是陆志韦 (1924)，以后陆志韦和吴天敏进行了第二次修订 (1936)，吴天敏作了第三次修订 (1982)。

(二) 斯坦福—比奈智力量表

斯坦福—比内量表第三次修订版 (1982) 适用对象的年龄范围为3～18岁（最适用范围为4～14岁的儿童）。测验共分17个年龄组。自3～14岁，每一年龄组都有6个试题，1个备用题。普通成人组和优秀成人Ⅰ、Ⅱ组各有6个试题，优秀成人Ⅲ组只有3个试题，全量表共有112个题。

例如，5岁组（每通过一个项目得两个月）题项：

①人像画上补笔。

②折叠三角。模仿将一张六寸见方的纸对角折叠两次。

③为皮球、帽子、火炉下定义。

④临摹方形。

⑤判断图形的异同。

⑥把两个三角形拼成一个长方形。

（备用项目）用鞋带在铅笔上打个结。

7 岁组（每通过一个项目得两个月）题项：

①指出图形的谬误。

②指出两物的相同点（木和炭、苹果和桃、轮船和汽车，铁和银）。

③临摹棱形。

④理解问题，例如"如果你在马路上遇到一个找不到父母的 3 岁小孩，你应该怎么办?"

⑤完成相应的类比：雪是白，炭是（?）；狗有毛，鸟有（?）等。

⑥顺背五位数。

（备用项目）倒背三位数。

1. 测验项目的编选

并不是任何试题信手拈来就可以编入量表的。在编制量表时，测验试题的选择非常严格。在选择量表的试题时应遵循以下 3 条原则。

首先，试题应能测量智力功能，应尽量避免一般文化教育、知识水平的影响。因为智力测验测的是智力，而不是人的知识、经验。但智力又总是和人的知识经验联系在一起的。因此要尽量避免知识经验的影响，做到所有被试对所测的知识，具有近乎相等的程度。

其次，该项目通过的百分比应随着年龄的增长而相应地增加。这样，该项目才符合智力随年龄成长的构想，而与效度相合。

最后，该项目通过与否与测验总分应有较高的相关。例如，类比项目"哥哥是男孩，妹妹是（　　）"与 7 岁组测验总分的相关系数 $r=0.65$。解释抽象词汇项目与 11 岁组的相关系数，$r=0.89$，显示了测验内部的一致性，而与信度相符。

2. 智商的计算

智力测验的结果，通常用心理年龄（Mental Age，MA）和智力商数（Intelligence Quotient，IQ）来表示。心理年龄也叫智力年龄，是比内于 1908 年创造的。心理年龄是以被试能通过哪一年龄组的测验项目来计算的。如果一个儿童通过了一套 6 岁组的全部项目（6 岁以下各组的项目不用测，就算通过了），其心理年龄就是 6 岁。如果他还通过了 7 岁组的 2 个项目（代表 4 个月），8 岁组的一个项目（代表 2 个月），而 9 岁组和 10 岁组的测验都没有通过（10 岁以上各组就不必测了），那么，其心理年龄便是 6 岁 6 个月。

心理年龄这个概念虽然可以对同一年龄的儿童的智力发展水平进行比较，但不能比较不同年龄儿童的智力发展水平。为了便于不同年龄儿童智力的比较，斯特恩（W. Stern，1911）最先提出心理商数的概念，后来特曼在斯坦福大学修订比内量表时最先加以应用并把它改称为智商（IQ）。智商是心理年龄（MA）与实足年龄（Chronological Age，CA）之比，因而也称为比率智商（ratio IQ）。智商的计算公式如下：

智商（IQ）＝心理年龄（MA）/实足年龄（CA）×100

举例来说，某人 1972 年 12 月 14 日出生，1983 年 9 月 10 日参加斯坦福—比内智力测验，他的测验得分经查知道心理年龄为 11 岁 10 个月，则其智商的计算方法如下：

	年	月	日
	1983	9	10
—	1972	12	14
实足年龄	10	8	26

如果要借位，任何 1 个月都以 30 天计算，1 年以 12 个月计算；实足年龄得到的差数，满 15 天的进为 1 个月。因此，这个人的智商计算如下：

IQ＝11 岁 10 个月×100/10 岁 9 个月＝142 个月×100/129 个月＝110

智商是心理年龄除以实足年龄的得数，所以智商为 100 者，其智力相当于他的同年龄人的一般水平，属于中等智力。智商高于 100，表明智力较佳；低于 100，则表明智力较差。在一般人口中，智商呈正态分布，即中等水平的居多数，两个极端的为少数。

（三）韦克斯勒智力量表

韦克斯勒（D. Wechsler）智力量表分为三种：韦氏成人智力量表（WAIS），评定 16 岁以上成人的智力；韦氏儿童智力量表（WISC），测定 6 岁至 16 岁少年儿童的智力发展水平；韦氏学前儿童智力量表（WPPSI），评定 4 岁至 6 岁半儿童的智力。这三种量表国内都有修订本。它们的项目类别大同小异，差别仅在于内容的难度。韦克斯勒认为智力是由几种有效的智慧能力"聚集"而成的。这三种量表各包括 11 个或 12 个分测验，分为言语测验和操作测验，可以分别测量个体的言语能力和操作能力。以韦氏儿童智力量表为例，言语分量表包含的测验项目有常识、理解问题、算术、发现两物的相似性和词汇等；操作分量表包含的测验项目有整理图片、积木、图像组合、译码和迷津等。

韦氏智力量表的重要特点是废弃了智力年龄的概念，保留了智商的概念。但是韦氏量表的智商已不是传统的比率智商，而是离差智商（deviation IQ）。1960 年斯坦福大学修订比内量表时也采用了离差智商。所谓离差智商就是用标准分数来表示的智商，即让每一个被试和他同年龄组的人相比，而不像以前比内量表所用的智商是和上下年龄的人相比。1960 年修订的斯坦福—比内量表的离差智商使每一年龄都有平均分数，$M=100$，标准差 $\sigma=16$；而韦氏成人和儿童智力量表，其均数也定为 100，但标准差 $\sigma=15$。比内量表和韦氏智力量表中将全体被试的分数分为 6 个等级，即均数上各加上 1 个、2 个或 3 个标准差，分为 3 等；均数下各减去 1 个、2 个或 3 个标准差，也分为 3 等。因此，一个人的智力就可以用他的测验分数与同一年龄组其他人的测验分数相比较来表示。以韦氏智力量表为例，其 IQ 的计算公式是：

$$IQ = \frac{15 \times X - \overline{X}}{S} + 100$$

式中：X 为某一年龄组的被试测验的原始分数，$\overline{X}$ 是该年龄团体的平均分数，S 是团体分数的标准差。$X - \overline{X}/S$ 是标准分数，它是一种以标准差为单位的相对量数。

假定某个年龄组的平均分数（$\overline{X}$）为 70 分，标准差为 10 分，甲生测验得 80 分，他的标准分数即为 +1；乙生得 60 分，他的标准分数即为 -1。代入上述公式，标准分数为 +1 者（即 +1σ），智商是 115，说明他的智力比 84% 的同龄人要高；标准分数为 -1 者（即 +1σ），智商是 85，说明其智力比 16% 的同龄人高而低于一般人的水平。因此，离差智商就是根据在同年龄的被试总体中的相对位置计算出来的智商，也就是根据标准分数计算出来的智商。

韦氏智力量表的另一个特点是，不仅能算出一个人在全量表上的离差智商，还能算出他在言语分量表、操作分量表上的离差智商。虽然言语智商和操作智商有很高的正相关（+0.77～0.81），但这两种分量表测得的毕竟是不同的能力。这就有可能对一个人的智力结构的诸因素进行比较和分析。

智力测验的种类很多。除前面介绍的两种个人智力测验外，还有团体智力测验，如适用于中小学生的洛奇—桑代克智力测验（Lorge-Thorndike Intelligence Test）和美国陆军所使用的陆军普通分类测验（Army General Classification Test）等。

二、特殊能力测验和创造力测验

（一）特殊能力测验

这类测验包括对艺术能力、音乐能力和机械能力等的测验。要测定从事某种专业活动的能力，就需要对该活动进行分析，找出它所要求的心理特征，列出测验项目，进行测验的设计。例如，梅尔美术判断测验（Meier Art Judgment Test），分析了美术家绘画活动的特点，以比例、平衡、明暗排列顺序、线条排列匀称、构图的统一等为指标，将著名的图画加以改编制成 100 幅图画，要求被试从每对画中选择出他感到满意的图画。由于"正确的图画"反映了上述的艺术特点，且是被 25 名美术家公认为较好的画。因此，被试的得分就表明其判断与美术家的判断相一致的程度。又如西肖尔（Seashore, 1939）分析了学习音乐的能力，区分出组成音乐才能的 6 种特殊能力：辨别音高、响度、持续性、音色的差别，判断韵律的异同和音调记忆力，从而设计出 6 个分测验。张厚粲等（1988）编制的机械能力测验包括纸笔测验和操作测验。纸笔测验由机械常识、空间知觉、识图理解、工程尺寸计算和注意稳定 5 个分测验组成；操作测验由手指灵巧、拼板组合、间接手部动觉反馈、双臂随意调节、理解性操作、操作知觉、双手协调和复合操作 8 个分测验组成。

测验结果表明，一般智力同绘画能力、音乐能力、机械能力、运动能力的相关低，但却是正相关。这说明上述这些特殊能力相对地不依赖于一般智力。

（二）创造力测验

智力测验的内容一般是常识性的，并且只有一个正确的答案，测验的结果主要反映个人的观察、记忆、理解和一般推理的能力。创造力测验的内容不强调对现成知识的记忆和理解，而是强调思维的变通性、流畅性和独特性，测验的结果主要反映个人的发散式思维能力。例如，盖茨尔斯和杰克逊（Getzels & Jackson，1962）设计的一套创造力测验包括5个分测验。

①词汇联想测验——如让被试对"螺丝钉""口袋"之类十分普通的单词，说出尽可能多、尽可能新颖的定义。以定义的数目、类别、新颖性等进行评分。

②物体用途测验——如让被试对"砖"之类的普通物品，说出尽可能多的用途。根据说出用途的种类及独创性进行评分。

③隐蔽图形测验——给被试看一张印有各种隐蔽图形的卡片，让被试找出这些图形。根据找图形的复杂性和隐蔽性进行评分。

④寓言解释测验——给被试呈现几个缺少结尾的短寓言，要求被试对每个寓言都做出三种不同的结尾："有教育意义的""幽默的"和"悲伤的"。根据结尾的数目、恰当性和独创性进行评分。

⑤组成问题测验——给被试几篇短文，让其用所给的材料尽量组成多种数学问题。根据问题的数目、恰当性、复杂性及独创性进行评分。

例如，在物体用途测验中，对"砖"的用途，甲生回答，可以造房子、造墙、造炮楼、铺路等；乙生回答，除了造房子、铺路外，可以用来抵门、做烟灰盆、当蜡烛台，甚至必要时当作武器打击敌人。主试对两生的回答进行分析就可以看出，甲生没有什么创造力，因为他想到的都是平常的一种用途；乙生有创造性，因为他所想到的用途不仅种类多而且新颖，有独创性。

除上述测验外，还有多种创造力测验。下面列举的是各种创造力测验中所用项目的一些例子。

独创性（Flanagan，1963）

一场罕见的风暴将小镇上一座电视信号传送塔摧毁了。这座电视塔建在小镇的一块平地上，周围没有高大建筑物。它的高度为300米，能为一个大的农业社区服务，现在当局准备重建一座新塔来恢复这项服务。这个问题的暂时解决办法是什么？

不寻常用途（Guilford，1954）

对下列物品，把你能想到的用途尽量地说出来。

A. 牙签   B. 砖   C. 曲别针

后果推测（Guilford，1954）

如果国家和地方的法律都突然被废止，请你想象一切可能发生的事情。

故事结尾（Getzels & Jackson，1962）

一条淘气的狗过去常常悄悄地走在行人的脚后，然后突然咬他们。狗的主人只好将一个铃铛系在它的脖子上，这样无论它走到哪儿，都会发出响声。这条狗想这真是太好了，于是很骄傲地响着叮当声走遍了全城。但是，一条老狗说……

图案的意思（Wallach & Kogan，1965）

要求被试说出看见一个图案可能想象出的一切事物。

改进产品（Torrance，1966）

向被试呈现一些物品，如儿童玩具或被试的特定职业要用的器具，然后让被试提出对它们的改进建议。

非直接联想（Mednick，1962）

让被试给出第四个词并使之与下列每组中三个词有联系。

A. 老鼠—蓝色—农舍小屋　　　B. 轮子—电—高

C. 外面—狗—猫　　　　　　　D. 惊奇—线—生日

词的联想（Getzels & Jackson，1962）

要求被试对下列的每一个词写出尽可能多的意思。

A. 母鸭　　　B. 布袋　　　C. 投掷　　　D. 公平的

许多研究表明，智商与创造力分数之间的相关度是低的，但是正的。也有研究认为智商与创造力之间的相关高低是由创造力测验的性质而定的，某种创造力可能要求较高的智力，而另一些创造力又可能与智力相关不高。尽管在智力和创造力的相关上还有不同的看法。但比较一致的意见是，高智商并不能保证高创造性，而低智商的人肯定只能得到低的创造力分数。相当水平的智力（一般认为最低阈限智商约为 120）对于从事文化教育、科学技术或艺术上的创造革新是必要的。

第四节　能力发展与个体差异

一、能力发展的一般趋势

智力是随着年龄的增长而变化的。美国心理学家贝利（Baylay）用贝利婴儿量表、斯坦福—比内量表和韦克斯勒成人智力量表等为工具，对同一群被试从其出生开始做了长达 36 年的追踪测量。他把测得的分数转化为可以互相比较的"心理能力分数"发现，智力在 11～12 岁以前是直线发展的，其后发展较缓慢，到 20 岁前后达到顶峰，大致到 26 岁前后保持水平状态直至 36 岁，而不再增长。其他的研究也表明，人类的智力在 35 岁左右发展到顶峰，以后缓慢衰退，到 60 岁以后衰退速度极快。这是一般人智力发展的趋势，但是个别差异也是非常显著的。例如,智力优异者不仅发展速度快,而且延续发展的时间也长;而智力落后者不仅发展缓慢,并且有提前停止发展的倾向。

智力不仅作为整体而发展,而且智力中的各成分的发展速度也是不同的。瑟斯顿考察了他所提出的 7 个因素的发展情况,各种心理能力的发展速度各不相同。例如,12 岁时知觉速度已发展到成人水平的 80%;而推理能力、词的理解力和词语运用能力等则要到 14 岁、18 岁和 20 岁以后才分别达到同一水平。有人对液态智力和晶态智力的发展研究表明,液态智力在中年以后开始下降,而晶态智力则在人的一生中都有稳定上升的趋向。

创造力的表现与智力不同。创造力的发挥主要在 30～40 岁这段年龄。它因从事的领域而有差异,化学是 26～30 岁,诗歌是 25～28 岁即 30 岁前,数学、物理学是 30～40 岁,心理学是 30～39 岁,技术发明是 30～40 岁,管弦乐、歌剧的作曲是 35～39 岁,绘画是 35～39 岁,至于创作长篇小说是 40～44 岁。因为创作长篇小说不仅需要足够的才能,还要有足够的知识经验。有人统计了1901～1965 年诺贝尔物理学奖和化学奖获得者的年龄,物理学奖集中在 45～49岁,化学奖集中在 50～54 岁,大部分人在 40～50 岁得奖。佩尔兹和安德鲁斯的研究认为,科学家创造力的发挥有两个高峰期:第一个高峰期在 30 岁至 40 岁,第二个高峰期出现在 55 岁左右。成人中期(35～50 岁)是从事科学创造最旺盛的时期。这时既具有知识经验的积累又具有创新能力(灵活性、独创性)。

二、能力发展的个体差异

(一) 发展水平的差异

1. 超常者与智力不足者

(1) 超常者

对能力超常少年儿童的发现和培养,已得到世界各国的关注。我国政府也十分重视对超常少年儿童的培养。1978 年 3 月中国科技大学第一届少年班开办以来,截至 1986 年又有 12 所重点院校试办大学少年班。我国心理学家对全国 29 名超常儿童的调查和追踪研究表明,这些儿童能力超常的表现是多种多样的。他们有鲜明的个性并且各个年龄阶段都有。有的较早地显示出数学才能,有的很小就能大量识字阅读,有的优于外语,有的擅长绘画,有的会作诗对歌……尽管他们在性格和能力类型上有很大的差异,但都有共同的心理特点。其共同的心理特征表现在下列五个方面。

第一,有浓厚的认识兴趣和旺盛的求知欲。

这类儿童一般较早表现出强烈的好奇心,爱问这问那,并追根究底:他们很早就对知识产生了浓厚的学习兴趣,并且兴趣相当广泛。例如,有些两三岁的儿童,不满足于看图画书、听故事,已对识字读书产生了兴趣。有的 4 岁儿童去动物园时,不满足于看看动物的样子,还要逐个去看关于动物的介绍,了解动物的产地、习性等。

第二，注意集中，记忆力强。

这类儿童的注意既广又能高度集中，特别是他们感兴趣的事情，注意力能集中几小时而不受外界干扰。他们的短时记忆明显超过同龄一般儿童的均值。识记快，保持久。例如，一个5岁儿童，对一列13位数字（5138427960358）小声念三遍能够顺背，再念一遍能够倒背，时隔半年后仍能正确顺背无误。

第三，感知敏锐，观察仔细。

例如，在感知实验中，他们明显地优于同年龄儿童，有的在反应速度和进行方式上还优于比他们大两三岁的儿童。又如，有的三四岁的幼儿能分辨大小、长短和左右方位。他们的视、听觉辨别力发展突出，主要表现为能清楚分辨汉字音、形的细微差别。

第四，思维敏捷，理解力强，有独创性。

例如，在概括和推理水平上，他们不仅明显超过同龄儿童，而且超过比他们大两三岁的儿童，特别在解决难度大的课题时，这种差异尤为明显。一个五岁半儿童在十几分钟内算出6位乘6位的数（如 $365427 \times 243682 = 89047982214$）并能在3～6分钟内正确解答鸡兔同笼一类的应用题，思维非常敏捷。他们的理解能力强，有独创性，例如，有个儿童两岁时玩积木，每次都要花样翻新；五岁半时造句不因袭老师示范的句型；做数学题也不满足他们的解题方法而试着自己另找解法。

第五，自信、好胜、有坚持性。

这类儿童一般比较自信、有进取心，他们爱和别人比，不但爱和同龄儿童比，有的甚至还要和成人比，比做题、比下棋、比成绩等，处处不甘落后。他们有主见，不易受暗示，干一件事一般能坚持，不受外界干扰坚持完成学习任务。查子秀等人用《中国少年非智个性心理特征问卷》调查了北京人大附中超常班和常态班学生的个性特点，发现这两个班学生的个性特点有明显的差异。

（2）智力不足者

智商在70以下者为智能不足。智能不足并不是某一种心理过程的破坏，而是各种心理能力的低下，其明显的特征是智力低下和社会适应不良。

智能不足可分为三个等级。轻度：智商70～50，生活能自理，能从事简单劳动，但应付新奇复杂的环境有困难，学习有困难，很难领会学校中抽象的科目。中度：智商50～25，生活能半自理，动作基本可以或部分有障碍，只会说简单的字或极少的生活用语。重度：智商25以下，生活不能自理，动作、说话都有困难。

造成智能不足的原因很多。大多数智能不足者都不是生理疾病所致，过去也未有过脑损伤的病史。他们大多健康良好，智能不足的程度也较轻微。这些人的父母智力水平也较低，家庭中往往缺乏良好的学习环境，或者在成长过程中营养条件较差，这些可能是造成这一类型智力落后的原因。

智能不足儿童由于其心理缺陷，无法与正常儿童随班上课，因此有设置特殊教育机构之必要。在这方面应注意要用可靠的智力测验工具确定其是否是真正的智能不足以及低能的程度，编出各种适合于他们的教材，用形象具体的方法进行教学，教师对他们应抱有同情和理解的态度，耐心给予指导、多鼓励少批评，训练他们掌握几种简单而实用的技能，使他们成为自食其力的人或生活能自理的人。

2. 能力超常的原因及其与成就的关系

超常儿童被一些人称为神童，其实并不神秘，优越的自然素质是超常儿童发展的物质基础。前已述及遗传素质对智力的影响是不可忽视的因素。儿童的智力发展速度是不均衡的。早在 20 世纪 20 年代，平特纳（R. Pintner）的研究认为，儿童从出生到 5 岁是智力发展最快的时期。这一论断，与 60 年代布鲁姆在《人类特性的稳定与变化》（1964）一书中的结论是一致的。布鲁姆认为，如果以 17 岁所达到的普通智力水平作为 100，那么儿童从出生到 4 岁的智力就已获得了 50％，从 4 岁到 8 岁获得 30％，而最后的 20％则是在 8 岁到 12 岁获得的。根据这些研究，可以认为，在儿童的早期阶段智力发展快，并且对以后的发展有很大的影响。教育开始得越早，儿童潜在能力的实现就越大；相反，教育开始得越晚，儿童潜在能力实现就越小。查子秀等人对二十多名超常儿童的调查情况也表明，他们几乎都享有优越的早期教育条件。理想的早期教育是超常儿童成长的主要条件。

有人认为，超常儿童的优异发展是以身体的不健康或个性的不适应为补偿的，这种看法是缺乏科学依据的。特曼在 1921 年至 1927 年，用斯坦福—比内量表对从幼儿园到 8 年级的儿童进行了测查，发现 1528 名天才儿童（他们的平均智商 150），并对他们进行长达 30 年的追踪研究。结果表明，他们中死亡、不健康、精神错乱、酒精中毒等情况，都低于相应年龄的成人，绝大多数人社会适应良好。他在 1939 年至 1940 年、1951 年至 1952 年曾对追踪对象分别进行两种测验，发现他们的平均得分远远超过一般成人。这两项测验相隔 12 年，两次成绩相比有 90％的被试智力增加了。可见，"早熟早衰"的看法是不正确的。

超常儿童今后能否在事业上作出成就，依赖于许多条件。如果有理想的教育条件，他们就会在事业上做出更大的成就。在 1950 年时，特曼的 800 名男性受试者中，有 78 人得到博士学位，48 人得到医科学位，85 人得到法律学位，74 人正在或曾在大学任教，51 人在自然科学或工程学方面进行基础理论研究，104 人担任工程师，有 47 人编入 1949 年版《美国科学家年鉴》。所有以上数字和从总人口中任意选取 800 个相应年龄的人相比较，几乎高 10～20 倍或 30 倍。但他也发现全体被试中约有 20％的人没有超出一般人的成就，只有不到一半的妇女参加了工作。他对 800 名男性被试中成就最大的 20％与成就最小的 20％的人作了比较研究。发现在这两组人中，最明显的差异是个性特点不同。成就最大者在谨慎、自信、不屈不挠、进取心、坚持性、不自卑等个性品质上明显地优于成就最小者。其次是家庭背景不同，前者 50％ 的家长大学毕业，家中有许多书籍，家长重视早期教育；后者只有 15％ 的家长大学毕业。可见，超常儿童能否在事业上作出成就，在很大程度上取决于社会生活条件和他的个性特点。因此，我们在超常儿童的教育方面，既要重视培养他们的能力，更要重视德智体全面发展的教育。

（二）能力表现早晚的差异

人的能力的充分发挥有早有晚。有些人的能力表现较早，年轻时就显露出卓越的才华，这叫"人才早熟"；另一种情况叫做"大器晚成"，这指智力的充分发展在较晚的年龄才表现出来。这些人在年轻时并未显示出众的能力，但到中年才崭露头脚，表现出惊人的才智。

（三）能力结构的差异

能力有各种各样的成分，它们可以按不同的方式结合起来。由于能力的不同结合，构成了结构上的差异。例如，有人长于想象，有人长于记忆，有人长于思维等。不同能力的结合，也使人们相互区别开来。查子秀比较了超常儿童与常态儿童的认知能力，包括语词类比推理、图形类比推理、数概括类比推理、创造性思维和观察力。结果发现，二者在认知的不同方面并非都差异明显，而是在解决难度大的问题上思维能力差异大，如超常儿童在创造性思维和数概括类比推理上发展特别突出。

（四）能力的性别差异

1. 数学能力的性别差异

数学能力（mathematical ability）是对数学原理和数学符号的理解与应用能力，这种能力主要表现在计算和问题解决上。计算能力体现了对程序性知识的速度和精确性技巧的要求；问题解决则体现了对信息的正确分析与选择、组织好策略性知识、应用统计方法的综合性技能的要求。海德纵观 40 年来 100 个有关的研究，经过元分析发现：女生在计算能力上具有一定优势，但这种优势只表现在中、小学阶段；在问题解决上，中学时期女生略好，而高中及大学阶段则男生表现出优势。对于数学操作来说，男生在标准化测验上表现普遍比女生好，而女生在学校所获得的评定等级上比男生高。一些研究者认为，男生在竞争性数学活动中比女生好，而女生在合作性数学活动中比男生好。

2. 言语能力的性别差异

言语能力（verbal ability）是对语言符号的加工、提取、操作的能力，表现在听、说、读、写四个方面。言语能力并非单一的结构，它包括对言语信息的记忆、转换、理解、组织和应用等方面。霍沃总结了 3～8 年级学生的一系列研究后发现，女生言语能力普遍比男生好。在各种言语能力中，以词的流畅性所显示的女生优势最为明显，而言语推理则显示了男生优势。但研究言语能力的性别差异并没有得到完全一致的结论。

3. 空间能力的性别差异

空间能力（spatial ability）是体现性别差异最明显的一种能力，也是较难描述和解释的一种能力。林兰德等将空间能力定义为一种涉及表征、转换、生成和回忆符号、非言语信息的技能。基于以往的研究，他们提取了空间能力的三个因素。①空间知觉：指在干扰条件下，对垂直与水平方位的确定。②心理旋转：指对二维或三维图像表征的旋转能力。③空间想象：指对所显示的空间信息进行多步分析加工的能力。研究表明，在空间知觉和心理旋转测验中，男生明显优于女生；而在空间想象力测验中，男女差异不显著。

三、能力形成的原因和条件

（一）遗传的作用

在心理学史上遗传和环境在能力形成与发展中哪一个因素起决定性的作用，曾经历过长期的争论。许多研究者对不同遗传关系的人 IQ 的相关研究结果表明，遗传关系越相近，测得的智力越相近。父母的 IQ 和亲生子女的 IQ 相关为 0.50，养父母和养子女 IQ 的相关为 0.25。同卵双生子是由同一受精卵发育而来，遗传的关系很密切，IQ 之间的相关很高，为 0.90。异卵双生子是由两个受精卵发育而来，其遗传的相似性类似于同胞兄弟姐妹，他们在 IQ 上的相关为 0.55。分开抚养的同卵双生子，其 IQ 的相关为 0.75，比在一起抚养的异卵双生子的相关高。这些研究一方面说明遗传对智力的重要影响，但同时也说明环境对智力的重要影响。即使是同卵双生子，在环境相同的条件下 IQ 之间也有很高的相关。在一起抚养的孩子，即使两者无血缘关系，其 IQ 的相似性也会提高。

智力是心理特质，它本身是不能遗传的。遗传对能力的影响主要表现在身体素质上，如感官的特征、发音器官的特征、四肢和运动器官的特征、脑的形态和结构特征等。身体素质是能力形成和发展的自然前提。没有这个自然前提，任何能力都无从产生。例如，双目失明的人无法形成绘画能力，生来聋哑的人无法形成音乐能力。身体素质对能力发展的影响是不可忽视的。但身体素质却不等同于能力本身。具有相同身体素质的人，可以发展出几种不同的能力；而具有良好素质的人如果得不到应有培养和训练，能力也不可能形成。这说明在能力形成问题上，遗传决定论是不对的，但良好的遗传素质却是能力形成和发展的一个必要条件或重要条件。

（二）环境和教育对能力形成的影响

环境因素对能力形成的作用是不可低估的。现代科学业已证明，胎儿的产前环境（在母体内的环境）对胎儿的生产发育和出生后的智力发展有着重要的影响。从狼孩等一些极端的例子，我们可以知道人生初期的环境剥夺对正常智力的发育会造成极其显著的障碍，而丰富的环境刺激则有助于儿童智力的发育。有目的、有计划、有组织的学校教育在能力的形成和发展中具有特殊的意义，即主导作用。它不仅使受教育者掌握了知识与技能，而且也形成和发展着能力。良好的物质和文化环境、良好的教育是能力形成与发展的决定条件。

总之，遗传素质只为能力的发展提供了可能性，而环境和教育则有可能把这种可能性变为能力发展的现实性。近年来，有不少学者提出了遗传限的概念，这对于解释遗传与环境两个因素在决定个体智力高低时的作用是一种有价值的思路。

1. 产前环境的影响

胎儿在出生之前生活在母体的环境中，这种环境对胎儿的生长发育以及出生后智力的发展，都有重要的影响。我国古代早有"胎教"的主张。现代科学的研究也证明，重视产前环境的影响有重要意义。

许多研究发现，母亲怀孕的年龄常常影响儿童智力的正常发展。产前环境的另一影响，是由母亲服药、患病等因素造成的。怀孕期间母体营养不良，不仅会严重影响胎儿脑细胞数量的增加，而且还会造成流产、死胎等现象。营养不良发生的时间越早，对胎儿的影响也就越严重。

2. 早期经验的作用

从出生到青少年时期，是个体生长发育的时期，也是能力发展的重要时期。儿童身体发育的资料表明，人的神经系统在出生后的头四年内获得迅速发展，为能力的发展提供了物质基础。

发展能力要重视早期环境的作用，这已为越来越多的事实所证明。此外，丰富的环境刺激有利于儿童能力的发展。孩子出生后，如果睡在有花纹的床单上，床上挂着会转动的音乐玩具，他们仰卧时，就能自由地观察这一切。那么，两星期后，他们就试着用手抓东西。而没有提供刺激的婴儿，这种动作要5个月时才出现。

3. 学校教育的作用

学校教育是对年轻一代施加有目的、有计划、有组织的影响。学生通过系统地接受教育，不仅要掌握知识和技能，而且要发展能力和其他心理品质。

能力不同于知识、技能，但又与知识、技能有密切关系。对儿童和青少年来说，发展能力是与系统学习和掌握知识技能分不开的。在学校中，课堂教学的正确组织有利于学生能力的发展。经过长期训练，学生思维和言语能力有明显提高。丰富的校内外生活内容，也有利于学生能力的发展。

（三）实践活动的影响

人的能力是在实践活动中形成和发展起来的。离开了实践活动，即使有良好的素质，即使有良好的环境与教育，能力也难以形成和发展起来。关于这一点，我国古代思想家王充早就指出"施用累能"，即能力是在使用中积累的。他说，齐的都城世代刺绣，那里的平常女子都能刺绣；襄地传统织锦，即使不聪明的女子也变成了巧妇。这是因为天天看到，时时学习，手自然就熟练了。王充还提出"科用累能"，即从事不同职业的活动就积累了不同的能力。他说，谈论种田，农夫的能力高于一般人；谈论做买卖，商人的能力强于一般人。（《论衡·程材》）大量的事实资料表明，音乐能力只有在音乐的实践活动中才能形成和发展；科研能力也只有在科研的实践活动中才能形成和发展。不参加实践活动，就谈不上能力的形成和发展。

（四）能力的发展和人的主观能动性

能力的提高离不开人的主观努力，即人的自觉能动性。一个人刻苦努力，积极向上，具有广泛的兴趣和强烈的求知欲，他的能力就可能得到发展。相反，一个人饱食终日，无所用心，工作上没要求，他的能力就不可能有较好的发展。因此，人的能力的发展，是与其他心理品质的发展分不开的。坚强的意志对能力的发展有重要意义。一些人的成功往往不是因为他们具有高于常人的天分，而是由于他们有坚强的意志品质，由于他们具有明确的目的性、果断性、自制力、独立性与顽强性。能力的发展还依赖于自我分析与自我评价的能力。一个善于进行自我评价的人，才能及时发现自己在能力方面的优点和弱点，并通过自己的努力提高自己，使能力向确定的目标发展。

能力的形成与发展依赖于多种因素的交互作用，虽然各种影响因素在决定能力高低与发展历程中各占比重是多少，无法精确估算。但有一点是不可否定的，即遗传、环境和主观努力在能力发展中的作用是缺一不可的。

【本章小结】

本章主要介绍了有关能力的结构理论和能力的测量，以及能力的形成和发展问题。

1. 能力是一种心理特征，它是顺利实现某种活动的心理条件。能力的高低会影响人的活动效率。

2. 能力与知识、技能具有密切的关系。能力不等于知识、技能。知识是客观事物的主观表征。技能是人们通过练习而获得的动作方式和动作系统。只有能够广泛应用和迁移的知识与技能，才能转化成为能力。能力是掌握知识、技能的前提，也是学习知识、技能的结果，它们之间相互促进、相互转化。

3. 根据不同的划分标准，能力可分为：一般能力和特殊能力，模仿能力和创造能力，液体能力和晶体能力，认知能力、操作能力和社交能力。

4. 能力的因素说是依据能力构成因素的数量提出的。①独立因素说。美国心理学家桑代克提出人的能力是由许多独立的成分或因素构成的。不同的能力和不同的因素彼此是没有关系的，能力的发展只是单个能力的发展。②二因素说。英国心理学家斯皮尔曼提出能力由两种因素组成，一般能力和特殊能力。强调一般因素和特殊因素的区别，把它们绝对对立起来，而没有看到它们之间的联系。③多元智力理论。美国心理学家加德纳提出能力由 7 种因素组成，包括言语智力、逻辑—数学智力、空间智力、音乐智力、运动智力、社交智力、自知智力。

5. 能力的结构说认为能力的结构是多维的和多层次的。①吉尔福特的三维结构模型认为智力可以区分为三个维度，即内容、操作和产品。②弗农的能力的层次结构理论认为能力由高到低分为一般因素、大因素群和小因素群三个层次。

6. 能力的信息加工理论把人的能力和智力看成一个过程，它由不同的阶段组成，并且是由某些更高的决策过程组织起来的。①智力三元论。美国心理学家斯腾伯格提出智力由三个方面构成：智力成分亚理论、智力情境亚理论、智力经验亚理论。②智力PASS模型。PASS指"计划—注意—同时性加工—继时性加工"，它包含了三层认知系统和四种认知过程，其中注意系统是整个系统的基础。

7. 智商的概念是由德国心理学家施特恩提出。智商也叫智力商数，常用IQ来表示。智商是根据一种智力测验的作业成绩所计算出来的分数，它代表了个体的智力年龄与实际年龄的关系。有比率智商和离差智商。①比率智商：智商（IQ）＝智龄/实龄×100。②离差智商：智商（IQ）＝$100+15Z$，$Z=X-\overline{X}/S$（S代表团体分数的标准差）。

8. 能力测验包括一般能力测验、特殊能力测验和创造力测验。

9. 能力的发展有一定趋势，并存在个体差异。能力的差异体现在发展水平的差异、表现早晚的差异及性别的差异。能力的形成与发展受遗传、环境、教育、实践活动和主观能动性的影响。能力的发展还依赖自我分析与自我评价的能力。

【习题（含近年考研真题）】
一、单选题

1. 顺利有效地完成某种活动所必须具备的心理条件叫（　　）。
   A. 意志　　　　　B. 情感　　　　**C. 能力**　　　　D. 智力

2. （　　）是人的认知能力，是从事任何活动都必须具备的最基本的心理条件。
   A. 意志　　　　　B. 情感　　　　C. 能力　　　　**D. 智力**

3. 能力和知识、技能的关系表现在（　　）。
   A. 能力就是知识和技能
   B. 能力包括知识和技能
   C. 能力是掌握知识和技能的前提
   D. 知识和技能水平一样的人能力也一样

4. 按照能力发展的程度，可把能力分为（　　）。
   A. 认知能力和非认知能力
   B. 能力、才能和天才
   C. 认知能力、操作能力和社会交往能力

D. 模仿能力、再造能力和创造能力

5. 按照能力的结构，可把能力分为（　　　）。

    A. 能力、才能和天才

    B. 认知能力、操作能力和社会交往能力

    C. 一般能力和特殊能力

    D. 模仿能力、再造能力和创造能力

6. 按能力所涉及的领域，可把能力分为（　　　）。

    A. 能力、才能和天才

    B. 一般能力和特殊能力

    C. 认知能力、操作能力和社会交往能力

    D. 模仿能力、再造能力和创造能力

7. 按创造程度可把能力划分为（　　　）。

    A. 能力、才能和天才

    B. 一般能力和特殊能力

    C. 认知能力、操作能力和社会交往能力

    D. 模仿能力、再造能力和创造能力

8. 能力发展的个体差异主要表现在（　　　）上。

    A. 能力发展水平、类型和发展早晚

    B. 遗传、后天教育影响的程度

    C. 素质的高低和智力发展水平

    D. 认知、操作、人际交往等不同方面以及天赋高低

9. 能力类型的差异是指（　　　）上的差异。

    A. 天赋条件（如聪明、一般和迟钝）

    B. 男女性别（如女性抽象思维能力强、男性形象思维能力强）

    C. 在感知能力、想象力以及音乐、美术、体育运动等特殊能力方面

    D. 智力水平（如智力超常、智力一般和弱智）

10. 下列选项中，不属于加德纳提出的多元智力成分的是（　　　）。（2007年真题）

    A. 逻辑—数学智力　　　　　　B. 空间智力

    C. 社交智力　　　　　　　　　**D. 情绪智力**

11. 卡特尔将基于先天禀赋、主要与神经系统的生理机能有关、较少受到后天文化教育影响的智力称为（　　　）。（2008年真题）

    A. 情绪智力　　　　　　　　　B. 晶体智力

    C. 空间智力　　　　　　　　　**D. 液体智力**

12. 在完成自由命题作文时，一位中学生选择作文题目，确定写作提纲，并评价自己写出的作文是否符合要求。根据斯腾伯格的智力三元理论，完成这项活动主要依赖的智力是（　　　）。（2009年真题）

A. 经验性智力　　　　　　　　**B. 成分性智力**

C. 情境性智力　　　　　　　　D. 实践性智力

13. 下列四种情形中，智商相关程度最高的是（　　）。（2009 年真题）

　　A. 在一起生活的父母和子女　　**B. 分开抚养的同卵双生子**

　　C. 在一起生活的异卵双生子　　D. 在一起生活的兄弟姐妹

14. 下列关于能力发展与知识获得特点的表述，正确的是（　　）。（2010 年真题）

　　A. 能力发展慢，知识获得慢　　**B. 能力发展慢，知识获得快**

　　C. 能力发展快，知识获得快　　D. 能力发展快，知识获得慢

15. 通常认为，一般能力的核心成分是（　　）。（2010 年真题）

　　A. 观察能力　　　　　　　　　B. 记忆能力

　　C. 思维能力　　　　　　　　　D. 想象能力

二、多选题

1. 能力是（　　）。

　　A. 和完成某种活动相联系的个性心理特征

　　B. 在现实的稳定的态度和习惯化了的行为方式中所表现出来的人格特征

　　C. 通过练习获得的完成活动的动作方式和动作系统

　　D. 顺利有效地完成某种活动所必须具备的心理条件

2. 智力（　　）。

　　A. 是人的认知能力

　　B. 是从事任何活动都必须具备的最基本的心理条件

　　C. 包括观察力、记忆力、理解力和思维力等

　　D. 的支柱和核心是思维力

3. 能力和知识、技能的关系表现为（　　）。

　　A. 能力是掌握知识和技能的前提

　　B. 能力决定了掌握知识和技能的方向、速度和巩固的程度

　　C. 能力决定了掌握知识和技能所能达到的水平

　　D. 在掌握知识和技能的过程中也会促进相应能力的发展

4. 下列说法中正确的是（　　）。

　　A. 遗传决定了能力发展可能的范围和限度，而环境决定了在遗传决定的范围内能力发展的具体程度

　　B. 遗传潜势好的人，环境对他能力的发展所能起到的作用比较小；遗传潜势差的人，环境对他的能力的发展所能起到的作用比较大

　　C. 遗传决定了能力发展的具体程度，而环境决定了在遗传的基础上能力发展可能的范围和限度

　　D. 遗传潜势好的人，环境对他的能力的发展所能起到的作用比较大；遗传潜势差的人，环境对他的能力的发展所能起到的作用比较小

三、简答题及答案要点

1. 什么是液体智力和晶体智力，它们各自的发展轨迹是什么？

答：美国心理学家卡特尔与霍恩根据因素分析的结果，按心智能力的功能差异，将人类智力划分为两种，即液体智力和晶体智力。液体智力是以生理为基础的认知能力，是不依赖文化和知识背景而对新事物学习的能力，如注意力、知识整合能力、思维的敏捷性等。晶体智力是以学得的经验为基础的认知能力，与文化知识、经验的积累有关，如知识广度、判断能力等。经研究发现，液体智力的发展与年龄有密切的关系，一般在20岁以后发展达到顶峰，30岁以后随年龄的增长而降低；晶体智力与年龄变化没有密切关系，不因年龄增长而降低，甚至有些人因知识经验的积累，晶体智力反而呈随年龄增长而升高的趋势。

2. 试述知识、技能与能力的关系，并分析如何培养学生的能力。

答：（参见"知识要点"部分）在培养能力的时候要注重自身的知识技能的积累，要乐于参加实践活动，重在学习方法论知识。

3. 简述能力发展的个性差异。（2007年真题）

答：所谓个体差异，是指个体在成长过程中因受遗传与环境的交互影响，使不同个体之间在身心特征上所显示的彼此不同的现象。

包括：（1）能力发展水平的差异，（2）能力表现早晚的差异，（3）能力结构的差异，（4）能力的性别差异。

四、论述题及答案要点

介绍有关能力结构的理论，并加以评论。

答：能力的因素说：（1）独立因素说，（2）斯皮尔曼的二因素理论，（3）瑟斯顿的群因素理论，（4）弗农的等级层次理论。

能力的结构理论：吉尔福特的智力三维结构模型理论。

能力的信息加工理论：（1）斯腾伯格的智力三元理论（上海师范大学2001、深圳大学2005），（2）PASS模型。（作答时将每一理论的核心观点展开论述）

第十二章 人　格

【人格的故事】

　　个性与性格是青梅竹马的伙伴。两者从来都是团结友爱，不存在任何分歧和争执。慢慢地，他们长大了。她是性格，很漂亮；他是个性，很英俊。他们的脾气很像，不在乎小事，认定对的事不会犹豫，更不会放弃，坚持不随波逐流。他们简单、直率，与大环境格格不入，但他们仍亲密无间。可是有一天，他从外面回来时脸上带着不常见的得意与不屑一顾。原来那天他碰到了几个外来的学者，他们夸他的言谈举止不拘一格，与众不同。他很高兴，她也很开心。因为她想，也许他们的一切慢慢会被人们所容纳和接受。家里人也很诧异，怎么这么古怪的孩子还会得到那么多的赞誉。他算是走运了，事业上一帆风顺，成天忙于应酬，她也没有半句怨言。毕竟，她不是一般的女子，她有自信和自己的事情。可他慢慢变了，变得面目全非。他把一切所能做的事都变相地朝着别人评定他的方向出发，把不拘一格变成放肆，把坚持变成固执，把不随波逐流变成故意唱反调。在酒桌上认识的那些朋友，全都吹捧他的成功，甚至刻意模仿那个曾被赞誉的他。他不再钟情于她，他认为他太耀眼而她太平庸，就连他的家人也开始撮合他和另一个女子。他的事业到达了顶峰，可他没发现这座高楼大厦的根基太不扎实。

　　又过去了一些时日。人们再说起他时，不再说他成功，而是嘲讽他的肤浅、无礼、张扬及世俗气，她对此一直保持沉默。尽管他们原来是那么地相似那么地互为镜子。直到有一天，他毁在自己的手中，还弄了个臭名昭著。他的事业名誉毁于一旦，那些追随者们也一夜之间没了踪迹，只有几个还算不离不弃，因为他们说是他害了他们，他们要向他讨补偿。他转过身来，涕泪横流，祈求她的原谅，她沉默。因为，这需要的不仅仅是时间。其实每个人都有自己的个性，可有不少人却为了个性而个性，这让我们性格中的美好全部丧失。事实上个性从未脱离过我们的真性情。

心理学上的人格类似于我们平常所说的个性，它既有先天的气质基础，又是后天性格刻画的结果。人格是心理学研究个别差异时除能力外的另一重要方面。从心理学的角度说，能力与人格是决定人生成败的两大因素，但两者功能不同：能力助人获得机会，但使人成功的却是人格。所谓"性格决定命运"，正是在这个意义上说的。在心理学上，人格是一个复杂、困难而又重要的主题。

【基础知识】

第一节　人格的一般概念

一、什么是人格

人格（personality）是构成一个人的思想、情感及行为的特有统合模式，这个独特模式包含了一个人区别于他人的稳定而统一的心理品质。人格是一个具有丰富内涵的概念，其中反映了人格的多种本质特征。

（一）独特性

一个人的人格是在遗传、成熟和环境、教育等多种因素交互作用下形成的。个体不同的遗传、生活及教育环境，形成了各自独特的心理特点。一方面，人与人没有完全一样的人格特点。所谓"人心不同，各如其面"，正说明了人格是千差万别、千姿百态的。这就是人格的独特性。另一方面，生活在同一社会群体中的人也有一些相同的人格特征，如中华民族是一个勤劳的民族，这里的"勤劳"品质，就是共同的人格特征。

（二）稳定性

人格具有稳定性。在行为中偶然发生的、一时冲动的心理特性，不能称为人格。俗话说，"江山易改，秉性难移"，这里的"秉性"就是指人格。当然，强调人格的稳定性并不意味着它在人的一生中是一成不变的，随着生理的成熟和环境的改变，人格也可能产生或多或少的变化。

（三）统合性

人格是多种成分构成的一个有机整体，具有内在的一致性，受自我意识的调控。人格的统合性是心理健康的重要指标。当一个人的人格结构在各方面彼此和谐一致时，他的人格就是健康的。否则，会出现适应的困难，甚至出现"人格分裂"。

（四）功能性

人格决定一个人的生活方式，甚至决定一个人的命运，因而是人生成败的因素之一。当面对挫折与失败时，坚强者可能发奋拼搏，懦弱者则可能一蹶不振，这就是人格功能的表现。

总之，人格是个人各种稳定特征的综合体，显示出个人的思想、情绪和行为的独特模式。这种独特模式是个体社会化的产物，同时又影响着个体与环境的交互作用。

二、人格的结构

人格是一个复杂的结构系统，它包括许多成分，主要有气质、性格、自我调控、认知风格等方面。

（一）气质与性格

1. 气质

气质（temperament）是表现在人的心理活动和外部动作的速度、强度、灵活性与指向性等动力方面稳定的心理特征，即我们平时所说的脾气、秉性。人的气质差异是先天形成的，与遗传素质有关，受神经系统活动过程的特性所制约。孩子刚一出生时，最先表现出来的差异就是气质差异，有的孩子爱哭好动，有的孩子平稳安静。

气质是人的天性，无好坏之分。它只给人们的言行涂上某种色彩，但不能决定人的社会价值，也不直接具有社会道德评价含义。一个人的活泼稳重不能决定他为人处世的方向，任何一种气质类型的人既可以成为品德高尚、有益社会的人，也可成为道德败坏，有害于社会的人。气质不能决定一个人的成就，任何气质的人只要经过自己的努力都能在不同实践领域中取得成就，也可成为平庸无为的人。

综上，气质具有稳定性、先天性、可塑造性的特点。

2. 性格

性格（character）是指由人对现实的态度和他的行为方式所表现出来的心理特性，它是人格的主体。性格主要体现在对自己、对别人、对事物的态度和所采取的言行上。所谓态度，是个体对社会、对自己和他人的一种心理倾向，它包括对事物的评价、好恶和趋避等方面。态度表现在人的行为方式中。例如，当集体和国家财产遭受损失时，有人不惜献出自己的生命奋起保卫；有人则退缩自保；有人甚至趁火打劫。这就是人们对同一事物的不同态度。这些不同的态度表现在人们的不同行为方式中，就构成了不同的性格。

性格是在后天社会环境中逐渐形成的，是人最核心的人格差异。性格有好坏之分，能直接地反映出一个人的道德风貌。性格也受个体生物学因素的影响，罗和富尔顿（1979）的研究发现，脑损伤或脑病变对人的性格有影响，特别是大脑皮层的额叶与人的性格有关。

性格不是各种性格特征的简单堆砌，而是一个结构完整的有机整体。性格结构主要有如下特点。

（1）完整性

每个人的性格都包含了多种特征。这些特征之间彼此联系、相互依存，构成了一个在机能上相互适应、相互影响、相辅相成的有机系统。这种联系的存在，使得性格的推测具有了现实的可能性。比如，知道了某人具有一种或几种性格特征，人们可以对这个人的其他性格特征作出推断。

（2）复杂性

性格虽然是完整的系统，但它的完整与统一不是绝对的。这是因为客观现实中存在着种种矛盾，这些矛盾反映到人的性格内部，就构成人的各种态度或各种性格特性之间的矛盾。这些矛盾必然会通过人的行为表现于外。另一方面，行为方式与态度之间并不一一对应。譬如，有些人表面上对人谦恭有加，内心里却充满阴险狠毒。此外，性格结构的完善和完整程度存在着个体差异。有些人性格完善，能够与社会环境的要求相适应，且在不同场合表现一致；有些人则性格矛盾，难以适应社会环境的要求，并且缺乏应有的稳定性，如待人时而热情、时而冷淡，甚至行为幼稚、退行，显示出性格很不成熟。

（3）稳定性

认识一个人的性格并对其行为作出预测，正是性格具有稳定性的表现。在某种程度上，性格的稳定性取决于人对于现实的态度以及有关态度与人们核心价值观之间的联系。一个人的态度越坚定，与作为态度理性基础的核心价值观联系越紧密，表现在行为方面的相应性格特征也就越稳定。

（4）可塑性

虽然性格有其稳定的一面，但不是一成不变的。社会与生活环境是不断变化的，并且不以人的意志为转移。一个人要想很好地适应社会与环境，保持自己对外界的最佳适应，就必须进行必要的挑战，维持恰当的适应性。性格的灵活性就是性格的可塑性。在日常生活中，性格的改变不一定都是被迫的或消极的。人们可以由于超前意识而主动改变自己的某些性格特点，积极地适应社会。事实上，健全、完善性格的锻造，正是在性格的可塑性基础上实现的。

3. 气质与性格的关系

气质与性格既有区别又有联系。二者最大的区别在于内涵不同，气质是表现在人的心理活动和外部动作的速度、强度、灵活性与指向性等动力方面稳定的心理特征，而性格是指由人对现实的态度和他的行为方式所表现出来的心理特征。气质无好坏之分，而性格有好坏之分。二者又是密切联系的，相互影响，相互作用。表现在：①气质是性格形成的基础；②气质可以按照自己的动力方式渲染性格的特征，从而使性格特征具有独特的色彩；③气质影响性格特征形成或改造的速度；④性格在一定程度上掩盖和改造气质，使之积极的方面得到发展，消极的方面受到抑制，使其更好地服从社会实践的要求。

（二）自我调控系统

自我调控系统是人格中的内控系统或自控系统，具有自我认知、自我体验、自我控制三个子系统，其作用是对人格的各种成分进行调控，保证人格的完整、统一与和谐。

1. 自我认知

自我认知（self-cognition）是对自己的洞察和理解，包括自我观察和自我评价。自我观察是指对自己的感知、思想和意向等方面的觉察；自我评价是指对自己的想法、期望、行为及人格特征的判断与评估，这是自我调节的重要条件。如果一个人不能正确地认识自我，只看到自己的不足，觉得处处不如别人，就会产生自卑，丧失信心，做事畏缩不前……相反，如果一个人过高地估计自己，也会骄傲自大、盲目乐观，导致工作的失误。因此，恰当地认识自我，实事求是地评价自己，是自我调节和人格完善的重要前提。

2. 自我体验

自我体验（self-experience）是伴随自我认识而产生的内心体验，是自我意识在情感上的表现。例如，一个人对自己作积极的评价时，就会产生自尊感；作消极的评价时，会产生自卑感。自我体验可以使自我认识转化为信念，进而指导一个人的言行；自我体验还能伴随自我评价，激励适当的行为，抑制不适当的行为。例如，一个人在认识到自己不适当的行为后果时，会产生内疚、羞愧的情绪，进而制止这种行为再次发生。

3. 自我控制

自我控制（self-regulation）是自我意识在行为上的表现，是实现自我意识调节的最后环节。例如，一个学生意识到学习对自己发展的重要意义，会激发起努力学习的动机，在行为上表现出刻苦学习、不怕困难的精神。自我控制包括自我监控、自我激励、自我教育等成分。

（三）认知风格

认知风格是指个人所偏爱使用的信息加工方式，也叫认知方式。例如，有人喜欢与别人讨论问题，从别人那里得到启发；有人则喜欢自己独立思考。个体在认知风格上的差异具有一定的稳定性，儿童时期所表现出来的某种认知风格可能会保持到成年。认知加工方式有许多种，主要有场独立性—场依存性、冲动—沉思、同时性—继时性等。

1. 场独立性—场依存性

威特金等（1949）在垂直视知觉的一系列研究中，发现了认知方式的个体差异，即场独立性和场依存性的差异。这种差异主要表现在人对外部环境"场"的不同依赖程度上。用隐蔽图形或镶嵌图形测验及棒框仪可以有效地测量场独立性和场依存性的人格差异。

心理学家把外界环境描述为一个"场"，这个场中包含了各种人、物和事。场独立性的人不太依赖于外界环境，他们在对信息进行加工处理时，依据内在标准或内在参照，与人交往时也很少能体察入微，这种人称为场独立性。场依存性的人则要依赖于外界环境，处理问题总是依赖于"场"，他们在对信息进行加工处理时，依据外在参照，与别人交往时也能考虑到对方的感受。

场独立性与场依存性这一人格差异存在于心理的各个方面，在知觉、思维、学习和人际交往等方面都可以看到这种差异。整体来说，场独立性与场依存性没有好坏之分。场独立性的人认知改组能力强，在认知中具有优势，他们处理问题比较灵活，善于抽象思维，自学能力较强，对自然科学知识更感兴趣；而场依存性的人社会技能高，在人际交往中具有优势，他们善于体察别人，与人相处亲切融合，他们更喜欢社会定向的学科与知识，处理复杂和陌生问题，难以应付，缺乏灵活性，对社会科学知识更感兴趣。

2. 冲动—沉思

卡根等人（1964）区分了两种不同的认知风格——冲动与沉思，它们的差异主要表现在对问题的思考速度上。

冲动型的特点是反应快，但精确性差。具有这种认知风格的人面对问题时总是急于求成，不能全面、细致地分析问题的各种可能性，不管正确与否就急于表达出来，有时甚至没有弄清楚问题的要求就开始解答问题。他们使用的信息加工策略多为整体性策略。当学习任务要求作整体性解释时，成绩较好。

沉思型的特点是反应慢，但精确性高。具有这种认知风格的人，总是把问题考虑周全以后再做反应，他们看重解决问题的质量，而不是速度。但是当他们回答熟悉的、比较简单的问题时，反应也比较快。这种人在加工信息时多采用细节性策略，在需要对细节进行分析时，他们的学习成绩较好。

在元认知知识、认知策略和学习能力上，两种认知风格也存在差异。卡根等人还设计了《匹配熟悉图形测验》来鉴别这种认知类型。即给被试呈现 6 张看上去一样但相互之间有极微小差异的图形，同时又呈现一张标准图形，让被试从 6 张图形中选出和标准图形完全相同的那张。

在学习能力上，两种认知风格也有差异。沉思型的学生阅读能力、记忆能力、推理能力、创造力都比较好。而冲动型的学生则往往有阅读困难，学习成绩也不太好。通过训练可以提高冲动型儿童的思考能力。也有人认为，沉思型与冲动型学生在不同任务中的表现不一样。当认知任务强调整体性的信息加工时，沉思型学生所犯的错误较多；而当任务强调细节性的信息加工时，冲动型学生所犯的错误较多。（Zelneker & Jeffrey, 1976）

3. 同时性—继时性

达斯等人根据脑功能的研究，区分了同时性与继时性两种认知风格。他们认为，左脑优势的个体表现出继时性的加工风格，而右脑优势的个体表现出同时性的加工风格。

继时性认知风格的特点是，在解决问题时能一步一步地分析问题，每一个步骤只考虑一种假设或一种属性，提出的假设在时间上有明显的前后顺序，第一个假设成立后再检验第二个假设，解决问题的过程像链条一样一环扣一环，直到找到问题的答案。言语操作和记忆都属于继时性加工。一般来说，女性擅长继时性加工，这可能是女性的记忆和语言能力比男性好的原因之一。

同时性认知风格的特点是，在解决问题时采取宽视野的方式，同时考虑多种假设，并兼顾到解决问题的各种可能性。其解决问题的方式是发散式的，许多数学操作、空间问题的操作都要依赖于这种同时性的加工方式。这也可能是男性在数学能力与空间能力方面优于女性的原因之一。

同时性和继时性是认知方式的差异，而不是加工水平的差异。但是，当学习方式与认知方式互相匹配时，不同认知方式的优势就能显示出来。

除此之外，认知风格也有整体型和分析型，这是由帕克和斯科特（1972）提出的两种认知倾向。整体型者倾向于用整体性的"假设—引导"策略对认知任务作出反应，常常在同一时间内关注主题的几个方面，在几种不同的思维水平上同时进行学习。而分析型者倾向于用"材料—引导"逐步加工的集中策略作出反应，较关注细节、程序，常常以线索性结构理解信息。逐步学习，建立清晰、易于识别的信息组块以用于联系主题中的概念和构成部分，是分析型者典型的认知特征。

【拓展阅读】

大五人格和大七人格

西方人格心理学中大五人格模型经过成百上千次的测量而确定，主要包括外倾性、宜人性、责任心、神经质、开放性五个因素。在此基础上，我国的王登峰教授经过二十多年的探索，提出了适合中国人的大七人格模型。这七个因素分别为：能力特点、勤奋与懒惰、志趣水平、人际关系特点、外向与内向、伦理道德水平、个人风格。

第二节 人格理论

人格理论（personality theory）是心理学家用来解释人格的一套假设系统或参考框架。研究者如何描述人格的结构呢？最有代表性的是特质理论、类型理论和整合理论。

一、特质理论

特质理论起源于 20 世纪 40 年代的美国，其主要代表人物是美国心理学家奥尔波特和卡特尔。特质理论认为，特质（trait）是决定个体行为的基本特性，是人格的有效组成元素，也是测评人格常用的基本单位。

（一）奥尔波特的特质理论

奥尔波特（Allport）于 1937 年首次提出了人格特质理论。他把人格特质分为共同特质（common traits）和个人特质（individual traits）。共同特质是指在某一社会文化形态下，大多数人或一个群体所共有的、相同的特质。在研究人格的文化差异时，可以比较不同文化中的共同特质。个人特质是指个体身上所独具的特质。根据个人特质在生活中的作用又可分为首要特质（cardinal traits）、中心特质（central traits）和次要特质（secondary traits）。首要特质是一个人最典型、最有概括性的特质，它影响一个人的各方面的行为。例如，多愁善感可以说是林黛玉的首要特质，狡猾奸诈可以说是曹操的首要特质。中心特质是指构成个体独特性的几个重要的特质，在每个人身上有 5～10 个。例如，林黛玉的清高、率直、聪慧、孤僻、内向、抑郁、敏感等都属于她的中心特质。次要特质是指个体的一些不太重要的特质，往往只有在特殊的情况下才会表现出来。这些次要的特质除了亲近他的人外，其他人很少知道。例如，一个人在外面很粗鲁，而在自己的母亲面前很顺从，这里的"顺从"就是他的次要特质。

（二）卡特尔的人格特质理论

卡特尔用因素分析的方法对人格特质进行了分析，提出了基于人格特质的一个理论模型。这种模型分成四层，即个别特质和共同特质，表面特质和根源特质，体质特质和环境特质，动力特质、能力特质和气质特质。

1. 表面特质和根源特质

表面特质（surface traits）指从外部行为能直接观察到的特质。根源特质（source traits）是指那些相互联系而以相同原因为其基础的行为特质。如"焦虑"是害怕考试和体育比赛时双腿发抖的同一原因。在这里，"焦虑"就是一种根源特质。表面特质和根源特质既可能是个别的特质，也可能是共同的特质。它们是人格层次中最重要的一层。

卡特尔用因素分析方法提出了 16 种相互独立的根源特质，编制了量表。他认为在每个人身上都具备这 16 种特质，只是在不同人身上的表现有程度上的差异，因而可以对人格进行量化分析。

表 12-1　卡特尔的 16 种人格特质

	人格因素	低分者特征	高分者特征
A	乐群性	缄默孤独	乐群外向
B	聪慧性	迟钝、知识面窄	聪慧、富有才识

	人格因素	低分者特征	高分者特征
C	情绪稳定性	情绪激动	情绪稳定
D	恃强性	谦逊顺从	支配、攻击
E	兴奋性	严肃审慎	轻松、兴奋
F	有恒性	权宜敷衍	有恒负责
G	敢为性	畏怯退缩	冒险敢为
H	敏感性	理智、着重实际	敏感、感情用事
I	怀疑性	信赖随和	怀疑刚愎
M	幻想性	现实、合乎常规	幻想、狂放不羁
N	世故性	坦白直率、天真	精明能干、世故
O	忧虑性	安详沉着、有自信心	忧虑忧郁、烦恼多端
Q1	激进性	保守、服从传统	自由、批评激进
Q2	独立性	依赖、随群附众	自立、当机立断
Q3	自律性	矛盾冲突、不拘小节	知己知彼、自立严谨
Q4	紧张性	心平气和	紧张困扰

2. 体质特质和环境特质

在根源特质中又可区分为体质特质和环境特质两类。体质特质（constitutional traits）是由先天的生物因素决定的，如兴奋性、情绪稳定性等。而环境特质（environmental traits）则由后天的环境因素所决定，如焦虑、有恒心等。卡特尔提出"多元抽象变异分析"（MAVA）用来确定各种特质中遗传与环境分别影响的程度。

3. 动力特质、能力特质和气质特质

动力特质（dynamic traits）是指具有动力特征的特质，它使人趋向某一目标，包括生理驱力、态度和情操。能力特质（ability traits）是表现在知觉和运动方面的差异特质，包括流体智力和晶体智力。气质特质（temperament traits）是决定一个人情绪反应的速度与强度的特质。

（三）现代特质理论

近年来，一些研究者在人格的理论建模上形成了比较一致的共识，提出了几种有代表性的现代人格理论。

1. 三因素模型

艾森克（1947，1967）依据因素分析方法提出了人格的三因素模型。这三个因素是：①内外倾，它表现为内、外倾的差异；②神经质，它表现为情绪稳定性的差异；③精神质，它表现为孤独、冷酷、敌视、怪异等偏于负面的人格特征。艾森克依据这一模型编制了"艾森克人格问卷"（Eysenck Personality Questionnaire，EPQ，1986），这个量表在人格评价中得到了广泛的应用。

2. 五因素模型

塔佩斯等（1961）运用词汇学的方法对卡特尔的特质变量进行了再分析，发现了5个相对稳定的因素。之后许多学者进一步验证了"五种特质"的模型，形成了著名的大五因素模型。这五个因素具体如下。

开放性：具有想象、审美、情感丰富、求异、创造、智能等特质；

责任心：显示了胜任、公正、条理、尽职、成就、自律、谨慎、克制等特质；

外倾性：表现出热情、社交、果断、活跃、冒险、乐观等特质；

宜人性：体现信任、直率、利他、依从、谦虚、移情等特质；

神经质或情绪稳定性：具有焦虑、敌对、压抑、自我意识、冲动、脆弱等特质。

这五个特质的头一个字母构成了"OCEAN"一词，代表了"人格的海洋"。1989 年麦克雷和科斯塔编制了"大五人格因素的测定量表（修订）"（NEO-PI-R）。

3. 七因素模型

特里根等用不同的选词原则，获得了 7 个因素，构成了七因素模型。这七个因素是：正情绪性、负价、正价、负情绪性、可靠性、宜人性、因袭性。与"五因素模型"相比较，"七因素模型"增加了正价（如优秀的）和负价（如邪恶的）两个因素。人格特征量表是"大七人格模型"的有效测量工具。

现代人格理论在临床心理、健康心理、发展心理、职业心理、管理心理和工业心理等方面都显示了广泛的应用价值。如外倾性、神经质、随和性等均与心理健康有关（Marshall，1994）；外倾性和开放性是职业心理与工业心理的两个重要因素（Costa，1994）；责任心与人事选拔有密切关系（Schmit，1993）。

二、类型理论

类型理论产生于 20 世纪三四十年代的德国，主要用来描述一类人与另一类人的心理差异，即人格类型（personality type）的差异。人格类型理论有三种：单一类型理论、对立类型理论、多元类型理论。

（一）单一类型理论

这种理论认为，人格类型是依据一群人是否具有某一特殊人格来确定的。美国心理学家佛兰克·法利提出的 T 型人格，就是单一类型理论的代表。

法利认为 T 型人格是一种好冒险、爱刺激的人格特征。依据冒险行为的性质（积极性质与消极性质），他又将 T 型人格分为 T＋型和 T－型两种。当冒险行为朝向健康、积极、创造性和建设性的方向发展时，就是 T＋型人格。有这种人格的人喜爱漂流、赛车等运动项目。当冒险行为具有破坏性质时，就是 T－型人格。这种人有酗酒、吸毒、暴力犯罪等反社会行为。依据活动的特点进一步分为体格 T＋型和智力 T＋型。极限运动员代表了体格 T＋型，这种运动员通过身体运动如攀岩、登山等来实现追求新奇、不断刷新纪录的动机。而一些科学家或思想家代表了智力 T＋型，他们的冒险精神主要表现在科学技术的探新上。

（二）对立类型理论

这种理论认为，人格类型包含了某一人格维度的两个相反的方向。

1. A－B 型人格

福利曼和罗斯曼描述了 A－B 人格类型。在研究人格和工作压力的关系时，人们常使用这种人格类型。

A 型人格的主要特点是性情急躁、缺乏耐性。他们的成就欲高、上进心强、有苦干精神、工作投入、做事认真负责、时间紧迫感强、富有竞争意识、外向、动作敏捷、说话快、生活常处于紧张状态，但办事匆忙、社会适应性差，属不安定型人格。具有这种人格特征的人易患冠心病。美国 20 世纪 60 年代进行的一次纵向调查表明，在 257 位患有冠心病的男性病人中，A 型人格的人数是 B 型人格人数的两倍多。

B 型人格的特点是性情不温不火、举止稳当、对工作和生活的满足感强、喜欢慢步调的生活节奏、在需要审慎思考和和耐心的工作中，B 型人往往比 A 型人表现好，他们属于较平凡的人。对冠心病患者的调查表明，B 型人格的人数只占患者的三分之一。

2. 内—外向人格

瑞士著名人格心理学家荣格依据"心理倾向"来划分人格类型，最先提出了内—外向人格类型学说。荣格认为，当一个人的兴趣和关注点指向外部客体时，就是外向人格；而当一个人的兴趣和关注点指向主体时，就是内向人格。

外向人格的特点是：注重外部世界，情感表露在外，热情奔放，当机立断，独立自主，善于交往，行动快捷，有时轻率。内向人格的特点是：自我剖析，做事谨慎，深思熟虑，疑虑困惑，交往面窄，有时适应困难。任何人都具有内向和外向两种特征，但是其中一种可能表现出优势。

（三）多元类型理论

这种理论认为，人格类型是由几种不同质的人格特性构成的。

1. 气质类型学说

气质说源于古希腊医生希波克里特的体液说，他认为人体内有四种液体：黏液、黄胆汁、黑胆汁、血液，这四种体液的配合比率不同，形成了四种不同类型的人。约 500 年后，罗马医生盖伦进一步确定了气质类型，提出人的四种气质类型是胆汁质、多血质、黏液质、抑郁质。现代的气质学说也是这样划分的。

巴甫洛夫（1927）用高级神经活动类型说解释气质的生理基础。他依据神经过程的基本特性，即兴奋过程和抑制过程的强度、平衡性和灵活性，划分了四种气质类型。强而不平衡的神经类型或称不可遏制型，相当于胆汁质；强、平衡且灵活的神经类型或称活泼型，相当于多血质；强、平衡而不灵活的神经类型或称安静型，相当于黏液质；弱神经类型或称抑制型，相当于抑郁质。

表 12-2　高级神经活动类型与气质类型表

高级神经活动过程	高级神经活动类型	气质类型
强、不平衡	不可遏制型	胆汁质
强、平衡、灵活	活泼型	多血质
强、平衡、不灵活	安静型	黏液质
弱	抑制型	抑郁质

现代的气质学说仍将气质分为 4 种典型的类型。①胆汁质，这种人情绪体验强烈、爆发迅猛、平息快速，思维灵活但粗枝大叶，精力旺盛、争强好斗、勇敢果断，为人热情直率、朴实真诚、表里如一，行动敏捷、生气勃勃、刚毅顽强。但这种人遇事常欠思量，鲁莽冒失，易感情用事，刚愎自用。②多血质，这种人情感丰富、外露但不稳定，思维敏捷但不求甚解，活泼好动、热情大方、善于交往但交情浅薄，行动敏捷、适应力强。他们的弱点是缺乏耐心和毅力，稳定性差，见异思迁。③黏液质，这种人情绪平稳、表情平淡，思维灵活性略差但考虑问题细致而周到，安静稳重、踏踏实实、沉默寡言、喜欢沉思，自制力强、耐受力高、内刚外柔，交往适度、交情深厚。但这种人的行为主动性较差，缺乏生气，行动迟缓。④抑郁质，这种人情绪体验深刻、细腻持久，情绪抑郁、多愁善感，思维敏捷、想象丰富，不善交际、孤僻离群，踏实稳重、自制力强，但他们的行为举止缓慢，软弱胆小，优柔寡断。

在现实生活中，单一气质的人并不多，绝大多数的人是两种、3 种、4 种气质互相混合、渗透、兼而有之的。有研究表明，混合气质的人所占的比例多于单一气质的人。

2. 性格类型说

德国心理学家斯普兰格（1928）依据人类社会文化生活的 6 种形态，将人划分为 6 种性格类型。不同的性格类型具有不同的价值观成分。这六种类型是：①经济型，这种人注重实效，其生活目的是追求利润和获得财富，如实业家等；②理论型，这种人表现出具有探究世界的兴趣，能客观而冷静地观察事物，力图把握事物的本质，尊重事物的合理性，重视科学探索，以追求真理为人生的目的，如思想家、科学家；③审美型，这种人对现实生活不太关注，富于想象力，追求美感，以感受事物的美作为人生的价值，如艺术家；④权力型，这种人倾向于权力意识和权力享受，支配性强，其全部的生活价值和最高的人生目标就在于满足自己的权力欲望，得到某种权力和地位，如政治家；⑤社会型，这种人能关心他人，献身社会，助人为乐，以奉献社会为人生追求的最高目标，如慈善家；⑥宗教型，这种人信奉宗教，相信神的存在，把信仰视为人生的最高价值，如宗教家。奥尔波特（1931，1951，1960）依据这种划分编制了《价值观研究量表》。

　　3. 阴阳五行说

　　我国古代也有人提出类似气质的分类来表示人在心理特征上的差异。例如，孔子把人分为"狂""狷""中庸"。他说："不得中行而与之，必也狂狷乎？狂者进取，狷者有所不为也。"孔子所说的"狷者"相当于多血质的人，"捐者"相当于黏液质的人，"中庸"一类的人相当于"中间型"。《黄帝内经·灵枢》中根据阴阳五行学说把人的某些心理特点与生理解剖特点联系起来。按阴阳的强弱，把人分为太阴、少阴、太阳、少阳、阴阳平和 5 类，每种类型具有不同的体质形态和心理特点。又根据五行法则把人分为金、木、水、土、火五种类型，也各有不同的肤色、毛发、筋骨特点和情感特点，用来说明人的个别差异。

表 12-3　阴阳五行说与神经类型说、气质类型说

阴阳五行说	太阳之人	少阳之人	阴阳平和	少阴之人	太阴之人
神经类型说	兴奋型	中间型			抑制型
气质类型说	胆汁质	多血质		黏液质	抑郁质

三、整合理论

　　人格特质理论与人格类型理论从不同角度描绘了人格的复杂结构。特质理论强调个体间的人格差异，类型理论强调群体间的人格差异；特质理论描述了人格的量的差异，类型理论描述了人格的质的差异；特质差异要经过心理测量来评定，类型差异可以通过观察获得；特质理论显示了下位层面的人格差异，类型理论显示了上位层面的人格差异。二者从不同角度描绘了人格的复杂结构。与上面两个理论相比，整合理论则将以上两种理论的特点综合起来，更全面地描述了人格结构。

　　艾森克（1967）提出了人格结构的四层次理论，这种理论将类型理论与特

质理论有机结合起来。

模型最下层"特殊反应水平"是日常观察到的反应，属误差因子；上一层"习惯反应水平"是由反复进行的日常反应形成的，属特殊因子；再上一层是特质层，是由习惯反应形成的，属群因子；最上层是类型层，由特质形成，属一般因子。

艾森克还用两个维度来描述人格，一个是内向和外向，一个是神经质倾向。后者表现为情绪稳定和不稳定。各种人格特质都可以用这两个维度组成的人格维度图来表示。

艾森克的人格结构理论将类型理论与特质理论有机地结合起来，使两种模式的特点互为补充，因而更全面、更系统、更富有层次性地描述一个人的人格。

第三节 人格测验

在人际交往中，我们都希望知道自己或他人的性格。在心理学中对一个人的人格的评定可以通过各种方法来实现。下面介绍几种常用的方法。

一、自陈量表

自陈量表是一种对人格作客观测量的工具、它包括许多描述人格的项目，要求被试用是非法或选择法的方式选择答案、从而把自己的人格特点陈述出来、人格自陈量表的编制有多种设计类型。目前我们最常见到的有以下两种设计类型。

（一）明尼苏达多相人格测验

明尼苏达多相人格测验（Minnesota Multiphasic Personality Inventory，MMPI）是现今国外最流行的人格测验之一。它是一种探测人格病理倾向的测量工具，其设计是将被试的反应与已知患有某种心理疾病的人的反应相比较来计分的。该量表内容包括健康状态、情绪反映、社会态度、心身性症状、家庭婚姻问题等26类题目，可鉴别强迫症、偏执狂、精神分裂症、抑郁性精神病等。测量包括10个临床量表：疑病症、忧郁症、癔病、男—女性倾向、精神病态、偏执狂、精神衰弱、精神分裂、轻躁狂、社会内向，共566个题。下面是MMPI的一些例题，被试在每题后的"是"或"否"两种答案中任选一项。

①我早上醒来觉得睡眠充足，精神爽快。

②我易被声音闹醒。

③我喜爱阅读报上关于犯罪的文章。

④我的手脚经常是很温暖的。

⑤有时我的思想飞驰得快，使我都来不及讲出来。

这个测验所重视的是被试的主观感受，而不是客观事实，又因为在编制量表时采用正常与异常两个对照组为样本，因此 MMPI 不但可用做临床上的诊断依据，而且也可用来评定正常人的人格，使人们对一个人的人格有个概略的了解。

（二）爱德华个人兴趣量表

爱德华个人兴趣量表（EPPS）是由美国心理学家爱德华（Edwards，1953）编制的，并以美国心理学家莫瑞（Murray，1938）所列举的人类 15 种需要为基础的。由此构成了 15 个分量表：成就需要（ach）、顺从需要（def）、秩序需要（ord）、表现需要（exh）、自主需要（aut）、亲和需要（aff）、自省需要（int）、求助需要（suc）、支配需要（dom）、谦虚需要（aba）、助人需要（nur）、变通需要（cha）、坚毅需要（end）、性爱需要（het）、攻击需要（agg）。整个量表共有 225 个题目，每个题目通常包括两个以"我"为开头的陈述句，用"强迫选择法"，要求被试从两者中按照自己的喜好选出其中的一个。举例如下。

1. A 我喜欢结交新朋友。

　B 当我有难时，我希望朋友能帮助我。

2. A 在长辈和上级面前，我会感到胆怯。

　B 我喜欢用别人不太懂其意义的字词。

EPPS 的主要功能是通过被试对题目的反应，评定他在 15 种需要上相对于一般人的强弱程度，然后绘出人格剖面图。这样一个人 15 项人格的定位状况，便一目了然了。

自陈量表属于纸笔测验的一种，它的优点是题目数固定，题目内容具体而清楚，施测简便，评分方便，易数量化和绘制人格侧面图。其缺点是，被试在回答问题时容易受社会期望的影响或隐瞒自己的缺点，同时被试对自己性格的认识也不一定是正确的，因而会影响测量的效度；另外，使用这种方法时，难免出现反应的偏向。

二、投射测验

投射测验就是向被试呈现模棱两可的刺激材料（如墨迹或不明确的人物图片），要求被试解释其知觉，让其在不知不觉中将其情感、态度、愿望、思想等投射出来。人格的投射测验主要有墨渍测验和主题统觉测验。

（一）罗夏克墨渍测验

罗夏克墨渍测验由瑞士精神病学家罗夏克（H. Rorschach，1921）编制。它由 10 张墨渍卡片所组成（5 张黑色和 5 张黑色加彩色）。每张图片都向被试提出这样的问题，"这可能是什么""你看见什么"或"这使你想起什么"等，在 10 张图片都回答之后，被试再将图片看一遍，指明墨渍的哪一部分启发了他的回答。主试根据下列四项标准进行统计。①部位：被试是对墨渍全部反应还是对部分反应；②决定：被试的反应，是由墨渍的形状决定还是由颜色决定，把图形看成运动的还是静止的；③内容：被试把墨渍看成什么东西，是动物还是人或物体等；④独创性：被试的反应是与众一致还是与众不同，通过以上测试来确定其性格。

（二）主题统觉测验

主题统觉测验（TAT）是由美国心理学家莫瑞（Murray，1938）编制的。这种测验的性质与看图说故事的形式很相似。全套测验由 30 张模棱两可的图片构成，另有一张空白图片，图片内容多为人物，也有部分景物，不过每张图片中至少有一个人物在内。测验时，每次给被试一张图片，让他根据所看到的内容编出一个故事。故事的内容不受限制，但必须回答以下四个问题：图中发生了什么事情，为什么出现这种情境，图中的人物正在想些什么，故事的结局会怎样。

主题统觉测验的主要假定是，被试在面对图片情境时所编出的故事，会和其生活经验有联系，因而不自觉地把自己隐藏或压抑在内心的动机和欲望穿插在故事中，进而把这些内在的东西"投射"出来。因此，通过分析被试自编的故事，有可能对他的需要和动机做出鉴定。

投射测验的优点是弹性大，被试可在不受限制的条件下，随意作出反应。在投射测验中被试不知道答案的意义，因而可以排除在自陈量表法可能出现的作假现象。由于投射测验使用墨渍图或其他图片，因而便于对没有阅读能力的人进行测验。

投射测验也有缺点：首先，评分缺乏客观标准，对测验的结果难以进行解释。同样的反应由于施测者的判断不同，解释很可能不一样。其次，这种测验对特定行为不能提供较好的预测。最后，由于投射测验适于个别施测，因而它需要花费大量的时间、人力、物力、财力。这一点不如自陈法优越。

三、情境测验

社会学习论者强调，如果将情境中某种刺激与个体行为反应之间的关系确定下来，那么就可以创造某种情境来预测或监视个体的行为，这就是人格测验中情境测验的设计原则。顾名思义，情境测验就是主试在某种情境下观察被试的行为反应，进而了解其人格特点。情境测验可用于教育评价、人事甄选上，前者如"性格教育测验"，后者如"情境压力测验"，具体介绍如下：

（一）性格教育测验

虽然学校总是教育孩子们要有诚实、合作、友爱、负责等品格，但却很少能使用客观的测量工具来鉴定这些品格教育的效果，性格教育测验（character education inquiry）就弥补了这方面的缺憾。举例来说，一次考试结束后，可以将每份试卷复印一份，再发给学生并附上标准答案，要他们自己评卷，打上分数，最后收回试卷，两份对照，就可以测量出学生"诚实"的程度，进而了解过去教育的绩效与有待改进的方向。

（二）情境压力测验

情境压力测验（situational stress test）是特别设计一种情境，使被试产生并面临情绪上的压力，然后由主试观察、记录被试是如何应付的，从而了解他的人格品质。我们用无领袖团体情境测验来加以说明。具体做法是，在情境中安置几个互相不认识的人，给他们一项任务，这项任务必须由他们合力来完成，如果在规定的时间内没有顺利完成任务，那么每个人都会受到惩罚。被试在这种压力情境下，可能会使其中的某个人主动站出来带领大家完成任务，并得到其他人的支持与合作。由此可以知道，某人可能具有领袖的特质。此外，企业界有所谓压力面谈，也是一种情境测验。

这种测验重视分析、实验和控制等程序，具有科学性，得到的结果也比较精确，且令人信服。但由于研究只重视现实因素，忽视了个体行为经验与遗传因素，因此也受到批评。

四、自我概念测验

在人格理论中，"自我概念"（self-concept）是"自我论"的中心。在测量自我概念时，不仅要了解个人对自己的看法，还要了解个人的"自我接受"和"自尊"的程度，比较"现实我""社会我"以及"理想我"三者之间的关系。目前，心理学家最常用的是下面两种方法。

（一）形容词列表法

形容词列表法（adjective checklist）是最便利的一种方法。主试先准备一份描述人格特质的形容词表，如友善的、有野心的、羞怯的、紧张的等，让被试从表中列举的形容词中选出符合自己真实情况的词语，最后由主试分析，判别被试对自己的评价情况。由于形容词的意义容易带有社会褒贬的性质，也就是说具有社会期望性，被试为维护个人自尊，可能不诚实作答。

（二）Q 分类法

Q 分类法（Q-sort）是由美国心理学家斯蒂芬逊创立的一种测验，以后被广泛应用于研究自我观念、人格适应、身心健康等方面。这种方法是给被试看很多张描述人格词语的卡片，要求被试按卡片上词语所描述的人格特质，与自己进行对照，并分成 1～9 个等级。根据所排列的描述与适合程度可以测量自我概念。此外，这个方法也可用来鉴别人格特质的个别差异。

第四节　人格成因

一、生物遗传因素

许多心理学家认为，双生子研究是研究人格遗传因素的最好方法。高特斯曼提出了研究双生子的原则：同卵双生子具有相同的基因，他们之间的任何差异都可归结为环境因素的作用。异卵双生子的基因虽然不同，但在环境上有许多相似性，如出生顺序、母亲年龄等，因此也提供了环境控制的可能性。完整研究这两种双生子，就可以看出不同环境对相同基因的影响，或者是相同环境下不同基因的表现。

后来的研究也证明，环境在人格的形成中起了重要作用，但遗传也显示了较大作用。根据现有的研究，遗传对人格的作用表现在以下几个方面。

第一，遗传是人格不可缺少的影响因素。

第二，遗传因素对人格的作用程度随人格特质的不同而异。通常在智力气质这些与生物因素相关较大的特质上，遗传因素的作用较重要；而在价值观、信念、性格等与社会因素关系紧密的特质上，后天环境的作用可能更重要。

第三，人格的发展是遗传与环境两种因素交互作用的结果。

二、社会文化因素

每个人都处在特定的社会文化环境中，文化对人格的影响是极为重要的。社会文化塑造了社会成员的人格特征，使其成员的人格结构朝着相似性的方向发展，这种相似性具有维系社会稳定的功能。又使得每个人能稳固地"嵌入"到整个文化形态里。

社会文化对人格的影响力因文化而异，这要看社会对顺应的要求是否严格。越严格，其影响力越大。影响力的强弱也要看行为的社会意义，对于社会意义不大的行为，社会容许较大的变异，而对社会意义十分重要的行为，就不容许有太大的变异。如果一个人极端偏离其社会文化所要求的人格特质，不能融入社会文化环境中，就可能被视为行为偏差或患有心理疾病。

社会文化对人格具有塑造功能，这表现在不同文化的民族有其固有的民族性格。例如，米德等人研究了新几内亚的三个民族的人格特征，这三个民族居住在不同的自然环境中，有着不同的社会文化背景。他们在民族性格上的差异，显示了社会文化环境和自然环境对人格的双重影响。

三、家庭环境因素

家庭是社会的细胞，家庭成员间不仅有其自然的遗传因素，也有其社会的"遗传"因素。这种社会遗传因素主要表现为家庭对子女的教育作用。

研究人格的家庭成因，重点在于探讨家庭的差异和不同的教养方式对人格发展和人格差异的影响。研究发现家庭教养方式可分为三类。在权威型的教养方式下，孩子容易形成消极、被动、依赖、服从、懦弱，做事缺乏主动性，不诚实等人格特征。在放纵型教养方式下，孩子多表现为任性、幼稚、自私、野蛮、无礼、独立性差、唯我独尊、蛮横无理、胡闹等。在民主型的教养方式下，孩子能形成一些积极的人格品质，如活泼、快乐、直爽、自立、彬彬有礼、善于交往、富于合作、思想活跃等。由此可见，家庭确实是"人类性格的工厂"，它塑造了人们不同的人格特质。

四、早期童年经验

"早期的亲子关系定出了行为模式，塑造出一切日后行为。"这是麦肯依有关早期童年经验对人格影响力的一个总结。

人格发展的确受到童年经验的影响，幸福的童年有利于儿童发展健康的人格，不幸的童年会使儿童形成不良的人格。但二者不存在一一对应的关系，溺爱可能使孩子形成不良的人格特点，逆境也可能磨炼出孩子坚强的性格。早期经验不能单独对人格起决定作用，它与其他因素共同决定着人格的形成与发展。

五、学校教育因素

学校是一种有目的、有计划地向学生施加影响的教育场所。教师、学生、班集体等都是学校教育的元素。

教师对学生人格的发展具有指导定向的作用，特别是教师既是学校宗旨的执行者，又是学生评价言行的标准。教师的言传身教对学生产生着巨大的影响。研究发现：在性情冷酷、刻板、专横的教师所管理的班集体中，学生的欺骗行为增多；在友好、民主的教师气氛区中，学生欺骗行为减少。在专制型、放任型和民主型的管理风格下，学生表现出不同的人格特点。学校是同龄群体会聚的场所，同伴对学生人格具有巨大的影响。班集体是学校的基本团体组织，班集体的特点、要求、舆论和评价对于学生人格的发展具有"弃恶扬善"的作用。

六、自然物理因素

生态环境、气候条件、空间拥挤程度等这些物理因素都会影响人格的形成和发展。一个著名的研究实例是，巴理关于阿拉斯加州的爱斯基摩人和非洲的特姆尼人的比较研究较好地说明了生态环境对人格的影响。

另外，气温也会提高人的某些人格特征的出现频率。例如，热天会使人烦躁不安，对他人采取负面的反应，发生反社会行为。世界上炎热的地方，也是攻击行为较多的地方。自然环境对人格不起决定性作用，但在不同的物理环境中，人可以表现出不同的行为特点。

七、自我调控因素

自我调控系统是人格中的内控系统和自控系统。人格调控系统是以自我意识为核心的，具有自我认识、自我体验、掌握控制3个子系统。其主要作用是对人格的各个成分进行调控，保证人格的完整、统一与和谐。具有自知的人，能够客观地分析自己，有效地利用个人资源，发挥个人长处，努力的改善自我和完善自我。健康的人格是自我的内在统一，认识自我、愉快地接纳自我、延伸自我和创造自我，是健康人格的四部曲。

综上所述，人格是遗传与环境交互作用的结果。在人格的形成过程中，各个因素对人格的形成与发展起到了不同的作用。遗传决定了人格发展的可能性，环境决定的人格发展的现实性，其中教育起到了关键性的作用，自我调控系统是人格发展的内部决定因素。

【本章小结】

本章主要介绍了有关气质的学说、人格成因、人格分类及其评估等内容。

1. 人格是构成一个人的思想、情感及行为的特有的统合模式。它具有独特性、稳定性、统合性、功能性。人格是一个复杂的结构系统，它包括许多成分，其中主要有气质、性格、认知风格、自我调控等方面。自我调控是人格中的内控系统，具有自我认知、自我体验、自我控制三个子系统。

2. 人格特质理论是个体间人格差异的评价指标，可以通过心理测量来确定。①奥尔波特的人格特质理论。他把人格特质分为共同特质和个人特质。共同特质是某一社会文化形态下，大多数人或一个群体所共有的，相同的特质。个人特质是个体身上所独具的特质。个体特质以其在生活中的作用分为首要特质、中心特质、次要特质。②卡特尔的人格特质理论。他提出了基于人格特质的一个理论模型。模型分成四层：个别特质和共同特质，表面特质和根源特质，体质特质和环境特质，动力特质、能力特质和气质特质。③现代人格特质理论。主要有三因素模型、五因素模型、七因素模型。

3. 人格类型理论是群体间人格差异的描述指标。可通过人的行为直接观察到。①单一类型理论认为人格类型是依据一群人是否有某一特殊人格来确定的，美国心理学家佛兰克·法利提出的 T 型人格就是单一型人格理论。②对立类型理论认为人格类型包含了某一人格维度的两个相反的方向。主要有：A－B 型人格和内—外向人格。③多元类型理论认为人格类型是由几种不同质的人格特性构成的，如气质类型学说、性格类型学说、阴阳五行说。气质类型学说分为四种类型：胆汁质、多血质、黏液质、抑郁质。性格类型学说分为：经济型、理论型、审美型、权力型、社会型、宗教型。

4. 认知风格是指个人所偏爱使用的信息加工方式。认知的方式主要有：场独立性和场依存性；冲动和沉思；同时性和继时性。

5. 人格测验的方法很多。典型的有自陈量表、投射测验、情境测验、自我概念测验。①自陈量表法让被试按自己的意见，对自己的人格特质进行评价，如明尼苏达多相人格测验和爱德华个人兴趣量表。②投射测验有罗夏克墨渍测验和主题统觉测验。③情境测验包括性格教育测验和情境压力测验。④自我概念测验有形容词列表法、Q 分类法。

6. 人格差异与发展的影响因素有：生物遗传因素、社会文化因素、家庭环境因素、早期童年经验、学校教育、自然物理、自我调控等因素。

【习题（含近年考研真题）】

一、单选题

1. （ ）是指心理活动表现在强度、速度、稳定性和灵活性等方面的动力特征。

    A. 个性   **B. 气质**   C. 性格   D. 人格

2. 希波克里特把人划分为（ ）四种类型，实际上这就是最早的气质分类。

    A. 胆汁质、多血质、黏液质和抑郁质

    B. 矮胖型、瘦弱型、强壮型和发育异常型

    C. 甲状腺型、垂体腺型、肾上腺型和性腺型

    D. 内向型、外向型、中间型和特异型

3. 巴甫洛夫根据实验结果把高级神经活动划分成（ ）等类型。

    A. 胆汁质、多血质、黏液质和抑郁质

    B. 兴奋型、活泼型、安静型和抑制型

    C. 内向型、外向型、中间型和特异型

    D. 甲状腺型、垂体腺型、肾上腺型和性腺型

4. 多血质的神经过程的特征是（ ）。

    A. 强、不平衡   B. 强、平衡、不灵活

    C. 强、平衡、灵活   D. 弱

5. 黏液质的神经过程的基本特性是（ ）。

    A. 强、不平衡   B. 弱、平衡、灵活

    C. 强、平衡、不灵活   D. 弱

6. "江山易改，秉性难移"说的是（ ）。

    A. 一个人的气质在一生中是比较稳定的

    B. 一个人的性格特点是难于变化的

    C. 环境改变了，人的气质也不会发生变化

    D. 环境改变了，人的气质也会发生变化

7. 一个人在对现实的稳定的态度和习惯化了的行为方式中表现出来的人格特征叫（ ）。

    A. 个性   B. 人格   **C. 性格**   D. 气质

8. 态度特征、意志特征、情绪特征和理智特征是性格的（ ）。

    A. 分类标准   B. 社会道德评价标准

    C. 结构的组成部分   D. 社会属性的体现

9. 性格的态度特征主要指的是（ ）。

    A. 一个人如何对待社会、集体、他人以及自己

B. 一个人对自己行为进行调整的自觉性

C. 一个人对自己的情绪的控制能力

D. 一个人在认知活动中的性格特征

10. 在性格的各种特征中能够起到决定作用的是性格的（　　）特征。

    A. 态度　　　　　B. 意志　　　　　C. 情绪　　　　　D. 理智

11. 弗洛伊德把人格结构分为（　　）等层次。

    A. 内向与外向

    B. 首要特质、中心特质、次要特质

    C. 意识、无意识和前意识

    D. 本我、自我、超我

12. 荣格把人格分为（　　）等类型。

    A. 内向型和外向型　　　　　B. 胆汁质、多血质、黏液质和抑郁质

    C. 内隐和外显　　　　　　　　D. 思维型和艺术型

13. 荣格把兴趣和关注指向于内部的人格类型叫（　　）。

    A. 外显性　　　　B. 内隐型　　　　C. 外向型　　　　**D. 内向型**

14. 奥尔波特把人格特质分为（　　）。

    A. 首要特质、中心特质和次要特质

    B. 表面特质和根源特质

    C. 共同特质和个人特质

    D. 一般特质和特殊特质

15. 卡特尔找出了（　　）种互相独立的人格根源特质。

    A. 12　　　　**B. 16**　　　　C. 20　　　　D. 24

16. 艾森克的人格理论属于人格的（　　）。

    A. 动力理论　　　　　　　　B. 类型理论

    C. 特质理论　　　　　　　D. 五因素模型理论

17. 艾森克认为人格的维度包括（　　）。

    A. 内外倾、神经质和精神质

    B. 共同特质和个别特质、表面特质和根源特质

    C. 内外倾、情绪的稳定性和精神病特质

    D. 共同特质和个人特质、首要特质、中心特质和次要特质

18. 艾森克的人格理论将人分成四种类型：稳定内倾型，稳定外倾型，不稳定内倾型和不稳定外倾型，其中稳定外倾型相当于（　　）。

    A. 多血质　　　　　　　　B. 胆汁质

    C. 黏液质　　　　　　　　　D. 抑郁质

19. "大五"人格结构模型中的五个因素是外倾性、开放性、情绪稳定性、宜人性和（　　）。（2007 年真题）

    A. 习俗性　　　　B. 自制性　　　　**C. 责任心**　　　　D. 特异性

20. 根据巴甫洛夫高级神经活动类型学说，具有强、平衡、不灵活特点的神经类型，对应的气质类型是（　　）。(2007 年真题)

    A. 胆汁质　　　B. 多血质　　　**C. 黏液质**　　　D. 抑郁质

21. 诚实或虚伪、勇敢或怯懦、谦虚或骄傲、勤劳或懒惰等描述的是个体的（　　）。(2008 年真题)

    A. 性格特征　　B. 能力特征　　　C. 气质特征　　　D. 认知特征

22. 与多血质气质类型相对应的高级神经活动过程的基本特征表现为（　　）。(2008 年真题)

    A. 强、不平衡　　　　　　　　　　**B. 强、平衡、灵活**
    C. 强、平衡、不灵活　　　　　　　D. 弱

23. 小张是一个多愁善感、孤僻内向的人，即使遇到一些小事情，也会产生深刻的情绪体验．他的气质类型是（　　）。(2010 年真题)

    A. 多血质　　　　　　　　　　　　B. 胆汁质
    C. 抑郁质　　　　　　　　　　　D. 黏液质

24. 根据奥尔波特的特质理论，个体身上具有的最典型、最概括的人格特质是（　　）。(2010 年真题)

    A. 共同特质　　　　　　　　　　　**B. 首要特质**
    C. 中心特质　　　　　　　　　　　D. 次要特质

二、多选题

1. 气质类型有（　　）等学说。

   A. 体液说　　　**B. 体型说**　　　**C. 血型说**　　　**D. 激素说**

2. 气质的特性表现在（　　）上。

   A. 感受性和耐受性　　　　　**B. 反应的敏捷性和可塑性**
   C. 情绪的兴奋性　　　　　　**D. 心理活动的指向性**

3. 气质特性的感受性和耐受性一般表现为（　　）。

   A. 感受性强耐受性也强　　　B. 感受性弱耐受性也弱
   C. 感受性强耐受性弱　　　　**D. 感受性弱耐受性强**

4. 气质类型（　　）。

   A. 不决定一个人成就的大小
   B. 不决定一个人智力的高低
   C. 不会影响工作效率和性格特征形成的难易
   D. 会影响对环境的适应和健康

5. 性格（　　）。

   A. 容易受社会历史文化的影响
   B. 直接反映了一个人的道德风貌
   C. 更多体现了人格的社会属性
   D. 是个体间人格差异的核心

6. 自我调控系统包括（　　）。

    A. 认知系统   B. 能量系统

    C. 体验系统   **D. 控制系统**

7. 人格的核心成分是（　　）。（2007 年真题）

    A. 气质   B. 能力   **C. 性格**   D. 意志

8. 奥尔波特的特质理论将人格特质分为共同特质和个人特质，其中个人特质包括（　　）。（2009 年真题）

    A. 中心特质   **B. 首要特质**

    C. 根源特质   **D. 次要特质**

9. 性格结构包括的特征有（　　）。（2010 年真题）

    A. 性格的态度特征   **B. 性格的情绪特征**

    C. 性格的理智特征   **D. 性格的意志特征**

三、简答题及答案要点

1. 简述人格的五因素模型。

    近几十年来，人格结构五因素模型取得了令人瞩目的进展，被许多研究所证实和支持，也被众多的心理学家认为是人格结构的最好范型。人格结构中的五个因素后来被称为"大五"，强调该人格模型中每一维度的广泛性。这五个维度因素是神经质（N）、外倾性（E）、开放性（O）、宜人性（A）和责任心（C）。得出五因素模型的一个很重要的方法就是基于问卷研究。科斯塔等人根据对 16PF 的因素分析和自己的理论构想编制了测验五因素的 NEO-PI 人格量表。

2. 简述人格测量的方法，并评价其优缺点。

    答：略。

3. 简述奥尔波特人格特质理论。（2009 年真题）

    答：略。

四、论述题及答案要点

1. 介绍有关人格的理论，并加以评论。

    答：人格是由遗传和环境共同决定的个体稳定而独特的心理与行为方式。对人格的认识形成了许多理论：（1）人格特质说：①奥尔波特的人格特质理论，②卡特尔的人格特质理论，③现代"五因素"特质理论。

    （2）人格类型说。（作答时对每一种理论展开论述）

2. 影响人格形成和发展的主要因素，它们对人格的作用是什么？（2008 年真题）

    答：（1）生物遗传因素，（2）社会文化因素，（3）家庭环境因素，（4）早期童年经验，（5）学校教育因素，（6）自然物理因素，（7）自我调控因素。（作答时对每一因素的作用展开述论）

参考文献

1. 黄希庭. 心理学导论. 北京：人民教育出版社，1991.
2. 桂世权. 心理学. 成都：西南交通大学出版社，2006.
3. 彭聃龄. 普通心理学. 北京：北京师范大学出版社，2001.
4. 孟昭兰. 普通心理学. 北京：北京大学出版社，1994.
5. ［美］格里格，津巴多. 心理学与生活. 王垒，译. 北京：人民邮电出版社，2003.
6. 高教文科编辑部. 最新版研究生专业课统考心理学大纲解析. 北京：中央编译出版社，2010.
7. 杨昭宁. 心理学专业基础综合辅导全书. 北京：人民出版社，2008.
8. ［美］库恩. 心理学导论——思想与行为的认识之路：9 版. 郑刚，等译. 北京：中国轻工业出版社，2004.
9. 彭聃龄. 普通心理学：修订版. 北京：北京师范大学出版社，2004.
10. 高觉敷，潘菽. 中国心理学史. 北京：人民教育出版社，1985.
11. 高玉祥. 个性心理学. 北京：北京师范大学出版社，1989.
12. 高玉祥. 健全人格及其塑造. 北京：北京师范大学出版社，1997.
13. ［英］格列高里. 视觉心理学. 彭耽龄，等译. 北京：北京师范大学出版社，1986.
14. 韩凯. 被动的触觉长度知觉//中国心理学会普通心理学与实验心理学专业委员会. 普通心理学与实验心理学论文集. 兰州：甘肃人民出版社，1983：230～239.
15. 韩凯. 工具触觉的实验研究. 心理学报，1987（1）：12～14.
16. ［美］加德纳. 多元智力. 沈致隆，译. 北京：新华出版社，1999.
17. 荆其诚，叶洵. 运动知觉阈限的实验研究. 心理学报，1957（2）：158～163.
18. 马正平，杨治良. 干扰对外显和内隐记忆的影响. 心理科学，1991（4）：8～14.
19. 彭聃龄，谭力海. 词频和语境在汉语双字词视觉识别中的作用机制. 心理学杂志，1987（4）：18～25.
20. 彭聃龄，王春茂. 汉字加工的单元——来自笔画数效应和部件数效应的证据. 心理学报，1997（1）：8～16.
21. 彭聃龄，舒华，陈煊之. 汉语认知研究. 济南：山东教育出版社，1997.

22. 彭瑞祥，俞柏林．不同结构的汉字再认的研究//中国心理学会普通心理学与实验心理学专业委员会．普通心理学与实验心理学论文集．兰州：甘肃人民出版社，1983.

23. 孙文龙，任旭明，张向葵等．四种条件下青少年时间知觉的特点//王甦．普通心理学和实验心理学研究．成都：四川科学技术出版社，1991：80～89.

24. 谢斯骏，张厚粲．认知方式．北京：北京师范大学出版社，1988.

25. 徐景波，孟昭兰．正负性情绪的自主神经生理反应实验研究．心理科学，1995，18（3）：134～139.

26. 薛崇成，杨秋莉．五态性格测验论文集．内部资料，1995.

27. 查子秀．鉴别超常儿童认知能力测验的编制和试用．中国超常儿童心理研究十周年学术研讨会论文，1989.

28. 张浩，彭聃龄．汉语的语境信息对抽象句和具体句回忆的影响．心理学报，1990（4）：391～396.

29. 张武田，冯玲．关于汉字识别加工单元的研究．心理学报，1992（3）：379～385.

30. 周冠生．个性心理学．北京：知识出版社，1987.

31. 朱智贤．朱智贤心理学文选．北京：人民教育出版社，1989.

32. 朱智贤．心理学大词典．北京：北京师范大学出版社，1989.

33. Beauregard M, Levesque J, Bourgouin P. Neural correlates of conscious selfregulation of emotion. The Journal of Neuroscience, 2001, 21: 1～6.

34. Le Bihan D, Turner R, Zeffiro A, Cuenod C A, Jezzard P, Bonneror V. Activation of human primary visual cortex during visual recall: A magnetic resonance imaging study. Proc. Nat. Acad. Sci. USA. 转引自沈政等译．认知神经科学．上海：上海教育出版社，1998：654.

35. Rosenzweig M R. 国际心理学科学——进展、问题和展望．焦书兰，陈永明，等译．北京：北京科学技术出版社，1994.

36. ［美］费尔德曼，［中］黄希庭．心理学与我们．黄希庭，等译．北京：人民邮电出版社，2005.

37. 彭聃龄，郭德俊，张素兰．再认性同一性判断中汉字信息的提取．心理学报，1985（3）：297～304.